Horizonte

Geschichte

Leonie 10e2

10. Jahrgangsstufe
Berlin und Brandenburg

Fabian 1E

2020/21

Herausgegeben von
Ulrich Baumgärtner
Rainer Brieske

Erarbeitet von
Ulrich Baumgärtner
Rainer Brieske
Klaus Fieberg
Johanna Kant
Jelko Peters
Ina Schenk
Frank Skorsetz
Wolfgang Weigand

Mit Beiträgen von
Christopher Andres
Stefanie Fechner
Klaus Grabenhorst
Stephan Lang
Andreas Stoye-Balk
Andreas Tietze
Johannes Träger
Giuseppe Vazzana
Helena Wacker
Wolfgang Woelk
Stefan Wolle

westermann

Druck A[1] / Jahr 2018
Alle Drucke der Serie A sind inhaltlich unverändert.

Redaktion: Christoph Meyer, Dorle Bennöhr, Kathrin Hanne
Druck und Bindung: westermann druck GmbH, Braunschweig

ISBN 978-3-14-**112077**-6

01 EPOCHENÜBERBLICK: DIE WELT NACH 1945 6

DIE WELT, EUROPA UND DEUTSCHLAND 1945 - 1949 8

Orientierung: Die Welt, Europa und Deutschland 1945–1949 8
Kriegsende in Deutschland 10
Die „Zusammenbruchsgesellschaft" 14
Vertiefung: Die Gründung der UNO 18
Die Entwicklung in den Besatzungszonen 20
Die Entnazifizierung 26
Der Zerfall der Anti-Hitler-Koalition 30
Vertiefung: Der „Hungerkralle" auf der Spur 36
Die doppelte Staatsgründung 38
Training: Zum Umgang mit Wikipedia 42
Vertiefung: Berlin und Brandenburg als Besatzungszonen 46
Training: Ein Erklärvideo erstellen 49
Selbstüberprüfung: Die Welt, Europa und Deutschland 1945–1949 50

DIE WELT, EUROPA UND DEUTSCHLAND 1949 - 1962 52

Orientierung: Die Welt, Europa und Deutschland 1949–1962 52
Der Kalte Krieg in den 1950er-Jahren 54
Vertiefung: Das Nachkriegseuropa 60
Die Bundesrepublik in den Fünfzigerjahren 64
Vertiefung: Das Verbot der KPD – Die Bundesrepublik zwischen wehrhafter Demokratie und „kaltem Bürgerkrieg" 66
Das „Wirtschaftswunder" in der Bundesrepublik 68
Die Außenpolitik der BRD in den 1950er-Jahren 72
Die DDR von der Gründung bis zum Mauerbau 76
Training: Eine Zeitzeugenbefragung durchführen 83
Wirtschaft in der DDR im Zeichen des Sozialismus 84
Leben in der Bundesrepublik in den 1950er-Jahren 86
Leben in der DDR in den Fünfzigerjahren 90
Selbstüberprüfung: Die Welt, Europa und Deutschland 1949–1962 94

DIE WELT, EUROPA UND DEUTSCHLAND 1962–1990/91 96

Orientierung: Die Welt, Europa und Deutschland 1962–1990/91 ... 96
Kuba-Krise, Vietnamkrieg und „Prager Frühling" ... 98
Zwischen Entspannung und Konfrontation ... 104
Die Bundesrepublik von 1963 bis 1969 ... 108
Training: Eine Narration (Geschichtserzählung) herstellen ... 111
Die sozialliberale Koalition 1969 bis 1982 ... 114
Die Ära Kohl 1982 bis 1990 ... 118
Die DDR zwischen Mauerbau und Revolution ... 122
Vertiefung: Der Palast der Republik –
Ein Gebäude, viele Beurteilungen ... 128
Training: Urteilsbildung im Geschichtsunterricht ... 129
Opposition und Widerstand in der DDR ... 130
Training: Eine Internetseite beurteilen ... 135
Vertiefung: Wer war Chris Gueffroy? –
Eine internetbasierte Fallanalyse ... 136
Der Zerfall der Sowjetunion und das Ende des Kalten Krieges ... 138
Vertiefung: Europa wächst zusammen ... 144
Die deutsche Einheit 1989/90 ... 148
Vertiefung: Abzug der sowjetischen Truppen aus Deutschland –
Zwischen Würdigung und Vergessen ... 154
Das vereinte Deutschland ... 156
Vertiefung: Die Welt nach dem 11. September 2001 ... 161
Selbstüberprüfung: Die Welt, Europa und Deutschland
1962–1990/91 ... 168

02 PFLICHTMODUL 170

FALLANALYSE: DER NAHOST-KONFLIKT 170

Orientierung: Der Nahost-Konflikt ... 171
Die Gründung des Staates Israels ... 172
Der Sechstagekrieg 1967 – Eine Fallanalyse ... 174
Training: Ein Gruppenpuzzle durchführen ... 174
Vertiefung: Viele Konflikte – (k)eine Lösung? –
Der Nahost-Konflikt im 21. Jahrhundert ... 181

03 WAHLMODUL 184

FRAUEN- UND MÄNNERBILDER – GLEICH ODER UNGLEICH 184

Orientierung: Frauen- und Männerbilder – Gleich oder ungleich . . . 185
Mittelalter: Bauer und Bäuerin – Arbeitsteilung auf Augenhöhe? . . . 186
18. Jahrhundert: Suzette Henry und die Kunst – Auf dem Weg zur Gleichberechtigung? . . . 190
19. Jahrhundert: Helene Stöcker und die Frauenbewegung: Frauenemanzipation – ein Kampf gegen die Männer? . . . 194
Die Familie Goebbels und das Frauenbild im Nationalsozialismus – unterdrückt und glücklich? . . . 198
Bruno Balz, ein Homosexueller im Nationalsozialismus und danach: einmal verfolgt – immer verfolgt? . . . 198

Fachbegriffe . . . 202

Register . . . 206

Bildnachweis . . . 208

TRAININGSSEITEN IM ÜBERBLICK

Umgang mit Wikipedia . . . 42
Ein Erklärvideo erstellen . . . 49
Eine Zeitzeugenbefragung durchführen . . . 83
Urteilsbildung im Geschichtsunterricht . . . 129
Eine Internetseite beurteilen . . . 135
Ein Gruppenpuzzle durchführen . . . 174

OPERATORENTRAINING IM ÜBERBLICK

Wiedergeben . . . 17
Untersuchen . . . 28
Vergleichen . . . 35
Analysieren . . . 45
Erläutern . . . 65
Begründen . . . 85
Beurteilen . . . 103

Hinweis: Sprachliche Mittel zu den Operatoren befinden sich im hinteren Einband.

VORWÄRTS ZUM AUFBAU
DES SOZIALISMUS
MONAT DER DEUTSCH-SOWJETISCHEN-FREUNDSCHAFT 1952

Keine Experimente!
Konrad Adenauer
CD

Bernauer Straße

01

EPOCHENÜBERBLICK: DIE WELT NACH 1945

Die Welt, Europa und Deutschland 1945–1949

Die Welt, Europa und Deutschland 1949–1962

Die Welt, Europa und Deutschland 1962–1990/91

M 1 **„Monat der deutsch-sowjetischen-Freundschaft 1952“**
Plakat der SED, 1952

M 2 **„Keine Experimente“**
Wahlplakat der CDU, 1957

M 3 **Mauerbau in Ostberlin**
Foto, 13. August 1961

M 4 **Willy Brandt vor dem Mahnmal im einstigen jüdischen Getto in Warschau**
Foto, 7. Dezember 1970

M 5 **Montagsdemonstration in Leipzig**
Foto, 16. Oktober 1989

M 6 **Der Fall der Mauer in Berlin**
Foto, 10. November 1989

M 7 **Eleanor Roosevelt und die Deklaration der Menschenrechte der UN**
Foto, 10. Dezember 1948

M 8 **Fast-Food-Restaurant in Bangkok**
Foto, 1997

M 9 **In den Trümmern des World Trade Centers in New York**
Foto, 13. September 2001

Die Welt, Europa und Deutschland 1945–1949

Der Zweite Weltkrieg stellte einen tief greifenden Einschnitt in der weltgeschichtlichen Entwicklung dar. Der Grad der Zerstörungen, die Zahl der Kriegsopfer, die Brutalität der Kriegsführung und das Ausmaß der begangenen Kriegs- und Menschheitsverbrechen führten zu der Einsicht, dass es zur Sicherung einer friedlichen Weltordnung einer übernationalen Instanz bedarf.

1945 gründeten 50 Staaten in San Francisco die United Nations Organization (UNO), nachdem der nach dem Ersten Weltkrieg entstandene Völkerbund den Zweiten Weltkrieg nicht hatte verhindern können. Gleichwohl stand und steht auch die UNO vor dem Problem, die unterschiedlichen Einzelinteressen der Staaten miteinander vermitteln zu müssen, ohne in die inneren Angelegenheiten eines Staates eingreifen zu können. So ist die bisherige Geschichte der Vereinten Nationen eine Geschichte sowohl von Erfolgen als auch von Niederlagen.

Von der Anti-Hitler Koalition zur Konfrontation: USA und Sowjetunion

Das vereinte Vorgehen von USA und Sowjetunion gegen Hitler-Deutschland hielt nicht lange an: Schon zum Kriegsende hin traten die politischen, wirtschaftlichen und ideologischen Gegensätze offen zutage. Zwar folgte den Konferenzen von Teheran und Jalta noch die gemeinsame Regelung der Nachkriegsordnung auf der Potsdamer Konferenz 1945, jedoch bestimmten von nun an die unterschiedlichen Interessen der beiden Supermächte für vier Jahrzehnte das Weltgeschehen.

M 1 Die Welt im Ost-West-Konflikt nach 1949

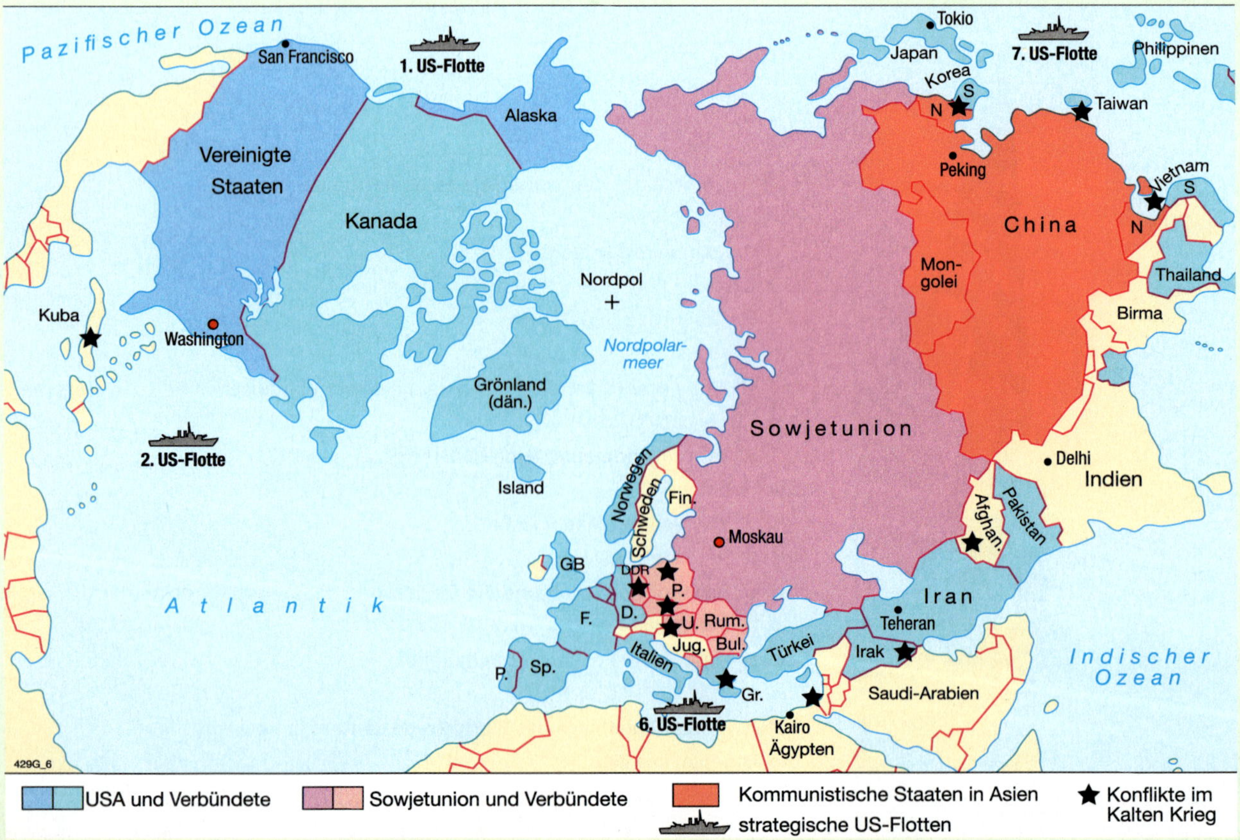

Europa zwischen Einigung und Spaltung

Der nun beginnende sogenannte „Kalte Krieg“ dominierte auch die Situation in Europa: Westeuropa stand unter dem Einfluss der USA, Osteuropa unter dem der Sowjetunion. Bei Kriegsende bestand bei vielen Menschen zunächst die große Hoffnung, dass die europäischen Staaten nun näher zusammenrücken und so weitere Kriege verhindern würden. Die quer durch Europa verlaufende Grenze der Interessensphären der Supermächte führte jedoch immer wieder zu Konflikten. Bereits kurz nach Kriegsende hatte der britische Politiker Winston Churchill von einem „Eisernen Vorhang“ zwischen den europäischen Ländern gesprochen.

M 2 „Die deutsche Teilung“
Westdeutsche Karikatur, 1948

Zwei Staaten entstehen: Bundesrepublik und DDR

Nach der Kapitulation wurde Deutschland in vier Besatzungszonen aufgeteilt, die von den Siegermächten USA, Sowjetunion und Großbritannien sowie von Frankreich regiert wurden. Deutsche Gebiete im Osten wurden unter polnische bzw. sowjetische Verwaltung gestellt. In Berlin wurden vier Sektoren gebildet, wobei der Alliierte Kontrollrat eine abgestimmte Politik der Besatzungsmächte sowie den Erhalt Deutschlands als Einheit gewährleisten sollte.

Doch zunehmende Spannungen zwischen den USA und der Sowjetunion führten jedoch nahezu unweigerlich zur Teilung Deutschlands. Aus den vormaligen westlichen Besatzungszonen wurde im Mai 1949 die Bundesrepublik Deutschland (BRD) gegründet, im Oktober 1949 folgte in der vormaligen Sowjetischen Besatzungszone die Gründung der Deutschen Demokratischen Republik (DDR).

Info

Kalter Krieg

Bezeichnung für die machtpolitische und ideologische Auseinandersetzung zwischen den USA und der Sowjetunion nach dem 2. Weltkrieg

M 3 Besatzungszonen (1945–1949)

M 1 Mai 1945
Zeichnung von Fritz Behrendt, Frankfurter Allgemeine Zeitung, 1985

Aufgaben

1. **Kriegsende in Deutschland**
Entwickelt aus der Karikatur von Fritz Behrendt zwei Leitfragen aus unterschiedlichen Perspektiven zur Situation in Deutschland in der unmittelbaren Nachkriegszeit für die kommenden Unterrichtsstunden. Beachtet dabei die horizontale Gliederung der Karikatur.
→ M1

Kriegsende in Deutschland

Die „Stunde Null"?

Das Kriegsende bedeutete einen so tiefen Einschnitt, dass man in Deutschland auch von der „Stunde Null" sprach. Darin mischte sich Erleichterung über das Ende des Krieges mit dem Wunsch nach einem völligen Neuanfang. Der Bombenkrieg hatte in Deutschland eine Trümmerlandschaft hinterlassen, etwa zehn Millionen Zwangsarbeiter (DPs = Displaced Persons) aus allen Teilen Europas wollten zurück in ihre Heimat. Auch in anderen Staaten Europas herrschte Not: Besonders in Osteuropa und in der Sowjetunion waren weite Landstriche durch die Feldzüge der Wehrmacht verwüstet.

Allgemeine Not in Deutschland

Als großes Problem erwies sich die Wohnungsnot. Da der Bombenhagel viele Städte zerstört hatte, fehlten Unterkünfte. Viele Menschen hausten in Ruinen oder lebten in beengten Notunterkünften. Bevor man an einen Wiederaufbau denken konnte, mussten die Trümmer beseitigt werden. Da viele Männer gefallen oder in Kriegsgefangenschaft waren, räumten vor allem Frauen, aber auch Alte und Jugendliche die Schuttberge weg. „Trümmerfrauen" vollbrachten damals Deutschlands erste Aufbauleistung.

Doch der Luftkrieg hatte nicht nur Wohnviertel zerstört, sondern auch Eisenbahnen, Straßen, Fabriken sowie die Wasser- und Energieversorgung. Vieles konnte nur notdürftig repariert werden, sodass zunächst Mangel und Chaos herrschten.

Ein weiteres brennendes Problem war der Hunger, denn die Versorgung mit dem Allernötigsten gestaltete sich in unmittelbarer Nachkriegszeit äußerst schwierig. Lebensmittel wurden streng rationiert und waren nur mit Lebensmittelmarken erhältlich. Deshalb unternahmen die Menschen „Hamsterfahrten" aufs Land, wo sie bei den Bauern Wertsachen gegen Lebensmittel eintauschten.

M 2 Trümmerfrauen in Berlin 1946

Trotz ungewisser Zukunft, ihre Männer gefallen oder vermisst, vollbrachten die sogenannten Trümmerfrauen Deutschlands erste Aufbauleistungen.

Trotz Verbots und strenger Kontrolle entstanden Schwarzmärkte, auf denen man schwer erhältliche Waren kaufen konnte. Zigaretten dienten dabei oft als Tauschwährung. Darüber hinaus fehlte es an allem: Uniformen oder Gardinen wurden zu ziviler Kleidung umgenäht; aus Helmen wurden Kochtöpfe und Siebe; Malzkaffee, Kunsthonig, Rübensirup und andere Stoffe ersetzten Nahrungs- und Genussmittel. Erst allmählich konnte wieder eine ausreichende Versorgung gesichert werden.

Hilfsprogramme des Auslands

Das bekannteste Hilfsprogramm der Nachkriegszeit waren amerikanische CARE-Pakete. Eine Privatorganisation versorgte Deutsche mit Lebensmittelsendungen aus den USA, die nicht nur die schlimmste Not linderten, sondern neue Waren nach Deutschland brachten. Zudem erschienen die Amerikaner vielen Deutschen nun als mildtätige Helfer. Später trugen großzügige Finanzhilfen zur Ankurbelung der Wirtschaft bei.

M 3 Care-Pakete

Empfang eines Paketes aus der USA, undatiertes Foto, nach 1946

Die Suche nach neuen Werten

Krieg und Diktatur hatten Tod und Zerstörung in unvorstellbarem Ausmaß bewirkt und bei vielen Menschen den Sinn des Lebens in Frage gestellt. Viele versuchten ihre oft traumatischen Erfahrungen zu bewältigen und eine neue Orientierung zu finden. Literatur und Kunst stießen deshalb auf großes Interesse. Bücher einst „entarteter“ Autoren fanden reißenden Absatz, Theater spielten Stücke ausländischer und früher verfemter Autoren, die das Publikum begierig aufnahm. Nachdem die Deutschen zwölf Jahre von der Welt abgeschnitten waren, weckte alles große Neugier. Gefüllt waren vor allem die Kirchen, in denen Menschen Beistand und Hilfe suchten.

Neuanfang und Kontinuität

Ob es wirklich eine „Stunde Null“ gab, ist bis heute umstritten. Einerseits endete für Millionen Menschen das „alte“ Leben und sie mussten einen Neuanfang wagen. Andererseits übernahmen Politik, Gesellschaft und Wirtschaft bestehende Verhältnisse aus der Weimarer Republik, sodass man hier auch von Kontinuität sprechen kann.

Nach dem Krieg – Erlebnisberichte aus der Nachkriegszeit analysieren

M 4 Erlebnisberichte

a) 1956 erinnerte sich eine Schülerin der 12. Klasse aus Bielefeld:

Dann kam der Umbruch. Ich entsinne mich noch genau, als wir von dem Einzug der Amerikaner hörten. Wir kamen von einem Spaziergang zurück. Mein Vater stürzte uns entgegen und sagte, dass es soweit wäre, die Amerikaner ständen vor der Tür. Es war schrecklich für meine Eltern, denn meine beiden ältesten Brüder waren noch in einem Internat in Thüringen. Wie sollten sie in dieser Unordnung zu uns finden? Sie waren völlig auf sich selbst angewiesen, wir konnten nichts für sie tun. Nach vier Tagen kamen sie dann endlich, und damit war die erste Sorge vorbei. [...] Im September zogen wir wieder in unser Haus. [...] Meine Mutter wusste nicht mehr, wie sie die vielen Menschen sättigen sollte. Die Brotscheiben wurden auf einer Briefwaage abgewogen, und jeder bekam eine Kelle Steckrübensuppe. Einmal im Monat wurde uns aus Amerika ein riesiges Carepaket geschickt; es war ein allgemeines Fest, wenn meine Mutter dieses öffnete. Einen Tag lang wurde dann gefeiert, es gab Kakao und Butter! [...] Aber abends, wenn wir alle um den Tisch saßen und den Gesprächen der Erwachsenen lauschten, kroch ein leiser Schauer meinen Rücken empor. Ich hörte von den Russen, von ihren Grausamkeiten und sah die ernsten Gesichter meiner Eltern. Dann begriff ich doch, dass es um unser Deutschland und um uns ernst stand.

Zit. nach: Rüdiger Thomas (Hg.) unter Mitarb. v. Alexander von Plato und Almut Leh, Ein unglaublicher Frühling. Erfahrene Geschichte im Nachkriegsdeutschland 1945–1948, Bonn: Bundeszentrale für politische Bildung 1997, S. 250.

M 5 Inhalt eines Care-Pakets 1946

b) Hans Frankenthal, 1926 in Schmallenberg im Sauerland als Sohn einer gläubigen jüdischen Viehhändlerfamilie geboren, kehrt mit seinem Bruder aus dem KZ Auschwitz in sein Heimatdorf zurück. Er berichtet 1994:

Dann kamen die DP-Leute [Mitarbeiter der Organisationen, die sich um die Displaced Persons kümmerten] und stellten uns die Frage: Wo wollt Ihr hin? Man bot uns einige Länder an, Palästina oder das heutige Isreal, England, Amerika, Neuseeland, Kanada. Mein Bruder und ich gaben zur Antwort: Wir wollen nach Schmallenberg. – Dieses Versprechen hatten wir unserem Vater in Auschwitz geben müssen. – Da kam nun automatisch die weitere Frage: In welchem Land liegt Schmallenberg? Wir haben dann gesagt: Schmallenberg liegt in Deutschland. Dann haben die uns furchtbare Worte gesagt: Wie kann man in so ein Land zurückgehen, was Euch so Furchtbares angetan hat? Das war der Fehler meines Vaters, und wir glaubten, wir müssten ihm gehorchen. Aber ich muss auch noch dazu sagen, uns blieb normalerweise gar nichts anderes übrig [...]. Wir wussten ja nicht, wer hat denn überlebt? Und wenn jemand überlebt hat, können wir sie nur da treffen, wo der Ausgangspunkt war. Man darf nicht vergessen, das war immer noch unsere Heimat. [...] Mein Vater hatte direkt überm Bahnhof gebaut und hatte einen Privatweg zum Bahnhof [...]. Den Weg sind wir raufgegangen und [...] in unser Haus, wo aber die beiden Söhne meiner Tante wohnten. Die machten kein erfreutes Gesicht, als sie meinen Bruder und mich sahen, denn ich habe hinterher erfahren, dass die beiden schon in Fredeburg am Amtsgericht gewesen waren und versucht hatten, einen Erbschein zu bekommen, in dem Glauben, dass von unserer ganzen Familie keiner am Leben geblieben wäre. Dann wären sie zu Recht Erben des gesamten Vermögens Frankenthal geworden. Man merkte ihnen die Enttäuschung an.

Zit. nach: Rüdiger Thomas (Hg.) unter Mitarb. v. Alexander von Plato und Almut Leh, Ein unglaublicher Frühling. Erfahrene Geschichte im Nachkriegsdeutschland 1945–1948, Bonn: Bundeszentrale für politische Bildung 1997, S. 159.

Aufgaben

1. **Kriegsende in Deutschland**
   a) Stelle in einem Schaubild die Situation bei Kriegsende dar. Verwende die Kategorien: politisch, ökonomisch, sozial, ideologisch und militärisch.
   b) Erkläre den Begriff „Stunde Null" und erläutere, ob dieser Begriff die Situation nach Kriegsende angemessen beschreibt.
   c) Vergleiche die Erfahrungen der Jugendlichen (M4). Achte insbesondere auf die Perspektive, die zeitliche Distanz und die Interessenlage.
   d) Erschließe aus den Materialien (M6, M7, M8) die Ernährungssituation der Menschen in Deutschland und die dafür angegebenen Ursachen.
   → Text, M4 – M8

Überleben in der Nachkriegszeit – Quellen auswerten

M 6 Anbau von Kartoffeln und Gemüse vor dem zerstörten Reichstagsgebäude in Berlin
Foto, Sommer 1946

M 7 Ernährungslage in Bochum

Die Stadtverwaltung von Bochum beschloss am 21. Februar 1947 Folgendes:

Seit Monaten werden die zugesicherten Nährmittel nicht geliefert. Die Menschenmassen stauen sich vor den Bäckerläden und neuerdings auch vor den Metzgereien. Die zugesicherten Rationserhöhungen in Brot, Fleisch, Käse sind infrage gestellt; andererseits werden Rationskürzungen in Zucker, Fisch und Fett (für Kinder) durchgeführt. Fisch wurde für diese Zuteilungsperiode überhaupt noch nicht geliefert. [...] Die seit Mitte Oktober 1946 gewährten Kalorien haben nur einen täglichen Durchschnittssatz von 1190 statt der zugesicherten 1550 erreicht. Durch diese völlig unzureichende Ernährung und durch zahlreiche menschenunwürdige Wohnungen ist die Bochumer Bevölkerung am Ende ihrer physischen und moralischen Kräfte.
(...). Täglich erhöht sich die Zahl der Unterernährten und die Zahl der zulageberechtigten Kranken, die bereits 400 überschritten hat. Ebenso vermehren sich die Diebstähle von Lebensmittelkarten und die Einbrüche in Lebensmittelgeschäfte.

Zit. nach: Johannes Volker Wagner, Deutschland nach dem Krieg: Kapitulation, Neubeginn, Teilung. Eine illustrierte Dokumentation, Bochum: Studienverlag Brockmeyer 1975, S. 131.

M 8 Bekanntmachung

Verfügung der Alliierten Militärregierung Bochum vom 26. Mai 1945:

Die Alliierte Militärregierung macht die Bevölkerung des Stadtkreises Bochum darauf aufmerksam, dass der Kauf von Lebensmitteln direkt von den Bauern des Münsterlandes, des Sauerlandes, anderer Gebiete und der Umgebung strengstens verboten ist. [...] Es wird hierdurch bekanntgegeben, dass der Kauf von Lebensmitteln auf dem SCHWARZEN MARKT [illegaler Tauschmarkt] strengstens nach dem Gesetz bestraft wird. Das gilt auch für die Bauern, denen verboten ist, an andere als Großhändler zu verkaufen.

Zit. nach: Johannes Volker Wagner, Deutschland nach dem Krieg: Kapitulation, Neubeginn, Teilung. Eine illustrierte Dokumentation, Bochum: Studienverlag Brockmeyer 1975, S. 139.

M 1 Kindersuchaktion
Plakate in Stuttgart, um 1946

Hinweis

Hörtipp

Eine Audio-Datei des NDR zum Kindersuchdienst:

https://www.ndr.de/der_ndr/unternehmen/geschichte/Der-Kindersuchdienst-im-Hoerfunk,audio197943.html

M 2 „Displaced Persons“
Nach Deutschland verschleppte Kinder warten auf die Rückführung in ihr Heimatland, Prien in Bayern, Mai 1947.

Die „Zusammenbruchsgesellschaft“

Verlorene Kinder

„Eltern suchen ihre verlorenen Kinder“ – „Verlorene Kinder suchen ihre Eltern“. Nach Kriegsende unternahmen das Rote Kreuz, Zeitschriften und Rundfunksender immer wieder solche Suchaktionen. Das zeigt, dass die zwischenmenschlichen Beziehungen und sozialen Verhältnisse während des Krieges und in unmittelbarer Nachkriegszeit grundlegend erschüttert waren. Man bezeichnet diesen Sachverhalt mit dem Begriff „Zusammenbruchsgesellschaft“.

Zerstörte Familien

Der Krieg riss die Familien auseinander. Kinder und Jugendliche wurden wegen des Bombenhagels evakuiert und in Lagern der „Kinderlandverschickung“ (KLV) untergebracht. Die Männer dienten als Soldaten fern der Heimat, Millionen fielen oder galten als vermisst. Millionen Menschen aus den von der Wehrmacht besetzten Gebieten mussten in Deutschland als Zwangsarbeiter arbeiten.

Frauen und Kinder verließen die zerstörten Häuser und suchten auf dem Land oder anderswo Zuflucht. In solchen Notunterkünften entstanden ganz neue soziale Konstellationen. Die chaotischen Verhältnisse bei Kriegsende erschwerten das Aufspüren vermisster Angehöriger. Doch selbst wenn alle zusammenfanden, blieb ein harmonisches Familienleben problematisch, da Kriegserlebnisse und Kriegsgefangenschaft den Männern die Rückkehr ins normale Leben erschwerten. Die Ehefrauen hatten ihr Leben inzwischen selbst gemeistert, den vermissten Mann oft für tot erklärt oder eine neue Beziehung begonnen. Kinder und Jugendliche waren ganz auf sich gestellt. Sie mussten helfen, Nahrungsmittel heranzuschaffen und hatten – bis die Schulen wieder öffneten – viel Freiraum. Das traditionelle Gefüge der Generationen geriet dadurch aus den Fugen. Die Rückführung der Millionen Displaced Persons aus Deutschland in ihre Heimatländer musste organisiert werden.

Flucht und Vertreibung

Als die Rote Armee im Oktober 1944 die deutsche Grenze in Ostpreußen überschritt, hatte die Angst vor Racheakten mehr als eine Million Menschen zur Flucht nach Westen getrieben. Der Terror, den das nationalsozialistische Deutschland entfesselt hatte, schlug auf die deutsche Bevölkerung zurück, und entlud sich in Plünderung, Vergewaltigung und Mord durch sowjetische Soldaten.

Der Beschluss der Alliierten, die deutschen Ostgebiete jenseits von Oder und Neiße polnischer Verwaltung zu unterstellen, löste erneut einen gewaltigen Strom von Vertriebenen aus. Auch im Sudetenland und anderen osteuropäischen Gebieten musste die deutsche Bevölkerung ihre Wohnsitze verlassen.

Bei der Vertreibung der Deutschen sind drei Etappen zu unterscheiden:

- Im Juni 1945 setzten die ersten „wilden Vertreibungen“ unter dem Vorwand der Sicherung der künftigen polnischen Westgrenze ein.
- Die „Umsiedlung“ nach dem Potsdamer Abkommen (August 1945) verlief unter Missachtung der vertraglichen Bestimmungen („in humaner Weise“).
- Schließlich folgten organisierte Zwangsausweisungen nach polnisch-britischen und polnisch-sowjetischen Vereinbarungen.

Insgesamt wurden bis 1950 über 12 Millionen Deutsche vertrieben.

M 3 **Flucht vor der Roten Armee**
Ostpreußen, Januar 1945

Sonderbefehl

für die deutsche Bevölkerung der Stadt Bad Salzbrunn einschliesslich Ortsteil Sandberg.

Laut Befehl der Polnischen Regierung wird befohlen:

1. Am 14. Juli 1945 ab 6 bis 9 Uhr wird eine Umsiedlung der deutschen Bevölkerung stattfinden.
2. Die deutsche Bevölkerung wird in das Gebiet westlich des Flusses Neisse umgesiedelt.
3. Jeder Deutsche darf höchstens 20 kg Reisegepäck mitnehmen.
4. Kein Transport (Wagen, Ochsen, Pferde, Kühe usw.) wird erlaubt.
5. Das ganze lebendige und tote Inventar in unbeschädigtem Zustande bleibt als Eigentum der Polnischen Regierung.
6. Die letzte Umsiedlungsfrist läuft am 14. Juli 10 Uhr ab.
7. Nichtausführung des Befehls wird mit schärfsten Strafen verfolgt, einschließlich Waffengebrauch.
8. Auch mit Waffengebrauch wird verhindert Sabotage u. Plünderung.
9. Sammelplatz an der Straße Bhf. Bad Salzbrunn-Adelsbacher Weg in einer Marschkolonne zu 4 Personen. Spitze der Kolonne 20 Meter vor der Ortschaft Adelsbach.
10. Diejenigen Deutschen, die im Besitz der Nichtevakuierungsbescheinigungen sind, dürfen die Wohnung mit ihren Angehörigen in der Zeit von 5 bis 14 Uhr nicht verlassen.
11. Alle Wohnungen in der Stadt müssen offen bleiben, die Wohnungs- und Hausschlüssel müssen nach außen gesteckt werden.

Bad Salzbrunn, 14. Juli 1945, 6 Uhr.

Abschnittskommandant
(-) Zinkowski
Oberstleutnant

M 4 **„Sonderbefehl“**
14. Juli 1945

Hinweis

Auf der Homepage des Friedlandmuseums befinden sich interessante Materialien zum Thema „Flucht“ (unter: Geschichte/Lebenswege):
https://museum-friedland.de/geschichte/zeitstrahl/

Eine neue Heimat

Die Ansiedlung der Flüchtlinge und Vertriebenen veränderte die soziale Zusammensetzung der Bevölkerung grundlegend: Protestanten siedelten sich in katholischen Gebieten an – und umgekehrt; Sitten und Gebräuche von Alteingesessenen und Neuankömmlingen stießen aufeinander. Nach anfänglichen Konflikten kam es aber meist zu einer Integration der Flüchtlinge.

Bei Kriegsende befanden sich 8–10 Millionen „Displaced Persons“ in Deutschland. Das waren Ausländer, die aus Kriegsgründen nicht nach Hause zurückkehren konnten: ehemalige KZ-Häftlinge, Kriegsgefangene, Zwangsarbeiter und Flüchtlinge. Viele konnten oder wollten nicht zurück und suchten sich in Deutschland eine neue Heimat.

Gesellschaftliche Veränderungen

Die Bevölkerungsverschiebungen führten zu einem grundlegenden Wandel der Gesellschaftsstruktur. Wegen der vielen Kriegstoten änderte sich zunächst der Altersaufbau. Während Männer, vor allem im Alter von 20 bis 40 Jahren, fehlten, waren Frauen in der Überzahl. Die alten Führungsschichten – Großbürgertum und Adel – hatten an Einfluss verloren. Sie waren, wenn sie mit den Nationalsozialisten zusammengearbeitet hatten, kompromittiert und mitunter besitzlos wie andere Gesellschaftsgruppen.

Ferner schritt die Mischung der Konfessionen voran. Auch die Trennung von Stadt und Land wurde schwächer. Regionale Sitten und Gebräuche veränderten sich. Angesichts der Not wandelten sich moralische Vorstellungen: Diebstahl aus Not galt nicht als verwerflich; das Zusammenleben ohne Trauschein erschien zeitweise hinnehmbar.

Diese „Zusammenbruchsgesellschaft“ bildete die Grundlage für eine neue gesellschaftliche Ordnung in Deutschland.

M 5 **Flüchtlingselend ab 1945**
Besonders katastrophal war die Situation für Hunderttausende von Flüchtlingsfrauen.

Flucht und Vertreibung – Arbeiten mit Karte und Statistiken

Zone	Britische	Amerikanische	Französische	Sowjetische
Bevölkerung 1939 (in Mio.)				
	19,8	14,2	6,1	19,5
Zuwanderung (in 1000) aus:				
Ostgebieten	2926	802	30	2762
Ausland	267	2102	20	1187
Westzonen	102	218	50	109
SBZ	626	260	15	–
Zuwanderung (in 1000)				
	3921	3382	115	4058
Abwanderung (in 1000)				
	251	132	96	901
Wanderungssaldo (in Mio.)				
	3,67	3,25	0,02	3,16

Nach: Christoph Kleßmann, Die doppelte Staatsgründung, Bonn 1986, S. 355. 12445E

M 6 **Stammbevölkerung und Flüchtlingsstrom (Stand: April 1947)**

M 7 **Bevölkerungsbewegungen in Europa (1944–1952)**

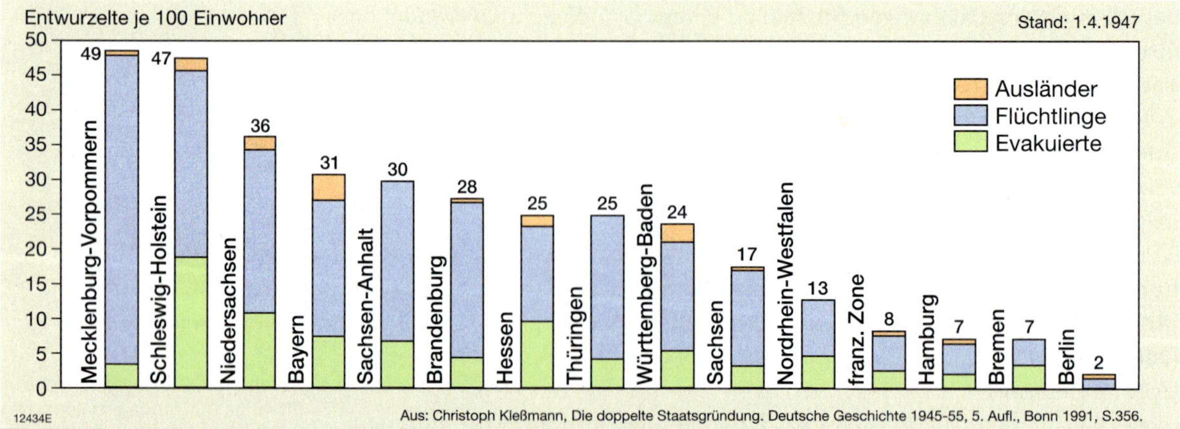

M 8 **Anteil der Entwurzelten an der Gesamtbevölkerung (nach Ländern)**

Aufnahme der deutschen Flüchtlinge – Mit einen Zeitungsartikel arbeiten

M 9 Schwierige Anfänge

Die „Hannoversche Presse" schreibt am 16. Dezember 1947:

„Warum seid Ihr gekommen? Wir haben Euch nicht gerufen!" Mit diesen hartherzigen Worten empfing sie ein Beauftragter der Gemeinde Weetzen. Und genau so wie der Empfang war dann auch die Unterbringung der Flüchtlinge. Ein dunkler Raum in einer Gastwirtschaft, dessen Größe wir auf 24 Quadratmeter schätzen, beherbergt nicht weniger als 25 Personen, Frauen, Männer und Kinder. Die Luft ist stickig. Es gibt weder Außenfenster noch eine andere Lüftungsmöglichkeit. Die Wände sind triefnaß. Das auf den Fußboden geschüttete Stroh ist feucht, es liegt schon vier Wochen da, neues kann angeblich nicht beschafft werden. Auch die Decken und Kleidungsstücke sind feucht. An diesen Schlafraum schließt sich ein zweiter, größerer, in dem weitere 18 Personen wohnen, an, außerdem ist es der Aufenthalts- und Kochraum. An dem großen Herd kochen bei unserem Eintritt acht Parteien, Wäsche hängt zum Trocknen auf einer Leine. Kinder spielen. In einer Ecke liegt eine Frau mit einem kleinen Mädchen auf Stroh. Seit ihrer Ankunft vor vier Wochen ist sie noch nicht aufgestanden, vielleicht ist sie zu schwach dazu, vielleicht ist ihr aber auch alles gleichgültig geworden. Die anderen versorgen sie notdürftig mit Essen und Trinken.
In den beiden Räumen gibt es keine Glühbirnen. Eine geliehene wurde für eine Rübensaftküche zurückgefordert und nicht wiedergebracht. Holz für den Herd ist nur spärlich vorhanden. Um sich zu waschen, müssen diese 42 Menschen zwischen zwei und 64 Jahren in der Zeit von 7 bis 8.30 Uhr früh in die einen halben Kilometer entfernte Zuckerfabrik gehen, wo es Waschräume gibt.
Eines der Flüchtlingsschicksale möge für alle sprechen. Es handelt sich um eine Frau in mittleren Jahren. Sie wurde von den deutschen Truppen beim Rückzug aus der Ukraine mit nach Polen genommen, in Litzmannstadt 1945 verhaftet, von ihren beiden kleinen Töchtern getrennt, sechs Monate ins Gefängnis gesteckt und dann neun Monate in ein Arbeitslager. Nach einem Jahr Sklavenarbeit bei polnischen Bauern floh sie, brachte monatelang in Lagern zu, bis sie nach Weetzen in diese Flüchtlingsunterkunft eingewiesen wurde. Wie wohlbehütet ist dagegen das Leben der meisten Einheimischen verlaufen!

Hannoversche Presse, 16.12.1947, S. 2.

Training

Erklärung des Operators „Wiedergeben"
Du sollst den Inhalt eines Materials (z.B. eines Textes, einer Statistik, einer Karte etc.) in deinen eigenen Worten und auf das Wesentliche reduziert formulieren, sodass eine andere Person, die das Material nicht kennt, den Inhalt nachvollziehen kann. Das bedeutet nicht, dass du den Inhalt wortwörtlich nacherzählst, sondern, dass du die wichtigsten Informationen in Kürze sinngemäß zusammenfasst. Sprachliche Mittel zu den Operatoren befinden sich im hinteren Einband.

Aufgaben

1. **Die „Zusammenbruchsgesellschaft"**
   a) Erläutere den Begriff „Zusammenbruchsgesellschaft" anhand ausgewählter Beispiele.
   b) Lege die Situation der Familien nach Kriegsende dar.
   c) **Medienbildung:** Vergleiche die gegebenen Definitionen zum Begriff „Zusammenbruchsgesellschaft" in den beiden aufgeführten Links.
   → Text, M1, www.gutefrage.net/frage/definition-zusammenbruchsgesellschaft und www.bpb.de
2. **Flucht und Vertreibung – Arbeiten mit Karten und Statistiken**
   a) Benenne Thema, den behandelten Zeitraum sowie den dargestellten Raum der Karte zu den Bevölkerungsbewegungen in Europa von 1944 bis 1952 und stelle die Informationen zusammen, die in der Karte enthalten sind.
   b) Erstelle eine Übersicht über die Herkunfts- und die Zielgebiete der Flüchtlinge und Vertriebenen.
   c) Wertet die Statistiken aus und beachtet dabei besonders die Situation von Berlin oder Brandenburg.
   → Text, M6, M7, M8
3. **Schwierige Anfänge**
   a) Gib die in der „Hannoverschen Presse" im Dezember 1947 beschriebenen „Schwierigen Anfänge" der Flüchtlinge in Niedersachsen wieder (vgl. den Trainingskasten auf dieser Seite).
   b) Ordne die Ereignisse in den historischen Kontext ein.
   → Text, M9

Die Gründung der UNO

M 1 **„Die Feuerwehr im Einsatz“**

Deutsche Karikatur von Peter Leger zum Einsatz der UN (Ausschnitt), 1985

Die Vorgeschichte

Heute sind fast alle Staaten Mitglieder der UNO, der „United Nations Organization“. Als die „Vereinten Nationen“ 1945 unter dem Eindruck des Zweiten Weltkriegs gegründet wurden, hatten sie 51 Mitglieder. Vorläufer war der 1919 eingerichtete Völkerbund, der ein neues Kapitel in den internationalen Beziehungen aufschlug. Die Idee eines friedlichen Zusammenlebens der Völker blieb auch über die Katastrophe des Zweiten Weltkriegs hinweg lebendig.

Lange vor Kriegsende berieten die Vereinigten Staaten und Großbritannien Grundsätze einer weltweiten Friedensordnung, die der Demokratie und den Menschenrechten zum Durchbruch verhelfen sollte. In der Atlantik-Charta von 1941 verkündeten US-Präsident Roosevelt und der britische Premierminister Winston Churchill, dass nach dem Sturz der nationalsozialistischen Diktatur ein Friede aufgerichtet werden solle, der allen Nationen die Möglichkeit biete, in gesicherten Grenzen zu leben und es den Menschen erlaube, ihr Leben „frei von Furcht und Not“ zu gestalten.

Das Selbstbestimmungsrecht der Völker sollte in einem doppelten Sinn berücksichtigt werden. Einerseits sollte es keine territorialen Veränderungen geben, die nicht den Wünschen der betroffenen Völker entsprachen. Andererseits sollten die Völker das Recht haben, ihre Regierungsform selbst zu bestimmen.

1945 kamen Vertreter von 51 Staaten in San Francisco zusammen und unterzeichneten die Charta der „Vereinten Nationen“, die Satzung der neuen Weltorganisation UNO.

Grundsätze und Ziele

Grundsätze und Ziele der UNO basieren auf den Menschenrechten und dem Völkerrecht, das die Beziehungen zwischen den Staaten regelt. Die

- friedliche Schlichtung von Streitfällen,
- der Verzicht auf Gewaltanwendung und
- die Achtung des Selbstbestimmungsrechts der Völker sind wichtige Prinzipien, die den Weltfrieden sichern sollen.
- Ferner wird eine internationale Zusammenarbeit in wirtschaftlichen, sozialen und kulturellen Fragen angestrebt.

M 2 **„Non-Violence“**

Diese Skulptur wurde vom schwedischen Künstler Carl Fredrik Reuterswärd in den 1980er-Jahren entworfen und befindet sich seit 1988 im Park der Vereinten Nationen in New York.

Die Instrumente der Vereinten Nationen

Im Unterschied zum Völkerbund sollte die neue Weltorganisation Instrumente besitzen, die in der Lage waren, Frieden stiftende Maßnahmen durchzusetzen. Diesem Zweck dient der Sicherheitsrat, dem fünf Großmächte als ständige Mitglieder angehören: USA, Großbritannien, Frankreich, Russland (zuvor Sowjetunion) und die Volksrepublik China (seit 1972). Diese Staaten besitzen ein Vetorecht, mit dem sie Beschlüsse blockieren können. Daher sind auch Mehrheitsentscheidungen gegen den Willen eines Mitglieds des Sicherheitsrats nicht durchsetzbar.

Zwischen 1945 und 1990 konnte auch die UNO über 150 Kriege in der Welt nicht verhindern. Erst das Ende des Ost-West-Konflikts 1990 befreite die Vereinten Nationen aus einer politischen Blockade und der Sicherheitsrat konnte den Weltfrieden in einigen Fällen durch rasches Handeln besser bewahren (z.B. Besetzung Kuwaits durch den Irak 1991).

Frieden sichernde Maßnahmen

Die deutliche Zunahme Frieden sichernder Maßnahmen belegt die gewachsene Bedeutung der Vereinten Nationen. Von den Mitgliedsländern gestellte Truppen versuchen im Auftrag der UNO in verschiedenen Regionen der Welt den Frieden zu erhalten. Vielfach hat allein die Präsenz der „Blauhelme" Aggressionen verhindert.

Die Bilanz dieser Einsätze ist jedoch nicht nur positiv. In manchen Fällen wurden UNO-Truppen in Bürgerkriege hineingezogen und konnten ihre Aufgabe nicht erfüllen. Voraussetzung für Frieden sichernde Maßnahmen sind:

- die Zustimmung der Konfliktparteien,
- die freiwillige Teilnahme von UN-Mitgliedstaaten,
- das Recht der teilnehmenden Mitgliedstaaten, sich jederzeit aus der Aktion zurückzuziehen,
- der Verzicht auf Waffengewalt außer zur Selbstverteidigung.

Sonderorganisationen der UNO

Die UNO hat sich auch verpflichtet, soziale, humanitäre und wirtschaftliche Probleme zu lösen. Für diese Aufgabe sind zahlreiche Sonderorganisationen entstanden, die in enger Zusammenarbeit mit den betroffenen Staaten Hilfe leisten, so z. B. die Weltgesundheitsorganisation (WHO), das Kinderhilfswerk UNICEF, das besonders in Entwicklungsländern in Not geratene Kinder unterstützt, oder die Welthandelsorganisation (WTO), die sich mit der Regelung internationaler Handels- und Wirtschaftsbeziehungen beschäftigt.

M 4 Organisation der Vereinten Nationen

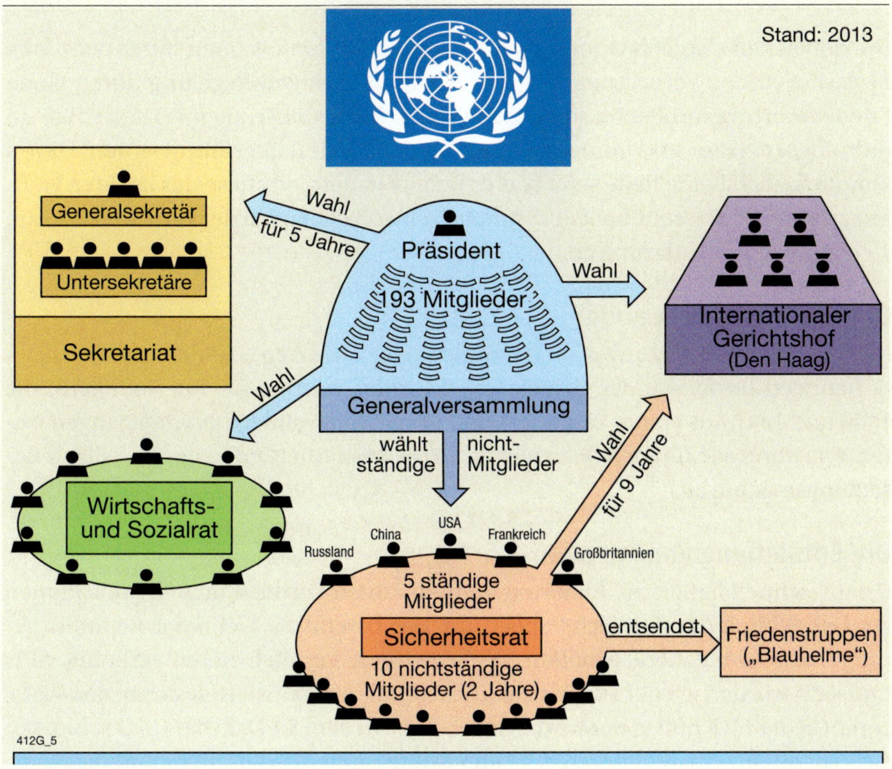

M 3 UN-Soldaten im Einsatz 1994
während des Bosnienkonfliktes

Aufgaben

1. Die UNO

a) Informiert euch über die unterschiedlichen Aufgabengebiete der UNO am Beispiel ihrer Sonderorganisationen und Einsatzgebiete unter: www.bpb.de/internationales/weltweit/vereinte-nationen.

b) Benennt mögliche der Berührungspunkte UNO-Aufgaben mit eurem Leben.

c) Besucht die offizielle UN-Webseite: www.un.org und informiert euch über die aktuellen Peacekeeping-Aktionen unter: https://peacekeeping.un.org/en

→ M1–M4, Internet

Die Entwicklung in den Besatzungszonen

Die Alliierten in Deutschland

Schon während des Krieges hatten die Alliierten die Aufteilung Deutschlands in Besatzungszonen vereinbart. Ein Alliierter Kontrollrat in Berlin, der sich aus den Oberbefehlshabern der Besatzungsmächte zusammensetzte, hatte die Macht über das besetzte Deutschland. Er sollte insbesondere ein einheitliches Vorgehen bei allen Fragen gewährleisten, die Deutschland als Ganzes betrafen. Auch die Hauptstadt Berlin wurde von den Alliierten gemeinsam verwaltet und in vier Sektoren aufgeteilt. Das oberste Gremium hieß hier Alliierte Kommandantur. Politische Gegensätze ließen die Entwicklung in den westlichen Zonen und der Sowjetischen Besatzungszone bald auseinanderlaufen. So zeichnete sich schon früh die deutsche Teilung ab.

M 1 „Die großen Drei“
Churchill, Truman und Stalin auf der Potsdamer Konferenz, die vom 17. Juli bis zum 2. August 1945 auf Schloss Cecilienhof in Potsdam stattfand.

Hinweis

Filmtipp
ZDF-Clip: Potsdamer Konferenz
https://momentedergeschichte.zdf.de/#/clip/470

Gemeinsame Politik der Alliierten

Zunächst betrieben die Sieger des Krieges noch einen gemeinsame Politik. Auf Schloss Cecilienhof in Potsdam trafen sich im Juli 1945 die drei Hauptalliierten, um ihr weiteres Vorgehen zu beraten: Truman (USA), Stalin (UdSSR) und Churchill (Großbritannien). Die Mächte einigten sich in Bezug auf das besiegte Deutschland auf folgende gemeinsame Ziele, die oft als „ 5 Ds“ bezeichnet werden:

- Demilitarisierung,
- Demokratisierung,
- Demontage,
- Denazifizierung,
- Dezentralisierung.

Die deutschen Ostgebiete jenseits der Oder-Neiße-Linie kamen unter polnische bzw. sowjetische Verwaltung, wo sie bis zur endgültigen Regelung durch einen Friedensvertrag verbleiben sollten. Die deutsche Bevölkerung im Osten sollte „in ordnungsgemäßer und humaner Weise“ in den Westen überführt werden. Davon konnte freilich keine Rede sein. War es bereits in der Endphase des Zweiten Weltkriegs zu einer Massenflucht gekommen, schwoll der Strom der Vertriebenen nun zu einer Völkerwanderung an.

Die Gründung der Länder

Innerhalb ihrer Besatzungszonen gründeten die Alliierten „Länder“, auf die unsere heutigen Bundesländer zurückgehen. Regiert wurden sie von Politikern, die 1946 und 1947 aus ersten Landtags- und Kommunalwahlen hervorgegangen waren. Die Kontrolle übten jedoch weiterhin die Militärbehörden der jeweiligen Besatzungsmächte aus.

Die Entstehung von Parteien

Relativ schnell ließen die Alliierten in ihren Zonen Parteien und Organisationen zu. Dabei blieb das politische Spektrum, das bereits die Weimarer Republik geprägt hatte, weitgehend erhalten. Rechtsextreme Parteien waren verboten. SPD und KPD wurden wieder zugelassen. Die Liberalen organisierten sich in den Westzonen in der FDP und in der sowjetischen Zone in der LDPD. In der CDU schlossen sich vor allem christliche Bürger beider Konfessionen zusammen, und die bayri-

M 2 **Wahlplakat der SPD**

1947

M 3 **Wahlplakat der CDU**

1947

sche CSU orientierte sich stark an der Tradition des katholischen Zentrums. Ferner entstanden wieder Gewerkschaften sowie zahlreiche weitere Interessenverbände.

Hinweis

Eine Karte zur Besatzungszeit befindet sich auf Seite 9 in diesem Schulbuch.

Das Erwachen des öffentlichen Lebens

Parallel zur politischen Entwicklung sorgten die Besatzungsmächte dafür, dass das öffentliche und kulturelle Leben wieder erwachte. Sie ließen Zeitungen und Zeitschriften zu, gaben Verlagen Lizenzen zum Buchdruck und sorgten für die Ausstrahlung von Radioprogrammen. Theater und Kinos nahmen wieder ihren Betrieb auf. Da die nationalsozialistische Diktatur die Deutschen von der kulturellen Entwicklung im Ausland abgeschnitten hatte, gab es großen Nachholbedarf. Bücher einst verfemter Autoren und ausländische Schriftsteller erzielten hohe Auflagen. Zuspruch erfuhren auch die Kirchen, die nach der Diktatur als sinnstiftende Institutionen erlebt wurden.

Vorgehen in den Westzonen

Zwischen den Alliierten gab es durchaus verschiedene Zielvorstellungen: Auf der einen Seite bestimmten die Amerikaner aufgrund ihrer politischen, wirtschaftlichen und militärischen Stärke die Entwicklung in den Westzonen. Nach einer intensiven Politik der Entnazifizierung sollte die neue Demokratie systematisch von unten nach oben aufgebaut werden. Wirtschaftliche Hilfen sollten später den Aufbau erleichtern. Dieser Politik schlossen sich die Briten und Franzosen nach und nach an. Insbesondere die Franzosen waren zunächst auf eine politische und wirtschaftliche Schwächung Deutschlands aus, gaben diese Politik aber zunehmend auf. So schlossen sich die drei Westzonen nach und nach zur amerikanisch-britischen Bizone und schließlich mit dem französisch besetzten Gebiet zur Trizone zusammen.

Vorgehen in der Sowjetischen Besatzungszone (SBZ)

Demgegenüber verfolgte die Sowjetunion andere Ziele. Vordergründig sollte der Aufbau der neuen Ordnung von einem breiten Bündnis aller antifaschistischen Kräfte getragen werden. Doch nahmen die Kommunisten nach dem Grundsatz „Es muss demokratisch aussehen, aber wir müssen alles in der Hand haben" die entscheidenden Schlüsselstellungen ein.

Schon 1945 bildeten die in der Sowjetischen Besatzungszone zugelassenen Parteien die „Einheitsfront der antifaschistisch-demokratischen Parteien". Wegen der engen Verbindung von KPD und sowjetischer Besatzungsmacht konnten sich die übrigen Parteien kaum entfalten. Im Berliner Admiralspalast vereinigten sich im April 1946 schließlich SPD und KPD zur Sozialistischen Einheitspartei Deutschlands (SED). Der Kommunist Wilhelm Pieck und der Sozialdemokrat Otto Grotewohl reichten sich dabei symbolisch die Hände. Dieser Händedruck vor der roten Fahne der Arbeiterbewegung war von nun an das Zeichen der SED, die fortan eine beherrschende Stellung hatte.

M 4 **Logo der SED**
mit dem symbolischen Händedruck

„Junkerland in Bauernhand" – Die Bodenreform

Schon im September 1945 verkündete der KPD-Vorsitzende Wilhelm Pieck eine demokratische Bodenreform. Unter der Losung „Junkerland in Bauernhand" wurde jeder Grundbesitz über 100 Hektar entschädigungslos enteignet. Die Flächen wurden an Kleinbauern, Landarbeiter und Umsiedler verteilt. Maximal erhielt jeder Haushalt zehn Hektar. Die enteigneten Großgrundbesitzer, die nicht selten die Nationalsozialisten aktiv unterstützt hatten, wurden von Haus und Hof vertrieben, oft verhaftet und in sowjetische Internierungslager verbracht. Anderen gelang die Flucht in den Westen. In kürzester Zeit hatte sich auf dem Land eine radikale soziale Umwälzung vollzogen. Durch die Bodenreform entstanden so 210 000 Neubauernstellen, die enteignete Fläche betrug 3,3 Millionen Hektar. Auch wenn diese Maßnahmen vielen eine neue Lebensgrundlage bot, waren sie wegen der geringen Betriebsgrößen wirtschaftlich nicht erfolgreich.

Während die Alliierten offiziell noch eine gemeinsame Politik betrieben, entwickelten sich die Westzonen und die Ostzone immer weiter auseinander. Rückblickend betrachtet zeichnete sich die Teilung Deutschlands schon früh ab.

M 5 **Bodenreform 1945**
Das Bild zeigt die Zuteilung von Landparzellen des ehemaligen Rittergutes Helfendberg (bei Dresden) an Industriearbeiter, Herbst 1945

Die Konferenz von Potsdam im Spiegel von Quellen

M 6 **„Was bedeutet Deutschland jetzt?“**

Aus dem Protokoll der Potsdamer Konferenz, die vom 17. Juli bis zum 2. August 1945 stattfand:

Churchill: Ich möchte nur eine Frage stellen. Ich bemerke, dass hier das Wort „Deutschland“ gebraucht wird. Was bedeutet „Deutschland“ jetzt? Kann man es in dem Sinne verstehen wie vor dem Kriege?

Truman: Wie fasst die sowjetische Delegation diese Frage auf?

Stalin: Deutschland ist das, was es nach dem Kriege wurde. Ein anderes Deutschland gibt es jetzt nicht. So verstehe ich diese Frage.

Truman: Kann man von Deutschland sprechen, wie es 1937, vor dem Kriege war?

Stalin: So wie es 1945 ist.

Truman: Es hat 1945 alles eingebüßt. Deutschland existiert jetzt faktisch nicht.

Stalin: Deutschland ist, wie man bei uns sagt, ein geografischer Begriff. Wollen wir es vorläufig so auffassen! Man darf nicht von den Ergebnissen des Krieges abstrahieren.

Truman: Ja, aber es muss doch irgendeine Definition des Begriffes „Deutschland“ erfolgen. Ich meine, das Deutschland von 1886 oder 1937 ist nicht dasselbe wie das Deutschland von heute, 1945.

Stalin: Es hat sich infolge des Krieges verändert, und so fassen wir es auf.

Truman: Ich bin damit völlig einverstanden, aber es muss trotzdem eine gewisse Definition des Begriffes „Deutschland“ erfolgen.

Stalin: Denkt man beispielsweise daran, im Sudetengebiet der Tschechoslowakei die deutsche Verwaltung wieder einzusetzen? Das ist das Gebiet, aus dem die Deutschen die Tschechen vertrieben haben.

Truman: Vielleicht werden wir trotzdem von Deutschland, wie es vor dem Kriege, im Jahre 1937, war, sprechen?

Stalin: Formal kann man es so verstehen, in Wirklichkeit ist es nicht so. Wenn in Königsberg eine deutsche Verwaltung auftauchen wird, werden wir sie fortjagen, ganz gewiss fortjagen.

Truman: Auf der Krim-Konferenz wurde vereinbart, dass die Territorialfragen auf der Friedenskonferenz entschieden werden müssen. Wie definieren wir nun den Begriff „Deutschland“?

Stalin: Lassen Sie uns die Westgrenzen Polens festlegen, und dann wird die deutsche Frage klarer werden. Es ist für mich sehr schwierig auszudrücken, was jetzt unter Deutschland zu verstehen ist. Das ist ein Land, das keine Regierung, das keine fixierten Grenzen hat, weil die Grenzen nicht von unseren Truppen festgelegt werden. Deutschland hat überhaupt keine Truppen, Grenztruppen eingeschlossen, es ist in Besatzungszonen zerteilt. Und nun definieren Sie, was Deutschland ist! Es ist ein zerschlagenes Land.

Zit. nach: Alexander Fischer (Hg.), Teheran, Jalta, Potsdam. Die sowjetischen Protokolle von den Kriegskonferenzen der „Großen Drei“, Köln: Verlag Wissenschaft und Politik 1973 (2. Aufl.), S. 214f.

M 7 **„Das einzige Geschenk“**

Anonyme Karikatur aus der Zeitschrift „Der Ruf“, Ende 1946

Der Zusammenschluss von SPD und KPD – Unterschiedliche Sichtweisen

M 8 Gründung der SED

Wilhelm Pieck, Otto Grotewohl und Walter Ulbricht am 22. April 1946 im Berliner Admiralspalast

M 9 Gründung der SED

a) Am 21. April 1946 erfolgte in Berlin die Vereinigung der beiden Arbeiterparteien SPD und KPD zur SED. War es ein freiwilliger Zusammenschluss oder aber eine Zwangsfusion unter sowjetischem Druck? Das ist bis heute umstritten. Der Vorsitzende der West-SPD, Kurt Schumacher, äußerte sich im Beisein von Otto Grotewohl auf einer Konferenz von Sozialdemokraten aus allen Besatzungszonen in Wennigsen bei Hannover am 5. Oktober 1945:

Wir deutschen Sozialdemokraten sind nicht britisch und nicht russisch, nicht amerikanisch und nicht französisch. Wir sind die Vertreter des deutschen arbeitenden Volkes und damit der deutschen Nation. [...]

Im Sinne der deutschen Politik ist die Kommunistische Partei überflüssig. [...] Nachdem ihre Hoffnung, sich als führende Arbeiterpartei etablieren und zur einzigen Arbeiterpartei entwickeln zu können, von den Tatsachen so völlig unmöglich gemacht wird, muss sie nach dem großen Blutspender suchen. Das Rezept ist die Einheitspartei, die einen Versuch darstellt, der Sozialdemokratischen Partei eine kommunistische Führung aufzuzwingen.

Zit. nach: Heinrich Georg Ritzel, Kurt Schumacher in Selbstzeugnissen und Bilddokumenten, Reinbek bei Hamburg: Rowohlt 1972, S. 48.

b) Im Dezember 1945 fand in Berlin eine gemeinsame Konferenz des Zentralausschusses der SPD und des Zentralkomitees der KPD mit Vertretern der beiden Parteien aus den Bezirken der SBZ statt, die folgende Entschließung verabschiedete:

Es wird lebhaft begrüßt, dass die Wiedergeburt der politischen Freiheit in Deutschland nach dem Zusammenbruch des Hitlerregimes nicht unter dem verhängnisvollen Zeichen einer neuen Spaltung des schaffenden Volkes stand, sondern im hoffnungsfreudigen Zeichen der Zusammenarbeit zwischen den beiden Arbeiterparteien [...].

Getrennt wurden die verschiedenen Flügel der Arbeiterbewegung geschlagen; und gespalten ging sie in die Illegalität. Alle Opfer des Hitlerterrors und alle Leiden und Schrecken des Hitlerkrieges wären umsonst gewesen, wenn nicht die Lehren aus der Vergangenheit gezogen und die Aktionseinheit aller antifaschistisch-demokratischen Kräfte hergestellt worden wäre.

Zit. nach: Gert Gruner/Manfred Wilke (Hg.), Sozialdemokraten im Kampf um die Freiheit. Die Auseinandersetzungen zwischen SPD und KPD in Berlin 1945/46, München: Piper 1981, S. 193ff.

c) Der Sozialdemokrat Dieter Rieke beschreibt in seiner Autobiografie von 1999 einen Vorfall im Februar 1946. Dieter Rieke wurde 1948 vom sowjetischen Geheimdienst verhaftet, zu 25 Jahren Zwangsarbeit verurteilt und 1956 entlassen:

An einem grauen Februartag saß ich zu Hause gerade beim Mittagessen, als ein Mann der Kriminalpolizei an unserer Haustür klingelte und mich aufforderte, zu einem Gespräch bei der Militärverwaltung mitzukommen. Wir gingen zu Fuß zu einem Gebäude [...]. An der Wache wurde ich abgeliefert und zu einem Offizier im ersten Stock gebracht, der mich nicht sonderlich freundlich empfing und mich anwies, auf einem Stuhl mitten im Zimmer Platz zu nehmen.

Er begann in erstaunlich gutem Deutsch mit einem ausführlichen Verhör zu meiner Person, wobei ich spürte, dass der Major mit einem grünen Band an der Schirmmütze, also von der sowjetischen Geheimpolizei, über mich gut Bescheid wusste. Eher beiläufig fragte er mich zu meinen Bedenken in Sachen Einheitskampagne. Ich dachte, dass es jetzt für mich um Kopf und Kragen gehe, und versuchte, ihn mit den mir bekannten „Einheitsparolen“ über Zweifel hinwegzutäuschen. [...]

Am späten Nachmittag ließ er mich gehen. Ich hatte mich anfangs schon als Gefangener in den Kellern des NKWD/MWD [der sowjetischen Geheimpolizei] gesehen. [...] Das hatte das kommunistische Regime leider schon geschafft.

Dieter Rieke, Geliebtes Leben. Erlebtes und Ertragenes zwischen den Mahlsteinen jüngster deutscher Geschichte, Berlin: Berlin-Verlag Arno Spitz GmbH 1999, S. 81f.

d) Aus einem Schreiben des Kreisvorstandes der SPD Osthavelland an den Zentralausschuss der SPD vom 25. März 1946:

Wir geben zu, dass auch wir und einzelne Ortsgruppen unseres Kreises im Anfangsstadium der Einheitsbestrebungen Misstrauen und Schwierigkeiten zu überwinden hatten, die sich aber bei näherer Betrachtung der Gründe für dieses Misstrauen in der Regel als persönliche und recht oft kleinliche Dinge herausstellten, welche nach offenherziger Aussprache in allen Fällen beseitigt werden konnten. Nach den bisher gemachten Erfahrungen mit unseren Freunden der KPD können wir mit Fug und Recht behaupten, dass auch sie mit anständigen und ehrlichen Absichten in diese Vereinigung gehen in der Erkenntnis, dass nur eine starke und geeinte Arbeiterschaft die Aufgabe erfüllen kann, die in der heutigen Zeit des Wiederaufbaus gefordert werden muss. [...] Die Mitglieder des Kreises Osthavelland fordern den sofortigen Zusammenschluss der beiden Arbeiterparteien und werden in der heute Nachmittag stattfindenden gemeinsamen Delegiertentagung den Zusammenschluss für den Kreis Osthavelland beschließen, um damit den Berliner Zweiflern den Beweis zu erbringen, dass sie mit ihrer irreführenden Meinung allein dastehen.

Zit. nach: Andreas Malycha (Hg.), Auf dem Weg zur SED. Die Sozialdemokratie und die Bildung einer Einheitspartei in den Ländern der SBZ. Eine Quellenedition, Bonn: Dietz 1995, S. 416.

M 10 „Wählt SED"
Plakat der SED, nach 1946

Aufgaben

1. Die Konferenz von Potsdam
   a) Fasse die Vorstellungen der Alliierten im Nachkriegsdeutschland in einer Mindmap zusammen.
   b) Lest in der Klasse mit verteilten Rollen laut das Gespräch zwischen Truman, Stalin und Churchill. Ermittelt anschließend die Einstellungen Trumans und Stalins gegenüber Deutschland.
   c) Vergleiche die Aussagen der Karikatur mit den Einschätzungen von Truman und Stalin.
   ↪ Text, M1, M6, M7

2. Die sowjetische Besatzungspolitik
   a) Erstelle eine Tabelle mit den grundlegenden Zielen der sowjetischen und amerikanischen Besatzungsmacht. Unterscheide dabei zwischen politischen, wirtschaftlichen und gesellschaftlichen Zielen.
   b) Vergleiche die Vorgehensweise der beiden Siegermächte.
   c) Erläutere den Slogan „Junkerland in Bauernhand".
   d) Diskutiert die Auswirkungen der Bodenreform in politischer, wirtschaftlicher und gesellschaftlicher Hinsicht.
   ↪ Text, M5

3. Die Gründung der SED
   a) Fasst die in den einzelnen Texten jeweils zum Ausdruck kommende Einstellung gegenüber der geplanten Vereinigung von KPD und SPD zur SED knapp zusammen.
   b) Beurteilt die jeweilige Glaubwürdigkeit der Quellen. Berücksichtigt dabei Textsorte und Perspektive.
   c) Erstellt auf der Grundlage der Quellen M9 und M10 ein Tafelbild für den Unterricht unter der Fragestellung: Die Gründung der SED – freiwillig oder erzwungen?
   ↪ Text, M8 – M10

M 1 **Entnazifizierung**

Unter Aufsicht eines US-Soldaten erhält die Adolf-Hitler-Straße in Trier am 12. Mai 1945 wieder ihren ursprünglichen Namen.

Hinweis

Zum Nürnberger Prozess gibt es im Internet einen interessanten Jugend-Audioguide:

https://museen.nuernberg.de/memorium-nuernberger-prozesse/bildungsprogramm/jugendaudioguides/

Die Entnazifizierung

Mit dem Begriff „Entnazifizierung“ beschrieben die Alliierten ihr gemeinsames Ziel, autoritäre Traditionen und nationalsozialistische Überzeugungen der Deutschen und Österreicher auszulöschen. Erste Schritte waren das Verbot der NSDAP und ihrer Unterorganisationen sowie die Aufhebung von Gesetzen, die das nationalsozialistische Regime gestützt hatten. Alle NS-Symbole mussten aus der Öffentlichkeit verschwinden. Denkmale wurden abmontiert, Bücher geschwärzt, zahlreiche Straßen und Schulen umbenannt.

Die strafrechtliche Verfolgung von NS-Verbrechern konnte nur auf einer neuen rechtlichen Grundlage geschehen. Kriegsverbrechen, Verbrechen gegen den Frieden und die Menschlichkeit wurden von den Alliierten mit Todes-, Haft-, Geld- oder Ehrenstrafen geahndet. Über konkrete Ziele der politische Umerziehung und Säuberung waren sich die Siegermächte uneins. Die Folge war ein unterschiedliches Vorgehen in den jeweiligen Besatzungszonen.

Die Nürnberger Prozesse

Als erstes internationales Gericht nahm das internationale Militärtribunal (IMT) am 20. November 1945 in Nürnberg seine Arbeit auf. In einer Reihe von Prozessen, an denen alle vier Siegermächte beteiligt waren, wurden bis 1949 führende Nationalsozialisten und Führungseliten des NS-Regimes angeklagt. Der erste Prozess gegen 24 prominente NS-Hauptkriegsverbrecher erlangte eine breite mediale Aufmerksamkeit. Die Urteile wurden am 1. Oktober 1946 gefällt: Zwölf Todesurteile, sieben Haftstrafen zwischen lebenslänglich und zehn Jahren sowie drei Freisprüche. NS-Organisationen wie die SS, SD, Gestapo sowie Führungsämter der NSDAP wurden als verbrecherische Organisationen eingestuft. Dies galt nicht für die Wehrmachtsführung, deren Schuld in Einzelverfahren geprüft werden sollte. Der Mythos von einer „sauberen Wehrmacht“ hatte hier seinen Ursprung, mit dem sich vielfach Wehrmachtsangehörige zu entlasten suchten.

M 2 **Die Angeklagten vor dem Hauptkriegsverbrecherprozess**

In den vorderen beiden Reihen die Verteidiger, in der Reihe dahinter von links: Hermann Goering, Rudolf Hess, Joachim v. Ribbentrop, Wilhelm Keitel, Ernst Kaltenbrunner, Alfred Rosenberg, Hans Frank, Wilhelm Frick, Julius Streicher, Walther Funk, Hjalmar Schacht; dahinter von links: Karl Dönitz, Erich Raeder, Baldur v. Schirach, Fritz Sauckel, Alfred Jodl, Franz v. Papen, Arthur Seyss-Inquart, Albert Speer, Konstantin Freiherr v. Neurath, Hans Fritzsche; Hitler und Goebbels hatten Selbstmord begangen, Nürnberg 1.10.1946.

Vorgehen in den westlichen Besatzungszonen

Entnazifizierung und Umerziehung waren in der amerikanischen Zone im Vergleich zu den anderen Westzonen bis 1947 besonders umfassend. Für Verdächtige und Täter wurden in allen westlichen Zonen Internierungslager errichtet. Bei der Übergabe der Lager an die deutsche Verwaltung 1947 waren viele Internierte bereits entlassen.

Für alle Deutschen war ein schematisches Verfahren vorgesehen, das den Grad der Verstrickung in das NS-Regime sowie die persönliche Schuld mit Hilfe eines Fragebogens klären sollte. Auf der Grundlage von 13 Millionen Befragungen wurden Spruchkammerverfahren durchgeführt. Hier urteilten bis Ende 1949 deutsche Laien und unbelastete Juristen in über 2,5 Millionen Einzelfällen. Dabei gab es fünf Kategorien: Hauptschuldige, Belastete, Minderbelastete, Mitläufer und Entlastete. Unter zwei Prozent der Angeklagten wurden als Hauptschuldige und Belastete eingestuft. Mehr als die Hälfte galten als Mitläufer, in einem Drittel der Fälle wurde das Verfahren eingestellt. Die Verfahren waren umstritten, da hier im Gegensatz zur üblichen Rechtspraxis die Beschuldigten ihre Unschuld mit entlastenden Zeugenaussagen belegen mussten. Diese nannte der Volksmund „Persilscheine“.

Neben die Bestrafung trat die „Reeducation“: Die Deutschen sollten zu Demokraten „umerzogen“ werden. Erstmals sahen Deutsche Filme über Konzentrationslager. Die abschreckende Wirkung der gezeigten Gräueltaten, Hoffnung auf eine bessere Zukunft an der Seite Amerikas und faszinierende kulturelle Angebote sollten die Deutschen für die Demokratie gewinnen. Ab 1947 gaben die Westalliierten den Versuch einer systematischen Bestrafung auf. Angesichts wachsender Spannungen zwischen den USA und der Sowjetunion galt Deutschland als künftiger Verbündeter, den man nicht unnötig brüskieren wollte.

M 3 „Justitia“

Karikatur zum Nürnberger Prozess, 1946

Vorgehen in der Sowjetischen Besatzungszone (SBZ)

Die Entnazifizierung in der SBZ verfolgte unter dem Deckmantel des „antifaschistisch-demokratischen Staatsaufbaus“ zwei Ziele: Die Bestrafung von NS-Tätern und die Ausschaltung politischer Gegner. Massenhafte Entlassungen von Beamten und Angestellten des öffentlichen Dienstes sollten NS-Eliten beseitigen, was gravierende personelle Engpässe zur Folge hatte. Den politischen Einfluss auf das Justiz- und Bildungswesen sicherte sich die Besatzungsmacht durch die Einstellung unbelasteter und politisch verlässlicher „Volksrichter“ und „Neulehrer“, die mitunter völlig unzureichend qualifiziert waren.

Auf dem Gebiet der SBZ errichtete der sowjetische Geheimdienst NKWD Speziallager. In Buchenwald und Sachsenhausen wurden dafür Gebäude ehemaliger Konzentrationslager genutzt. Zwischen 1945 und 1950 waren in der SBZ in diesen Lagern und Gefängnissen etwa 170 000 Menschen interniert. Aufgrund der katastrophalen Haftbedingungen starb ein Drittel. Im Unterschied zu den Westzonen wurden in den Speziallagern der SBZ neben tatsächlichen und vermeintlichen NS-Verbrechern auch politische Gegner interniert.

Obwohl die Staatsführung der 1949 auf dem Gebiet der SBZ gegründeten Deutschen Demokratischen Republik (DDR) den „antifaschistischen Neuanfang“ immer als Erfolg darstellte, gelangten in beiden deutschen Staaten ehemalige NSDAP-Mitglieder in Spitzenämter.

M 4 Speziallager Buchenwald

Nummerierte Stelen aus Edelstahl erinnern an die Toten, Foto, 2012.

Das Entnazifizierungsverfahren gegen Richard Aeckerle – Eine Fallstudie

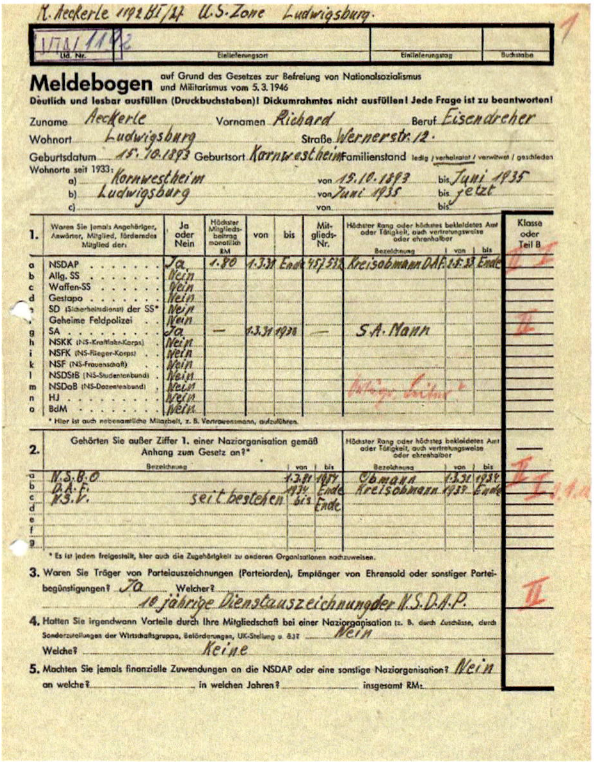

R. Aeckerle 1192 BI/47 U.S.-Zone Ludwigsburg

Meldebogen auf Grund des Gesetzes zur Befreiung von Nationalsozialismus und Militarismus vom 5.3.1946

Deutlich und lesbar ausfüllen (Druckbuchstaben)! Dickumrahmtes nicht ausfüllen! Jede Frage ist zu beantworten!

Zuname Aeckerle Vornamen Richard Beruf Eisendreher

Wohnort Ludwigsburg Straße Wernerstr. 12.

Geburtsdatum 15.10.1893 Geburtsort Kornwestheim Familienstand ledig / verheiratet / verwitwet / geschieden

Wohnorte seit 1933: a) Kornwestheim von 15.10.1893 bis Juni 1935; b) Ludwigsburg von Juni 1935 bis jetzt

1. Waren Sie jemals Angehöriger, Anwärter, Mitglied, förderndes Mitglied der:

		Ja oder Nein	Höchster Mitgliedsbeitrag monatlich RM	von	bis	Mitglieds-Nr.	Höchster Rang oder höchstes bekleidetes Amt	von	bis
a	NSDAP	Ja	1.80	1.3.31	Ende	457 512	Kreisobmann DAF	1.8.33	Ende
b	Allg. SS	Nein							
c	Waffen-SS	Nein							
d	Gestapo	Nein							
e	SD (Sicherheitsdienst der SS)*	Nein							
f	Geheime Feldpolizei	Nein							
g	SA	Ja	–	1.3.31	1938	–	S.A. Mann		
h	NSKK (NS-Kraftfahr-Korps)	Nein							
i	NSFK (NS-Flieger-Korps)	Nein							
k	NSF (NS-Frauenschaft)	Nein							
l	NSDStB (NS-Studentenbund)	Nein							
m	NSDoB (NS-Dozentenbund)	Nein							
n	HJ	Nein							
o	BdM	Nein							

* Hier ist auch nebenamtliche Mitarbeit, z. B. Vertrauensmann, aufzuführen.

2. Gehörten Sie außer Ziffer 1. einer Naziorganisation gemäß Anhang zum Gesetz an?*

	Bezeichnung	von	bis	Höchster Rang oder höchstes bekleidetes Amt	von	bis
a	N.S.B.O.	1.3.31	1934	Obmann	1.3.31	1934
b	D.A.F.	1934	Ende	Kreisobmann	1938	Ende
c	N.S.V. seit bestehen		bis Ende			

* Es ist jedem freigestellt, hier auch die Zugehörigkeit zu anderen Organisationen nachzuweisen.

3. Waren Sie Träger von Parteiauszeichnungen (Parteiorden), Empfänger von Ehrensold oder sonstiger Parteibegünstigungen? Ja Welcher? 10 jährige Dienstauszeichnung der N.S.D.A.P.

4. Hatten Sie irgendwann Vorteile durch Ihre Mitgliedschaft bei einer Naziorganisation (z. B. durch Zuschüsse, durch Sonderzuteilungen der Wirtschaftsgruppe, Beförderungen, UK-Stellung u. a.)? Nein Welche? Keine

5. Machten Sie jemals finanzielle Zuwendungen an die NSDAP oder eine sonstige Naziorganisation? Nein an welche? in welchen Jahren? insgesamt RM:

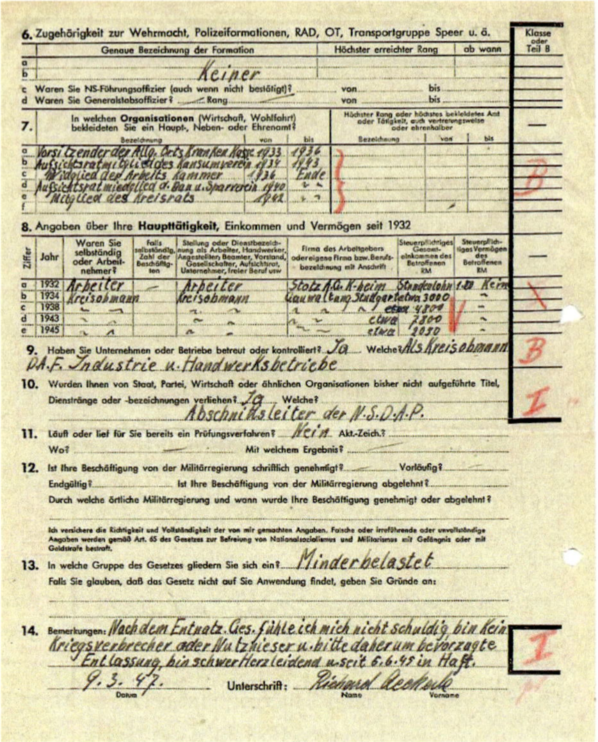

6. Zugehörigkeit zur Wehrmacht, Polizeiformationen, RAD, OT, Transportgruppe Speer u. ä.

Genaue Bezeichnung der Formation: Keiner

c Waren Sie NS-Führungsoffizier (auch wenn nicht bestätigt)? von bis
d Waren Sie Generalstabsoffizier? Rang von bis

7. In welchen Organisationen (Wirtschaft, Wohlfahrt) bekleideten Sie ein Haupt-, Neben- oder Ehrenamt?

	Bezeichnung	von	bis
a	Vorsitzender der Allg. Ortskrankenkasse	1933	1936
b	Aufsichtsratmitglied des Konsumvereins	1934	1943
c	Mitglied der Arbeitskammer	1936	Ende
d	Aufsichtsratmitglied d. Bau u. Sparverein	1940	"
e	Mitglied des Kreisrats	1942	"

8. Angaben über Ihre Haupttätigkeit, Einkommen und Vermögen seit 1932

	Jahr	Waren Sie selbständig oder Arbeitnehmer?	Falls selbständig, Zahl der Beschäftigten	Stellung oder Dienstbezeichnung	Firma des Arbeitgebers	Steuerpflichtiges Gesamteinkommen RM	Steuerpflichtiges Vermögen RM
a	1932	Arbeiter	–	Arbeiter	Stolz A.G. K.heim	Stundenlohn 1.20	Kein
b	1934	Kreisobmann		Kreisobmann	Gauwaltung Stuttgart	etwa 3000	–
c	1938	"		"	"	etwa 4800	–
d	1943	"		"	"	etwa 7200	–
e	1945	"		"	"	etwa 2050	–

9. Haben Sie Unternehmen oder Betriebe betreut oder kontrolliert? Ja Welche? Als Kreisobmann D.A.F. Industrie u. Handwerksbetriebe

10. Wurden Ihnen von Staat, Partei, Wirtschaft oder ähnlichen Organisationen bisher nicht aufgeführte Titel, Dienstränge oder -bezeichnungen verliehen? Ja Welche? Abschnittsleiter der N.S.D.A.P.

11. Läuft oder lief für Sie bereits ein Prüfungsverfahren? Nein Akt.-Zeich.? Wo? Mit welchem Ergebnis?

12. Ist Ihre Beschäftigung von der Militärregierung schriftlich genehmigt? Vorläufig? Endgültig? Ist Ihre Beschäftigung von der Militärregierung abgelehnt? Durch welche örtliche Militärregierung und wann wurde Ihre Beschäftigung genehmigt oder abgelehnt?

Ich versichere die Richtigkeit und Vollständigkeit der von mir gemachten Angaben. Falsche oder irreführende oder unvollständige Angaben werden gemäß Art. 65 des Gesetzes zur Befreiung von Nationalsozialismus und Militarismus mit Gefängnis oder mit Geldstrafe bestraft.

13. In welche Gruppe des Gesetzes gliedern Sie sich ein? Minderbelastet
Falls Sie glauben, daß das Gesetz nicht auf Sie Anwendung findet, geben Sie Gründe an:

14. Bemerkungen: Nach dem Entnatz. Ges. fühle ich mich nicht schuldig, bin kein Kriegsverbrecher oder Nutznießer u. bitte daher um bevorzugte Entlassung, bin schwer Herzleidend u. seit 6.6.45 in Haft.

9.3.47. Unterschrift: Richard Aeckerle

M 5 Meldebogen

Vorder- und Rückseite, von Richard Aeckerle aus Ludwigsburg in der amerikanischen Besatzungszone, 1947. Aeckerle war als Kreisleiter der Deutschen Arbeitsfront (DAF) u. a. 1941 an der Demütigung von Frauen beteiligt, die Beziehungen mit französischen Kriegsgefangenen geführt hatten und denen daraufhin „Rassenschande" vorgeworfen wurde.

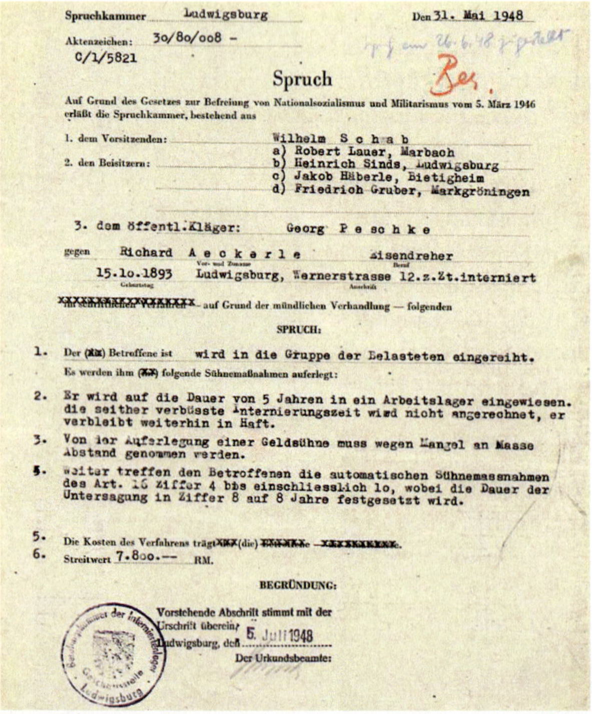

Spruchkammer Ludwigsburg Den 31. Mai 1948

Aktenzeichen: 30/80/008 – C/1/5821

Spruch

Auf Grund des Gesetzes zur Befreiung von Nationalsozialismus und Militarismus vom 5. März 1946 erläßt die Spruchkammer, bestehend aus

1. dem Vorsitzenden: Wilhelm Schab
2. den Beisitzern: a) Robert Lauer, Marbach b) Heinrich Sinds, Ludwigsburg c) Jakob Häberle, Bietigheim d) Friedrich Gruber, Markgröningen
3. dem öffentl. Kläger: Georg Peschke

gegen Richard Aeckerle Eisendreher
15.10.1893 Ludwigsburg, Wernerstrasse 12. z. Zt. interniert

auf Grund der mündlichen Verhandlung — folgenden

SPRUCH:

1. Der Betroffene ist wird in die Gruppe der Belasteten eingereiht.
Es werden ihm folgende Sühnemaßnahmen auferlegt:
2. Er wird auf die Dauer von 5 Jahren in ein Arbeitslager eingewiesen. die seither verbüsste Internierungszeit wird nicht angerechnet, er verbleibt weiterhin in Haft.
3. Von der Auferlegung einer Geldsühne muss wegen Mangel an Masse Abstand genommen werden.
4. Weiter treffen den Betroffenen die automatischen Sühnemassnahmen des Art. 16 Ziffer 4 bis einschliesslich 10, wobei die Dauer der Untersagung in Ziffer 8 auf 8 Jahre festgesetzt wird.
5. Die Kosten des Verfahrens trägt (die)
6. Streitwert 7.800.— RM.

BEGRÜNDUNG:

Vorstehende Abschrift stimmt mit der Urschrift überein; Ludwigsburg, den 5. Juli 1948
Der Urkundsbeamte:

M 6 Spruch einer Spruchkammer

gegen Richard Aeckerle, amerikanische Besatzungszone, 1948

Training

Erklärung des Operators „Untersuchen"

Du sollst aus einem Material (Text, Bild, Statistik, Karte etc.) gezielt wichtige Informationen herausarbeiten. Der Arbeitsauftrag gibt dir genauere Hinweise dazu, welche Inhalte du aus dem Material herausarbeiten sollst. Anschließend musst du deine Untersuchungsergebnisse zusammenhängend und für andere nachvollziehbar formulieren. Das bedeutet, dass du die Inhalte aus dem Material in eigenen Worten erklären können musst. Dabei solltest du auch darauf achten, dass du die Stellen im Material (z. B. Textstelle bzw. Zeile) benennst, aus denen du deine Ergebnisse herausgearbeitet hast. Sprachliche Mittel zu den Operatoren befinden sich im hinteren Einband.

Zusatzaufgabe: Die Schuldfrage

M 7 Plakat aus der britischen und amerikanischen Besatzungszone (Ausschnitt)

M 8 Die Schuldfrage

In einer Vorlesungsreihe (1945/46) setzte sich der Philosoph Karl Jaspers mit der „Schuldfrage" auseinander:

Jener Satz: „Das ist eure Schuld" kann bedeuten: Ihr haftet für die Taten des Regimes, das ihr geduldet habt – hier handelt es sich um unsere politische Schuld. Es ist eure Schuld, dass ihr darüber hinaus dies Regime unterstützt und mitgemacht habt – darin liegt unsere moralische Schuld. Es ist eure Schuld, dass ihr untätig dabei standet, wenn die Verbrechen getan wurden – da deutet sich eine metaphysische Schuld an. Diese drei Sätze halte ich für wahr. [...] Weiter kann „Das ist eure Schuld" bedeuten: Ihr seid Teilnehmer an jenen Verbrechen, daher selbst Verbrecher. Das ist für die überwiegende Mehrzahl der Deutschen offenbar falsch.

Karl Jaspers, Die Schuldfrage, in: ders.: Erneuerung der Universität. Reden und Schriften 1945/46, Heidelberg: Schneider 1986, S. 151.

Aufgaben

1. Die Entnazifizierung
a) Erläutere die Ziele, die die Alliierten mit der Entnazifizierung verbanden.
b) Vergleiche die Entnazifizierungsmethoden in den Besatzungszonen.
→ Text, M1, M2, M4, M7

2. Eine Fallstudie
a) Untersuche Aeckerles Meldebogen und nenne die Angaben, die erfasst wurden (vgl. den Trainingskasten auf Seite 30).
b) Arbeite den Eindruck heraus, den Aeckerle erwecken wollte.
c) Erläutere die rechtliche Grundlage des Urteils der Spruchkammer und nimm dazu Stellung.
d) Recherchiere die Bedeutung des Begriffs „Sühnemaßnahmen" und sammle weitere Informationen zum Fall Richard Aeckerle.
→ M5, M6, www.landesarchiv-bw.de/web/45248

3. Die Schuldfrage – Zusatzaufgabe
a) Erläutere die Absicht des Plakates.
b) Erläutere die Aspekte von Schuld, die Karl Jaspers unterscheidet.
c) Setze dich mit der Meinung von Karl Jaspers auseinander.
→ M7, M8

4. „Wehrhafte Demokratie"
Unter dem Begriff der „wehrhaften Demokratie" wurde 1949 in die Verfassung der Bundesrepublik Deutschland folgende Artikel eingearbeitet:
Artikel 79 Abs. 3,
Artikel 9 Abs. 2
Artikel 18
Artikel 21 Abs. 2
Schlage sie nach und erläutere ihren Inhalt auf dem Hintergrund des Nationalsozialismus.

M 1 Die „großen Drei“
Churchill, Truman und Stalin auf der Potsdamer Konferenz, August 1945

Hinweis

Tipp für eine Exkursion
Der Cecilienhof in Potsdam, Ort der Potsdammer Konferenz, kann noch heute besichtigt werden.
https://www.spsg.de/schloesser-gaerten/objekt/schloss-cecilienhof/

M 2 Atompilz über Hiroshima
Der US-Bomber „Enola Gay“ wirft um 8:15 Uhr Ortszeit die Atombombe ab. Sie explodiert in 570 m Höhe und kostet 240 000 Menschen das Leben, 6. August 1945.

Der Zerfall der Anti-Hitler-Koalition

Ein Symbol der Einigkeit?

Das Foto ist bekannt: Der britische Premierminister Winston Churchill, der amerikanische Präsident Harry S. Truman und der sowjetische Generalsekretär Josef Stalin, die Führer der drei Alliierten, reichen sich auf der Potsdamer Konferenz die Hände: ein Symbol der Einigkeit. Solche Handlungen dienen oft dazu, ein politisches Ziel sichtbar zu machen. Der politischen Wirklichkeit entsprechen die Gesten oft nicht.

Der Beginn des Kalten Krieges

Die im August 1945 demonstrierte Übereinstimmung war zu diesem Zeitpunkt tatsächlich schon nicht mehr vorhanden. Dies hatte sehr vielfältige Ursachen: Die Waffenbrüderschaft gegen Hitlerdeutschland bildete eine Zweckgemeinschaft, die nur Bestand hatte, bis der gemeinsame Gegner niedergerungen war. Doch die USA und die UdSSR verkörperten zwei ganz unterschiedliche politische und wirtschaftliche Systeme:

- Während die USA der parlamentarischen Demokratie, dem Liberalismus und der Marktwirtschaft verpflichtet waren,
- verwirklichte die Sowjetunion ihre Vorstellungen vom Sozialismus im Sinne von Parteiendiktatur, Zentralismus und Planwirtschaft.

Stalin glaubte, dass er berechtigt sei, Osteuropa nach seinen Vorstellungen zu gestalten, denn die Sowjetunion hatte die Hauptlast des Krieges getragen und gewaltige Bevölkerungsverluste und Kriegszerstörungen erlitten. Die traumatischen Erfahrungen des Kriegs verstärkten das Sicherheitsbedürfnis der Sowjetunion. Sie errichtete an ihrer Westgrenze einen Gürtel von „Volksdemokratien“, in denen von Moskau abhängige Regierungen herrschten. Dies wiederum betrachteten die Vereinigten Staaten als ungehemmte kommunistische Expansion, weshalb die USA ihrerseits vor allem gegen Ende des Krieges gegen Japan versuchten,

M 3 **Das Vordringen der Sowjetunion in Europa**

in ihrem Interesse machtpolitische Gegebenheiten im pazifischen Raum zu schaffen. Hinzu kam der Abwurf der beiden Atombomben. Eine Vertrauensbasis war unter diesen Voraussetzungen nicht mehr gegeben. So entwickelte sich bald ein „Kalter Krieg", den die beiden Supermächte mit wirtschaftlichem Druck, ideologischer Propaganda und Drohungen austrugen. Militärbündnisse und atomare Aufrüstung führten zu gefährlichen Spannungen, die mehrfach in eine bewaffnete Auseinandersetzung – einen „heißen Krieg" – umzuschlagen drohten.

Truman-Doktrin und Marshallplan

Anlass für Konflikte boten auch die wirtschaftlichen Ziele der Alliierten in Deutschland. So betrieb die Sowjetunion in ihrer Zone eine radikale Reparationspolitik, um Kriegszerstörungen im eigenen Land abzumildern. Man demontierte Maschinen, Bahngleise und ganze Fabriken und transportierte sie in die UdSSR. In den Westzonen stellten die Alliierten die Demontagen nach 1946 teilweise und ab 1951 gänzlich ein. Sie wollten dadurch Deutschlands wirtschaftlichen Zusammenbruch verhindern und der bedrohlichen Ausdehnung des sowjetischen Einflusses begegnen.

Unter dem Eindruck der sowjetischen Expansion hielt US-Präsident Truman am 12. März 1947 eine Grundsatzrede vor dem Kongress. Er kündigte an, dass die USA künftig alle freien Völker bei ihrem Kampf gegen Unterdrückung unterstützen würden. Diese Eindämmungspolitik (Containment) sollte von einer massiven Militär- und Wirtschaftshilfe begleitet sein. Dem Konzept folgte der amerikanische Außenminister George C. Marshall, als er ein „Europäisches Wiederaufbauprogramm" entwickelte, das die USA 1947 als Wirtschaftshilfe für das kriegszerstörte Europa einleiteten. Es umfasste Rohstoffe, Maschinen, Nahrungsmittel und Kredite, bildete die Grundlage eines Neuanfangs und ging als „Marshallplan" in die Geschichte ein.

Hinweis

Ein interessanter Ausschnitt aus einem US-amerikanischen Propagandafilm über die „Marshallplan"-Hilfe befindet sich unter:

www.hdg.de/lemo/bestand/medien/video-marshall-plan.html

(Beachte: Objektinfo und Transkription)

M 4 **„All our Colours to the Mast"**

Plakat aus dem Wettbewerb des „European Recovery Program", 1950

M 5 **Berliner Luftbrücke**

Kinder beobachten den Landeanflug eines amerikanischen Transportflugzeugs. Da die Piloten oft Süßigkeiten für Kinder abwarfen, wurden die Maschinen liebevoll „Rosinenbomber" genannt, Foto von Henry Ries.

M 6 **Gefüllte Schaufenster**

Zum Stichtag der Währungsreform, 23. Juni 1948

Hinweis

Filmtipp

ZDF-Clip: 1949 Luftbrücke – Die „Rosinenbomber"

https://www.zdf.de/dokumentation/momente-der-geschichte/luftbruecke-die-rosinenbomber-102.html

M 7 **Plakat zur NATO**

1952

Von der „Bizone" zur Währungsreform

Um ein leistungsfähiges Wirtschaftsgebiet zu schaffen, wurden die britische und amerikanische Zone im Januar 1947 zur „Bizone" vereinigt. Später folgte die französische Zone.

Ferner war eine Neuordnung des Währungssystems erforderlich, da eine Inflation drohte: Am 21. Juni 1948 wurde die Reichsmark im Verhältnis 10:1 abgewertet und durch die „Deutsche Mark" (DM) ersetzt. Am 23. Juni 1948 erfolgte auch in der Sowjetischen Besatzungszone eine Währungsreform. Damit war Deutschland politisch und wirtschaftlich gespalten.

Die Berlin-Blockade

Als die Alliierten auch in den Berliner Westsektoren die D-Mark einführten, kam es zum Konflikt. Die Sowjetunion demonstrierte ihre Macht und sperrte am 24. Juni 1948 alle Straßen, Eisenbahnlinien und Wasserwege von Westdeutschland nach Westberlin. Damit war die Stadt auch von Stromlieferungen aus dem Osten und der Versorgung mit frischen Nahrungsmitteln abgeschnitten.

Auf diese Kampfansage reagierten Amerikaner und Briten mit einer Luftbrücke, denn die Benutzung der Luftkorridore war vertraglich abgesichert. Die Flugzeuge starteten im Minutentakt und transportierten während der elfmonatigen Blockade 1,5 Millionen Tonnen Lebensmittel, Baumaterialien und Kohle in die bedrängte Stadt. Am 12. Mai 1949 gaben die Sowjets die Blockade auf. Ihr Erpressungsversuch hatte sich als politischer Fehlschlag erwiesen.

Die Gründung der NATO

Die Spaltung Deutschlands und der Welt hatte sich vertieft und die Vereinigten Staaten darin bestärkt, weitere Expansionsversuche der Sowjetunion abzuwehren. Das führte am 4. April 1949 zur Gründung des nordatlantischen Verteidigungsbündnisses der NATO (North Atlantic Treaty Organization). In diesem Beistandspakt schlossen sich zehn westeuropäische Staaten sowie die USA und Kanada zusammen, um sich vor einem sowjetischen Angriff zu schützen.

Der „Kalte Krieg" beginnt – Analyse von politischen Reden

M 8 Die „Truman-Doktrin"

Das Programm wurde in einer Rede von Präsident Truman am 12. März 1947 vor beiden Häusern des US-Kongresses entwickelt:

In jüngster Zeit wurden den Völkern einer Anzahl von Staaten gegen ihren Willen totalitäre Regierungsformen aufgezwungen. Die Regierung der Vereinigten Staaten hat immer wieder gegen den Zwang und die Einschüchterung in Polen, Rumänien und Bulgarien protestiert, die eine Verletzung der Vereinbarungen von Jalta [der Kriegskonferenz vom Februar 1945] darstellen. Ich muss auch erwähnen, dass in einer Anzahl von anderen Ländern ähnliche Entwicklungen vor sich gehen.
Zum gegenwärtigen Zeitpunkt der Weltgeschichte muss fast jede Nation zwischen alternativen Lebensformen wählen. Nur zu oft ist diese Wahl nicht frei. Die eine Lebensform gründet sich auf den Willen der Mehrheit und ist gekennzeichnet durch freie Institutionen, repräsentative Regierungsform, freie Wahlen, Garantien für die persönliche Freiheit, Rede- und Religionsfreiheit und Freiheit von politischer Unterdrückung.
Die andere Lebensform gründet sich auf den Willen einer Minderheit, den diese der Mehrheit gewaltsam aufzwingt. Sie stützt sich auf Terror und Unterdrückung, auf die Zensur von Presse und Rundfunk, auf manipulierte Wahlen und auf den Entzug der persönlichen Freiheiten.
Ich glaube, es muss die Politik der Vereinigten Staaten sein, freien Völkern beizustehen, die sich der angestrebten Unterwerfung durch bewaffnete Minderheiten oder durch äußeren Druck widersetzen. Ich glaube, wir müssen allen freien Völkern helfen, damit sie ihre Geschicke auf ihre eigene Weise selbst bestimmen können. Unter einem solchen Beistand verstehe ich vor allem wirtschaftliche und finanzielle Hilfe, die die Grundlage für wirtschaftliche Stabilität und geordnete politische Verhältnisse bildet.

Zit. nach: Wolfgang Lautemann/Manfred Schlenke (Hg.), Helmut Krause/Karlheinz Reif (Bearb.), Geschichte in Quellen Bd. 7. Die Welt seit 1945, München: Bayerischer Schulbuch-Verlag 1980, S. 576f.

M 9 Harry S. Truman

Der amerikanische Präsident am Rednerpult, 1947

M 10 „Zwei-Lager-Theorie"

Der Sekretär des ZK der KPdSU A. Schdanow in einer Rede zur internationalen Lage auf einer Konferenz der wichtigsten kommunistischer Parteien im September 1947 in Polen:

Während der Krieg im Gange war, marschierten die Alliierten im Kampfe gegen Deutschland und Japan zusammen und bildeten ein einziges Lager. Nichtsdestoweniger bestanden sogar während des Krieges im alliierten Lager im Hinblick auf die Definition sowohl der Kriegsziele als auch der Aufgaben der Nachkriegsorganisation der Welt Meinungsverschiedenheiten. Die Sowjetunion und die demokratischen Länder sahen ihre hauptsächlichen Kriegsziele in der Wiederherstellung und Konsolidierung der demokratischen Ordnung in Europa, in der Beseitigung des Faschismus und der Verhinderung der Möglichkeit einer neuen Aggression seitens Deutschlands und in der Herstellung einer allseitigen, dauerhaften Zusammenarbeit unter den Nationen Europas. Die vereinigten Staaten von Amerika – und Großbritannien im Einvernehmen mit ihnen – stellten sich ein anderes Kriegsziel: Sie wollten die Konkurrenten auf den Märkten – Deutschland und Japan – loswerden und ihre eigene Überlegenheit sichern.
Dieser Unterschied [...] begann in der Nachkriegsperiode deutlich zu werden. Zwei entgegengesetzte Kurse der Politik nahmen Gestalt an: Auf der einen Seite strebte die Politik der UdSSR und der demokratischen Länder nach der Überwindung des Imperialismus und der Konsolidierung der Demokratie. Auf der anderen Seite strebte die Politik der Vereinigten Staaten und Großbritanniens nach der Stärkung des Imperialismus und der Abwürgung der Demokratie. [...] So sind zwei Lager entstanden: das imperialistische, antidemokratische Lager, dessen Hauptziel darin besteht, die Weltvormachtstellung des amerikanischen Imperialismus zu erreichen und die Demokratie zu zerstören, und das antiimperialistische, demokratische Lager, dessen Hauptziel es ist, den Imperialismus zu überwinden, die Demokratie zu konsolidieren und die Überreste des Faschismus zu beseitigen.

Zit. nach: Wolfgang Lautemann/Manfred Schlenke (Hg.), Helmut Krause/Karlheinz Reif (Bearb.), Geschichte in Quellen Bd. 7. Die Welt seit 1945, München: Bayerischer Schulbuch-Verlag 1980, S. 460f.

Der „Marshallplan" – Unterschiedliche Materialien bearbeiten

M 11 „Gegen Hunger und Armut"

Der amerikanische Außenminister Marshall gab mit dieser Rede vom 5. Juni 1947 in der Harvard-Universität den Anstoß zur Entwicklung des ERP (European Recovery Program), des sogenannten Marshall-Planes:

Unsere Politik ist nicht gegen irgendein Land oder eine Doktrin, sondern gegen Hunger, Armut, Verzweiflung und Chaos gerichtet. Ihr Zweck soll es sein, die Weltwirtschaft wiederherzustellen, um das Entstehen politischer und sozialer Verhältnisse zu ermöglichen, unter welchen freie Institutionen existieren können. Eine solche Hilfe darf nach meiner Überzeugung nicht in kleinen Portionen erfolgen, so wie sich die Krise entwickelt. [...]
Eine Regierung, welche den Wiederaufbau anderer Länder zu verhindern sucht, kann keine Hilfe von uns erwarten. Regierungen, politische Parteien oder Gruppen, welche bestrebt sind, das menschliche Elend zu verewigen, um daraus politisch oder in anderer Weise zu profitieren, werden auf den Widerstand der Vereinigten Staaten stoßen.

Zit. nach: Wolfgang Lautemann/Manfred Schlenke (Hg.), Helmut Krause/Karlheinz Reif (Bearb.), Geschichte in Quellen Bd. 7. Die Welt seit 1945, München: Bayerischer Schulbuch-Verlag 1980, S. 370 f.

M 12

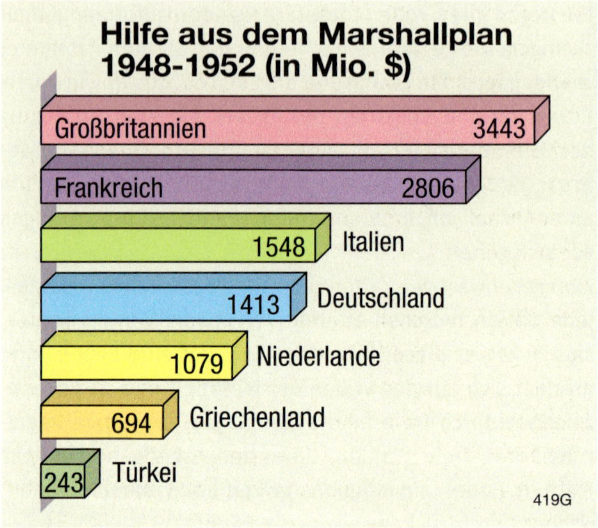

M 13 „Es geht vorwärts durch den Marshallplan"
Westdeutsches Plakat, um 1949

M 14 „Hinaus"
Ostdeutsches Plakat

Der „Marshallplan" – Ein Interview

M 15 „Es kam kein einziger Dollar"

In einem Interview mit der Zeitung „Die Welt" aus dem Jahr 2007 erklärt der Wirtschaftshistoriker Werner Abelshauser die Wirkungen des Marshallplans:

WELT: Viele Deutsche verbinden mit dem Marshallplan den Startschuss für einen jahrzehntelangen Wirtschaftsaufschwung. Zu recht?

Werner Abelshauser: Nein, er trug nur wenig direkt zum Wachstum bei. Die Güter waren zu teuer, entsprachen oft nicht den Bedürfnissen der Industrie und kamen zu spät. Als die ersten Waren 1949 eintrafen, war die deutsche Wirtschaft schon seit über einem Jahr vom Aufschwung erfasst.

WELT: Warum hat der Marshallplan dann so ein gutes Image?

Abelshauser: Weil Aufschwung und Plan zeitlich parallel liefen und die Menschen dachten, der Plan trage einen Großteil zum Boom bei.

WELT: Wie wurde konkret geholfen?

Abelshauser: Viele glauben, es seien Millionen von Dollar geflossen. Das ist ein großer Irrtum, es kam kein einziger Dollar. Die Amerikaner lieferten Waren: zu einem Großteil Baumwolle, Tabak und Nahrungsmittel. Sie richteten ihre Lieferungen an den Exportwünschen ihrer Wirtschaft aus, und die Deutschen bezahlten dafür. Direkt profitiert von den Waren hat nur die Textilindustrie, in der ein Baumwoll-Engpass drohte, und Berlin von den Nahrungsmittellieferungen.

WELT: Mehr half der Marshallplan der deutschen Wirtschaft nicht?

Abelshauser: Doch, aber eher indirekt. Deutschlands Reparationsgläubiger wurden mit dem Plan abgefunden. Wollten etwa die Franzosen selbst Unterstützung aus dem Marshallplan bekommen, durften sie nicht weiter Mittel aus der Produktion in Deutschland abziehen.

WELT: Für was steht das Wiederaufbauprogramm, wenn nicht für den Aufschwung?

Abelshauser: Er war ein sehr erfolgreiches Instrument der USA, Westeuropa gegen den Ostblock zu stabilisieren. Und in ihm manifestierte [zeigte sich] sich der Richtungswechsel in der Deutschland-Politik der Amerikaner. Bis 1947 wollten die USA Westeuropa zu Lasten Deutschlands helfen, mit dem Plan forcierten [beschleunigten] sie eine Stabilisierung mithilfe Deutschlands.

www.welt.de/welt_print/article921083/Als-Modell-fuer-Afrikaabsolut-ungeeignet.html [letzter Zugriff: 11.06.2018].

Training

Erklärung des Operators „Vergleichen"

Du sollst Gemeinsamkeiten und Ähnlichkeiten von mindestens 2 Ereignissen, Vorgängen, Gegenständen oder z. B. Modellen finden, aber auch Unterschiede zwischen diesen entdecken. Abschließend musst du deine Ergebnisse zusammenhängend und für andere nachvollziehbar formulieren. Das heißt, du musst genau benennen, ob es Gemeinsamkeiten, Ähnlichkeiten und Unterschiede gibt und erläutern, worin sich diese zeigen bzw. woran du diese erkannt hast. Sprachliche Mittel zu den Operatoren befinden sich im hinteren Einband.

Aufgaben

1. Der Beginn des Kalten Krieges

a) Stellt in einer Übersicht (z. B. Zeitleiste, Collage) wichtige Stationen dar, die zum Zerfall der Anti-Hitler-Koalition geführt haben.

b) Erörtert die Gründe, die dafür ausschlaggebend waren (unterscheidet zwischen politischen und wirtschaftlichen Gründen).

c) Vergleicht die beiden Redeauszüge von Truman und Schdanow und nehmt zu deren Positionen Stellung (vgl. den Trainingskasten auf dieser Seite).

d) Beurteilt die folgende Aussage: „Die Schuld für den Kalten Krieg liegt nicht nur auf einer Seite: Beide Staaten erregten mit ihren politischen Aktionen immer wieder das Misstrauen der anderen Seite."

→ Text, M8, M10

2. Der Marshall-Plan

a) Erläutert Ziele und Umsetzung des Marshall-Plans aus verschiedenen Perspektiven.

b) Vergleiche die Aussagen der beiden Plakate.

c) Fasse die Grundaussagen des Interviews zusammen.

d) Vergleiche die Ausführungen Abelshausers mit den Zielsetzungen Marshalls.

e) Verfasse eine Darstellung zum Thema: „Die Bedeutung des Marshallplans – Wiederaufbau oder Teilungsinstrument?"

f) Informiert euch über die Entstehung der Amerika-Gedenkbibliothek in Berlin.

→ Text, M11–M15, Internet

Der „Hungerkralle“ auf der Spur – Das Berliner Luftbrückendenkmal

M 1 Das Luftbrückendenkmal in Berlin-Tempelhof

Der Sockel des 1951 eingeweihten Berliner Luftbrückendenkmals trägt die folgende Inschrift: „Sie gaben ihr Leben für die Freiheit Berlins im Dienste der Luftbrücke 1948/49“.

Darunter stehen Namen derer, die während der Luftbrücke bei Unfällen umgekommen sind.

M 2 Schauplatz Berlin

Die Schriftstellerin und Journalistin Ruth Andreas-Friedrich schrieb in ihrem Tagebuch zu den Ereignissen in Berlin (1948):

Donnerstag, 24. Juni 1948
Die Repressalien beginnen. [...] Seit heute morgen haben die Sowjets die Stromzufuhr nach den Westsektoren abgeschnitten. [...]
Freitag, 25. Juni 1948
Die SMA [Sowjetische Militäradministration] hat befohlen, ab sofort jede Belieferung der Westsektoren mit Gütern aus der Ostzone einzustellen. [...]
Samstag, 10. Juli 1948
[...] Ich lese im Tagespiegel, dass das Gaskontingent gekürzt werden müsse und das Stromkontingent nicht mehr aufrechtzuerhalten sei, dass bereits 50 % der Westberliner Betriebe wegen Strommangel stillgelegt wären und U-Bahn und Trambahn nur noch bis sechs Uhr abends verkehren. Ich höre, dass die SMA [...] seit heute wegen „Schleusenreparatur in Rathenow“ auch den Wasserverkehr zwischen Berlin und den Westzonen eingestellt habe. [...]

Freitag, 23. Juli 1948
Ohne Licht, ohne Radio, ohne Kochstrom. Gut, dass es Sommer ist, denken wir jeden Tag. Die Abende sind länger, und es macht nicht so viel aus, wenn man tagelang nichts anderes zu sich nimmt als Margarinebrote und Schnittlauchbrote. Man könnte auch Wasser dazu trinken. Aber seit die Kläranlagen nicht mehr funktionieren, ist es ratsam, Wasser nur im abgekochten Zustand zu genießen. Abkochen kann man nachts. Zwischen zwölf und zwei [...]. So sitzen wir und warten. Wir tappen durch die Wohnung wie Blinde. Wir gähnen und reden über die Blockade. [...] „Berlin wird sich halten", sagen wir, wenn wir die Abendkerze anzünden. „Es ist eine Energie- und Nervenfrage. – Berlin kann sich nicht halten", seufzen wir, während die Kerze niederbrennt und die Minuten wie Schnecken dahinschleichen. [...] Wenn es noch lange so weitergeht, werden wir zusammenbrechen. [...] – „Ah!" – rufen wir plötzlich wie aus einem Mund, „Licht!" Wir rennen durcheinander, wir lachen, wir lärmen, als hätten wir Wein getrunken. Zum Schalter, zum Kochherd, zum Radio. Kochen, Strümpfe waschen, ein Hemdchen aufbügeln. [...] Vor allen Dingen Nachrichten hören. [...] Über uns brummen Flugzeuge. Alle drei Minuten. [...] Zwischen zwölf und zwei Uhr nachts fühlen wir uns mit unseren Nerven sehr stabil. Nicht Fußmatte, sondern Helden. Berufene Verteidiger der europäischen Freiheit. Um zwei Uhr ist der Tag zu Ende. [...]
Freitag, 30 Juli 1948
Immer mehr gewinnt es den Anschein, als sollte uns die Blockade als Dauergeschenk erhalten bleiben. [...] Ob man nicht doch in den Westen gehen sollte? Ich erkundige mich im amerikanischen Luftreisebüro. Für die nächsten vierzehn Tage seien die D-Mark-Flugplätze ausverkauft, bedeutet man mir. [...] Man kann sich höchstens den Flug von einem Besitzberechtigten schenken lassen und dem Spender den Gegenwert seines Geschenks zum Schwarzmarktkurs erstatten. [...] 784 Westmark für einen einzigen Flug von Berlin nach Frankfurt. [...] Berlin ist ein Gefängnis, aus dem nur wenige, vom Glück begünstigte, hin und wieder befristete Ausgeherlaubnis erhalten. [...]
Sonntag, 22. August 1948
Die Luftbrückenflugzeuge bringen innerhalb vierundzwanzig Stunden 3–4000 Tonnen Versorgungsgüter nach Berlin. Und die Berliner Selbstmordziffer, in normalen Zeiten pro Tag 1,5, ist auf etwa sieben Fälle täglich gestiegen. – Nervenfrage!
Samstag, 23. Oktober 1948
[...] „Meldet eure Lebensmittelkarten an euern Haushaltsausweis im Ostsektor an", werben die ostlizensierten Zeitungen. „Die sowjetische Besatzungsmacht ist in der Lage, auch die Bewohner der Westsektoren ausreichend zu versorgen." – Ein verführerisches Angebot, wenn man an die Möglichkeit reichlicher Kohlezuteilung denkt. Ein utopisches, wenn man sich vergegenwärtigt, dass man jeden seiner Einkäufe über die Sektorengrenze schleppen muss. [...] Dann schon besser Trockenkartoffeln, entscheidet die Mehrzahl der Westberliner. Und demonstriert wieder einmal – halb Heldentum, halb Selbsterhaltungstrieb – die Verbundenheit gegen den Osten. [...]
Montag, 22. November 1948
Wir frieren. [...] Unsere Mottenkiste ist bis auf den letzten Rest geleert. Wenn wir zu Bett gehen, ziehen wir uns an, als rüsteten wir zu einer Grönlandtour. [...]
Mittwoch, 29. Dezember 1948
[...] Mein Chefredakteur schaut mich an wie einen Fahnenflüchtigen. Aber auch er hat keine Hoffnung mehr. [...] „Die Fluggäste Berlin–Frankfurt werden gebeten, ihre Plätze einzunehmen", ruft jemand durch den Lautsprecher. [...] „In die Freiheit!" sagt mein Platznachbar. In die Freiheit, will ich antworten. Doch aus meiner Kehle dringt kein Laut. [...]

Ruth Andreas-Friedrich, Der Schattenmann. Schauplatz Berlin. Tagebuchaufzeichnungen 1938–1948, Frankfurt a. M.: Suhrkamp Taschenbuch 2000, S. 530–561.

Aufgaben

1. Der „Hungerkralle" auf der Spur

a) Untersuche die Gegenstandsquelle M15 (Denkmal und Inschrift). Beachte dabei: Bezeichnung, Auftraggeber, Adressat, Wirkungsabsicht, Kontext. Verwende dazu die Informationen zur Luftbrücke aus dem Schulbuch S. 32–34 und ggf. die Internetseite: www.berlin.de/ba-tempelhof-schoeneberg/ueberdenbezirk/gedenken/artikel.358187.php

b) Erläutere anhand von M16 die Folgen der Blockade für die Bevölkerung in West-Berlin, die Stadt Berlin und die Besatzungsmächte.

c) Verfasse einen kurzen Text für eine Infotafel für Touristen am Luftbrückendenkmal. Informiere darin auch über die Bedeutung der drei Streben im Denkmal.

d) In Berlin sagt man zum Luftbrückendenkmal auch „Hungerkralle" oder „Hungerharke". Nehmt Stellung zur Angemessenheit dieser Bezeichnungen.

e) **Zusatzaufgabe:** Recherchiert zum Luftbrückendenkmal in Frankfurt/Main.
M1, M2, Internet

Die doppelte Staatsgründung

Auf dieser Seite sind mit M1 und M2 verkleinert zwei Wahlzettel aus dem Jahre 1949 abgebildet, die beide für Wahlen in Deutschland Verwendung fanden. Beide Zettel geben dir einen ersten Eindruck über wichtige Unterschiede zwischen den beiden 1949 gegründeten Staaten auf deutschem Boden, nämlich der DDR und der Bundesrepublik.

STIMMZETTEL

für den Stimmkreis 3 Land Sachsen-Anhalt zum 3. Deutschen Volkskongreß

Ich bin für die Einheit Deutschlands und einen gerechten Friedensvertrag

Ich stimme darum für die nachstehende Kandidatenliste zum Dritten Deutschen Volkskongreß

1. Prof. Agricola, Rudolf, SED Halle/Saale
2. Beck, Arnold, FDGB . . Halle/Saale
3. Biering, Walter, VdgB . . Sohesten
4. Bierks, Hans, SED . . . . Zschernewitz
5. Bininda, Robert, CDU . . Düben
6. Bock, Erich, LDP . . . . Halle/Saale
7. Böhland, Max, FDGB . . Merseburg
8. Büttner, Thekla, LDP . . Zeitz
9. Dr. Damerow, Erich, LDP Halle/Saale
10. Dittmar, Karl, FDGB . . Halle/Saale
11. Diez, Käte, LDP . . . . Halle/Saale
12. Einicke, Ludwig, SED . . Halle/Saale
13. Prof. D. Fascher, Erich, CDU Halle/Saale
14. Feist, Gotth., FDGB . . . Halle/Saale
15. Feist, Margot, FDJ . . . Halle/Saale
16. Prof. Dr. Frank, Heinrich, SED . . . . Berlin
17. Freyhof, Theo, FDGB . . Schkopau
18. Fritzsch, Max, FDGB . . Halle/Saale
19. Gieß, Hans, SED . . . . Leuna
20. Götting, Gerald, CDU . . Nietleben
21. Gutjahr, Karl, SED . . . Halle/Saale
22. Günther, Elfriede, SED . Merseburg
23. Gutsch, Heinrich, CDU . . Naundorf
24. Gysi, Klaus, KB . . . . . Berlin
25. Dr. Hauck, Kurt, NDP . . Weißenfels
26. Prof. Dr. Heilmann, Adolf, NDP . . . . Halle/Saale
27. Herbert, Otto, Genossenschaft . . . . Halle/Saale
28. Dr. Hertwig, Paula, DFD Halle/Saale
29. Dr. Herwegen, Leo, CDU . Halle/Saale
30. Prof. Hopp, Hanns, KB . . Halle/Saale
31. Horn, Richard, KB . . . . Halle/Saale
32. Jünger, Emanuel, SED . . Weißenfels
33. Kammerahl, Heinz, SED . Halle/Saale
34. Kamps, Otto, LDP . . . . Halle/Saale
35. Kern, Käte, DFD . . . . Berlin
36. Prof. Dr. Klemperer, Viktor, KB . . . . Halle/Saale
37. Knauf, Christa, LDP . . Dölau
38. Prof. Koenen, Bernard, SED Halle/Saale
39. Lahne, Gustav, FDGB . . Muldenstein
40. Dr. Lautz, Hermann, LDP Bitterfeld
41. Lehnig, Walter, SED . . . Halle/Saale
42. Lorenz, Ernst, LDP . . . Halle/Saale
43. Dr. Maaß, Hans, LDP . . Halle/Saale
44. Maier, Inge, SED . . . . Halle/Saale
45. Prof. Dr. Menner, Erich, KB . . . . Bitterfeld
46. Mertke, Willi, SED . . . Ammendorf
47. Menzel, Robert, FDJ . . Halle/Saale
48. Miller, Anton, CDU . . . Halle/Saale
49. Mittelstädt, Bruno, LDP . Brehna
50. Mödersheim, Karl, SED . Leuna
51. Prof. Oppenheim, Hans, VVN Bitterfeld
52. Posselt, Willi, SED . . . Halle/Saale
53. Dr. Rexrodt, Wilhelm, LDP Halle/Saale
54. Richter, Richard, DBD . . Halle/Saale
55. Rühle, Else, NDP . . . . Halle/Saale
56. Rühle, Otto, NDP . . . . Halle/Saale
57. Saulich, Johannes, SED . Zeitz
58. Schäfer, Paul, CDU . . . Merseburg
59. Schneider, Alwin, FDGB . Delitzsch
60. Schlegel, Max, LDP . . . Lauchstädt
61. Dr. Schwarze, Kurt, LDP Halle/Saale
62. Schwarzer, Rudolf, SED . Halle/Saale
63. Schütze, Wolf, SED . . . Halle/Saale
64. Selbmann, Käte, SED . . Teltow/Potsdam
65. Siewert, Robert, SED . . Halle/Saale
66. Stascewski, Walter, SED . Bitterfeld
67. Stein, Richard, SED . . . Kötzschen
68. Taube, Paul, SED . . . . Bitterfeld
69. Teller, Günter, SED . . . Halle/Saale
70. Tittmann, Walter, DBD . Burgwerben
71. Walther, Alfred, CDU . . Weißenfels
72. Weidner, Fritz, LDP . . . Naumburg
73. Werner, Wilhelm, LDP . Naumburg
74. Wiesenthal, Hans, CDU . Zeitz
75. Prof. Dr. Winter, Ed. . . Halle/Saale
76. Dr. Wirth, Gustav, SED . Leuna
77. Prof. Dr. Zetkin, Maxim., SED . . . . Berlin

JA ◯

◯ NEIN

H (43) MDV Halle (S), Gr. Ulrichstr. 16 E - 50111 - 3. 5. 49 - 87500

M 1 **Stimmzettel aus Sachsen-Anhalt zur Wahl zum 3. Deutschen Volkskongress am 15./16. Mai 1949**

Stimmzettel

Wahl zum ersten Bundestag
der Bundesrepublik Deutschland
am 14. August 1949 im Wahlkreis Nr. 30, Wolfenbüttel/Goslar-Land

1	Dr. Fritz **Wenzel** Pfarrer Braunschweig, Peter-Josef-Krahe-Str. 11 **Sozialdemokr. Partei Deutschlands**	SPD	◯
2	Gerhard **Hartwieg** Landwirt Ahlum Nr. 29 **Christlich-Demokratische Union**	CDU	◯
3	Dr. Wilm **Schäfer** Diplom-Landwirt Barnstorf **Deutsche Partei**	DP	◯
4	Dr. Dr. Joachim **Hinkel** Landrat Bad Harzburg, Rudolf Huch-Straße 10 **Freie Demokratische Partei**	FDP	◯
5	Werner **Ilberg** Schriftsteller Wolfenbüttel, Leibnizstraße 5 **Kommunistische Partei Deutschlands**	KPD	◯
6	Hermann **Grande** Präparator Ohrum Nr. 46 **Deutsche Zentrumspartei**	DZP	◯
7	Dr. Franz **Richter** Lehrer Luthe Nr. 77 **Deutsche Rechtspartei**	DRP	◯
8	Kurt **Grosch-Wehmer** Betriebsinhaber Wolfenbüttel, Anna Vorwerk-Straße 4 **Radikal Soziale Freiheitspartei**	RSF	◯
9	Otto **Rohde** Volks- und Landwirt Lengde Nr. 25 **unabhängig**	unab- häng.	◯

M 2 **Stimmzettel zur ersten Bundestagswahl am 14. August 1949**

Aufgaben

1. Die doppelte Staatsgründung

a) Beantwortet dazu zunächst folgende einfache Fragen: Wann, wo und wer wurde gewählt? Komplizierter sind die folgenden Fragen: Wen oder was konnte man wählen? Welche Entscheidungsspielräume hatte man beim Wählen?

b) Diskutiert in der Klasse, welche Wahl euch demokratisch erscheint und begründet eure Ansicht mithilfe der Quelllen M1 und M2.
Im nachfolgenden Kapitel gehen wir dann der Frage nach, wie es dazu kam, dass in Deutschland im Jahre 1949 zwei verschiedene Staaten gegründet worden sind.

c) Entwickelt erste Leitfragen für den Unterricht zur Unterschiedlichkeit dieser beiden Staaten.

↝ M1, M2

Zwei deutsche Staaten

„Es wächst zusammen, was zusammengehört.“ – Diese Worte des früheren Bundeskanzlers Willy Brandt nach dem Mauerfall 1989 bezogen sich auf die beiden deutschen Staaten: die Bundesrepublik Deutschland und die Deutsche Demokratische Republik. Denn der Kalte Krieg zwischen den USA und der Sowjetunion hatte in Deutschland unmittelbare Auswirkungen: In der Bundesrepublik entstand eine freiheitlich-demokratische Staatsordnung mit sozialer Marktwirtschaft. Die DDR hingegen errichtete eine Parteidiktatur und eine sozialistische Staats- und Gesellschaftsordnung. Wie kam es zu der doppelten Staatsgründung, obwohl Deutschland gemäß der Potsdamer Konferenz als politische Einheit behandelt werden sollte?

Wichtige Vorentscheidungen

Ehe es zur Gründung beider deutscher Staaten kam, fielen wichtige Vorentscheidungen. So herrschte in den drei Westzonen eine Marktwirtschaft mit gemeinsamer Währung. Die Sowjetzone hingegen leitete eine Bodenreform ein und verstaatlichte Industrie und Handel, was die Besitzverhältnisse in der Landwirtschaft und im industriellen Sektor entscheidend veränderte.

Schließlich offenbarte die Berlin-Blockade unüberbrückbare Gegensätze. Sie verstärkten bei den Westalliierten den Wunsch, ihr Besatzungsgebiet gegen die Sowjetzone abzugrenzen und einen westdeutschen Staat auf demokratischer Basis zu errichten. Entscheidende Impulse, die zur deutschen Teilung führten, kamen also von außen.

Auf dem Weg zum „Weststaat“

Im Frühjahr 1948 beschloss die Londoner Sechs-Mächte-Konferenz, an der neben den Westalliierten auch die Benelux-Staaten teilnahmen, einen westlichen Teilstaat zu gründen. Die westdeutschen Ministerpräsidenten erhielten im Juli 1948 mit den „Frankfurter Dokumenten“ von dern drei westlichen Siegermächten den Auftrag, eine verfassunggebende Versammlung einzuberufen mit dem Ziel, eine demokratische Verfassung auszuarbeiten. Der Verfassungsentwurf sollte anschließend der westdeutschen Bevölkerung zur Abstimmung vorgelegt werden.

Die westdeutschen Ministerpräsidenten fürchteten, dass eine separate Staatsgründung die deutsche Teilung zementieren würde, und betonten, dass nur eine provisorische Staatsgründung möglich sei. Um dies zum Ausdruck zu bringen, wurde nur ein „Parlamentarischer Rat“ eingesetzt, der aus Vertretern der westdeutschen Landtage bestand. Anstelle einer Volksabstimmung stimmten die Landtage über die künftige Verfassung ab, die man als Grundgesetz und nicht als Verfassung bezeichnete.

Die Erarbeitung des Grundgesetzes

Der Parlamentarische Rat tagte vom September 1948 bis Mai 1949 in Bonn und erarbeitete das „Grundgesetz der Bundesrepublik Deutschland“. Von den 65 Mitgliedern, darunter vier Frauen, gehörten jeweils 27 der CDU/CSU und SPD an. Ferner erhielten die Liberalen fünf, die Deutsche Partei, das Zentrum und die KPD je zwei Sitze. Als Grundlage der Beratungen diente ein Entwurf, den ein Verfassungskonvent auf der bayerischen Insel Herrenchiemsee erarbeitet hatte. Aufgrund der Erfahrung mit dem Nationalsozialismus stellte das Grundgesetz die Menschen- und Grundrechte an die Spitze. Sie gelten als Kern der Verfassung und

M 3 Wahlplakate
Die Plakate stammen aus der Zeit zwischen 1945 und 1949.

M 4 Verkündung des Grundgesetzes der Bundesrepublik Deutschland

Vorne rechts: Theodor Heuss (FDP), der später (ab 12. Sept. 1949) erster Bundespräsident wurde, Mitte: Carlo Schmid (SPD). Die KPD-Abgeordneten Renner und Reimann bleiben demonstrativ sitzen und bekunden damit ihren Protest gegen die Verabschiedung der Verfassung, Foto, 23. Mai 1949.

dürfen nicht verändert werden. Dazu zählen auch die vier Grundprinzipien Demokratie, Föderalismus, Sozialstaat und Rechtsstaat.

Ausgehend von den negativen Erfahrungen der Weimarer Verfassung nahm der Parlamentarische Rat einige grundsätzliche Veränderungen vor. So wurde der Schutz vor Verfassungsfeinden gestärkt. Um eine unklare politische Situation zu verhindern, ist die Abwahl des Bundeskanzlers nur durch ein „konstruktives Misstrauensvotum“, also die gleichzeitige Wahl eines neuen Regierungschefs, möglich. Der Bundespräsident hat im Gegensatz zum Reichspräsidenten der Weimarer Republik lediglich repräsentative Aufgaben und keine exekutive Macht. Es sollte also – anders als in Weimar – ein möglichst stabiles Regierungssystem entstehen.

Auch wenn Einigkeit darin bestand, dass die Bundesrepublik föderalistisch aufgebaut sein sollte, war umstritten, wie weit die Einflussnahme der Bundesländer auf die Bundesgesetzgebung und die Machtbefugnisse der Länder gehen sollte. Ein Beitritt der deutschen Ostgebiete wurde im Grundgesetz (Artikel 23) ausdrücklich offengehalten.

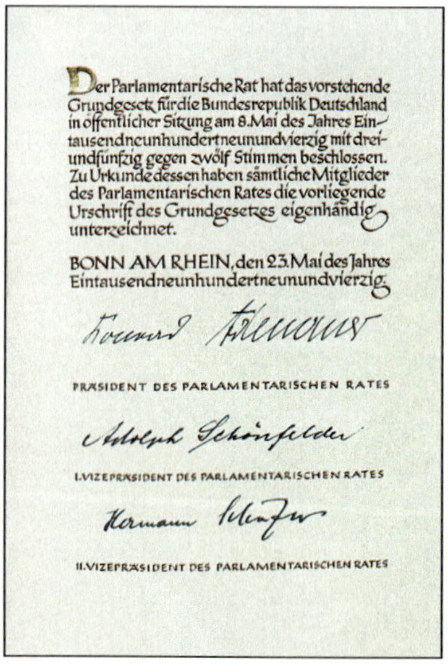

Der Parlamentarische Rat hat das vorstehende Grundgesetz für die Bundesrepublik Deutschland in öffentlicher Sitzung am 8. Mai des Jahres Eintausendneunhundertneunundvierzig mit dreiundfünfzig gegen zwölf Stimmen beschlossen. Zu Urkunde dessen haben sämtliche Mitglieder des Parlamentarischen Rates die vorliegende Urschrift des Grundgesetzes eigenhändig unterzeichnet.

BONN AM RHEIN, den 23. Mai des Jahres Eintausendneunhundertneunundvierzig.

Konrad Adenauer

PRÄSIDENT DES PARLAMENTARISCHEN RATES

Adolph Schönfelder

I. VIZEPRÄSIDENT DES PARLAMENTARISCHEN RATES

Hermann Schäfer

II. VIZEPRÄSIDENT DES PARLAMENTARISCHEN RATES

M 5 Das Grundgesetz

Letzte Seite der Urschrift

Die Gründung der Bundesrepublik Deutschland

Am 8. Mai 1949 stimmte der Parlamentarische Rat mit 53 gegen 12 Stimmen für die Annahme des Grundgesetzes, das anschließend von allen westdeutschen Landtagen außer dem bayerischen angenommen wurde. Nach seiner Verkündung am 23. Mai 1949 trat die provisorische westdeutsche Verfassung in allen drei Westzonen in Kraft. Dennoch erlangte die Bundesrepublik noch nicht die volle Souveränität.

Im Besatzungsstatut behielten sich die drei Westalliierten wichtige Zuständigkeiten wie zum Beispiel die Außenpolitik vor. Nach der ersten Bundestagswahl am 14. August 1949 wurde Konrad Adenauer (CDU) mit nur einer Stimme Mehrheit zum ersten Bundeskanzler und Theodor Heuss (FDP) zum ersten Bundespräsidenten gewählt.

M 6 Gründung der DDR

Die Provisorische Volkskammer verabschiedet die Verfassung der DDR, Foto, 7. Oktober 1949.

Auf dem Weg zum „Oststaat"

Angesichts des Ost-West-Konflikts entschloss sich die Sowjetunion zur Gründung eines zweiten deutschen Staates auf dem Gebiet der Sowjetischen Besatzungszone. Doch versuchte die SED zumindest nach außen, den Einheitsgedanken aufrechtzuerhalten.

Ende 1947 trat in Berlin ein „Deutscher Volkskongress für Einheit und gerechten Frieden" zusammen, dem 1551 Delegierte aus der Sowjetzone und 664 meist kommunistische Vertreter aus dem Westen angehörten. Dieser Volkskongress hatte die Funktion eines gesamtdeutschen Vorparlaments.

Ein zweiter Volkskongress setzte im Frühjahr 1948 einen „Deutschen Volksrat" ein, der im März 1949 den Entwurf einer „Verfassung für die Deutsche Demokratische Republik" (DDR) verabschiedete.

Die Verfassung der DDR

Die erste DDR-Verfassung lehnte sich stark an die Verfassung der Paulskirche von 1849 und die Weimarer Verfassung an. Insofern fanden sich in beiden deutschen Verfassungen Übereinstimmungen. Allerdings wich die Verfassungswirklichkeit in der DDR stark vom Verfassungstext ab. So konnten DDR-Bürger das verfassungsmäßig verbürgte Streik- und Demonstrationsrecht nicht ausüben.

Auch die Wahlen zum 3. Volkskongress im Mai 1949 waren nicht frei, da die SED alle Kandidaten der Parteien und Massenorganisationen selbst bestimmte. Die Parteien wurden gezwungen, sich zu einem „antifaschistischen Block" zusammenzuschließen. Zur Wahl stand nur eine sogenannte „Einheitsliste", auf der die Wähler lediglich „Ja" oder „Nein" ankreuzen konnten.

Der 3. Volkskongress billigte die Verfassung am 29. Mai 1949 und bildete aus seinen Reihen einen 2. Volksrat, der sich am 7. Oktober 1949 zur „Volkskammer der DDR" erklärte. Die erste Volkskammerwahl fand am 15. Oktober statt. Daneben wurden eine Länderkammer mit Abgeordneten der fünf östlichen Länder und eine Regierung gebildet. Zum Präsidenten der DDR wurde Wilhelm Pieck gewählt, zum Ministerpräsidenten Otto Grotewohl, beide Mitglieder der SED. Damit war die DDR als zweiter deutscher Staat gegründet.

Geschichte der DDR – Arbeiten mit Wikipedia

Nicht angemeldet Diskussionsseite Beiträge Benutzerkonto erstellen Anmelden

Artikel Diskussion Lesen Bearbeiten Quelltext bearbeiten Versionsgeschichte Wikipedia durchsuchen

WIKIPEDIA
Die freie Enzyklopädie

Hauptseite
Themenportale
Von A bis Z
Zufälliger Artikel
Mitmachen
Artikel verbessern
Neuen Artikel anlegen
Autorenportal
Hilfe
Letzte Änderungen
Kontakt
Spenden
Werkzeuge

Geschichte der Deutschen Demokratischen Republik

Die **Deutsche Demokratische Republik (DDR)** war ein bis 1989 diktatorisch regierter, realsozialistischer Staat in Mitteleuropa. Ihre Gründung am 7. Oktober 1949 auf dem Gebiet der Sowjetischen Besatzungszone einschließlich des sowjetischen Sektors von Berlin erfolgte vier Jahre nach dem Ende des Zweiten Weltkrieges auf Betreiben der Sowjetunion, nachdem zuvor mit Unterstützung der drei Westalliierten auf dem Gebiet ihrer Besatzungszonen („Trizone") die Bundesrepublik Deutschland gegründet worden war.

Nach dem Fall der Berliner Mauer und der Wende und friedlichen Revolution 1989/1990 und dem damit einhergehenden Ende des Sozialismus in der DDR beschloss die erstmals frei gewählte Volkskammer den Beitritt der DDR zur Bundesrepublik Deutschland. Mit der deutschen Wiedervereinigung am 3. Oktober 1990 endete die Existenz der DDR.

Inhaltsverzeichnis [Verbergen]
1 Vorgeschichte 1945–1949
1.1 Teilung Deutschlands
1.2 Sowjetische Deutschlandpolitik
1.3 Politischer Aufbau
1.4 Wirtschaftlicher Aufbau
2 Aufbauphase 1949–1961

Berlin, DDR-Gründung, 9. Volksratsitzung 1949

M 7 Ein Artikel in Wikipedia
Screenshot vom 5. Mai 2018

Training

Umgang mit Wikipedia

Für viele Menschen ist Wikipedia die erste und manchmal auch einzige Informationsquelle zu einem bestimmten Thema. Doch auch Wikipedia ist nur eine Informationsquelle unter vielen anderen. Sie bietet allerdings mehr als viele denken, die lediglich den aufgesuchten Artikel überfliegen. Vielfach bleiben sogar wichtige Informationen unbeachtet. Man kann nämlich zum Beispiel auch erfahren, wann und wie oft ein Beitrag geändert oder ergänzt wurde, welche Fragen besonders diskutiert werden und welche Autoren an der Seite beteiligt waren. Diese Informationen dienen dazu, die Seriosität eines Wikipedia-Artikels besser einschätzen zu können.

Am Beispiel des oben abgebildeten Artikels wollen wir dich mit einigen der Informationen vertraut machen.

Beantworte dazu bitte folgende Fragen, indem du auf die in der Tabelle angegebenen Links und Bereiche der Seite gehst.

Fasse abschließend in eigenen Worten zusammen:

Was hast du Neues über Wikipedia gelernt?

Welche Informationen helfen dir, zu entscheiden, ob eine Wikipedia-Seite eine seriöse Quelle ist?

Welche Wikipedia-Informationen helfen Dir für die weitere Arbeit an einem Thema?

Warum ist es wichtig, dass man beim Zitieren das Zugriffsdatum angibt?

Empfehle einem Freund/einer Freundin Wikipedia und formuliere ein paar Tipps dazu.

Bereich/Link	Frage	Antwort
Startseite unten	Letzte Bearbeitung der Seite?	
	Aufnahme in die Liste lesenswerter Artikel?	
	Aufrufstatistik?	
	Verwendete Literatur?	
	Wie aktuell ist diese Literatur?	
	Zahl der Einzelnachweise?	
Startseite/Foto	Quellenangaben für die Fotos?	
Seiteninformation	Seitenersteller?	
	Datum der Seitenerstellung?	
	Anzahl der Bearbeitungen?	
	Datum der letzten Bearbeitung?	
	Letzter Bearbeiter? (dann öffnen), dessen Fachgebiete?	
Versionsgeschichte	älteste und neueste Version?	
	Versionsvergleich?	
	Anzahl der Veränderungen in den letzten beiden Monaten?	
Diskussion	Welcher Aspekt wird besonders diskutiert?	
Artikel zitieren	Wie zitiere ich den Artikel korrekt?	

„Männer und Frauen sind gleichberechtigt" – Streit um einen Grundgesetzartikel

M 8 Eine Stellungnahme

a) Im Parlamentarischen Rat, der verfassungsgebenden Versammlung, befanden sich 61 Männer und 4 Frauen, darunter Elisabeth Selbert. In den Beratungen zu Artikel 3 GG führte sie im Dezember 1948 aus:

Es ist eine Selbstverständlichkeit, dass man [...] den Frauen die Gleichberechtigung auf allen Gebieten geben muss. Die Frau soll nicht nur in staatsbürgerlichen Dingen gleichstehen, sondern muss auf allen Rechtsgebieten dem Manne gleichgestellt werden. Die Frau, die während der Kriegsjahre auf den Trümmern gestanden und den Mann an der Arbeitsstelle ersetzt hat, hat heute einen moralischen Anspruch darauf, so wie der Mann bewertet zu werden. [...] Sollte der Artikel in dieser Fassung heute wieder abgelehnt werden, so darf ich Ihnen sagen, dass in der gesamten Öffentlichkeit die maßgeblichen Frauen wahrscheinlich dazu Stellung nehmen werden, und zwar derart, dass unter Umständen die Annahme der Verfassung gefährdet ist. [...]

Zit. nach: Barbara Böttger, Das Recht auf Gleichheit und Differenz. Elisabeth Selbert und der Kampf der Frauen um Art. 3II Grundgesetz, Münster: Verlag Westfälisches Dampfboot 1990, S. 184 f.

M 9 Elisabeth Selbert

Rechtsanwältin, SPD-Politikerin, Mitglied des Parlamentarischen Rates, Foto von 1948/49.

b) Nachdem der Selbert-Vorschlag zwei Mal abgelehnt worden war, verstärkten sich die Eingaben an den Parlamentarischen Rat. Folgende Eingabe stammt vom Betriebsrat der Firma Henschel in Kassel:

Hat man in Bonn die völlig veränderte Situation der heutigen Frauen übersehen? Glaubt der parlamentarische Rat vertreten zu können, dass eine verheiratete Frau und solche, die mit ihrer Hände Arbeit ein neues Leben aus dem Chaos aufbauen, weniger Rechte besitzen soll als ein Jüngling von 21 Jahren? [...] Sieht man in den Frauen nach all diesen Jahren der bitteren Erfahrung und der durchgestandenen Not ein unselbstständiges, urteilsloses Wesen?

Zit. nach: Barbara Böttger, Das Recht auf Gleichheit und Differenz. Elisabeth Selbert und der Kampf der Frauen um Art. 3II Grundgesetz, Münster: Verlag Westfälisches Dampfboot 1990, S. 202.

c) Für Artikel 3 GG standen im Parlamentarischen Rat folgende Formulierungen zur Diskussion: „Männer und Frauen haben dieselben staatsbürgerlichen Rechte und Pflichten", „Der Gesetzgeber muss Gleiches gleich, Verschiedenes in seiner Eigenart behandeln" sowie „Männer und Frauen sind gleichberechtigt". Das Ergebnis der Beratung liegt mit Artikel 3 GG vor:

Artikel 3: [Gleichheit vor dem Gesetz; Gleichberechtigung von Männern und Frauen; Diskriminierungsverbote]
(1) Alle Menschen sind vor dem Gesetz gleich.
(2) Männer und Frauen sind gleichberechtigt. Der Staat fördert die tatsächliche Durchsetzung der Gleichberechtigung von Frauen und Männern und wirkt auf die Beseitigung bestehender Nachteile hin.
(3) Niemand darf wegen seines Geschlechts, seiner Abstammung, seiner Rasse, seiner Sprache, seiner Heimat und Herkunft, seines Glaubens, seiner religiösen oder politischen Anschauungen benachteiligt oder bevorzugt werden. Niemand darf wegen seiner Behinderung benachteiligt werden.

www.bundestag.de/parlament/aufgaben/rechtsgrundlagen/grundgesetz/gg_01/245122 [letzter Zugriff: 11.06.2018].

Aufgaben

1. Die Gründung zweier deutscher Staaten
- a) Erläutere den Weg der Gründung beider deutscher Staaten.
- b) Beurteile folgende Aussage: „Die Spaltung Deutschlands war ein Resultat des Kalten Krieges."

→ Text, M3–M6

2. „Männer und Frauen sind gleichberechtigt"
- a) Erläutere die Unterschiede der vorgeschlagenen Formulierungen für Art. 3 GG.
- b) Erkläre die Begründung des Vorschlags von Elisabeth Selbert.
- c) Beurteile die Resonanz der Diskussion in der Öffentlichkeit.

→ M8

Regierungserklärungen – Unterschiedliche Perspektiven

M 10 Konrad Adenauer und Otto Grotewohl

a) Regierungserklärung des Bundeskanzlers Konrad Adenauer vor dem Deutschen Bundestag am 21.10.1949:

In der Sowjetzone wurden schon im Jahre 1945 im Gegensatz zu den drei anderen Zonen Zentralverwaltungen eingerichtet, die den unverkennbaren Zweck hatten, die ganze sowjetische Zone staatlich einheitlich zu organisieren. [...] Die wirtschaftliche und die politische Trennung der Sowjetzone von dem übrigen Deutschland wurde weiter gefördert durch die Einsetzung des sogenannten Ersten Volkskongresses am 6. Dezember 1947, die Einberufung des Zweiten Volkskongresses am 18. März 1948, die Schaffung eines Volksrats am gleichen Tag, die Erteilung des Auftrags an den Volksrat, eine Verfassung auszuarbeiten, und schließlich durch die Verabschiedung dieser Verfassung durch den Volksrat am 19. März 1949. Diese Volkskongresse sind nicht aus Wahlen, das heißt aus freien Wahlen, an denen sich jeder hätte frei beteiligen können, hervorgegangen. Für den Dritten Volkskongress durfte nur eine Einheitsliste aufgestellt werden. Die in der vom Volksrat beschlossenen Verfassung vom 19. März 1949 vorgesehenen Wahlen für eine Volkskammer wurden nicht abgehalten. Der Volksrat etablierte sich am 7. Oktober 1949 im Widerspruch mit der von ihm selbst beschlossenen Verfassung als provisorische Volkskammer. [...]

Es wird niemand behaupten können, dass die nunmehr geschaffene Organisation der Sowjetzone auf dem freien Willen der Bevölkerung dieser Zone beruht.

Sie ist zustande gekommen auf Befehl Sowjetrusslands und unter Mitwirkung einer kleinen Minderheit ihm ergebener Deutscher. [...]

Die Bundesrepublik Deutschland stützt sich dagegen auf die Anerkennung durch den frei bekundeten Willen von rund 25 Millionen stimmberechtigter Deutscher. Die Bundesrepublik Deutschland ist somit bis zur Erreichung der deutschen Einheit insgesamt die alleinige legitimierte staatliche Organisation des deutschen Volkes.

Stenogr. Berichte 1. Deutscher Bundestag, Bd. 1, S. 307–309.

b) Regierungserklärung von Ministerpräsident Otto Grotewohl am 12.10.1949 vor der Provisorischen Volkskammer der DDR:

Die Handlungen der Regierung werden durch nichts anderes bestimmt als durch die vom Deutschen Volksrat beschlossene, vom 3. Deutschen Volkskongress bestätigte und durch die Volkskammer in Kraft gesetzte Verfassung der Deutschen Demokratischen Republik. Die Regierung geht aus der ersten unabhängigen deutschen Volksbewegung hervor, sie ist damit die erste unabhängige deutsche Regierung. Durch ihre Herkunft aus dem deutschen Volke selbst unterscheidet sie sich schon von der aufgrund der Bonner Verfassung errichteten westdeutschen Separatregierung. Die Bonner Verfassung ist nur die Ausführungsbestimmung des Besatzungsstatuts der westlichen Alliierten. Der in Westdeutschland errichtete Verfassungszustand ist keineswegs als der Ausdruck einer eigenen deutschen politischen Willensbildung anzuerkennen. Der westdeutsche Sonderstaat ist nicht in Bonn, sondern in London entstanden. Bonn hat nur die Londoner Empfehlungen, die in Wahrheit Befehle der westlichen Alliierten waren, ausgeführt. [...]

Die westdeutschen Politiker, die westlichen Alliierten und darüber hinaus die Weltöffentlichkeit werden sich davon überzeugen müssen, dass nur dann, wenn dem deutschen Volke das Recht auf die staatliche Selbstbestimmung eingeräumt wird, das Deutschlandproblem gelöst werden kann. [...] Der westdeutsche Separatstaat weist schon in seiner Geburtsstunde alle Krankheitszeichen [...] einer Krisis auf, er kann darum vor dem Urteil der Geschichte nicht bestehen.

Otto Grotewohl, Im Kampf um die einige Deutsche Demokratische Republik Bd. 1. Reden und Aufsätze aus den Jahren 1945–1949, Berlin: Dietz 1959, S. 489 ff.

M 11 Konrad Adenauer (1876–1967)

Bis zu seiner Absetzung durch die Nationalsozialisten Oberbürgermeister von Köln. Im „Dritten Reich“ wurde er verfolgt und lebte zurückgezogen in Rhöndorf bei Bonn. Nach Kriegsende stieg er zur Führungsfigur der CDU auf.

M 12 Otto Grotewohl (1894–1964)

Grotewohl, in den Jahren 1938/39 mehrmals verhaftet, später untergetaucht. Deutscher Politiker (SPD, ab 1946 SED), von 1949 bis 1964 Ministerpräsident der Deutschen Demokratischen Republik, Foto, um 1952

Nationale Symbole

M 13 Die Flagge der Bundesrepublik

Die Farben – Schwarz, Rot, Gold – gehen auf die deutsche Nationalbewegung des 19. Jahrhunderts zurück. 1949 wurden diese Farben in die Nationalflagge der Bundesrepublik Deutschland und am 3. Oktober 1990 für das geeinte Deutschland übernommen.

M 14 Die Flagge der DDR

Bis 1959 waren die Flaggen der Bundesrepublik und der DDR identisch. Um die Eigenständigkeit der DDR zu betonen, wurde seit 1959 das Staatswappen der DDR in die Flagge eingesetzt. Der Ährenkranz repräsentiert die Bauern, der Hammer die Arbeiter, der Zirkel Industrie und Technik.

M 15 Die Nationalhymnen

a) Der Text der bundesdeutschen Nationalhymne entspricht der dritten Strophe des „Liedes der Deutschen", das August Heinrich Hoffmann von Fallersleben 1841 dichtete:

Einigkeit und Recht und Freiheit
für das deutsche Vaterland!
Danach lasst uns alle streben
brüderlich mit Herz und Hand!
Einigkeit und Recht und Freiheit
sind des Glückes Unterpfand.
Blüh' im Glanze dieses Glückes,
blühe, deutsches Vaterland!

Hoffmann von Fallersleben, Werke. Erster Teil: Lyrische Gedichte, Berlin/Leipzig/Wien/Stuttgart: Deutsches Verlagshaus Bong & Co. 1912, S. 275.

b) 1. Strophe der DDR-Nationalhymne. Johannes R. Becher schrieb den Text, die Melodie komponierte Hanns Eisler. Ab 1973 wurde nur noch die Melodie gespielt:

Auferstanden aus Ruinen
und der Zukunft zugewandt,
lass uns dir zum Guten dienen,
Deutschland, einig Vaterland.
Alle Not gilt es zu zwingen
und wir zwingen sie vereint,
denn es muss uns doch gelingen,
dass die Sonne schön wie nie
über Deutschland scheint.

Johannes R. Becher, Auswahl in sechs Bänden, Berlin/Weimar: Aufbau Verlag 1952.

Training

Erklärung des Operators „Analysieren"

Du sollst ein Material (Text, Bild, Statistik, Karte etc.) gezielt auf einzelne Merkmale (z. B. Inhalt, Sprache) hin untersuchen. Der Arbeitsauftrag gibt dir genauere Hinweise dazu, worauf du genau achten bzw. welche Aspekte du genau erforschen, prüfen und herausarbeiten sollst.

Anschließend musst du die Ergebnisse deiner Analyse zusammenhängend und für andere nachvollziehbar formulieren. Das heißt, du muss sie in eigenen Worten erklären und mit geeigneten Stellen aus dem Material (z. B. Textstelle/Zeile bzw. Zitat) belegen und erläutern können. Wörtliche Zitate werden an- und abgeführt („Zitat") und mit Hinweise auf die Zeile versehen (siehe Zeilenzähler). Sprachliche Mittel zu den Operatoren befinden sich im hinteren Einband.

Aufgaben

1. Regierungserklärungen – Arbeiten mit Textquellen

a) Vergleiche die Regierungserklärungen von Adenauer und Grotewohl und stelle die zentralen Aussagen in einer Tabelle gegenüber:
- Vorwürfe an die Gegenseite,
- eigene Legitimation der Staatsgründung.

b) Analysiere die in den Reden eingesetzten sprachlichen Mittel (z.B. Aufwertung/Abwertung) auf ihre Wirkung (vgl. den Trainingskasten auf dieser Seite).
→ M10

Brandenburg und Berlin nach 1945: Wir erstellen mit dem Handy ein Erklär-Video

Brandenburg: besetzt und verschwunden?

Mit dem Ende des Zweiten Weltkrieges in Europa im Mai 1945 und den Beschlüssen der Alliierten auf der Potsdamer Konferenz im Juli/August des gleichen Jahres veränderte sich die Situation Brandenburgs drastisch: Zum einen verlor das Land durch die nun erfolgte Verschiebung der polnischen Westgrenze nach Osten an die Oder-Neiße-Linie etwa 30 Prozent seines Territoriums an Polen, welches zugunsten der UdSSR nach Westen „verschoben“ worden war. Zum anderen gehörte das Gebiet der „Provinz Mark Brandenburg“ zur Sowjetischen Besatzungszone (SBZ) und unterstand damit politisch und ökonomisch dem Einflussbereich der UdSSR.

M 1 „Junker-Land in Bauernhand“
Propaganda-Plakat für die Bodenreform, 1945

Schnell wurde das weitgehend agrarisch strukturierte und dünn besiedelte Brandenburg zum Ziel großer Flüchtlingsströme aus der ehemals brandenburgischen „Neumark". Bereits 1945 wurde in der gesamten Sowjetischen Besatzungszone eine Bodenreform durchgeführt. Durch Enteignung und Auflösung von Großgrundbesitz entstanden – wenn auch nur vorübergehend bis zur Sozialisierung – für etwa 72 000 Bauernfamilien, darunter 14 908 Umsiedler, neue Kleinbauernstellen. Das zugrunde liegende Programm „Junkerland in Bauerhand" hatte der KPD-Vorsitzende in der SBZ und spätere Ministerpräsident der DDR Wilhelm Pieck bereits am 2. September 1945 auf einer Konferenz im brandenburgischen Kyritz verkündet.

In administrativer Hinsicht blieb Brandenburg als „Land Brandenburg" (seit 6.2.1947) als „Gliedstaat" auch nach der Auflösung Preußens durch das Kontrollratsgesetz Nr. 46 (25.2.1947) vorerst noch bestehen, jedoch verschwand es 1952 mit der Gebietsreform der DDR. An seine Stelle traten die Bezirke Potsdam, Frankfurt/Oder und Cottbus.

Berlin: befreit und halbiert?

Bereits auf den sogenannten Kriegskonferenzen der Anti-Hitler-Koalition hatten die späteren Siegermächte Regelungen für die Verwaltung des besiegten Deutschlands und des „besonderen Gebietes Groß-Berlin" beschlossen: Deutschland sollte in vier Besatzungszonen eingeteilt werden, in denen jeweils eine Besatzungsmacht die Entscheidungsgewalt haben sollte. Koordiniert werden sollte diese Konstruktion in einem Alliierten Kontrollrat, der später seinen Sitz in Berlin-Dahlem erhielt.

Für „Groß-Berlin", das inmitten der Sowjetischen Besatzungszone lag, galt jedoch eine andere Regelung: Die Stadt wurde zwar in vier Besatzungssektoren eingeteilt, sie sollte jedoch gemeinsam regiert und verwaltet werden. Hierzu wur-

M 2 **Historische Karte von 1946**

M 3 **„Sie verlassen den amerikanischen Sektor"**
Sektorengrenze an der Ecke Zimmerstrasse/Jerusalemstraße in Berlin-Mitte, um 1950

M 4 **Gegenstandsquelle: „Berlin – Hauptstadt der DDR"**
Aufnäher, verm. 1970er-Jahre, Stoff auf Filz, ca. 6,5 x 7,5 cm, Hersteller unbekannt

de ein eigenes Gremium geschaffen: die Alliierte Kommandantur. Sie tagte im ehemaligen Kammergericht am Berliner Kleistpark, in dem der sogenannte „Volksgerichtshof" der Nationalsozialisten in den Jahren 1944/45 seine Unrechtsurteile gefällt hatte. Für die Alliierte Kommandantur galt das Prinzip der Einstimmigkeit der Beschlüsse. Da der Zugang nach Berlin immer über das Gebiet der Sowjetischen Besatzungszone führte, wurde von den Alliierten auch eine Regelung über Luftkorridore getroffen.

Erobert worden war Berlin durch die Rote Armee, welche von Mai bis Juli 1945 die einzige Besatzungsmacht in der Stadt bildete. Die in diesem Zeitraum vollzogenen administrativen und politischen Schritte wie die Ernennung eines neuen, antifaschistischen Magistrats wurden von den Westalliierten zunächst akzeptiert. Schon bald jedoch traten Konflikte auf, welche die Unvereinbarkeit der politischen und wirtschaftlichen Zeile und Konzepte von Westalliierten und der Sowjetunion offenkundig machten:

Im April 1946 erfolgte eine von der Sowjetunion initiierte Zwangsvereinigung von SPD und KPD zur SED, die von einer Mehrheit der SPD in den Westsektoren abgelehnt wurde. Gegen den im Oktober 1946 bei den Wahlen zum Berliner Oberbürgermeister gewählten Ernst Reuter (SPD) legte die sowjetische Besatzungsmacht ihr Veto ein. Im Juni 1948 führten die Westmächte, die zuvor in ihren westdeutschen Besatzungszonen eine Währungsreform vorgenommen hatten, diese neue Währung auch in den Westsektoren Berlins ein, das eigentlich als wirtschaftliche Einheit behandelt werden sollte. Die Sowjetunion reagierte mit einer Blockade der Westsektoren.

Die politische Spaltung zwischen den Alliierten vertiefte sich: Hatte die Sowjetunion bereits im März 1948 den Alliierten Kontrollrat verlassen, so trat sie am 16. Juni 1948 auch aus der Alliierten Kommandantur aus. Damit war das Prinzip einer gemeinsamen Verwaltung Berlins durch die Alliierten zwar noch immer nicht aufgegeben, jedoch besiegelten zwei weitere Ereignisse schließlich die politische und administrative Teilung der Stadt: die Einberufung einer außerordentlichen Stadtversammlung im November 1948 durch die sowjetische Besatzungsmacht und die in den West-Sektoren erfolgte Stadtverordnetenwahl im Dezember. Dass die den Alliierten eigentlich gemeinsam unterstellte Stadt dann mit der Gründung von Bundesrepublik (Mai 1949) und der nachfolgenden Gründung der DDR (Oktober 1949) zu einem wichtigen Streitpunkt wurde, war absehbar: Wurde Berlin im Grundgesetz der Bundesrepublik als ein „Land der Bundesrepublik" bezeichnet, so bestimmte die DDR-Verfassung Berlin zur „Hauptstadt der DDR".

Aufgaben

1. **Brandenburg und Berlin nach 1945: Wir erstellen ein Erklär-Video mit dem Handy**
   Erstellt ein drei- bis fünfminütiges Erklär-Video mit dem Handy zum Thema: Brandenburg oder Berlin nach 1945. Verwendet dafür den Trainingskasten auf dieser Doppelseite.
   → Text, M1–M4

Ein Erklärvideo erstellen

Erklärvideos sind kurze Filme, die man ohne großen Aufwand selber herstellen kann.
In ihnen werden Sachverhalte, Prozesse oder Ereignisse und Begriffe kurz und verständlich dargestellt. Die Produzenten müssen keine Profis sein. Erklärvideos zeigen nicht nur, dass man selbst etwas verstanden hat, sondern sie haben auch das Ziel, anderen etwas auf verständliche Weise zu erklären. So kann man zeigen, wie etwas funktioniert (z.B. eine Verfassung), was etwas bedeutet (zum Beispiel ein schwieriger Begriff), wie etwas verlief (z.B. ein Prozess).
Wichtig ist dabei der klare Adressatenbezug auf den Laien, der etwas lernen soll. Die dabei verwendeten Mittel werden selbst hergestellt und greifen bewusst oft auf einfache Skizzen zurück, in die in einem Legeverfahren Symbole, Begriffe und Ähnliches in einer Sequenzenfolge eingelegt werden können. Dadurch erhalten die Filme etwas Dynamisches.
Erklärvideos haben eine informellen Erklärstil; das heißt, dass sie einfach und ggf. auch humorvoll erklären. Dabei steht natürlich nicht der Witz, sondern die korrekte Information weiterhin im Vordergrund. Dazu kann auch gehören, dass man Fachbegriffe extra noch einmal erklärt, ohne zu belehren.

Aufgabe: Erstellt ein drei- bis fünfminütiges Erklär-Video mit dem Handy.

Vorbereitung:

1. Arbeitsschritt: Fragestellung
Verdeutlicht euch die jeweilige Fragestellung!

2. Arbeitschritt: Reduzierung des Themas
Vereinfacht das komplexe Thema zunächst in sechs bis zehn sinnvoll abgegrenzte und wichtige Abschnitte („Storyboard"/„Screenshots") in einen kleinen Drehbuch.

3. Arbeitsschritt: Konzeptionierung/Planung
Entwickelt für jeden Abschnitt:
1. eine geeignete Möglichkeit der Darstellung, zum Beispiel die Einstellungsgröße und die Perspektive. Aber auch kleine Grafiken oder einzulegende Symbole, z.B. dynamisierende Pfeile oder in das bild direkt Eingezeichnetes können hier schon überlegt werden.etc.)
2. einen kurzen, dazu passenden, für die Zielgruppe (Klasse) gut verständlichen Erklärtext
3. Anschluss und Überleitung zum vorangehenden und folgenden Bild.
4. Beachtet die Rechtefrage bei ggf. gezeigten Bildern, Grafiken etc.

4. Arbeitsschritt: Ausarbeitung
Arbeitet 1. bis 3. sorgfältig aus. Achtet auf
- gut erkennbare Zeichnungen (z.B. dicke Filzstifte o.Ä.)
- Verständlichkeit der Texte
- Deutlichkeit des Sprechens
- Synchronität des Sprechens mit dem im Bild Gezeigten

Besprecht in der Gruppe die Ergebnisse und teilt Verantwortliche für die jeweiligen Aufgaben ein (Sprecher, Materialbeweger, Beleuchter etc.).
Klärt Anfang und Ende des Videos (Rechtefrage, ggf. Quellenangaben ...)
Beachtet besonders, dass am Ende eine kurze Zusammenfassung steht, Quellen gut lesbar und lange erkennbar bleiben.

5. Vorbereitung/Technikprobe:
Übt den gesamten Drehvorgang unter Echtbedingungen! Ein paar Tipps:
- Handy möglichst senkrecht auf Stativ, blendfreies Licht, Ausschluss von Störungen,...
- Sprecht absolut deutlich
- Filmt großformatig
- Vermeidet zu viele Perspektivwechsel und Einstellungsgrößen

6. Die Umsetzung/Vorführung
- Kritik/Besprechung/Überarbeitung
- Drehen
- Vorführen
- Diskutieren in der Klasse

Fragebogen zum Thema: Die Welt, Europa und Deutschland 1945 – 1949

Hinweis: Die folgende Tabelle dient der Selbsteinschätzung deiner erworbenen Kenntnisse und Fähigkeiten. Die Auflistung erhebt nicht den Anspruch, vollstän-

Ich kann ...	Ich bin sicher. ☺	Ich bin ziemlich sicher. 😐	Ich bin noch unsicher. 😕	Ich habe große Lücken. ☹
... die Aufgaben der UNO erklären.				
... die Funktionen einiger Unterorganisationen der UNO beschreiben.				
... die Situation in Deutschland am Ende des Zweiten Weltkrieges erklären.				
... die wichtigsten Beschlüsse der Potsdamer Konferenz erläutern.				
... die Auswirkungen für die Menschen infolge von Flucht und Vertreibung beschreiben.				
... den Verlauf und die Ergebnisse des Nürnberger Kriegsverbrecherprozesses erläutern.				
... den Beginn des politischen Lebens in den Besatzungszonen erläutern.				
... den Verlauf der Bodenreform in der Sowjetischen Besatzungszone darlegen.				
... den Prozess der Gründung der SED erklären.				
... Ursachen für den Zerfall der Anti-Hitler-Koalition darstellen.				
... Ziele und Folgen des Marshallplans beurteilen.				
... Ursachen und den Verlauf der Berlin-Blockade darlegen.				
... den Prozess der Staatsgründung beider deutscher Staaten vergleichend darlegen.				

Bitte beachte: Kopiere die Seiten, bevor du mit ihnen arbeitest.

dig zu sein. Es handelt sich um eine Auswahl, die ggf. erweitert werden kann. In der rechten Spalte findest du Hinweise, wie du eventuell vorhandene Lücken oder auch Unsicherheiten beseitigen kannst.

→ **Bitte kopiere die Seiten, bevor du mit ihnen arbeitest.**

uf diesen Seiten kannst du 1 HORIZONTE nachlesen	Empfehlungen zur Übung, Wiederholung und Festigung
18–19	Setze dich mit der Behauptung auseinander: „Die Gründung der UNO bedeutete eine neue Etappe des Völkerrechts."
18–19	Schreibe einen Lexikonartikel für dieses Schulbuch über die UNESCO.
10–13	Nimm Stellung zu folgender Behauptung: „Für viele Deutsche war das Ende des Zweiten Weltkrieges nicht nur eine politische Katastrophe."
20–23	Halte einen Kurzvortrag zum Thema: „Die Beschlüsse der Potsdamer Konferenz".
14–17	Informiere dich im Internet über Schicksale während der Flucht und Vertreibung und verfasse dazu eine Darstellung.
26–29	Verfasse einen Artikel für ein Schülerlexikon zur Thematik: „Der Nürnberger Kriegsverbrecherprozess".
20–25	Vergleiche die Gründung von Parteien und Organisationen in den westlichen Besatzungszonen und der Sowjetischen Besatzungszone.
22	Halte einen Kurzvortrag zur Bodenreform in der Sowjetischen Besatzungszone: „Entnazifizierung oder Vorbereitung des Sozialismus?"
22–25	Nimm Stellung zu folgendem Satz: „Die Gründung der SED war ein folgerichtiges Resultat der Erfahrungen aus der Weimarer Republik und der NS-Zeit."
30–35	Begründe den Satz: „Die Anti-Hitler-Koalition war ein Zweckbündnis auf Zeit."
30–35	Nimm Stellung zu der Auffassung: „Der Marshallplan bildete die Grundlage für den Wirtschaftsaufschwung in Westdeutschland."
32, 36–37	Informiere dich über die Versorgung der Berliner in den drei Westsektoren während der Berlin-Blockade.
38–45	Stelle die Stationen zur Staatsgründung beider deutscher Staaten in einem Schaubild dar.

M 1 „Bruder"
Karikatur von Erich Köhler, 1949

1945: „Bruder"

1955: „Mein lieber Vetter"

1965: „Ach ja, wir hatten ja einen entfernten Verwandten im Ausland"

Die Welt, Europa und Deutschland 1949–1962

Der Kalte Krieg und die bipolare Welt

Im Zeichen einer Blockbildung verschärfte sich der Konflikt zwischen der USA und der Sowjetunion in den Jahren nach 1949. Zwar kam es nicht zu einer direkten militärischen Auseinandersetzung der Supermächte, aber die Lage war so gespannt, dass sich der Begriff Kalter Krieg einbürgerte. In diesem standen sich zwei militärische Bündnissysteme gegenüber: die North Atlantic Treaty Organization (NATO) unter Führung der USA und die Staaten des Warschauer Pakts unter Führung der Sowjetunion. Ein Rüstungswettlauf setzte ein, der Arsenale hervorbrachte, die alles Leben auf der Erde mehrfach vernichten können.

Europa

In Westeuropa setzte gleichwohl ein bemerkenswerter Einigungsprozess ein. Nach verschiedenen Zusammenschlüssen erfolgte 1957 die Gründung der Europäischen Wirtschaftsgemeinschaft (EWG), die der ökonomischen Zusammenarbeit diente. Der wirtschaftlichen Kooperation folgte die politische Zusammenarbeit. Aus dem „Kerneuropa" der EWG hat sich bis heute eine Staatengemeinschaft entwickelt, die als Europäische Union (EU) die meisten europäischen Länder umfasst.

Entwicklungen in der Bundesrepublik Deutschland (BRD)

Nach der Gründung der beiden deutschen Staaten 1949 entwickelten sich diese in der Folgezeit zunehmend auseinander.

Bei der Ausgestaltung der parlamentarischen Demokratie in der Bundesrepublik wurden die Erfahrungen der Weimarer Republik berücksichtigt: Anders als der damalige Reichspräsident besitzt der Bundespräsident hauptsächlich repräsentative Funktionen. Dem Amt des Bundeskanzlers kommt hingegen eine starke politische Machtstellung zu, sodass gelegentlich auch von einer „Kanzlerdemokratie" die Rede ist. Die Gesetzgebung nimmt der Bundestag wahr, der aus in freier, gleicher und geheimer Wahl vom Volk gewählten Abgeordneten besteht. Der Bundesrat, die Vertretung der Regierungen der Bundesländer, kann bei bestimmten Themen mitbestimmen. Die Verfassung der Bundesrepublik wurde „Grundgesetz" genannt, um den vorläufigen Charakter der Staatsgründung zu betonen – das Ziel blieb die Wiedervereinigung. Das Wirtschaftssystem der Bundesrepublik wird als Soziale Marktwirtschaft bezeichnet. Aufgabe des Staates ist es, den kapitalistischen Wettbewerb zu gewährleisten und auf einen gewissen sozialen Ausgleich hinzuwirken (Sozialstaat).

Unter Konrad Adenauer, der von 1949 bis 1963 regierte, erholte sich die Bundesrepublik überraschend schnell von den Kriegsfolgen. Grundlegend für diese Entwicklung war das mit dem Marshallplan verbundene „Wirtschaftswunder". Auch kulturell übten die USA einen starken Einfluss auf die Bundesrepublik aus. Eine große, in beiden deutschen Staaten gelöste Aufgabe war die Integration der Flüchtlinge und Vertriebenen.

Entwicklungen in der Deutschen Demokratischen Republik (DDR)

In der DDR wurde ein anderer Entwicklungsweg beschritten. Auch wenn die Verfassung der DDR im Hinblick auf Parlamentarismus und Demokratie durchaus Gemeinsamkeiten mit dem Grundgesetz aufwies, wurde faktisch jedoch ein Einparteiensystem errichtet, das durch einen ausgedehnten Staatssicherheitsapparat gestützt wurde. Unter dem Druck der sowjetischen Besatzungsbehörden waren bereits 1946 die Kommunistische Partei Deutschlands (KPD) und die Sozialdemokratische Partei Deutschlands (SPD) zur Sozialistischen Einheitspartei Deutschlands (SED) vereinigt worden. Trotz des vorhandenen Mehrparteiensystems besaß die SED in der DDR ein unantastbares Machtmonopol. Die SED bestimmte und kontrollierte das politische und gesellschaftliche Leben des Landes, da alle wichtigen Entscheidungen nicht in der Regierung bzw. dem Parlament der DDR, der Volkskammer, getroffen wurden, sondern in den Gremien der Partei. Das Wirtschaftssystem der DDR war eine sozialistische Planwirtschaft nach sowjetischem Vorbild, zu deren Errichtung Banken und Industrien verstaatlicht wurden. Auf dem Land wurde eine Bodenreform durchgeführt. Eine staatliche Plankommission legte Bedarfe, Produktionsmengen und Produktionsverfahren fest, was ein im Vergleich zur Bundesrepublik deutlich geringeres Warenangebot zur Folge hatte. Ihrem Selbstverständnis als Arbeiter- und Bauernstaat gemäß baute die DDR ein engmaschiges sozialpolitisches Netz auf.

Auf kulturellem Gebiet kam es zu einem Wechsel zwischen relativ liberalen Phasen und Zeiten ideologischer Bevormundung. Wichtigster Bezugspunkt war auch hier die Sowjetunion.

Hinweis

Einen kompakten Rückblick (jeweils ca. 15 min.) auf fast alle Jahre der Bundesrepublik befindet sich unter:

http://www.bpb.de/mediathek/60xdeutschland/

M 2

Der Kalte Krieg in den 1950er-Jahren

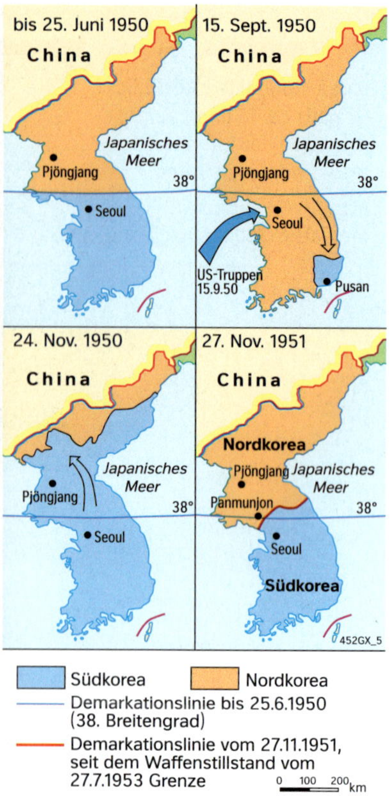

M 1 Der Koreakrieg 1950–1953

Soldat in Korea – aus Versehen

In seiner Autobiografie „Neger, Neger, Schornsteinfeger" berichtet Hans J. Massaquoi, der 1926 als Sohn eines Liberianers und einer Deutschen geboren wurde und die Zeit des Nationalsozialismus in Deutschland überlebte, wie er 1950 amerikanischer Soldat wurde. Obwohl es sich um einen Irrtum der Bürokratie handelte, akzeptierte er die Einberufung, da er sich Vorteile für einen Antrag auf amerikanische Staatsbürgerschaft versprach. So kam er als Soldat nach Korea und kämpfte dort für die Amerikaner. Wie kamen jedoch US-amerikanische Truppen überhaupt nach Korea?

Der Koreakrieg

Nach der Kapitulation Japans 1945 besetzten sowjetische Truppen den Norden Koreas und amerikanische Einheiten den Süden des Landes. Die Grenze zwischen beiden Einflusssphären bildete der 38. Breitengrad. Der Kalte Krieg verhinderte jedoch eine Einigung der Besatzungsmächte über die Zusammenführung eines unabhängigen demokratischen Koreas.

Schließlich entstand im Süden mit der Republik Korea ein autoritäres Militärregime unter dem Schutz der USA, im Norden hingegen eine kommunistische Volksrepublik, die von der UdSSR und China Unterstützung erhielt. Beide Teilstaaten – Südkorea und Nordkorea – beanspruchten die Herrschaft über das gesamte Land.

Nach dem Abzug der Amerikaner überschritten nordkoreanische Truppen im Juni 1950 den 38. Breitengrad. Die USA sahen darin einen Beweis für die aggressive Politik des Kommunismus und entschlossen sich zum militärischen Eingreifen. Auch der Sicherheitsrat der UNO verurteilte Nordkorea als Aggressor und beschloss die Aufstellung einer UNO-Streitmacht. Die USA trugen die militärische Hauptlast und stellten mit General MacArthur den Oberbefehlshaber. 15 weitere Nationen entsandten Truppenkontingente.

Als US-Verbände in einer See- und Landoffensive den 38. Breitengrad überschritten und zur chinesischen Grenze vorstießen, griffen 200 000 chinesische „Freiwillige" zugunsten Nordkoreas ein. General MacArthur forderte, als diese

M 2 Koreakrieg

Amerikanischer Nachschub, Foto um 1950

Gegenoffensive Erfolge erzielte, sogar den Einsatz von Atomwaffen gegen China. Eine solche Eskalation lag jedoch nicht im Interesse der US-Regierung unter Präsident Truman. Sie hätte ein Eingreifen der Sowjetunion wahrscheinlich gemacht und damit die Gefahr eines globalen Konflikts heraufbeschworen. Außerdem hätte eine Konzentration der USA auf Asien deren Position in Europa geschwächt. So beendete im Juli 1953 ein Waffenstillstandsabkommen die militärische Auseinandersetzung und bestätigte den 38. Breitengrad als Demarkationslinie. Der Konflikt forderte etwa zwei Millionen Opfer unter Zivilisten und Soldaten und vertiefte die Furcht vor einem Militärschlag in Ost und West. Korea ist bis heute geteilt.

M 3 Flüchtlinge im Koreakrieg
Foto, undatiert

Die Gründung des östlichen Militärbündnisses

Auch aufgrund der Erfahrungen des Koreakrieges reagierte die Sowjetunion mit der Gründung eines östlichen Militärbündnisses, das in der DDR als „Warschauer Vertragsorganisation", im Westen dagegen als „Warschauer Pakt" bezeichnet wurde. Letzterer Begriff wird heute vorrangig in der Geschichtswissenschaft benutzt. Dem Warschauer Pakt gehörten bis zu seiner Auflösung 1991 neben der UdSSR auch deren Satellitenstaaten an – so bezeichnete man die von der Sowjetunion beherrschten osteuropäischen Staaten. Das Militärbündnis ermöglichte der UdSSR nicht nur eine Stationierung sowjetischer Truppen in allen Mitgliedsstaaten, sondern auch deren Kontrolle und notfalls ein militärisches Eingreifen.

M 4 „Warschauer Pakt"
Die sowjetische Delegation auf der Warschauer Konferenz, wo sie und Vertreter Albaniens, Bulgariens, der DDR, Rumäniens, der Tschechoslowakei und Polens am 14. Mai 1955 den „Vertrag über Freundschaft, Zusammenarbeit und gegenseitigen Beistand" unterzeichneten.

Hinweis

Eine Karte zum Warschauer Pakt befindet sich auf der Seite 31 in diesem Schulbuch.

Der Ungarnaufstand 1956

Das bekam das Pakt-Mitglied Ungarn im Jahr 1956 zu spüren. Aus Studentendemonstrationen in Budapest entwickelte sich Ende Oktober ein Volksaufstand gegen das stalinistische Regime, der selbst vor der Polizei und Armee nicht zurückschreckte. Auf großen Demonstrationen forderten viele Ungarn bürgerliche Freiheitsrechte, soziale Verbesserungen, eine neue Regierung und den Abzug sowjetischer Truppen.

Nach ersten bewaffneten Auseinandersetzungen zogen sich die sowjetischen Truppen aus Budapest zurück. Der ungarische Politiker Imre Nagy löste die Geheimpolizei auf, verkündete die Einführung eines Mehrparteiensystems und

Hinweis

Filmtipp

„Das schweigende Klassenzimmer", Spielfilm von Lars Kraume, Deutschland, 2018. Vgl. auch den Info-Kasten auf Seite 92 in diesem Schulbuch.

M 5 **Ungarnaufstand**

Aufständische vor einem zerstörten sowjetischen Panzer, November 1956

bildete eine unabhängige Regierung. Das Land sollte zwar sozialistisch bleiben, aber frei von sowjetischer Bevormundung sein. So trat Ungarn aus dem Warschauer Pakt aus.

Das konnte die Sowjetunion nicht dulden, ohne ihre Machtposition in Osteuropa aufs Spiel zu setzen. Deshalb schlug sie mit aller Härte zu. Panzer rollten durch die Stadt. Es kam zu schweren Straßenkämpfen. Die politische Führung wurde verhaftet, Imre Nagy nach einem Schauprozess 1958 hingerichtet. Andere Aufständische erhielten langjährige Gefängnisstrafen. 20 000 Ungarn waren in den Kämpfen getötet worden, 200 000 flohen ins westliche Ausland.

Der Westen griff nicht ein, obwohl Imre Nagy ihn verzweifelt dazu aufgerufen hatte. Angesichts des gewaltigen Arsenals an Atomwaffen und der Bereitschaft, diese auch einzusetzen, fürchtete der Westen die Gefahr eines Atomkriegs. Ungarn blieb bis 1989 kommunistisch, auch wenn unter Parteichef János Kádár (1956–1988) vorsichtige Wirtschaftsreformen erfolgten.

Die Vertiefung des Ost-West-Gegensatzes

Der Koreakrieg und der Ungarnaufstand hatten gezeigt, dass sich die Militärblöcke unversöhnlich gegenüberstanden. In der Folgezeit verschärfte sich die machtpolitische und ideologische Auseinandersetzung zwischen West und Ost. Erst nach der Kuba-Krise, die die Welt 1962 an die Schwelle eines Atomkriegs führte, ließen vorsichtige Entspannungsbemühungen den Kalten Krieg abklingen.

Der Koreakrieg – Deutungen untersuchen

M 6 Rechtfertigung des Koreakrieges

Aus einer Rede des amerikanischen Präsidenten Harry S. Truman zum Koreakrieg von 1950:

Wir glauben an die Freiheit aller Nationen im Fernen Osten. Das ist einer der Gründe, warum wir für die Freiheit Koreas kämpfen. Russland hat niemals irgendein Territorium freiwillig aufgegeben, das es sich im Fernen Osten angeeignet hat – es hat noch keinem zur Unabhängigkeit verholfen, der unter seine Kontrolle geraten war.
Wir treten nicht nur für die Freiheit der Völker Asiens ein, sondern wir wollen ihnen auch helfen, sich bessere Verhältnisse in Bezug auf Gesundheit, Ernährung, Bekleidung und Wohnen zu sichern und ihnen die Möglichkeit geben, ihr eigenes Dasein in Frieden zu führen. Wir rüsten lediglich für die Verteidigung gegen die Aggression. Wenn wir und die anderen freien Völker stark, geschlossen und geeint sind, kann der kommunistische Imperialismus, obgleich er nicht an den Frieden glaubt, von einer neuen Aggression abgeschreckt werden.

Zit. nach: Erich Angermann, Die Vereinigten Staaten von Amerika als Weltmacht. Innen- und außenpolitische Entwicklungen seit 1917, Stuttgart: Klett 1987, S. 56 f.

M 7 Widerstand gegen die USA

In einer Rede rechtfertigt Zhou Enlai, einer der wichtigsten Führer der KPC und Premierminister der VR China, das Eingreifen Chinas in den Koreakrieg (24.10.1950):

Die Demokratische Volksrepublik Korea ist ein neuer Staat, und die Koreanische Volksarmee ist eine junge Streitmacht. Von ihrem ungemein heldenmütigen Kampf sind wir tief bewegt. Die Absicht des Feindes war, auf seiner temporären Stärke eine Kriegslist aufzubauen. Jetzt ist Korea in Not, aber sie halten heldenmütig aus, im Süden führen sie einen Guerrillakrieg, und im Norden bieten sie dem Feind Widerstand. [...]
Falls Korea unter das Joch des US-Imperialismus gerät, ist eine Stabilisierung unseres Nordostens unmöglich. Die Hälfte von Chinas Schwerindustrie befindet sich in der Mandschurei und die Hälfte der mandschurischen Industrien liegt in ihrem Südteil, alles innerhalb des feindlichen Bombardierungs- und Bedrohungsradius. [...]
Falls es dem Feind gelingt, Korea zu okkupieren, so wird er es dabei nicht bewenden lassen. Unter den Gesichtspunkten „Koreas Stellenwert für den Fernen Osten" und „Zukunftsperspektiven" bleibt uns also keine andere Wahl, als zu helfen.

Zit. nach: Institut für Zeitgeschichte (Hg.), Vierteljahreshefte für Zeitgeschichte, Jahrgang 34 (1986), Heft 2, www.ifz-muenchen.de/heftarchiv/1986_2_5_bonwetsch.pdf [letzter Zugriff: 11.06.2018].

M 8 Charta der UNO

Auszug aus der Charta der Vereinten Nationen vom 26. Juni 1945:

Artikel 1: Die Vereinten Nationen setzen sich folgende Ziele:
(1.) den Weltfrieden und die internationale Sicherheit zu wahren und zu diesem Zweck wirksame Kollektivmaßnahmen zu treffen, um Bedrohungen des Friedens zu verhüten und zu beseitigen, Angriffshandlungen und andere Friedensbrüche zu unterdrücken und internationale Streitigkeiten oder Situationen, die zu einem Friedensbruch führen könnten, durch friedliche Mittel nach den Grundsätzen der Gerechtigkeit und des Völkerrechts zu bereinigen oder beizulegen.
(2.) freundschaftliche, auf der Achtung vor dem Grundsatz der Gleichberechtigung und Selbstbestimmung der Völker beruhende Beziehungen zwischen den Nationen zu entwickeln [...].

Charta der Vereinten Nationen, 1945, www.unric.org/html/german/pdf/charta.pdf [letzter Zugriff: 11.06.2018].

Aufgaben

1. Der Koreakrieg
a) Erkläre mithilfe der Karte M1 den Verlauf des Koreakriegs.
b) Stelle begründete Vermutungen über die Bedeutung des Koreakrieges für die politische Entwicklung in der Bundesrepublik und Europa an.
c) Bewerte die Auffassung Harry S. Trumans, durch Aufrüstung Aggressionen verhindern und so den Frieden sichern zu wollen.
d) Arbeite aus der Rede (M7) die Begründung Zhou Enlais für ein Eingreifen Chinas in den Konflikt heraus.
e) Beurteile die Politik der beteiligten Großmächte. Berücksichtige dabei die UN-Charta (Artikel 1).
→ Text, M1, M6 – M8

Ungarn-Aufstand – Eine Chronologie erarbeiten

M 9 Aufstand in Ungarn 1956
Demonstranten verbrennen die kommunistische ungarische Flagge, Oktober 1956.

M 10 Der Aufstand in Ungarn

Aus verschiedenen Quellen ist im Folgenden eine Chronologie des Aufstandes zusammengestellt.
a) Gordon Shepherd berichtet in der englischen Zeitung „Daily Telegraph" über Sonnabend, den 27. Oktober 1956:

Der ungarische Aufstand hat nun sein drittes und vielleicht blutigstes Stadium erreicht. Vor etwa einer Woche begann er mit den Demonstrationen unbewaffneter Studenten. Als sich größere Tumulte daraus entwickelten, schloss sich eine Militärrevolte an, die wahrscheinlich seit langem innerhalb gewisser Einheiten der regulären ungarischen Armee geplant gewesen war. Soweit Budapest in Betracht kommt, scheint diese halborganisierte militärische Aktion von sowjetischen Panzern unterdrückt worden zu sein. [...] Die Russen benutzen ihre schweren Panzer als Ausrottungsmaschinen. Sie rollen von einem Bezirk zum anderen und machen jedes Haus dem Erdboden gleich, wenn auch nur ein einziger Heckenschütze darin sitzt oder darin vermutet wird. [...]

Gordon Shepherd im Londoner „Daily Telegraph" vom 29.10.1956.

b) Imre Nagy spricht im Sender Kossuth am Dienstag, den 30. Oktober 1956,14.28 Uhr:

Hier spricht Imre Nagy:
Ungarische Arbeiter, Soldaten, Bauern und Intellektuelle! Die Revolution [...] und die gewaltige Bewegung der demokratischen Kräfte haben es mit sich gebracht, dass unsere Nation jetzt am Scheideweg angelangt ist.
Im Interesse einer weiteren Demokratisierung des politischen Lebens [...] hat das Kabinett das Einparteiensystem abgeschafft und beschlossen, zu einer Regierungsform zurückzukehren, die auf der demokratischen Zusammenarbeit der Koalitionsparteien beruht. [...]

Imre Nagy im Budapester Sender „Kossuth" am 30.10.1956, 14:28 Uhr.

c) Imre Nagy veröffentlicht am Donnerstag, den 1. November 1956, folgende Erklärung in der ungarischen Nachrichtenagentur:

Ministerpräsident Imre Nagy hat das folgende Telegramm an die Regierung der UdSSR gerichtet:

„Die Regierung der Ungarischen Volksrepublik wünscht sofortige Verhandlungen über den Abzug der sowjetischen Truppen aus ungarischem Gebiet. Unter Bezugnahme auf die jüngste Erklärung der sowjetischen Regierung, [...] sie sei bereit, mit den Regierungen Ungarns und der anderen Mitgliedstaaten des Warschauer Pakts über den Abzug der sowjetischen Truppen aus Ungarn zu verhandeln, ersucht die ungarische Regierung die Regierung der Sowjetunion eine Abordnung zu benennen, damit die Gespräche so bald als möglich beginnen können. Sie bittet die sowjetische Regierung, hierfür Zeit und Ort zu bestimmen. [...]

Imre Nagy in der Ungarischen Nachrichtenagentur am 01.11.1956.

d) Imre Nagy spricht im Sender Kossuth am Sonntag, den 4. November 1956, 5.16 Uhr:

Achtung! Achtung! Achtung! Achtung! Ministerpräsident Nagy wendet sich jetzt an das ungarische Volk:
„Hier spricht Ministerpräsident Imre Nagy. Sowjetische Truppen haben im Morgengrauen zu einem Angriff auf unsere Hauptstadt angesetzt, mit der eindeutigen Absicht, die gesetzmäßige demokratische Regierung der Ungarischen Volksrepublik zu stürzen. Unsere Truppen stehen im Kampf. Die Regierung ist auf ihrem Platz. Ich bringe diese Tatsachen unserem Land und der ganzen Welt zur Kenntnis.

Imre Nagy im Budapester Sender „Freier Sender Kossuth" am 04.11.1956, 5:16 Uhr.

e) Der „Freie Sender Petöfi" sendet am Sonntag, den 4. November 1956, um 14.34 Uhr folgende Nachricht:

Völker der Welt! Hört uns – helft uns! Nicht mit Erklärungen, sondern mit Taten, mit Soldaten, mit Waffen! Vergesst nicht, dass es für die Sowjets bei ihrem brutalen Ansturm kein Halten gibt. Wenn wir untergegangen sind, werdet ihr das nächste Opfer sein. Rettet unsere Seelen! Rettet unsere Seelen! [...]
Völker der Welt! Im Namen der Gerechtigkeit, der Freiheit und des verpflichtenden Prinzips der tatkräftigen Solidarität, helft uns! Das Schiff sinkt, das Licht schwindet, die Schatten werden von Stunde zu Stunde dunkler über der Erde Ungarns. Hört den Schrei, Völker der Welt, und handelt. Reicht uns Eure brüderliche Hand.
SOS! SOS! Gott sei mit Euch!

Freier Sender Petöfi, 04.11.1956, 14:34 Uhr.

f) „Radio Moskau" sendet am Sonntag, den 4. November 1956, um 21.05 Uhr folgende Nachricht:

Heute morgen sind die Kräfte der reaktionären Verschwörung gegen das ungarische Volk zerschlagen worden. Eine neue ungarische Revolutionsregierung der Arbeiter und Bauern wurde von Ministerpräsident János Kádár gebildet. Die Regierung hat das ungarische Volk aufgerufen, alle Kräfte zur Verteidigung der Errungenschaften des volksdemokratischen Systems einzusetzen und die reaktionären Verschwörer, an deren Spitze ehemalige Horthy-Offiziere aus der Hitler-Wehrmacht stehen, endgültig zu vernichten.

„Radio Moskau", 04.11.1956, 21:05 Uhr.

g) Der Sender Kossuth sendet am Dienstag, den 6. November 1956:

Wir grüßen die Sowjetunion, die zum zweitenmal das ungarische Volk befreit hat. [...]

Sender „Kossuth", 06.11.1956.

Zit. nach: Melvin J. Lasky (Hg.), Gerhard Löwenthal (Mitarb.), Die ungarische Revolution. Ein Weißbuch. Die Geschichte des Oktoberaufstandes nach Dokumenten, Meldungen, Augenzeugenberichten und dem Echo der Weltöffentlichkeit. Veröffentlichung für den Kongress für die Freiheit der Kultur, Berlin: Colloquium Verlag 1958.

Aufgaben

1. Der Ungarnaufstand 1956
a) Bestimmt Art, Perspektiven, Adressaten und Wert der Quellen (M10).
b) Erarbeite anhand der Quellen den Ablauf des Ungarnaufstands (Akteure, Methoden, Ziele, Motive).
c) **Medienbildung:** Verfasse einen Kommentar für eine Tageszeitung zum Thema: „Der ungarische Aufstand von 1956". Wähle dazu in dem unten aufgeführten Link ein geeignetes Foto aus. Begründe deine Auswahl.
Text, M9, M10 und
http://ungarn1956.zeitgeschichte-online.de/

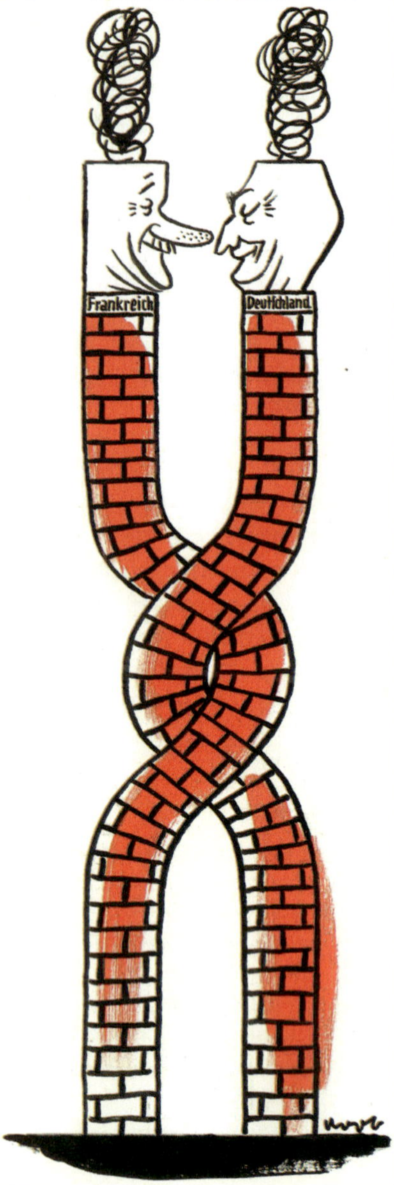

M 1 **„Verschlungene Wege"**
Karikatur von Ludwig Koob aus der westdeutschen Zeitung „Der Mittag", 13. Mai 1950

Das Nachkriegseuropa

Hoffnungen nach dem Krieg

Der Zweite Weltkrieg hatte Europa schwer erschüttert und über 50 Millionen Opfer gefordert. Die Menschen sehnten sich nach Frieden und einer Ordnung, die künftig gewaltsame Konflikte in Europa verhindern sollte. So begann nach 1945 eine neue Epoche, denn Europas Staatsmänner verwirklichten schrittweise einen engeren staatlichen Zusammenschluss: die europäische Integration. Einen solchen Versuch hatte es in der Geschichte zuvor noch nicht gegeben, doch war die Idee eines geeinten Europas nicht neu.

Bereits 1946 rief der ehemalige britische Premierminister Winston Churchill in Zürich die Europäer zur Zusammenarbeit auf. Als erster Schritt wurde 1949 der Europarat mit Sitz in Straßburg gegründet, dem heute über 40 Staaten angehören. Die Verabschiedung der „Europäischen Menschenrechtskonvention" 1950 gehört zu den großen Erfolgen dieser Organisation.

Erste Schritte zur Integration

Neben Frankreich, Italien, den Niederlanden, Belgien und Luxemburg zählte auch die Bundesrepublik Deutschland zu den Initiatoren der europäischen Einigungsbewegung der Nachkriegszeit. Statt der jahrhundertealten Rivalitäten wollten die Politiker eine Wirtschaftsgemeinschaft als Grundstein der späteren politischen Einheit errichten. 1951 unterzeichneten die sechs Staaten den Vertrag über die „Europäische Gemeinschaft für Kohle und Stahl" (Montanunion), die bis heute – als Teil der Europäischen Union – fortbesteht.

Die Aufgabe der Montanunion bestand darin, die Schwerindustrie der Mitgliedsstaaten zu koordinieren und Zollbarrieren abzuschaffen, um den Handel zu erleichtern. Die Gründung der Gemeinschaft war aber mehr als nur ein wirtschaftlicher Zusammenschluss. Für diesen Wirtschaftsbereich wurde darüber hinaus eine eigene Rechtsordnung geschaffen. Das war neu, denn Gesetze erließen bislang nur souveräne Staaten.

Europa im Zeichen des Kalten Krieges

Als erkennbar wurde, dass der Ost-West-Konflikt zur Teilung Europas führen würde, bemühten sich die Politiker um eine verstärkte Zusammenarbeit. Um nicht Spielball amerikanischer und sowjetischer Machtinteressen zu werden, wollten die Europäer eine dritte Kraft bilden. Nach gleichem Muster wie bei der Montanunion versuchten die sechs Staaten eine „Europäische Verteidigungsgemeinschaft" (EVG) unter deutscher Beteiligung zu gründen.

Der Plan scheiterte jedoch 1954 – und damit die Idee einer dritten militärischen Kraft. 1955 wurde die Bundesrepublik in das bereits 1949 von den westeuropäischen Staaten gemeinsam mit den USA gegründete Verteidigungsbündnis der NATO aufgenommen. Im gleichen Jahr gründete die Sowjetunion den Warschauer Pakt, das Militärbündnis des Ostblocks. Der Kalte Krieg beeinträchtigte die europäische Integration nachhaltig und führte zu einer langjährigen Trennung von West- und Osteuropa.

Ausbau der europäischen Einigung

Ab Mitte der Fünfzigerjahre suchten die Bundesrepublik Deutschland, Frankreich, Italien und die Beneluxstaaten eine engere wirtschaftliche Zusammenarbeit. Die-

M 2 **Römische Verträge**

Unterzeichnung am 25. März 1957

se Bemühungen führten 1957 mit den Römischen Verträgen zur Gründung der „Europäischen Wirtschaftsgemeinschaft“ (EWG). Sie wurde ergänzt durch die „Europäische Atomgemeinschaft“ (EURATOM). Ziel war der schrittweise Aufbau eines zollfreien Binnenmarktes mit einem gemeinsamen Außenzoll sowie die friedliche Nutzung der Kernenergie. Das sollte zu mehr Wohlstand in Europa führen und den Anschluss an die überlegenen Supermächte sichern.

Das deutsch-französische Verhältnis in Europa

Entscheidenden Einfluss auf den europäischen Einigungsprozess hatte das Verhältnis zwischen Frankreich und Deutschland, den alten „Erbfeinden“. Es war daher historisch bedeutungsvoll, dass sich gerade der französische Außenminister Robert Schuman dafür einsetzte, die Schwerindustrie der bisherigen Rivalen zu koordinieren (Schuman-Plan) und damit die Verhandlungen über die Gründung der Montanunion anstieß.

Der deutsch-französische Freundschaftsvertrag, den 1963 Bundeskanzler Konrad Adenauer und Staatspräsident Charles de Gaulle in Paris unterzeichneten, war ein Meilenstein im europäischen Einigungsprozess, der die Beziehungen zwischen beiden Staaten in Europas Mitte grundlegend änderte.

Hinweis

Der Vertragstext des Elysee-Vertrags ist zu finden unter:

Elysée-Vertag: https://de.ambafrance.org/-Der-Elysee-Vertrag-

Eine interessante Seite zu den deutsch-französischen Beziehungen (bes. Reiter: Konfikte) befindet sich unter:

http://www.deuframat.de

M 3 **Geste der Freundschaft**

Konrad Adenauer und Charles de Gaulle am 22. Januar 1963

Die Anfänge der Europäischen Integration – Politische Reden interpretieren

M 4 Churchills Vision eines geeinten Europas

Am 19. September 1946 hielt der englische Premierminister Winston Churchill (1874–1965) in Zürich folgende „Rede an die akademische Jugend":

Wir müssen etwas wie die Vereinigten Staaten von Europa schaffen. Nur so können Hunderte von Millionen schwer arbeitender Menschen wieder die einfachen Freuden und Hoffnungen zurückgewinnen, die das Leben lebenswert machen. [...]
Wir verfügen [...] über große Kenntnisse und das Material, mit dem wir bauen können; und außerdem über die teuer erkaufte Erfahrung. [...]
Ich spreche jetzt etwas aus, das Sie in Erstaunen setzen wird. Der erste Schritt bei der Neugründung der europäischen Familie muss eine Partnerschaft zwischen Frankreich und Deutschland sein. Nur auf diese Weise kann Frankreich die moralische Führung Europas wieder erlangen. Es gibt kein Wiederaufleben Europas ohne ein geistig großes Frankreich und ein geistig großes Deutschland. Die Struktur der Vereinigten Staaten von Europa, wenn sie gut und echt errichtet wird, muss so sein, dass die materielle Stärke eines einzelnen Staates von weniger großer Bedeutung ist. Kleine Nationen zählen ebenso viel wie große und erwerben sich ihre Ehre durch ihren Beitrag zu der gemeinsamen Sache. [...] Ich muss Sie aber auch warnen. Die Zeit ist vielleicht knapp. Gegenwärtig haben wir eine Atempause. Die Geschütze schweigen. Der Kampf hat aufgehört, aber nicht die Gefahren. Wenn es uns gelingen soll, die Vereinigten Staaten von Europa, oder welchen Namen auch immer sie tragen werden, zu errichten, müssen wir jetzt damit beginnen.

Zit. nach: Forschungsinstitut der deutschen Gesellschaft für auswärtige Politik/Auswärtiges Amt (Hg.), Europa. Dokumente zur Frage der europäischen Einigung Bd. 1, München: Oldenbourg 1962, S. 113 ff.

M 5 Schumans Erklärung zum Aufbau eines gemeinschaftlichen Europas

Der französische Außenminister Robert Schuman verlas am 9. Mai 1950 im Uhrensaal des Außenministeriums am Quai d'Orsay folgende Erklärung:

Der Weltfriede kann nur erhalten bleiben, wenn man den Gefahren, die ihn bedrohen, mit schöpferischen Leistungen begegnet. Friedliche Beziehungen sind ohne ein geordnetes, lebensvolles Europa mit seinen Beiträgen zur Menschheitskultur undenkbar. [...]
Voraussetzung für den Zusammenschluss der europäischen Nationen ist aber die Beseitigung des jahrhundertealten Gegensatzes zwischen Frankreich und Deutschland. Das begonnene Unternehmen muss in erster Linie Frankreich und Deutschland erfassen.
Zu diesem Zweck beabsichtigt die französische Regierung, auf einem zwar begrenzten, aber entscheidenden Gebiet sofort Maßnahmen zu ergreifen. Die französische Regierung schlägt daher vor, die gesamte französisch-deutsche Kohle- und Stahlerzeugung in einer den anderen europäischen Ländern offenstehenden Organisation einer gemeinsamen Hohen Behörde zu unterstellen. [...]
An der so angeknüpften Gemeinschaftsproduktion wird es sich erweisen, dass jeder Krieg zwischen Frankreich und Deutschland nunmehr nicht nur undenkbar, sondern auch materiell unmöglich ist. Die Aufrichtung dieser, allen Ländern, welche sich daran beteiligen wollen, zugänglichen machtvollen Produktionseinheit [...] wird die wirklichen Grundlagen zu ihrer wirtschaftlichen Vereinigung schaffen. [...] Somit wird einfach und rasch die Verschmelzung von Interessen, die zur Bildung einer Wirtschaftsgemeinschaft unerlässlich sind, verwirklicht und der Ansatz zu einer umfassenderen und tieferen Gemeinschaft der Länder geschaffen, die so lange durch blutige Streitigkeiten getrennt waren. Durch die Zusammenfassung der Grundproduktionen und die Errichtung einer neuen Hohen Behörde, an deren Entscheidungen Frankreich, Deutschland und die beitretenden Länder gebunden sind, schafft dieser Vorschlag die ersten festen Grundlagen zu einer für die Erhaltung des Friedens unerlässlichen Europäischen Föderation.

Zit. nach: www.cvce.eu/obj/erklarung_von_robert_schuman_paris_9_mai_1950-de-9cc6ac38-32f5-4c0a-a337-9a8ae4d5740f.html [letzter Zugriff: 12.06.2018].

M 6 Eine Kritik am Schuman-Plan

Der SPD-Politiker Kurt Schumacher sprach sich am 24. Mai 1951 gegen den Schumann-Plan aus:

Der Schuman-Plan ist, da er nur sechs Länder umfasst, nicht ein europäischer Plan, sondern ein regionaler Spezialpakt innerhalb Europas. Er umfasst die Länder eines gewissen kulturellen, politischen und wirtschaftlichen Typs. Dieser Typ ist konservativ und klerikal [den Standpunkt der katholischen Kirche vertretend], er ist kapitalistisch und kartellistisch [den Standpunkt der Großindustrie vertretend].

Zit. nach: Kurt Schumacher, Kritik am Schuman-Plan, in: Telegraf. Schriftenreihe für Politik, Wirtschaft und Kultur, Heft 1, 1951, S. 1. http://library.fes.de/pdf-files/bibliothek/bestand/a-28881.pdf [letzter Zugriff: 12.06.2018].

M 7 **Karikatur zum Schuman-Plan**

Gustav Stresemann, Konrad Adenauer und Kurt Schumacher, zeitgenössische Karikatur von Fritz Meinhard

Info

Gustav Stresemann (1878–1929)

Stresemann war während der Weimarer Republik für kurze Zeit Reichskanzler und später für viele Jahre Außenminister. Er trug nach dem Ersten Weltkrieg wesentlich zu einer Verständigung mit Frankreich bei und erhielt zusammen mit seinem französischen Außenminister-Kollegen Aristide Briand 1926 den Friedensnobelpreis.

Info

Kurt Schumacher (1895–1952)

Schumacher war bereits 1933 von den Nazis verhaftet worden. Da er sich im KZ weigerte, eine Erklärung zu unterschreiben, in der er auf politische Arbeit verzichtete, wurde er insgesamt über neun Jahre in verschiedenen KZ gefangen gehalten. Nach dem Krieg war er als Vorsitzender der SPD im Westen der erste Oppostionsführer der Bundesrepublik Deutschland. Da er der Ansicht war, dass eine zu starke Westintegration der Bundesrepublik einer zukünftigen Widervereinigung schaden könne, argumentierte er gegen Schritte, die eine Westbindung forcieren würden.

Aufgaben

1. Die Anfänge der Europäischen Integration

a) Analysiere die Rede Churchills. Gehe dabei auf seine Vorstellungen von den Vereinigten Staaten Europas und seine These ein, dass der europäische Einigungsprozess mit Frankreich und Deutschland beginnen müsse.

b) Erläutere, inwiefern die Umsetzung des Schuman-Plans zur Friedenssicherung und zur europäischen Integration beitragen sollte.

c) Arbeite die Positionen des Karikaturisten Fritz Meinhard zum Schuman-Plan heraus und setze dich mit seinen Aussagen auseinander. Berücksichtige dabei Schumachers Kritik am Schuman-Plan.

d) Vergleicht die Partnerstädte der Berliner Bezirke Tempelhof-Schöneberg und Neukölln mit denen von Marzahn-Hellersdorf und Treptow hinsichtlich der Beziehungen zu Frankreich und stellt Vermutungen über das Ergebnis an. Verwendet zur Recherche: www.berlin.de/rbmskzl/politik/internationales/staedtepartnerschaften/

→ Text, M4–M7, Internet

Die Bundesrepublik in den Fünfzigerjahren

M 1 „Keine Experimente"
Wahlplakat der CDU von 1957

Die Ära Adenauer – Erster Kanzler der Bundesrepublik

Der erste Kanzler der Bundesrepublik war Konrad Adenauer (1876–1967). Er gehörte zu einer Politikergeneration, die mit dem Kaiserreich, der Weimarer Republik und der NS-Diktatur viele Krisen und unterschiedliche Gesellschaftsformationen erlebt hatte. So hatte er sich 1933 als Oberbürgermeister (Zentrumspartei) von Köln geweigert, Hitler, der bereits Reichskanzeler war, zu empfangen. Absetzung und kurzzeitige Verhaftung waren die Folgen.

Nach dem Zusammenbruch des Naziregimes zählte er zu den Mitbegründern der CDU im Rheinland. Im Alter von 73 Jahren wurde er 1949 mit einer Stimme Mehrheit erster Bundeskanzler der Bundesrepublik und behielt das Amt bis 1963, also 14 Jahre lang.

In dieser Zeit festigte sich die Demokratie und die Bundesrepublik erlebte einen enormen wirtschaftlichen Aufschwung, der auf einer Sozialen Marktwirtschaft basierte. Außenpolitisch gelang es Adenauer, die Bundesrepublik fest in der westlichen Staatenwelt zu verankern: wirtschaftlich in der EWG und militärisch in der NATO. Weil er diese Phase der Bundesrepublik entscheidend prägte, werden die Fünfzigerjahre auch als „Ära Adenauer" bezeichnet.

„Kanzlerdemokratie"

Aus der ersten Bundestagswahl im August 1949 ging die CDU/CSU knapp vor der SPD als Sieger hervor. Adenauer bildete eine Koalition aus CDU/CSU, FDP und DP. Vier Jahre später benötigte er nur noch die FDP als Koalitionspartner. 1957 errang die CDU/CSU unter Adenauer sogar die absolute Mehrheit im Bundestag.

Ausschlaggebend für diesen Erfolg waren Adenauers starke Persönlichkeit, sein Regierungsstil und seine Politik. Sie beruhte auf einem Machtverständnis, das sich auf einen autoritären Führungsstil stützte. So nutzte Adenauer als Bundeskanzler die im Grundgesetz festgelegte Richtlinienkompetenz, um wichtige Entscheidungen auch gegen seine Minister durchzusetzen. Das Kanzleramt wurde unter seiner Führung zur Machtzentrale ausgebaut. Daher spricht man auch von einer Kanzlerdemokratie.

Nach den Erfahrungen mit der instabilen Weimarer Republik fand dieser Regierungsstil breite Zustimmung in der Bevölkerung.

Herrschaft der Parteien

In den Fünfzigerjahren entwickelte sich die CDU/CSU zu einer Volkspartei, die alle Wählerschichten ansprach. Bei der SPD führten die Wahlniederlagen der Fünfzigerjahre zu einer Umorientierung – weg von einer sozialistisch geprägten Arbeiterpartei, hin zu einer reform-orientierten sozialen Volkspartei. Dieser neue Kurs schlug sich 1959 im sogenannten Godesberger Programm nieder.

Zur Etablierung eines Drei-Parteien-Systems im Bundestag trug die Einführung einer 5-Prozent-Hürde bei. Auch gab es die Möglichkeit, verfassungsfeindliche Parteien vom Bundesverfassungsgericht verbieten zu lassen, wie 1952 die SRP und 1956 die KPD. Entscheidenden Anteil an der Akzeptanz der Parteien hatten aber die wirtschafts- und sozialpolitischen Weichenstellungen, die von der Bundesregierung in den Fünfzigerjahren getroffen wurden. Sie trugen wesentlich dazu bei, dass sich in Westdeutschland eine funktionierende Demokratie entfalten konnte.

M 2 „Nicht wahr, Michelchen – keine Experimente!“

Karikatur von H. E. Köhler, 1957

M 3 Kanzlerdemokratie

Der Historiker Edgar Wolfrum schreibt (2006):

Integrationskraft und Autorität weit über die Reihen der eigenen Parteifreunde hinaus sind die herausragenden Bestandteile der besonders wichtigen personellen Dimensionen der Kanzlerdemokratie: Adenauer scheint der Psyche der Nachkriegswestdeutschen entgegengekommen zu sein. [...] Er stiftete Vertrauen, und das Vertrauen, das viele Menschen in seine Person setzten, sollte sich rasch auf die Bundesrepublik übertragen. Niemals ist dies sinnfälliger geworden als im höchst erfolgreichen Wahlkampfmotto der CDU/CSU „Keine Experimente“ unter dem Konterfei des Bundeskanzlers aus dem Jahr 1957. Adenauer stand bald synonym für eine Bundesrepublik, die Kurs nach Westen hielt und sich eines wachsenden Wohlstands erfreute, für das Neue, das aus Altem hervorging – wer Adenauer anerkannte, erkannte auch die Bundesrepublik an. Geholfen hat ihm auch seine zumeist einfache Redeweise, die Gut und Böse, Wichtiges und Nebensächliches auf innen- und außenpolitischem Gebiet klar unterschied – und die jeder verstand.

Edgar Wolfrum, Die geglückte Demokratie. Geschichte der Bundesrepublik Deutschland von ihren Anfängen bis zur Gegenwart, Stuttgart: Klett-Cotta 2006, S. 53 f.

Training

Erklärung des Operators „Erläutern“

Du sollst einen komplizierten, vielschichtigen Inhalt (ein Phänomen, ein Ereignis, ein Problem, ein Modell, ein Schaubild usw.) in alle Einzelheiten/Bestandteile zerlegen und deren Zusammenhänge deutlich machen. Deine Erklärung muss für jemanden verständlich und nachvollziehbar sein, der dazu keine Kenntnisse hat. Erläutern heißt erklären mit zusätzlichen Informationen, z. B. mit (eigenen) Beispielen, die deine Erklärung veranschaulichen. Sprachliche Mittel zu den Operatoren befinden sich im hinteren Einband.

Aufgaben

1. Die „Kanzlerdemokratie“ – Einen Fachbegriff erläutern

a) Erläutere den Begriff „Kanzlerdemokratie“. Verwende dazu den Trainingskasten auf dieser Seite.

b) Arbeite die Rolle Adenauers im Rahmen der „Kanzlerdemokratie“ heraus.

→ Text, M1, M3

2. Wahlsiege der CDU

a) Analysiere das Wahlplakat „Keine Experimente!“ zur Bundestagswahl 1957 und erläutere die Faktoren, die zum Wahlerfolg der CDU/CSU beigetragen haben.

b) Vergleiche das Plakat M1 mit der Karikatur von H. E. Köhler.

→ Text, M1, M2

Das Verbot der KPD – Die Bundesrepublik zwischen wehrhafter Demokratie und „kaltem Bürgerkrieg“

M 1 Eingangsgebäude des Bundesverfassungsgericht
im Karlsruher Schlossbezirk, Foto, 2017

M 2 Der KPD-Vorsitzende Max Reimann (1898–1977)
1950 beim 3. Parteitag der SED in Berlin (Ost)

Wehrhafte Demokratie

Zu den wichtigsten Lehren, die man aus dem Untergang der Weimarer Republik gezogen hatte, gehörte die Einsicht, dass ein demokratischer Staat in der Lage sein müsse, sich gegen antidemokratische Bestrebungen effizient zur Wehr zu setzen.

Bei der Gründung der Bundesrepublik Deutschland 1949 berücksichtigte man deshalb Überlegungen zur Ausgestaltung einer streitbaren bzw. wehrhaften Demokratie. Dementsprechend finden sich an verschiedenen Stellen des Grundgesetzes Hinweise auf den besonderen Schutz der wesentlichen Merkmale der bundesdeutschen Demokratie, die unter dem Begriff der „freiheitlich-demokratischen Grundordnung“ (FDGO) zusammengefasst werden. Im Jahr 1952 bestimmte das Bundesverfassungsgericht (BVerfG) die FDGO als eine Ordnung, „die unter Ausschluss jeglicher Gewalt- und Willkürherrschaft eine rechtsstaatliche Herrschaftsordnung auf der Grundlage der Selbstbestimmung des Volkes nach dem Willen der jeweiligen Mehrheit und der Freiheit und Gleichheit darstellt“.

Als Instrumente der wehrhaften Demokratie sieht das Grundgesetz unter anderem vor, dass denjenigen, die die Beseitigung der FDGO anstreben, individuelle Grundrechte wie z. B. die Rechte auf Pressefreiheit (Art. 5) oder Versammlungsfreiheit (Art. 8) beschränkt werden dürfen.

Ein bedeutendes aber auch umstrittenes Mittel der wehrhaften Demokratie ist das bisher zweimal verhängte Parteienverbot nach Artikel 21, Absatz 2 des Grundgesetzes. Nachdem 1952 mit der „Sozialistischen Reichspartei“ (SRP) eine Nachfolgeorganisation der NSDAP verboten worden war, erfolgte 1956 das Verbot der Kommunistischen Partei Deutschlands (KPD).

Das Verbot der KPD

Die Partei, der im Frühjahr 1947 noch mehr als 320 000 und zum Zeitpunkt ihres Verbotes immerhin noch 78 000 Mitglieder angehörten, wurde in ihrem Handeln weitgehend von der ostdeutschen Regierungspartei SED gesteuert. Insbesondere diese engen Verbindungen nach Ostberlin, die maßgeblich von dort organisierte Arbeit gegen zentrale Projekte der Bundesregierung sowie das Eintreten der KPD für die Überwindung des Kapitalismus und der parlamentarischen Demokratie führten 1951 zum Verbotsantrag der Bundesregierung.

Während es seitens der Verfassungsrichter einige Bedenken gegen den Verbotsprozess gab, drängte die Bundesregierung immer wieder auf den zügigen Abschluss des Verfahrens in ihrem Sinne. Obwohl die Bestrebungen der Bundesregierung vor dem Hintergrund des Ost-West-Konflikts durchaus nachvollziehbar waren, kritisieren einige Juristen und Historiker bis heute vor allem die Einflussnahme der Bundesregierung auf das Verfahren als Verstoß gegen die Unabhängigkeit der Justiz und gegen die Gewaltenteilung. Dem KPD-Verbot haftet so der Verdacht an, zumindest teilweise ein politisches Urteil in einem „kalten Bürgerkrieg“ gewesen zu sein.

M 3 Urteilsbegründung

Aus der Urteilsbegründung des Bundesverfassungsgerichtes zum KPD-Verbot (1956):

Die revolutionären Absichten der KPD für eine spätere Zeit bestimmen, wie die Beweisaufnahme ergeben hat, ihr Verhalten gegenüber dem Grundgesetz und der freiheitlichen demokratischen Grundordnung schon jetzt maßgeblich dahin, dass sie eine Kampfhaltung gegen diese Ordnung ist. Sie will nach ihren Erklärungen die freiheitliche demokratische Grundordnung vor der Wiedervereinigung nicht zu Fall bringen; aber sie will sie doch bereits unterminieren, ihr vor allem in den Augen der Bevölkerung der Bundesrepublik die Legitimität nehmen, auf der eine freiheitliche Demokratie mehr als jede andere Ordnung beruht. [...] Durch ihren Kampf für eine „bessere", aber angeblich ebenfalls noch freiheitliche demokratische Ordnung, die vor der Wiedervereinigung herbeigeführt werden soll, beeinträchtigt sie zwangsläufig schon die freiheitliche demokratische Grundordnung selbst und sie will das auch.

Bundesverfassungsgericht, 1956, zit. nach: www.servat.unibe.ch/dfr/bv005085.html [letzter Zugriff: 12.06.2018].

M 4 Beurteilungen

a) Der Historiker Sven Felix Kellerhoff im Jahr 2016 zum KPD-Urteil:

Eigentlich jedoch musste man die vom Gericht gesammelten Materialien überhaupt nicht ansehen, um zu einem klaren Urteil zu kommen. Es genügte, die Zeitungen der KPD zu lesen und ihre Flugblätter, die in der Bundesrepublik verbreitet wurden. [...]
Eine eindeutige Sache – und dennoch ein politischer Fehler der Regierungskoalition aus CDU/CSU, FDP sowie Deutscher Partei und Block der Heimatvertriebenen unter Führung von Konrad Adenauer. Der Verbotsantrag mochte im November 1951, als er ursprünglich gestellt worden war, noch sinnvoll gewesen sein. Schon 1954 war er das nicht mehr, als das Verfahren eröffnet wurde – die KPD war zu dieser Zeit aus dem Bundestag und den meisten Landtagen geflogen, hatte nur noch etwa 80 000 Mitglieder und kaum öffentliche Relevanz mehr. [...]

Sven Felix Kellerhoff, Wie Kommunisten ihren Opferstatus konstruieren, in: „Die Welt" vom 17.08.2016, www.welt.de/geschichte/article157712609/Wie-Kommunisten-ihren-Opferstatus-konstruieren.html [letzter Zugriff: 12.06.2018].

b) Der Historiker Josef Foschepoth im Jahr 2017 zum KPD-Urteil:

Wenn schon ein Tatsachenbeweis für eine akute Bedrohung und Gefährdung der Bundesrepublik durch die, vor allem von der SED zermürbten und frustrierten westdeutschen Kommunisten nicht möglich war, dann sollte wenigstens ein umfangreicher Dokumentenbeweis den Richtern einen rechtlich gesicherten historischen Prozess ermöglichen. Um diesen Beweis zu liefern, unterschrieben die Richter willig alles, was an Empfehlungen vom Bundesamt für Verfassungsschutz ihnen vorgelegt wurde. [...]
So wurden die Grundsätze des Bundesverfassungsgerichtsgesetzes und der Strafprozessordnung über Bord geworfen, wenn sie dem Zwecke dienten, die KPD der Verfassungswidrigkeit überführen zu können. So wurden [...] Dokumente gefälscht und als Beweismittel in den KPD-Prozess eingeführt. So wurden Strategie und Taktik des Verfahrens zwischen dem Berichterstatter und der Prozessvertretung der Bundesregierung abgestimmt, Geheimakten geführt und immer wieder Recht gebeugt. So wurden die Richter von der Exekutive immer wieder bedrängt und ihnen zuletzt sogar per Gesetz angedroht, die Zuständigkeit für das Verfahren zu entziehen, wenn sie nicht bis zum 31. August 1956 zu einem Urteil kämen. Bei der Feststellung und Bekämpfung der Verfassungswidrigkeit der KPD waren die verfassungswidrigen Kollateralschäden, die die beiden, nicht mehr getrennten staatlichen Gewalten, Bundesregierung und Bundesverfassungsgericht, anrichteten, gewaltig.

Josef Foschepoth, Verfassungswidrig! Das KPD-Verbot im Kalten Bürgerkrieg, Göttingen: Vandenhoeck & Ruprecht 2017, S. 273 f.

Aufgaben

1. **Das KPD-Verbot zwischen wehrhafter Demokratie und „kaltem Bürgerkrieg".**
   a) Gib in eigenen Worten wieder, was man unter „wehrhafter" bzw. „streitbarer" Demokratie versteht.
   b) Stelle dar, mit welcher Begründung das Bundesverfassungsgericht das Verbotsurteil begründet.
   c) Vergleiche die beiden Historikerurteile zum KPD-Verbot. Verwende dabei die Kategorien (Leitbegriffe) „Effizienz" und „Legitimität".
   d) Das KPD-Verbot – ein politisches Urteil? Nimm Stellung.
   → Text, M1 – M4

M 1 **In Wolfsburg wird am 5. August 1955 der 1 Millionste „Käfer" präsentiert.**
Er lief und lief und lief ... 21,5 Mio. „Käfer" sind insgesamt gebaut worden, er war der deutsche Exportschlager und stand stellvertretend für den guten Ruf des „Made in Germany", Foto (Ausschnitt), 5. August 1955.

Das „Wirtschaftswunder" in der Bundesrepublik

Schon wenige Jahre nach Kriegsende setzte in der Bundesrepublik eine wirtschaftliche Entwicklung ein, die bereits von Zeitgenossen als „Wirtschaftswunder" bezeichnet wurde. Das diesem „Wunder" zugrunde liegende Wirtschaftssystem war die „soziale Marktwirtschaft". Zu ihr hatten sich insbesondere zunächst die CDU/CSU unter dem damaligen Wirtschaftsminister Ludwig Erhard bekannt. Gegen Ende der 1950er-Jahre vollzog auch die SPD mit ihrem „Godesberger Programm" (1959) weitgehend eine Hinwendung zu einer sozialen Marktwirtschaft. Im Wesentlichen geht es in der Sozialen Marktwirtschaft darum, dass der Staat sozialpolitisch dort eingreift, wo ein freier Markt für Verwerfungen und Ungerechtigkeiten sorgt. Dadurch sollen eine gleichmäßigere Einkommensverteilung und die Absicherung sozial schwächerer Schichten gewährleistet bleiben. Diese Idee gilt weiterhin als wirtschaftliches Erfolgsmodel der Bundesrepublik.

Gründe für das „Wirtschaftswunder" (steigende Industrieproduktion, höheres Bruttosozialprodukt , zunehmende Nettolöhnen) sind vielfältig:

- Kriegszerstörungen und Demontage erforderten den Aufbau neuer Produktionsstätten, die rationeller als die internationale Konkurrenten für den(Welt-)markt produzierten,
- Einstellung der Reparationsforderungen durch die Westalliierten und damit steigende Kreditwürdigkeit,
- Aufbaukredite durch den Marshallplan,
- vergleichsweise niedriges Lohnniveau und qualifizierte Arbeitskräfte,
- internationale Nachfrage nach Erzeugnissen der chemischen und der Elektroindustrie und im Maschinenbau,
- Ansehen von Produkten „made in Western-Germany".

Dies alles hatte einen Strukturwandel der westdeutschen Wirtschaft zur Folge: Während Industrie und Handel zentrale Bedeutung erlangten, büßte die Landwirtschaft ihren einstigen Stellenwert ein.

M 2 **„Wohlstand für alle"**
Ludwig Erhard (1897–1977), der „Vater des Wirtschaftswunders", war Bundeswirtschaftsminister von 1949 bis 1963, Karikatur von 1959.

Der Ausbau des Sozialstaats und „Gastarbeiter"

Trotz des Wirtschaftsaufschwungs blieben die Kriegsfolgen ein großes Problem. Neben dem Wiederaufbau zerstörter Wohnungen und Industrieanlagen galt es, 12 Millionen Vertriebene und Flüchtlinge aus den deutschen Ostgebieten zu integrieren.

Der Wirtschaftsboom ermöglichte der Bundesregierung den Ausbau des Sozialstaats:

- An erster Stelle stand der soziale Wohnungsbau: Von 1950 bis 1955 entstanden etwa zwei Millionen Wohnungen.
- Bedeutsam war auch das Versorgungsgesetz, das Kriegsopfern eine Rente zugestand;
- ferner der Lastenausgleich, der Vertriebene und Flüchtlinge, die Hab und Gut verloren hatten, finanziell unterstützte. Diese Maßnahmen linderten die Not und ermöglichten einen Neuanfang.
- Die Dynamisierung der Rente brachte ihre Anpassung an die aktuelle Lohn- und Preisentwicklung.

Dieser Ausbau des Sozialstaats in den Fünfzigerjahren konnte aber nur in Zeiten einer glänzenden Wirtschaftslage funktionieren.

Der soziale Friede begünstigte den wirtschaftlichen Aufstieg der Bundesrepublik. Im Gegensatz zur Weimarer Republik hatten sich die meisten Gewerkschaften im „Deutschen Gewerkschaftsbund" (DGB) zusammengeschlossen, der mit den Unternehmern die Lohnverhandlungen führte. Das sorgte für einheitliche Tarife und wenige Streiks. 1951 führte die Montan-Industrie sogar die paritätische Mitbestimmung ein, d. h. ein gleichberechtigtes Stimmrecht von Arbeitnehmer- und Kapitalvertretern in den Aufsichtsräten.

Die sozialpolitischen Maßnahmen der Bundesregierung milderten die materielle Not aus Kriegsschäden und Vertreibung und entschärften soziale Spannungen. Ab Mitte der Fünfzigerjahre herrschte nahezu Vollbeschäftigung. In einigen Bereichen wurden Arbeitskräfte derart knapp, dass man so genannte Gastarbeiter aus südeuropäischen Ländern ins Land holte. So entstand im Lauf der Jahre eine moderne Gesellschaft von großer sozialer Mobilität.

M 3 „Am Samstag gehört Vati mir"

Plakat des DGB, 1955. Im Fokus stand nicht mehr die wirtschaftliche Neuordnung, sondern die Verbesserung von Arbeits- und Lebensbedingungen, etwa durch kürzere Arbeitszeiten.

Hinweis

Hörtipp

Conny Froboess, Zwei kleine Italiener, 1962

M 4 „Gastarbeiter"

Ankunft der ersten italienischen VW-Werksarbeiter in Wolfsburg 1962. Im Laufe der 60er-Jahre stieg die Anzahl der in der niedersächsischen Stadt lebenden Italiener auf über 6000. Noch heute (2018) ist – nach einer zumeist als gelungen angesehenen Integration – die Stadt merklich von Menschen italienischer Abstammung geprägt.

Die Soziale Marktwirtschaft und das „Wirtschaftswunder“

M 5 Soziale Marktwirtschaft

a) Der Wirtschaftswissenschaftler Alfred Müller-Armack gilt als einer der Begründer der Sozialen Marktwirtschaft:

Die Lage unserer Wirtschaft zwingt uns zu der Erkenntnis, dass wir uns in Zukunft zwischen zwei grundsätzlich voneinander verschiedenen Wirtschaftssystemen zu entscheiden haben, nämlich dem System der antimarktwirtschaftlichen Wirtschaftslenkung und dem System der auf freie Preisbildung, echten Leistungswettbewerb und soziale Gerechtigkeit gegründeten Marktwirtschaft. [...].
Die angestrebte moderne Marktwirtschaft soll betont sozial ausgerichtet und gebunden sein. Ihr sozialer Charakter liegt bereits in der Tatsache begründet, dass sie in der Lage ist, eine größere und mannigfaltigere Gütermenge zu Preisen anzubieten, die der Konsument durch seine Nachfrage entscheidend mitbestimmt [...].
Durch die freie Konsumwahl wird der Produzent gezwungen, hinsichtlich Qualität, Sortiment und Preis seiner Produkte auf die Wünsche der Konsumenten einzugehen, die damit eine echte Marktdemokratie ausüben. [...]
Um den Umkreis der Sozialen Marktwirtschaft ungefähr zu umreißen, sei folgendes Betätigungsfeld künftiger sozialer Gestaltung genannt:
1. Schaffung einer sozialen Betriebsordnung, die den Arbeitnehmer als Mensch und Mitarbeiter wertet, ihm ein soziales Mitgestaltungsrecht einräumt, ohne dabei die betriebliche Initiative und Verantwortung des Unternehmers einzuengen.
2. Verwirklichung einer als öffentliche Aufgabe begriffenen Wettbewerbsordnung, um dem Erwerbsstreben der Einzelnen die für das Gesamtwohl erforderliche Richtung zu geben.
3. Befolgung einer Anti-Monopolpolitik zur Bekämpfung möglichen Machtmissbrauches in der Wirtschaft. [...]
5. Marktwirtschaftlicher Einkommensausgleich zur Beseitigung ungesunder Einkommens- und Besitzverschiedenheiten, und zwar durch Besteuerung und durch Familienzuschüsse, Kinder- und Mietbeihilfen an sozial Bedürftige. [...]

Alfred Müller-Armack, Genealogie der Sozialen Marktwirtschaft. Frühschriften und weiterführende Konzepte, Bern/Stuttgart: Haupt 1974, S. 96 ff.

b) Die Wirtschaftsjournalistin Ulrike Herrmann schreibt (2016):

Ein Grund, weshalb es zum Aufschwung kam, war ganz banal: Die enormen Kriegsschäden mussten beseitigt werden [...]. Nicht minder wichtig: Weltweit gab es einen Rückstau an Erfindungen, die endlich ihren Weg in die Praxis fanden [...]. Dazu gehörten unter anderem: (Farb-)Fernsehen, Kleinbildkameras, Haartrockner, Toaster, Plastik aller Art, Nylon und Kühlschränke [...]. Der Massenkonsum war nur möglich, weil die Reallöhne mindestens zu schnell stiegen wie die Produktivität: Der technische Fortschritt und das Wachstum kamen diesmal auch bei den Beschäftigten an, nicht nur bei den Unternehmern. Da Vollbeschäftigung herrschte, mussten die Firmen hohe Gehälter bieten, um ihre Beschäftigten zu halten.

Ulrike Herrmann, Kein Kapitalismus ist auch keine Lösung. Die Krise der heutigen Ökonomie oder was wir von Smith, Marx und Keynes lernen können, Frankfurt a. M.: Westend 2016, S. 207.

M 6 Wirtschaftsdaten zur Bundesrepublik (1950–1960)

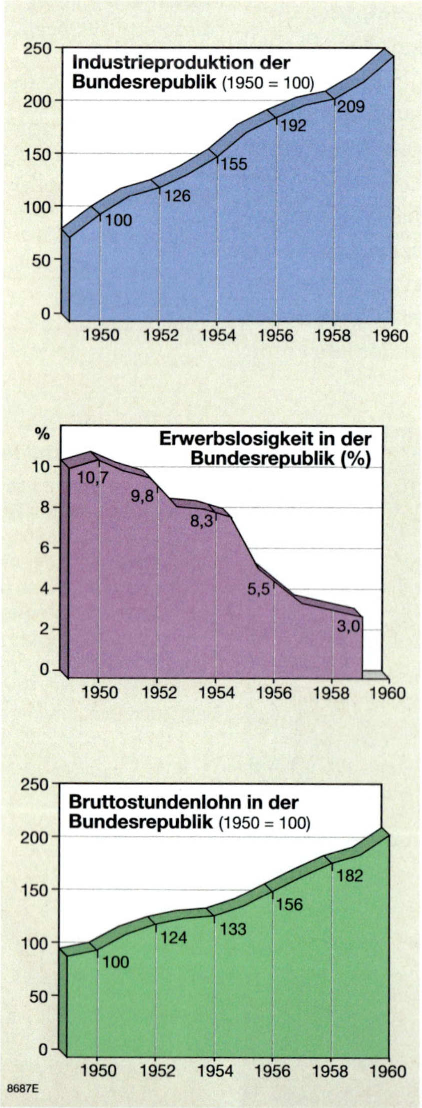

„Wirtschaftswunder“ – Arbeiten mit Werbung

M 7 „Der große Tag ... endlich VW-Besitzer!“
Werbeanzeige, 1950er-Jahre

M 8 Werbung für Edelstahl-Kochtöpfe
Werbeanzeige, 1958

Aufgaben

1. Soziale Marktwirtschaft / Wirtschaftswunder

a) Fasse die Definition des Nationalökonomen Alfred Müller-Armack von „Sozialer Marktwirtschaft“ (M5) mit eigenen Worten zusammen.

b) Erläutere die Gründe dafür, dass sich dieses System in der Bundesrepublik durchsetzen konnte.

c) Fasse die Ergebnisse der Statistiken (M6) in einem Text zusammen. Achte auf die Wechselwirkung der drei Teilbereiche.

d) Erkläre den Begriff „Wirtschaftswunder“.

e) Interpretiere die Karikatur zum „Wirtschaftswunder“ von 1959 (M2).

→ Text, M2, M5, M6

2. Wirtschaftswunder – Arbeiten mit Werbung

a) Beschreibe die beiden Abbildungen und arbeite die jeweilige Hauptaussage heraus. Berücksichtige dabei auch das deutlich werdende Frauenbild.

b) Vergleiche die damaligen mit heute üblichen Werbeanzeigen. Stelle dazu Gemeinsamkeiten und Unterschiede in einer Tabelle gegenüber.

c) Diskutiert die Rolle der Werbung in Hinblick auf „echte Marktdemokratie“ (vgl. M5).

d) Recherchiere unter dem unten aufgeführten Link die Grundregeln und die Einwirkungsmöglichkeiten des Deutschen Werberates. Beurteile, inwiefern die Arbeit des Werberates sinnvoll und effektiv ist.

→ Text, M5, M7 – M8 www.werberat.de

Die Außenpolitik der BRD in den 1950er-Jahren

Erstes Ziel: Souveränität

Nach ihrer Gründung war die Bundesrepublik international isoliert und durfte keine eigene Außenpolitik treiben. Sie stand weiterhin unter dem Besatzungsstatut. Bundeskanzler Adenauer verfolgte daher das Ziel, die Souveränität des neuen Staats auszuweiten und ihn im Westen zu verankern. Hierbei verfolgten er und die CDU einen antikommunistischen Kurs. Der Bedrohung durch die UdSSR wollte Adenauer mit der Integration der Bundesrepublik in das militärische und wirtschaftliche Bündnissystem des Westens entgegenwirken. Mit der Unterzeichnung des Petersberger Abkommens am 22. November 1949 konnten erste außenpolitische Freiheiten erlangt werden.

M 1 **„Er ist bewaffnet"**
Plakat des Deutschland-Union-Dienstes der CDU, 1953

M 2 **„Nie wieder!"**
Wahlplakat der SPD zur Bundestagswahl, 1953

Eine Armee für die Bundesrepublik?

Nach Beginn des Koreakrieges kam es im Westen zu einer Debatte über einen Wehrbeitrag der Bundesrepublik zur gemeinsamen Abwehr des Kommunismus in Europa. Adenauer zeigte sich nicht abgeneigt und erhoffte im Gegenzug die volle Souveränität der Bundesrepublik. Frankreich schlug im Herbst 1950 eine Europäische Verteidigungsgemeinschaft (EVG) mit einem gemeinsamen europäischen Oberkommando vor.

In der Bundesrepublik brach nach Bekanntwerden der Pläne eine heftige Diskussion aus. Der überwiegende Teil der Bevölkerung war kurz nach dem Zweiten

M 3 Proteste gegen die Wiederbewaffnung
Fahrraddemonstration in München, Foto (Ausschnitt), November 1954

Weltkrieg gegen eine erneute Aufrüstung. Zudem befürchteten die Gegner eine endgültige Teilung Deutschlands. Der Aufbau der Bundeswehr und die Einführung der allgemeinen Wehrpflicht blieben daher in der Bevölkerung umstritten und führten zu großen Demonstrationen.

Um den Beitritt Westdeutschlands zu einem Verteidigungsbündnis zu verhindern, bot Stalin der Bundesregierung 1952 die Wiedervereinigung an, falls Deutschland künftig neutral bliebe. Adenauer ließ die Note unbeantwortet, da er in ihr nur einen Versuch sah, Deutschland zu isolieren. Die EVG scheiterte 1954 am Veto der französischen Nationalversammlung, doch waren die Weichen für eine Einbindung der Bundesrepublik ins westliche Staatensystem gestellt.

Die Entstehung der Bundeswehr

Die bedrohliche Blockbildung zwischen den westlichen Nationen unter Führung der USA sowie der Sowjetunion und ihren Ostblockstaaten verschärfte sich. Westdeutsche Streitkräfte schienen den USA daher dringend geboten. Das führte 1955 zum Beitritt der Bundesrepublik zum Nordatlantikpakt (NATO) und zur „Westeuropäischen Union" (WEU). Das Bündnis der NATO war 1949 von zehn westeuropäischen Staaten sowie Kanada und den USA zur gegenseitigen militärischen Hilfe gegründet worden. Hauptziel war die Abwehr des Kommunismus in Europa.

Im Mai 1955 erreichte Adenauer mit den Pariser Verträgen das Ende des Besatzungsregimes und die Souveränität der Bundesrepublik. Bis auf einige Rechte der Alliierten in Bezug auf Berlin und einen Notstand konnte die Bundesrepublik ihre inneren und äußeren Angelegenheiten künftig selbst regeln. Die Truppen der Alliierten blieben aber im Land.

1956 traten die ersten westdeutschen Soldaten ihren Dienst in der neuen Bundeswehr an. In Abgrenzung zu den auf blinden Gehorsam getrimmten Soldaten der Wehrmacht sollten sie als „Staatsbürger in Uniform" eindeutig dem demokratischen System verpflichtet sein.

M 4 Soldaten der Bundeswehr
Verteidigungsminister Theodor Blank übergibt den ersten Luftwaffensoldaten der Bundeswehr am 9. Januar 1956 im rheinischen Nörvenich die Ernennungsurkunden.

Der „Alleinvertretungsanspruch"

Entscheidende Auswirkungen hatte die 1955 erlassene Hallstein-Doktrin, die den „Alleinvertretungsanspruch" der Bundesrepublik bekräftigte. Danach nahm die Bundesrepublik zu keinem Staat diplomatische Beziehungen auf, der die DDR anerkannte. Eine Ausnahme bildete die UdSSR. Sie zählte zu den alliierten Mächten und Adenauer erreichte durch Verhandlungen, dass die letzten deutschen Soldaten bis 1955 aus sowjetischer Kriegsgefangenschaft freikamen.

Die Pariser Verträge in der Kontroverse

Info

Pariser Verträge

Bezeichnung für das im Oktober 1954 in Paris unterzeichnete Vertragspaket, mit dem das Besatzungsstatut für die Bundesrepublik Deutschland beendet und der Beitritt der Bundesrepublik zur NATO und zur Westeuropäischen Union (WEU) vereinbart wurde.

M 5 Pro ...

Am 15. Dezember 1954 fand im Deutschen Bundestag eine Debatte über die Pariser Verträge statt. Bundeskanzler Konrad Adenauer (CDU):

Eines der bedeutsamsten Ergebnisse der Pariser Konferenz [...] ist die Wiederherstellung der deutschen Souveränität im Bereich der Bundesrepublik. Diese Souveränität [...] ist eine eigenständige deutsche Souveränität, die nur von der Besatzungsgewalt zeitweilig verdrängt und überlagert war und jetzt überall dort wieder wirksam wird, wo die Besatzungsgewalt erlischt. [...]

Die Bundesregierung weist nachdrücklich die Behauptung zurück, dass die Spaltung Deutschlands durch die Wiederherstellung der Souveränität für einen Teil Deutschlands vertieft oder verhärtet werde. Sie hat auch bei der Neuformulierung der Vertragstexte sorgfältig darauf Bedacht genommen, dass jene Elemente der Viermächte-Vereinbarungen von 1945 unberührt bleiben, die die Bewahrung der staatlichen Einheit Deutschlands und seine Wiedervereinigung betreffen.

Nur aus diesem Grunde hat sie der Aufrechterhaltung der Verantwortlichkeiten der drei Westmächte für Berlin, die Wiedervereinigung und den Friedensvertrag und der Beibehaltung der damit verbundenen Rechte zugestimmt. Wenn darin eine Beschränkung der deutschen Souveränität liegt, dann handelt es sich jedenfalls um eine Beschränkung, die jeder einsichtige Deutsche im gegenwärtigen Zeitpunkt für unvermeidlich und notwendig halten muss, um die Lage Berlins nicht zu gefährden und die Wiedervereinigung Deutschlands nicht zu erschweren.

[...]

Das Vertragswerk macht die Bundesrepublik erst fähig, die Spaltung Deutschlands zu beseitigen und die sich mit der Wiedervereinigung stellenden Aufgaben zu bewältigen.

M 6 ... und contra Pariser Verträge

Der Oppositionsführer Erich Ollenhauer (SPD) antwortete in der Debatte auf die Ausführungen des Bundeskanzlers wie folgt:

Es ist die Tragik der Außenpolitik der Bundesrepublik, dass [...] praktisch die Integration der Bundesrepublik in den Westen immer den Vorrang vor der Wiedervereinigung gehabt hat.

Wenn nun die sozialdemokratische Bundestagsfraktion diese Schlussfolgerungen aus der gegenwärtigen internationalen Situation zieht, so ist daraus bereits zu ersehen, dass sie das Pariser Vertragswerk [...] als nicht vereinbar mit einer deutschen Politik ansieht, die die Wiedervereinigung Deutschlands in Freiheit als ihre vordringlichste Aufgabe betrachtet. Es wird nach unserer Überzeugung die Sicherheit der Bundesrepublik nicht erhöht, aber es wird die Wiedervereinigung Deutschlands aufs Äußerste gefährdet. Ein Vertragswerk, das weder der Sicherheit noch der Einheit des deutschen Volkes dient, ist unannehmbar.

Die Behauptung des Herrn Bundeskanzlers, erst das Vertragswerk mache die Bundesrepublik fähig, die Spaltung Deutschlands zu beseitigen und die sich mit der Wiedervereinigung stellenden Aufgaben zu bewältigen, entbehrt leider jedweder Grundlage. Hier aber war und ist die Bundesregierung dem Bundestage und dem deutschen Volk Aufschluss darüber schuldig, wieso und in welcher Art denn die Einbeziehung nur des westlichen Teils von Deutschland in eine westliche Militärallianz zur Wiedervereinigung beitragen könnte. [...] Ich möchte aber heute in diesem Zusammenhang noch einmal davor warnen, das neue Vertragswerk als die Basis unserer wiedergewonnenen Souveränität zu feiern.

2. Deutscher Bundestag, 61. Sitzung, Bonn, Plenarprotokoll vom 15.12.1954, S. 3136–3146, http://dipbt.bundestag.de/doc/btp/02/02061.pdf [letzter Zugriff: 11.06.2018].

Wiederbewaffnung – Eine Karikatur

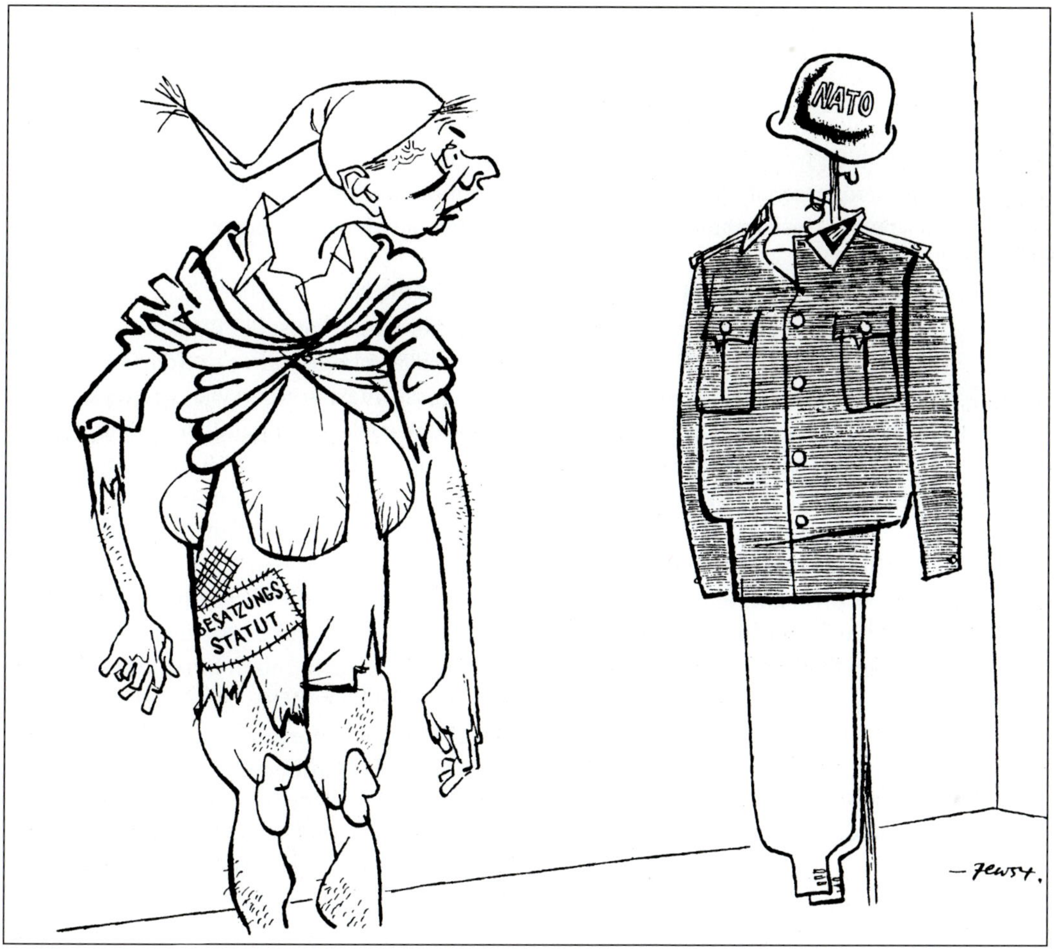

M 7 **„Des Michels neue Kleider"**

Karikatur von Mirko Szewczuk, 1954

Aufgaben

1. Wiederbewaffnung der Bundesrepublik
   a) Analysiert die beiden Plakate (Inhalt, Gestaltungsmittel, Symbolgehalt, Perspektve, Wirkungsabsicht).
   b) Teilt die Klasse in fünf Gruppen ein (CDU, SPD, Westalliierte, DDR, Sowjetunion). Sammelt innerhalb der Gruppen Argumente für/gegen die Wiederbewaffnung und bildet dann an Gruppentischen kontroverse Diskussionsrunden (3 Min.)

→ Text, M1 – M2

2. Die Außenpolitik der BRD in den 1950er-Jahren
   a) Erkläre den Begriff „Souveränität".
   b) Erläutere die Gründe dafür, dass die Erlangung der Souveränität für die Bundesrepublik sehr bedeutend war.
   c) Erläutere den Begriff „Alleinvertretungsanspruch".

→ Text

3. Die Pariser Verträge in der Kontroverse
   a) Arbeite die Positionen heraus, die Konrad Adenauer und Erich Ollenhauer gegenüber den Pariser Verträgen einnahmen.
   b) Konrad Adenauer und Erich Ollenhauer schätzten die Auswirkungen der Pariser Verträge auf die deutsche Teilung unterschiedlich ein. Vergleiche die beiden Positionen und nimm dazu Stellung.
   c) Erläutert anhand der Karikatur M7 den Konflikt zwischen Wiederbewaffnung/Souveränität und dem Ziel der Wiedervereinigung.

→ Text, M5 – M7

M 1 „Von den Sowjetmenschen lernen heißt siegen lernen"
Propagandaplakat, um 1951, Der russische Text auf dem Plakat lautet: „Hier arbeitet die Brigade des Stalinpreisträgers Hilfsmeister A. Tschutkich – Erzeugt nur beste Qualität".

M 2 Demonstrationszug streikender Bauarbeiter
Am 16. Juni 1953 rufen Bauarbeiter in Ostberlin zum Generalstreik auf und fordern den Rücktritt der Regierung.

Die DDR von der Gründung bis zum Mauerbau

Das Selbstverständnis der DDR

Die neu gegründete DDR suchte ihre Existenz damit zu rechtfertigen, dass sie sich in die „fortschrittliche Tradition" der deutschen Geschichte stellte. Nicht nur überzeugte Kommunisten sahen in ihr eine antifaschistische Alternative zur Bundesrepublik: In der DDR sollte der Faschismus ausgerottet sein und die sozialistische Planwirtschaft ihre Überlegenheit gegenüber dem Kapitalismus beweisen. Dieser neuen Gesellschaft, so hoffte man, würden die Menschen begeistert zustimmen.

Die SED – „Führende Kraft des Sozialismus"

Die SED verstand sich als führende Kraft des Sozialismus; die Blockparteien CDU, NDPD, DBD und LDPD mussten sich zum Sozialismus bekennen und die Führung der SED anerkennen. Diese erhob den Anspruch, die Interessen der „werktätigen Bevölkerung" zu vertreten. Dabei durchdrang sie alle Bereiche des Alltagslebens ihrer Bürger.

Für die Überwachung der Bevölkerung schuf die SED 1950 ein mächtiges Werkzeug: den Staatssicherheitsdienst. Er überzog das Land mit einem Überwachungssystem, das bis in die Wohnungen und Betriebe reichte. Spitzel beobachteten Verdächtige, geheime Zentralen hörten Telefongespräche ab, öffneten die Post und sammelten staatsfeindliche Äußerungen für die Personalakte. Nach dem Ende der DDR wurde bekannt, dass 173 000 Spitzel und 91 000 feste Mitarbeiter dem Ministerium für Staatssicherheit unterstanden (bei einer Einwohnerzahl von etwas über 16 Millionen).

Drei Jahre nach der Gründung der DDR bildete die SED 1952 auf Anordnung der Sowjets eine „Kasernierte Volkspolizei". Vier Jahre später erfolgte dann die offizielle Gründung der „Nationalen Volksarmee" (NVA) als Gegenstück zur Bundeswehr. Nun trat die DDR auch dem östlichen Militärbündnis, der Warschauer Vertragsorganisation („Warschauer Pakt") bei, das v. a. der Niederschlagung sogenannter „konterrevolutionärer Erhebungen" diente.

Der Volksaufstand vom 17. Juni 1953

Im März 1953 nährte der Tod Stalins Hoffnungen auf einen Autoritätsverlust der Kommunistischen Partei der Sowjetunion (KPdSU) und der SED. Große Teile der DDR-Bevölkerung waren äußerst unzufrieden, was besonders an der Wirtschaftspolitik der SED lag, die sich auf die Schwerindustrie konzentrierte und darüber die Erzeugung von Konsumgütern vernachlässigte. Außerdem wurde das Wohlstandsgefälle zu Westdeutschland immer gravierender. Vor diesem Hintergrund beorderten die Nachfolger Stalins an der Spitze der Sowjetunion Anfang Juni Vertreter der DDR-Regierung nach Moskau und zwangen diese zu einer grundsätzlichen politischen Kurskorrektur.

Bereits am 28. Mai 1953 hatte die SED-Führung eine Erhöhung der Arbeitsnormen um 10 Prozent verkündet. Dieser Beschluss, der die wirtschaftlichen Probleme beheben helfen sollte, bedeutete eine Arbeitszeitverlängerung ohne Lohnausgleich. Der „Neue Kurs" aus Moskau begünstigte vor allem die Bauern und die Mittelschichten. Für die Arbeiter hätte einzig eine Rücknahme der Normerhöhung ein Entgegenkommen bedeutet. Da dies nicht geschah, streikten und demonstrierten am 16. Juni die Bauarbeiter in der Ostberliner Stalinallee. Obwohl das Politibüro die Normerhöhung noch am selben Tag zurücknahm, breiteten sich die Proteste schnell aus.

M 3 Volksaufstand
Sowjetische Panzer auf der Leipziger Straße, Foto (Ausschnitt), 17. Juni 1953

Hinweis

Filmtipp

ZDF-Clip: 1953

https://momentedergeschichte.zdf.de/#/clip/374

Hörtip

Politbüroerklärung zur Arbeitsnorm und den Demonstrationen, DDR-Rundfunk, 16.6.1953 (auf Seite der bpb)

http://www.17juni53.de/audio/track5.mp3

Am Morgen des 17. Juni 1953 versammelten sich die Streikenden, um ihre Forderungen zu formulieren. Dabei ging es zwar auch um Preissenkungen, doch zunehmend rückten Forderungen nach freien Wahlen, dem Rücktritt der Regierung und der Wiedervereinigung Deutschlands ins Zentrum. Nicht nur in Berlin, sondern in über 700 Orten zogen Demonstranten durch die Straßen. In wenigen Stunden war aus dem Protest der Arbeiter ein Volksaufstand geworden, an dem sich etwa 300 000 Menschen in allen größeren Städten beteiligten.

Die Staatsmacht befand sich in Auflösung. Walter Ulbricht und die Mitglieder des Politbüros begaben sich in den Schutz des sowjetischen Hauptquartiers in Berlin-Karlshorst. Allein Industrieminister Fritz Selbmann stellte sich als hoher SED-Funktionär vor dem Ostberliner Haus der Ministerien den Demonstranten, konnte aber die Menge nicht beruhigen.

Da die Demonstranten und Streikenden die DDR-Staatsmacht in die Defensive gedrängt hatten, griff die Sowjetarmee ein und verhängte den Belagerungszustand. Panzer rollten durch die Städte und schüchterten die Menschen ein. Diese setzten sich mit Steinen, Holzstücken und Eisenträgern zur Wehr. An einigen Orten, wie Görlitz und Wernigerode, hielten sich die selbstbestimmten Streikleitungen noch mehrere Tage bis sie aufgeben mussten.

Die große Mehrheit der etwa 100 Opfer des 17. Juni 1953 wurde von Kasernierter Volkspolizei und sowjetischer Armee erschossen, etwa beim Versuch der Befreiung politischer Gefangener aus Haftanstalten. Gegen die massive sowjetische Militärmacht war jeder Widerstand aussichtslos. Viele Menschen entschlossen sich zur Flucht in den Westen, andere fügten sich in die Verhältnisse. Die SED versuchte den Aufstand als „faschistischen Putsch" oder „CIA-Verschwörung" zu verunglimpfen. Eine Wiederholung eines solchen „Tag X" sollte unter allen Umständen vermieden werden. So schuf sich die SED mit der Aufstellung von Betriebskampfgruppen ein weiteres Instrument innerer Herrschaftssicherung.

In der Bundesrepublik Deutschland wurde bereits 1954 der 17. Juni als „Tag der deutschen Einheit" zum gesetzlichen Feiertag erhoben.

M 4 Demonstration für freie Wahlen
am 17. Juni 1953 in Dresden

Hinweis

Der Aufstand in Ungarn wird in diesem Schulbuch auf den Seiten 55ff. behandelt.

Reaktionen auf Stalins Tod in der Sowjetunion und der DDR

Drei Jahre nach dem Aufstand des 17. Juni 1953 versuchten sich Ungarn und Polen von der sowjetischen Vorherrschaft zu befreien. Ermutigt wurden sie dabei durch den XX. Parteitag der KPdSU, auf dem es zu einer Abkehr von Stalins Terrormethoden kam. In einer geheimen Rede verurteilte der neue Parteichef Nikita Chruschtschow Stalins brutale Maßnahmen und den Kult um dessen Person und forderte die Rehabilitierung der Opfer. In der Folge konnte Chruschtschow unter dem Motto der Entstalinisierung bedeutende Reformen auf wirtschaftlichem und kulturellem Gebiet durchsetzen. Auch kamen viele Gefangene aus den Straflagern frei. Das grundlegende, von Stalin geprägte Herrschaftssystem blieb aber erhalten.

In der DDR konnte der Erste Sekretär des Politbüros der SED Walter Ulbricht, der ein getreuer Stalinist war, seine Machtposition durch die Niederschlagung des Volksaufstandes vom 17. Juni 1953 stärken. Die wenigen innerparteilichen Kritiker wurden entmachtet. Eine Entstalinisierung fand nicht oder nur sehr oberflächlich statt. Immerhin kamen auch in der DDR viele politische Häftlinge frei. Viele von ihnen suchten den Weg in den Westen.

Der Mauerbau am 13. August 1961

Insgesamt verließ bis zum Jahre 1961 immerhin fast jeder sechste DDR-Bürger die DDR, sodass sich allmählich auch ein großer Mangel an jungen und qualifizierten Arbeitskräften bemerkbar machte. Diese Fluchtbewegung kann als „Abstimmung mit den Füßen" bezeichnet werden. Aufgrund der zunehmenden Befestigung der innerdeutschen Grenze blieb nur die Fluchtmöglichkeit über die offene Sektorengrenze nach West-Berlin. Als Fluchtmittel diente häufig die Berliner S-Bahn. Als die Fluchtzahlen schon zum Halbjahr 1961 das durchschnittliche Jahresniveau erreichten, leitete die SED Absperrmaßnahmen rund um die Westsektoren Berlins ein. Der entscheidende Tag war der 13. August 1961.

Jahr	1949	1950	1951	1952	1953	1954	1955	1956	1957	1958	1959	1960	1961
Flüchtlinge	129 245	197 788	165 648	182 393	331 390	184 198	252 870	279 189	261 622	204 092	143 917	199 188	155 402
Insgesamt							2 686 942						

Aus: Ploetz DDR, hrsg. von Alexander Fischer, Köln 2004, S. 266

M 5 Flüchtlingszahlen nach 1949

Aufgaben

1. **Eine Fallanalyse: Der 13. August 1961 und seine Folgen**
   Im Folgenden werdet ihr euch in Kleingruppen in einer Fallanalyse mit dem 13. August 1961 und einigen seiner Folgen beschäftigen.
   Zur Entwicklung von Untersuchungsfragen und zur Orientierung dient euch dazu das Schema auf der Seite 171 in diesem Schulbuch.
   Übertragt dazu das Schema grob in DinA-4-Format auf ein Blatt zum Besprechen und Eintragen der Ergebnisse.
   → Text, M5–M12

Der 13. August 1961 und seine Folgen – Eine Fallanalyse

M 6 **Mauerbau am 13. August 1961 in Ost-Berlin**

Überwacht wurden die Baukolonnen von Volkspolizei und Betriebskampfgruppen, Foto (Ausschnitt).

Der 13. August 1961 und seine Folgen – Eine Fallanalyse

M 7 Eine zeitgenössische Textquelle

Stab Präsidium der Volkspolizei (PdVP) Berlin – Journal der Handlung, 13. August 1961:

03.45 Uhr Sonnenallee 2 Stupo-Schnellkdo. [Stupo: West-Berliner Polizei, benannt nach dem damaligen West-Berliner Polizeipräsidenten Stumm], Stärke ca. 50 Mann, am KP aufgefahren.

04.05 gehörten Schüsse hat ergeben, daß es sich um den Stadtförster handelt, der auf Kaninchenjagd war. (Die Jagd wurde eingestellt.) [...]

04.25 VPI Treptow: 03.25 Uhr Stupo sperrt Elsenstraße. – – 04.25 Uhr Stützpunkt IX Ehrenmal wurden Schüsse gehört. (Aufklärung im weiteren Umkreis eingesetzt.) [...]
04.25 Sicherheitskdo.: 04.25 Uhr Potsdamer Platz KP 36 fährt ein USA-Fahrzeug in Richtung demokr. Berlin. – 04.30 Uhr: Am Reichstagsufer KP 32 patrouilliert ein Mannschaftswagen der Stupo.

04.35 Am KP 54 Treptower Brücke entzieht sich eine Person durch Flucht der Kontrolle.

04.48 Information Mitte: 04.27 Uhr wurde ein Provokateur festgenommen, der in der Brunnenstr. vor „Ritas Tanzpalast" provoziert hatte. Wurde K Mitte zugeführt. Näheres noch nicht bekannt.

04.53: Am KP 50 Melchiorstr. machen zwei Zivilisten Aufzeichnungen über die Lage der Drahtsperren.

04.55 Trapo [Trapo: Transportpolizei] meldet: Auf dem S-Bahnhof Schönhauser Allee u. Friedrichstr. verbleiben ein Teil der Reisenden auf dem Bahnsteig Richtung Westsektor stehen und diskutieren darüber, daß die Grenze nun doch zugemacht wird. [...]
04.55 Information Pankow: VPI Pankow erhält von Trapo die Meldung der Stromabschaltung auf Strecke Bernau-Pankow. Überprüfung ergab Stromabschaltung durch Reichsbahn, keine Feindtätigkeit.

05.00 Am Brandenburger Tor KP 34 singen 3 Zivilisten auf der westlichen Seite das Lied „Brüder zur Sonne zur Freiheit" in Verbindung mit Pfui-Rufen. [...]

05.05 Abt. Information Treptow: Die Überprüfung der um

05.10 Der Kontrolloffz., Hptm. d. VP H., meldet um 05.00 Uhr, daß der Zugverkehr vom Bhf. Friedrichstr. in Richtung Alexanderplatz nicht klar ist. Auf Veranlassung des Gen. H., Bezirksltg., wurde vom Gen. Oberstltn. d. VP G. die Bezirksltg. Kdo. 212 verständigt. Dort aufgenommen Gen. Sch.

05.15 Information Köpenick: Alle lebenswichtigen Betriebe besetzt. – S-Bahn Grünau u. Köpenick, Bahnsteige u. Innenräume sowie Vorplätze durch Kräfte der VP besetzt. – Lage bisher normal.
05.15 VPI Mitte: Ergänzung zur Festnahme in der Brunnenstraße: Bei dem Täter handelt es sich um den K.-D. N., 1943 in Berlin geb., wohnh. Bln. N. ist Rückkehrer, der in der Brunnenstr. gegenüber 20 Personen, die vor „Ritas Tanzpalast" standen, hetzerische Äußerungen gegen den Gen. Ulbricht und gegen die eingeleiteten Maßnahmen unserer Regierung machte.

05.20 Information Lichtenberg: Die Lage im Bezirksbereich ist normal. – Auf dem S-Bhf. Lichtenberg und auf dem Straßenbahnhof Siegfriedstr. ist die Arbeit wie üblich aufgenommen worden. [...]

05.30 Information Mitte: Aufklärungsgruppen haben festgestellt, daß um 05.22 Uhr gegenüber dem Übergang Brandenburger Tor Westreporter mit optischen Geräten erschienen sind. (Lage wird weiter aufgeklärt.)
05.30 Information Treptow: KP Sonnenallee Festnahme eines Provokateurs. Derselbe fuhr mit Fahrrad und provozierte im Vorbeifahren unsere Volkspolizisten. Zuführung zur VPI erfolgt. – Ein Genosse der Kreisdienststelle teilt mit, daß er an der Tankstelle Grünau nicht abgefertigt wurde. Der Tankwart sagte: „Wenn alles streikt, streike ich auch. Hoffentlich bumst es bald." (Information Köpenick benachrichtigt zur Überprüfung u. Einleitung d. Maßnahmen.) [...]

05.55 Information Prenzlauer Berg: Schönhauser Allee befinden sich ca. 50 Bürger vor dem S-Bhf. Schönhauser Allee und diskutieren über den Beschluß und schimpfen darüber. Beide Zugänge des S-Bhfs. sind gesperrt. [...]

Zit. nach: www.chronik-der-mauer.de/index.php/de/Start/Detail/id/593839/page/42 [letzter Zugriff: 12.06.2018].

Der 13. August 1961 und seine Folgen – Eine Fallanalyse

M 8 Peter Fechter verblutet an der Mauer

Der achtzehnjärige Maurer Peter Fechter war eines der ersten Todesopfer an der Berliner Mauer. Sein Schicksal schildert folgender Bericht:

Vier Arbeiter, die auf einer Baustelle an der Ostberliner Prachtstraße „Unter den Linden“ arbeiteten, machten am 17. August 1962 Mittagspause in einem Lokal namens „Bullenwinkel“ am Hausvogteiplatz. Gegen 12.00 Uhr schickten sie sich an, zur Baustelle zurückzugehen, doch auf halbem Weg kehrten zwei Bauarbeiter, der Betonbauer Helmut K. und der Maurer Peter Fechter, beide achtzehnjährig und gut miteinander befreundet, noch einmal um. Sie sagten, sie wollten noch schnell Zigaretten holen, und die anderen beiden Arbeiter gingen weiter. Doch K. und Fechter kamen nicht mehr auf die Baustelle zurück.

Inzwischen war es 14.15 Uhr. Die beiden Grenzpolizisten, die im Abschnitt Zimmerstraße/Ecke Charlottenstraße eingeteilt waren, scheinen zu diesem Zeitpunkt nicht sehr aufmerksam gewesen zu sein, denn sie bemerkten nicht, dass zwei junge Männer die von einem Stacheldrahtzaun gebildete erste Absperrung überwanden, die zehn Meter Grenzstreifen überquerten und begannen, auf die Sperrmauer zu steigen. Erst als einer der Männer schon oben war, entdeckten die Uniformierten die Flüchtlinge. Laut MfS-Bericht [Ministerium für Staatssicherheit] an Erich Honecker eröffneten daraufhin „beide Posten [...] aus ca. 50 Meter Entfernung sofort das Feuer auf die Grenzverletzer“. Fast zeitgleich schoss auch der Nachbarposten auf die Flüchtlinge. 35 Schuss wurden insgesamt abgefeuert. Helmut K. gelang es dennoch, unverletzt auf die westliche Seite zu kommen. Peter Fechter dagegen fiel auf die Ostberliner Seite zurück und blieb dort liegen. Verzweifelt versuchten Westberliner, dem vor Schmerzen schreienden Peter Fechter zu Hilfe zu kommen. Mit Unterstützung von Polizisten legten sie eine Leiter an die Mauer; sie kamen aber an den Verletzten nicht heran. In ihrer Hilflosigkeit warfen sie Verbandszeug über den Stacheldraht. Amerikanische Militärpolizisten vom etwa hundert Meter entfernten „Checkpoint Charlie“ wurden mit dem Hinweis auf den Viermächtestatus händeringend aufgefordert einzugreifen, doch sie weigerten sich, mit der Begründung, das sei nicht ihre Aufgabe.

Auch von der Ostberliner Seite erfolgte zunächst keine Bergung des Verletzten. [...] Erst gegen 15.00 Uhr, etwa eine Dreiviertelstunde nach den Schüssen, wurde der bereits leblos wirkende Peter Fechter von DDR-Grenzpolizisten weggeschleppt. Er verstarb noch auf dem Transport in das Krankenhaus der Volkspolizei. Der Vorfall löste in Westberlin sofort helle Empörung aus. Schon wenige Stunden später wurde auf der Westseite der Mauerstelle, wo Fechter gelegen hatte, ein Holzkreuz aufgestellt, das schon nach kurzer Zeit mit Blumen überhäuft war. Diesmal jedoch richtete sich der Zorn nicht nur gegen die DDR und ihre Grenzpolizisten, sondern auch gegen die amerikanische Schutzmacht, der man wegen des Nichteingreifens schwere Vorwürfe machte.

Bernd Eisenfeld/Roger Engelmann, 13.8.1961: Mauerbau. Fluchtbewegung und Machtsicherung, Berlin: Die Bundesbeauftragte für die Unterlagen des Staatssicherheitsdienstes der ehemaligen Deutschen Demokratischen Republik 2001, S. 105 f.

M 9 17. August 1962, 14.30 Uhr

Der angeschossene Peter Fechter an der Berliner Mauer

M 10 „Niemand half ihm“

Der SPD-Politiker Egon Bahr erinnert sich 1996 an die Erschießung von Peter Fechter:

Die Kluft zwischen Wirklichkeit und Propaganda tat sich ein Jahr später auf. Der achtzehnjährige Bauarbeiter Peter Fechter wurde beim Versuch, die Mauer zu übersteigen, angeschossen, fiel auf die Ostseite zurück und schrie, fünfzig Minuten lang, bis er starb. Niemand half ihm. Ein Amerikaner, von dem man annahm, Uniform und Recht der Besatzungsmacht würden ihm gestatten, über die Mauer zu steigen und den Mann zu holen, erklärte, das sei jenseits seines Auftrags. Jetzt erst wurde den West-Berlinern schlagartig klar, dass die Vier-Mächte-Rechte nur noch Sprachhülsen waren. Die Kompetenzen der Westmächte endeten an der Mauer. Die Garantien galten nur den West-Berlinern. Es kam zu antiamerikanischen Kundgebungen und Ausschreitungen, erstmals nach dem Krieg. Die psychologische Krise war durch Johnsons Besuch [des amerikanischen Präsidenten] vermieden worden. Sie brach ein Jahr später auf: Wir sind eingemauert in einer Festung, mit einem einzigen unkontrollierten Zugang durch die Luft. Wie lange würde sie sich halten können?

Egon Bahr, Zu meiner Zeit, München: Blessing 1996, S. 138 f.

Der 13. August 1961 und seine Folgen – Eine Fallanalyse

Info

Die innerdeutsche Grenze

Die 1400 km lange Grenze zur Bundesrepublik baute die DDR zur „bestbewachten“ Grenze Europas aus. Wachtürme, Metallzäune und Stolperdrähte in Verbindung mit Selbstschussanlagen sollten jede Flucht verhindern. Den Grenztruppen der DDR wurde befohlen, gegen „Grenzverletzer“ kompromisslos die Schusswaffe anzuwenden. Insgesamt fanden bei Fluchtversuchen an der innerdeutschen Grenze und in Berlin etwa 1000 Menschen den Tod. Das letzte Opfer des DDR-Grenzregimes war der junge Kellner Chris Gueffroy, der im Februar 1989 an der Berliner Mauer erschossen wurde.

Hinweis

Links zur Mauer

http://www.chronik-der-mauer.de

https://www.berliner-mauer-gedenkstaette.de/de/ (Exkursionstip)

https://www.berlin.de/mauer/ (z. B. Video zum Mauerverlauf)

https://www.politische-bildung-brandenburg.de/node/9367 (Grenze im Bezirk Potsdam)

M 11 Vorgehen bei „Grenzdurchbrüchen“

Aus dem Protokoll der 45. Sitzung des Nationalen Verteidigungsrats der DDR vom 3. Mai 1974 zum Tagesordnungspunkt 4: Bericht über die Lage an der Staatsgrenze der DDR zur BRD:

In der Aussprache [...] legte Genosse Erich Honecker folgende Gesichtspunkte dar:

- die Unverletzlichkeit der Grenzen der DDR bleibt nach wie vor eine wichtige politische Frage,
- es müssen nach Möglichkeit alle Provokationen an der Staatsgrenze verhindert werden,
- es muss angestrebt werden, dass Grenzdurchbrüche überhaupt nicht zugelassen werden,
- jeder Grenzdurchbruch bringt Schaden für die DDR, [...]
- überall muss ein einwandfreies Schussfeld gewährleistet werden [...],
- nach wie vor muss bei Grenzdurchbruchsversuchen von der Schusswaffe rücksichtslos Gebrauch gemacht werden, und es sind die Genossen, die die Schusswaffe erfolgreich angewandt haben, zu belobigen [...].

Zit. nach: Matthias Judt (Hg.), DDR-Geschichte in Dokumenten: Beschlüsse, Berichte, interne Materialien und Alltagszeugnisse, Berlin: Ch. Links 1997, S. 468 f.

M 12 DDR-Grenzsperranlagen

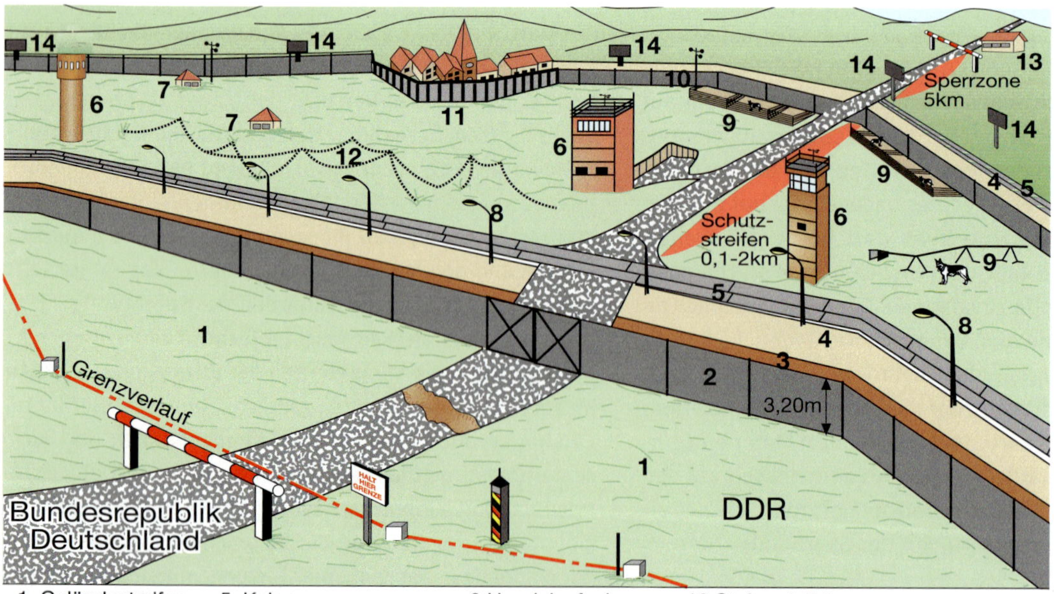

1 Geländestreifen
2 Metallgitterzaun
3 Kfz-Sperrgraben
4 Kontrollstreifen
5 Kolonnenweg
6 Beobachtungsturm
7 Beobachtungsbunker
8 Lichtsperre
9 Hundelaufanlage
10 Schutzstreifenzaun mit Signalanlagen
11 Betonsperrmauer
12 Stolperdrähte
13 Kontrollpassierpunkt zur Sperrzone
14 Hinweisschilder: „Beginn des Schutzstreifens“

704G

Training

Eine Zeitzeugenbefragung durchführen

Quellen sind die Grundlage für das, was wir über die Vergangenheit wissen. Neben der schriftlichen, bildlichen und gegenständlichen Überlieferung spielt die mündliche eine besondere Rolle. Im Alltag ist sie selbstverständlich, auch wenn uns das nicht immer bewusst ist, z. B. wenn Großeltern ihren Enkeln von früher erzählen, als sie selbst noch jung waren.
Doch ist zu bedenken, dass es sich um die Meinungen Einzelner handelt, die nicht unbedingt allgemeingültig sind.
Für die Durchführung einer Zeitzeugenbefragung können folgende Arbeitsschritte sinnvoll sein:

1. Vorbereitung:
a) Sucht nach einem geeigneten Zeitzeugen.
b) Informiert euch über damalige und aktuelle Funktionen des Zeitzeugen und bereitet euch inhaltlich vor.
c) Klärt in einem Vorgespräch eure und seine Interessen.
d) Kümmert euch um die Aufzeichnung des Gesprächs.
e) Entwickelt „erzählgenerierende“ Fragen, die offen formuliert sind und zum Erzählen anregen.

2. Durchführung des Interviews:
a) Wählt einen geeigneten Ort für das Gespräch aus. Bedenkt, dass das Setting als „Interpretationsrahmen“ ein Gespräch beeinflusst.
b)Bemüht euch um „aktives Zuhören“ und darum, den Redefluss des Gesprächspartners nicht zu unterbrechen.
c) Stellt „erzählgenerierende“ Nachfragen, indem ihr z. B. etwas aufgreift, das schon gesagt wurde.

3. Auswertung:
a) Haltet erste Eindrücke in einem Gesprächsprotokoll fest.
b) Identifiziert Schwerpunktsetzungen des Zeitzeugen. Unterscheidet die Wiedergabe von Erlebnissen von Deutungen.
c) Reflektiert die Durchführungsbedingungen des Gesprächs.

4. Quellenkritik:
a) Beantwortet die folgenden Fragen: Wie alt war der Zeitzeuge zum Zeitpunkt des Geschehens? Wie nah war er am Geschehen? Was war seine Funktion?
b) Bestimmt, was der Zeitzeuge zu welchem Thema gesagt hat, ob er dabei auf Fragen geantwortet hat.
c) Erschließt die Struktur der Erzählung. Untersucht, wie der Zeitzeuge seine Darstellung aufbaut. Analysiert, wie er sich selbst innerhalb des Geschehens darstellt und ob er bestimmte Botschaften an den Zuhörer vermitteln möchte.

Aufgaben

1. Eine Zeitzeugenbefragung durchführen

a) Durch die Fallanalyse habt ihr viel über den „13. August 1961 und seine Folgen“ erarbeitet. Sucht nun in eurer Verwandtschaft oder im Bekanntenkreis Menschen, die den Bau der Mauer miterlebt haben. Führt eine Zeitzeugenbefragung durch. Verwendet dafür den Trainingskasten auf dieser Seite.

b) Diskutiert abschließend in der Klasse, warum Zeitzeugen wichtig für den Unterricht sein können und welche Probleme dabei der Beitrag im SPIEGEL aufwirft, der hier kurz skizziert wird:
In einem Bericht über ihre Forschungsergebnisse zum Erinnern und zum Gedächtnis äußert die Londoner Psychologin und Gedächtnisforscherin Julie Shaw folgende Grundthesen: „Wenn wir uns erinnern, bauen wir jedes Mal eine neue Geschichte auf (...). Und es kommt dabei zu Fehlern.“ Weiter heißt es in einem Kommentar im gleichen Beitrag: „(F)ür perfekte Abbilder der Vergangenheit ist das Gedächtnis gar nicht gemacht. Es ist gut darin, Erfahrungen zu speichern – vor allem dafür hat die Evolution es hervorgebracht (...). Das Gedächtnis muss nicht genau sein, sondern flexibel. Es ist ein Werkzeug des Lernens und der Alltagsbewältigung, kein vollgestopftes Museum.“ (Spiegel, 1/2016, S. 16 f.)

→ Trainingskasten auf dieser Seite

Wirtschaft in der DDR im Zeichen des Sozialismus

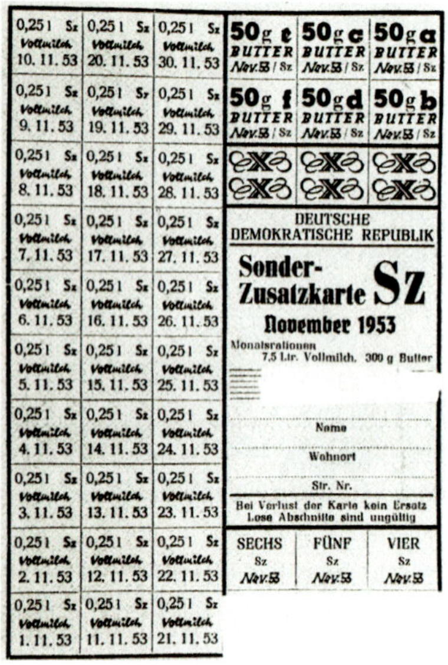

M 1 Lebensmittelkarte (1953)

Lebensmittel blieben in der DDR bis 1958 rationiert.

Wirtschaft in der frühen DDR

In den 1950er-Jahren gelang der DDR ein beträchtliches Wirtschaftswachstum. Dies galt allerdings vor allem für den Bereich der Schwerindustrie, während die Produktion von Konsumgütern (Güter für den privaten Gebrauch) zunächst vernachlässigt wurde. Erst als Reaktion auf den 17. Juni 1953 korrigierte die SED ihre Wirtschaftspolitik. Nun stieg auch die Erzeugung von Lebensmitteln und anderen Bedarfsgütern, sodass sich der Lebensstandard der Bevölkerung deutlich erhöhte. Doch erst mit der Zeit konnte bei der Versorgung der Bevölkerung das Vorkriegsniveau erreicht werden und erst im Mai 1958 wurden die Lebensmittelkarten abgeschafft.

Ein grundlegendes Problem stellte die seit dem Volksaufstand 1953 zunehmende Fluchtbewegung dar, durch die der Volkswirtschaft vor allem gut ausgebildete Facharbeiter verloren gingen. Die schwerfällige Planwirtschaft litt jedoch auch an organisatorischen Mängeln. Hinzu kam eine mangelhafte Warenqualität. Produkte wie Fisch, Südfrüchte oder Gemüse blieben seltene Wirtschaftsgüter. Was der Bürger sonst zum Leben brauchte, kaufte er in den staatlichen HO-Läden (HO = Handelsorganisation, ein staatliches Einzelhandelsunternehmen in der DDR), den genossenschaftlich organisierten Läden des Konsum oder den noch zahlreichen privaten Geschäften.

Um 1960 verschärfte die DDR die Kollektivierung der Landwirtschaft. Unter der Losung eines „Sozialistischen Frühlings auf dem Lande“ wurden die Einzelbauern durch Druck und Versprechungen in die Landwirtschaftlichen Produktionsgenossenschaften (LPG) gepresst. Viele verließen daraufhin ihre Höfe und flohen in den Westen. Die Folge war eine schwere Versorgungskrise. Auch in der Industrie wurden aus privaten Betrieben, vor allem der Textil- und Nahrungsmittelindustrie, Betriebe mit staatlicher Beteiligung.

Hinweis

Stalinallee in Ost-Berlin

Im Rahmen eines „Nationalen Aufbauprogramms“ entstanden in der Stalinallee (heute Frankfurter Allee) auf einer Strecke von etwa zweieinhalb Kilometern zwischen 1952 und 1960 ca. 3 000 Wohnungen mit Geschäften und Freizeiteinrichtungen in monumentaler Bauweise, angelehnt an das Moskauer Vorbild (vgl. auch M3 auf der Seite 91).

Wohnungsmangel als Dauerproblem

Auch als sich die Lebensverhältnisse der Menschen langsam verbesserten, blieb der gravierende Wohnungsmangel ein dauerhaftes Problem. Familien in Notunterkünften und zu kleinen Wohnungen waren eher die Regel als die Ausnahme. Deshalb begann die DDR Mitte der 50er-Jahre, große Neubausiedlungen außerhalb der Städte zu errichten. Dafür wurde die Plattenbauweise entwickelt. Die erste Stadt, die nach diesen Prinzipien gebaut wurde, war Neu-Hoyerswerda. Trotz größter Anstrengungen konnte das Wohnungsproblem aber nicht gelöst werden und begleitete die DDR bis zu ihrem Ende 1990.

M 2 Neu-Hoyerswerda

Ein Arbeiter verlegt Wellbeton-Dachplatten am Wohnkomplex 4 in der Neustadt von Hoyerswerda, 1961.

M 3 Zwei Stimmen zur DDR-Wirtschaft

a) Die Märkische Volksstimme berichtet (28.1.53):

Vor einigen Tagen erhielt die Kreisdirektion der „Märkischen Volksstimme" eine Zuschrift zweier um das Wohl ihrer Sprösslinge besorgter Väter. Sie fragten bei uns an, woran es liegt, dass es in Brandenburg keine Windeln gibt. Es ginge auf die Dauer nicht, daß sie ihre Hemden und Unterhosen für Säuglinge opfern, weil die DHZ [Deutsche Handelszentrale] Textil nicht in der Lage ist, die HO und den Konsum mit diesen dringend benötigten Artikeln zu beliefern.

Zit. nach: Matthias Judt (Hg.), DDR-Geschichte in Dokumenten: Beschlüsse, Berichte, interne Materialien und Alltagszeugnisse, Berlin: Ch. Links 1997, S. 192.

b) Aus der offiziellen DDR-Geschichtsschreibung:

In dieser Zeit, in der die Arbeiterklasse und die anderen Werktätigen große Anstrengungen unternahmen, um die Wirtschaftskraft der DDR auf den wichtigsten Gebieten zu stärken, zeigten sich zugleich bestimmte Spannungen. Gab es einerseits stürmische Fortschritte, so traten andererseits Engpässe in der Versorgung mit Energie, Rohstoffen und Materialien auf. Der Kampf um die Erfüllung der Pläne gestaltete sich oftmals schwierig. Verstärkt wurde das durch Störungen, die vom kapitalistischen Sektor der Volkswirtschaft ausgingen, auch durch die Wirtschaftsblockade des Imperialismus. Produktionsausfälle und Mängel in der Versorgung riefen bei den Werktätigen Unzufriedenheit und Verärgerung hervor. Die Parteiorganisationen leisteten beharrliche Überzeugungsarbeit und gewannen die Werktätigen dafür, diese Schwierigkeiten überwinden zu helfen.

Ernst Diehl, Geschichte der Sozialistischen Einheitspartei Deutschlands, Berlin: Dietz 1978, S. 285.

M 4 Lebensstandard in den 1960er-Jahren

Aus einer Publikation der Bundeszentrale für politische Bildung (2012):

Trotz der strukturellen Defizite [hier: grundsätzlichen Mängel] der Wirtschaftsreformen hatte sich der wirtschaftliche Strukturwandel seit 1964/65 zunächst positiv auf den Lebensstandard der Bevölkerung ausgewirkt. Durch überdurchschnittliche Wachstumsraten konnte der staatliche Handel mehr industrielle Konsumgüter als in den Vorjahren anbieten. Fernsehapparate, Kühlschränke und Waschmaschinen waren keine unerreichbaren Luxusgüter mehr. Die schrittweise Abschaffung der Samstagsarbeit führte zu Arbeitszeitverkürzungen und mehr Freizeit. Durch steigende Nettogeldeinnahmen [Einnahmen nach Steuern und Sozialabgaben] konnten sich immer mehr Familien einen neuen PKW der Marke „Trabant" oder „Wartburg" leisten. Der „Trabi" oder auch die „Rennpappe", wie das in der DDR produzierte Auto aufgrund seiner Karosserie aus Kunststoff genannt wurde, avancierte [rückte auf] zum Statussymbol. Die sozialistische Mangelwirtschaft und der erzwungene Konsumverzicht schienen der Vergangenheit anzugehören. Die alltägliche Praxis stand der offiziell verkündeten Überlegenheit des sozialistischen Wirtschaftsmodells allerdings immer spürbarer entgegen. Für hochwertige Konsumgüter mussten nicht nur horrende Preise gezahlt werden. Gleichzeitig blieb das Angebot deutlich hinter der Nachfrage zurück. [...] Die wirtschaftliche Leistungsfähigkeit der Bundesrepublik und damit der materielle Lebensstandard der Bevölkerung waren auch in den 1960er-Jahren permanent höher als in der DDR.

www.bpb.de/geschichte/deutsche-einheit/deutsche-teilungdeutsche-einheit/52979/das-ende-der-aera-ulbricht [letzter Zugriff: 12.06.2018].

Training

Erklärung des Operators „Begründen"
Du sollst Gründe für eigene Entscheidungen bzw. Behauptungen/Meinungen oder dir bekannte Sachverhalte formulieren: Warum ist es deiner Meinung nach so und nicht anders? Warum bist du zu dieser Einschätzung bzw. Entscheidung, Lösung gekommen? Dabei solltest du darauf achten, dass deine Begründung zusammenhängend formuliert und für andere nachvollziehbar ist. Sprachliche Mittel zu den Operatoren befinden sich im hinteren Einband.

Aufgaben

1. **Die Wirtschaft in der frühen DDR**
   a) Erläutert mit eigenen Worten den Begriff „Planwirtschaft". Verwendet dafür das Lexikon der Grundbegriffe in diesem Schulbuch.
   b) Stellt Anspruch und Wirklichkeit der DDR-Planwirtschaft einander gegenüber.
   c) Begründe, dass es sich bei dem Text M3b) um Propaganda handelt. Verwende dafür den Trainingskasten auf dieser Seite.
   d) Formuliert in zwei Sätzen wesentliche Unterschiede zwischen Planwirtschaft und Sozialer Marktwirtschaft (S. 68 ff. in diesem Schulbuch).
   → Text, M1 – M4

M 1 **„Man spricht Deutsch“**
Westdeutsche Urlauber in Italien, 1955

Leben in der Bundesrepublik in den 1950er-Jahren

Die westdeutsche Konsumgesellschaft

Der anhaltende Wirtschaftsaufschwung trug wesentlich zur Veränderung der Lebensverhältnisse bei. Wachsender Wohlstand ermöglichte nicht nur den Kauf von Autos, Fernsehern und ganzen Wohnungseinrichtungen, er machte auch Reisen ins europäische Ausland erschwinglich. Italien wurde zum Traumziel der Deutschen.

Massenmedien

Die größte Neuheit der Fünfzigerjahre war ein Massenmedium: das Fernsehen, das bald Millionen Menschen faszinierte. Wie auch die Rundfunkanstalten hatte es öffentlich-rechtlichen Status. Die Regionalprogramme der ARD gingen 1954 auf Sendung, 1963 folgte das ZDF. Ratesendungen wie „Einer wird gewinnen“, die auf unterhaltsame Weise Wissen über Europa abfragten, oder Sendungen wie „Was bin ich?“, die der reinen Unterhaltung dienten, erfreuten sich größter Beliebtheit. Da viele zunächst keinen eigenen Fernseher besaßen, sahen sie sich Sendungen in Gaststätten oder bei Bekannten an. Fernsehgeschichte schrieb die 1954 gewonnene Fußballweltmeisterschaft in der Schweiz: Das Endspiel gegen Ungarn wurde „live“ übertragen.

Auf dem Pressemarkt konnten sich Zeitungen wie „BILD“ oder die Illustrierte „Quick“ erfolgreich etablieren, deren Inhalt eher auf Sensation und Klatsch ausgerichtet war. Modezeitschriften fanden ebenfalls reißenden Absatz. Doch gab es auch Wochenzeitschriften wie den „Stern“ und den „Spiegel“, die einen wichtigen Beitrag zum westdeutschen Journalismus leisteten, sowie seriöse Tageszeitungen wie die „Süddeutsche Zeitung“ oder die „Frankfurter Allgemeine Zeitung“.

Hinweis

Filmtipp

Einen kleinen Einblick in die Fernsehkultur der 1950er-Jahre bietet: Clemens Wilmenrod und die gefüllte Erdbeere (2:36)

www.youtube.com/watch?v=IAQhpI9euwg

Demokratische Kontrolle: Die „Spiegel-Affäre“

1962 erschütterte die „Spiegel-Affäre“ die Öffentlichkeit. Dabei ging es um einen Artikel, der die angeblich nur „bedingt abwehrbereite“ Bundeswehr kritisierte. Verteidigungsminister Franz Josef Strauß (CSU) ließ daraufhin Redakteure des „Spiegel“ sowie den Herausgeber Rudolf Augstein verhaften und die Redaktionsräume durchsuchen. Vor dem Bundestag leugnete Strauß eine Beteiligung, musste

Hinweis

Der Spiegel-Artikel „Bedingt abwehrbereit“, der 1962 die „Spiegel-Affäre“ auslöste, findet sich unter:

www.spiegel.de/spiegel/print/d-25673830.html

aber später zugeben, die Aktion angeordnet zu haben. Die Öffentlichkeit sah das Grundrecht auf Meinungs- und Pressefreiheit in Gefahr, Strauß musste zurücktreten.

M 2 Philharmonie in West-Berlin

1960–1963 erbaut, Architekt: Hans Scharoun

Literatur und bildende Kunst

Im literarischen Bereich konnten einige Exil-Schriftsteller wie Thomas Mann an ihre großen Erfolge anknüpfen. Zum Teil galt dies auch für Autoren der „Inneren Emigration" wie zum Beispiel Bergengruen die noch über eine große Leserschaft verfügten. Hinzu kam jetzt eine Generation junger Schriftsteller wie Böll oder Grass, die wegen ihrer Kriegserfahrungen dem Staat kritisch gegenüberstanden. Viele fanden sich in der „Gruppe 47" zusammen. In der Malerei setzte sich eine abstrakte Stilrichtung durch, mit Künstlern wie Ernst Wilhelm Nay, Emil Schumacher oder Willi Baumeister. Architekten der Nachkriegszeit schufen interessante moderne Bauten wie die Philharmonie in Berlin (Hans Scharoun), die Liederhalle in Stuttgart (Rolf Gutbrod) oder das Olympiagelände in München (Frei Otto).

Eine neue Jugendkultur

Für die westdeutsche Jugend wurden die USA und der „American way of life" maßgeblich, Rock 'n' Roll, Haartolle und Bluejeans wurden von amerikanischen Vorbildern übernommen. Mit „BRAVO" entstand eine eigene Jugendzeitschrift. Damit kündigte sich ein Generationswechsel an, der künftig das Gesicht der Bundesrepublik veränderte.

M 3 Filmplakate von 1956 (links) und 1951 (rechts)

Eine Jugendzeitschrift analysieren

M 4 „Meine Eltern verbieten mir den Urlaub"

a) Unter der Rubrik „Eine BRAVO-Leserin stellt zur Diskussion" erschien 1961 folgende Geschichte. Die Einleitung lautete:

Mein Verlobter und ich – er ist 20 Jahre, ich bin 18 Jahre alt – wollen den Sommerurlaub auf einem Campingplatz bei Venedig verbringen. Monatelang haben wir gespart, haben von der großen Reise geträumt. Als ich jetzt meine Eltern in den Plan einweihte, platzte die Bombe: Sie verboten mir die gemeinsame Urlaubsfahrt. Ihre Begründung: „Solange ihr nicht verheiratet seid, gibt es keinen Urlaub zu zweit – das schickt sich nicht!" Alle Versuche, sie umzustimmen, waren erfolglos. Das hab ich also von meiner Ehrlichkeit. Wenn ich sie angelogen hätte, ich würde mit einer Freundin verreisen, dann wäre alles glatt gegangen. Aber weil ich ehrlich erzähle, was ich vorhabe, muss ich dafür büßen. Schließlich haben wir uns das Geld für die Urlaubsreise selbst verdient, und meine Eltern kennen meinen Verlobten seit eineinhalb Jahren; er gehört fast schon zur Familie. Es ist abgemacht, dass wir beide heiraten werden. Ist unter diesen Umständen die Meinung meiner Eltern nicht unfair, ungerecht, egoistisch – lebensfremd?

b) Im selben Heft wurden unter der Rubrik „Das meinen unsere Diskussionsteilnehmer" folgende Aussagen aufgeführt:

Aussage 1: [...] Ich würde meiner Verlobten niemals eine gemeinsame Campingfahrt zumuten! Ich möchte nämlich, dass meine zukünftige Frau bis zur Hochzeit unberührt bleibt. Man glaubt zwar, seine Gefühle beherrschen zu können. Aber im entscheidenden Augenblick kann niemand für sich garantieren. Und bei 14 Tagen gemeinsamem Camping gibt es zu viele Gelegenheiten. Mit irgendeinem anderen Mädchen würde ich diesen Urlaub mit allen Konsequenzen genießen. Heiraten würde ich ein solches Mädchen nie!

Aussage 2: Sie sind verlobt, und ich nehme an, dass Ihre Eltern stillschweigend damit einverstanden sind, wenn Sie auch mal um Mitternacht oder noch später nach Hause kommen. Ich glaube auch nicht, dass Ihre Eltern annehmen, Sie hätten dann bis in die Nacht hinein mit Ihrem Verlobten Hand in Hand irgendwo in einem Lokal oder in einem Kino gesessen. Aber mit einem mal „schickt" es sich nicht, dass Sie mit ihm in Urlaub fahren möchten! Warum eigentlich? Sie stehen im Beruf und tragen eine Verantwortung. Folglich haben Sie auch Rechte. Das Recht zum Beispiel, in Ihrem Urlaub zu tun, was Ihnen Spaß macht. Mit achtzehn ist man auch in der Liebe kein Kind mehr. Dafür sorgt schon die Umwelt. Warum müssen die Eltern die Liebe immer so schlechtmachen? In ihrer Jugend haben sie bestimmt mit andern Maßstäben gemessen!

Aussage 3: Bei meinem Sohn hätte ich nichts dagegen, wenn er mit seiner Verlobten zum Camping fahren würde. Er ist alt genug zu wissen, wie weit er gehen darf. [...] Anders wäre es bei meiner Tochter, da sagte ich: nein! Sie soll warten, bis sie 21 Jahre alt ist, dann kann sie tun und lassen, was sie will. Ich kann mir zwar denken, dass sich das Mädel die Erlebnisse, die es sich von der Campingreise verspricht, auch auf andere Weise verschaffen kann. Aber als Vater werde ich dem nicht noch Vorschub leisten.

Aussage 4: Als Mutter bin ich dagegen. Nicht etwa, „weil es sich nicht schickt", sondern aus Sorge um mein Kind. Zwei junge Menschen, die sich lieben, sind keine Eisblöcke. Die Gemeinschaft des Zeltlebens schafft Gelegenheit, und Gelegenheit macht Diebe. Aus der Campingfahrt wird eine „Hochzeitsreise auf Vorschuss" mit allen Konsequenzen. Die Folgen trägt doch immer das Mädchen. Wenn sie ein Kind bekommt, müssen die beiden überstürzt heiraten, und in meinen Augen ist ein zwanzigjähriger Mann einfach noch nicht reif genug, um Ehemann und Vater zu sein. Eine so „plötzliche" Ehe kann alle Zukunftspläne zunichte machen. Ich würde mit meiner Tochter und ihrem Verlobten offen über die Gründe für meine Ablehnung sprechen. Bis jetzt habe ich die Erfahrung gemacht, dass ein ehrliches Wort von Älteren bei jungen Menschen meist ein offenes Ohr – und Verständnis – findet.

BRAVO 34, Bauer Media KG, Hamburg 1961

M 5 Jugendliche Urlauber

Foto, undatiert, 1960er-Jahre

Ein Anstandsbuch – Geschlechterrollen analysieren

M 6 „Richtiges Benehmen"

Aus einem weit verbreiteten Anstandsbuch (1955):

Das Platznehmen: Die besten Plätze an einem Tisch, also die bequemsten, den besten Ausblick bietenden usw., kommen immer den Damen zu. Selbstverständlich wird man aber dabei persönliche Wünsche der Damen berücksichtigen. Der Herr rückt seiner Dame den Stuhl zurecht und setzt sich erst dann, wenn alle Damen am Tisch Platz genommen haben. [...] Sitzen an dem ausgewählten Tisch schon Gäste, fragt der Herr mit einer leichten Verbeugung, ob dieser oder jener Platz noch frei sei, oder bittet mit einem „Gestatten Sie", Platz nehmen zu dürfen. Sind die schon anwesenden Gäste wohlerzogen, so werden sie mit einem freundlichen Lächeln „Bitte sehr" sagen, auch wenn die Dazukommenden ihnen nicht gerade willkommen sind. [...]

Die Speisen- und Weinkarte: In einem gut geführten Lokal wird der Kellner zuerst der Dame, dann dem Herrn eine Speisenkarte vorlegen oder beiden gleichzeitig. In einem Weinlokal wird die Weinkarte dem Herrn gereicht. Denn die Auswahl der Getränke ist Sache des Herrn, wenn er sich dabei auch nach den Wünschen der Dame richten muss. Liegt eine Speisenkarte auf dem Tisch, so reicht der Herr sie zuerst der Dame, wenn die Dame für sich selbst bezahlt. [...] Ist die Dame eingeladen, so wählt sie nicht selbst aus der Speisenkarte aus, sondern wartet auf die Vorschläge des Herrn.

Speisenkarte: Ist die Dame zum Essen eingeladen, so wird sie bei der Auswahl der Speisen ungefähr den goldenen Mittelweg einschlagen. Es muss ja nicht das Teuerste sein, was sie sich wählt. Es ist aber auch falsche Bescheidenheit – vorausgesetzt, dass die finanziellen Möglichkeiten nicht gerade sehr beschränkt sind –, grundsätzlich nur den „Bierhappen" oder das „Stück Wurst" zu nehmen. Der gewandte Tischherr wird seiner Dame auch dieses oder jenes vorschlagen. Voraussetzung für eine wirklich „gesegnete Mahlzeit" ist jedoch, dass auch hier im Großen und Ganzen Harmonie herrscht. Denn es zerstört die netteste Stimmung, wenn der Einladende seinem Gast zwar etwas Anspruchsvolles vorsetzt, sich selbst aber Kartoffelsalat mit Hering bestellt, um die Unkosten zu senken!

Gertrud Oheim, Einmaleins des guten Tons, Gütersloh: Bertelsmann 1962 (37. Aufl.), S. 288 ff.

Aufgaben

1. **Mit Filmplakaten arbeiten**
   a) Informiert euch über den Inhalt der Filme (M3).
   b) Vergleicht die beiden Plakate im Hinblick auf Gestaltung und Adressaten.
   c) Arbeitet das in den Plakaten deutlich werdende Frauen- und Männerbild heraus.
   d) Erläutert, inwieweit sich in den 1950er-Jahren eine neue Jugendkultur entwickelte.
   e) In den Fünfzigerjahren wurden Jugendliche oft als „Halbstarke" bezeichnet. Suche Begriffe, die heute für bestimmte Gruppen von Jugendlichen verwendet werden und erläutere die damit verbundenen Absichten.
   f) Erläutere und diskutiere das Selbstverständnis solcher Gruppen.
   → Text, M3
2. **Musik der 50/60er-Jahre in der Bundesrepublik**
   a) Recherchiert im Netz (Youtube o.Ä.) folgende Schlager:
   Rita Pavone, Wenn ich ein Junge wär' (1963)
   Gus Backus, Rote Lippen soll man küssen (1963)
   b) Analysiert das in den Texten erkennbare Rollenverständnis. Verwendet dabei die Kategorien: aktiv, passiv, herrschend, beherrscht
   → Internet
3. **Die „BRAVO" – Eine Zeitschrift analysieren**
   a) Erläutere das Thema, das in der „BRAVO" von 1961 diskutiert wurde und nimm Stellung, ob dieses Thema noch aktuell ist.
   b) Fasse die Positionen der einzelnen Diskussionsteilnehmer zusammen.
   c) Verfasse eine eigene Stellungnahme zur damaligen Streitfrage aus heutiger Sicht.
   → M4, M5
4. **Geschlechterrollen analysieren**
   a) Stelle in einem Schaubild die Geschlechterrollen, die in der vorliegenden Quelle M6 ausgedrückt werden, dar.
   b) Viele Empfehlungen in diesem Anstandsbuch wirken auf uns altmodisch. Gehe auf die Gründe dafür ein.
   → M6

Leben in der DDR in den Fünfzigerjahren

Eine sozialistische Gesellschaft als Ziel

Die DDR nahm für sich in Anspruch, ein besserer Staat als die Bundesrepublik zu sein und die fortschrittlichen Traditionen der deutschen Geschichte weiterzuführen. Es sollte eine sozialistische Gesellschaft entstehen, in der sich jeder nach seinen Fähigkeiten entwickeln konnte. Dazu gehörte die volle berufliche, kulturelle und soziale Gleichberechtigung von Mann und Frau, zu deren Durchsetzung die DDR bereits im September 1950 das „Gesetz über den Mutter- und Kinderschutz und die Rechte der Frau" erlassen hatte. Große Bedeutung hatte dabei das Bildungssystem, das den bisher Benachteiligten die Möglichkeit bieten sollte, sozial aufzusteigen. Die bisherigen sozialen Abgrenzungen sollten überwunden und die Bevölkerung – vor allem die Jugend – für die Ziele des Sozialismus gewonnen werden.

M 1 **„FDJ-Hemd"**
um 1975

Gründung der Freien Deutschen Jugend

Die sowjetische Besatzungsmacht und die SED setzten alles daran, die Jugend für den Aufbau jener neuen Ordnung zu gewinnen, die sie „antifaschistisch-demokratisch" nannten. Im Juni 1946 tagte in Brandenburg/Havel das 1. Parlament der Freien Deutschen Jugend (FDJ). Von allen Rednern wurde die Überparteilichkeit beschworen. Doch allein die Besetzung der Führungspositionen widerlegte dies. Der Vorsitz lag bei Erich Honecker, dem verantwortlichen Jugendpolitiker in der SED-Führung. Auch andere wichtige Funktionen wurden von SED-Mitgliedern bekleidet.

Gerade in den Bereichen Sport, Freizeit und Wandern verzeichnete die FDJ großen Zuspruch. Die Besatzungsbehörden stellten Räumlichkeiten zur Verfügung und die Jugendlichen strömten zu den Veranstaltungen wie zum Beispiel Heimabenden, Tanzkursen oder Sportfesten.

Info

Internetlinks zur Vertiefung des Themas „FDJ":

Digitales Museum Brandenburg:

https://brandenburg.museum-digital.de (Rubrik „Objekte": Eingabe FDJ)

Die Wochenschauen; hier guter westlicher Überblick über die Jahre 1945–1950

https://www.filmothek.bundesarchiv.de/video/583691?q=FDJ (Wochenschau 18.05.1950)

FDJ-Aufzug „Neue Deutsche Wochenschau 18/1950", 30.05.1950 unter: https://www.filmothek.bundesarchiv.de/video/585914?q=FDJ

Allg. Suchbegriff „FDJ" unter:

https://www.filmothek.bundesarchiv.de

Vergangenheitsbewältigung

Den DDR-Bürgern bot die SED eine klare Interpretation der Vergangenheit: Schuld an Faschismus und Krieg waren die Kapitalisten, die Hitler und die Nationalsozialisten unterstützt hatten. Die Arbeiter und Bauern waren allein durch ihre Klassenzugehörigkeit entsühnt. „Die Mörder sind unter uns“ – so hieß einer der ersten Filme, der nach dem Zweiten Weltkrieg in SBZ gedreht wurde. Im Film „Der Rat der Götter“ ging es um die Führungsspitze des Chemiekonzerns IG-Farben, die Hitler in den Sattel gehoben, am Krieg verdient hatte und nun angeblich mithilfe der Amerikaner neue Kriege vorbereite.

M 2 Filmplakate

„Die Mörder sind unter uns“, Regie: Wolfgang Staudte, 1946

Widerstand in den Fünfzigerjahren

Doch es gab von Anfang an Menschen, die sich der kommunistischen Diktatur verweigerten und sogar trotz hoher Risiken politischen Widerstand leisteten. Auch sie beriefen sich auf den antifaschistischen Widerstandskampf, insbesondere auf den Kreis der „Weißen Rose“. Sie wollten nicht wie ihre Eltern durch Schweigen mitschuldig an den Verbrechen einer totalitären Staatsmacht werden. So gründete in der sächsischen Kleinstadt Werdau ein Kreis von Oberschülern aus Protest gegen die Scheinwahlen zur Volkskammer am 15. Oktober 1950 eine Widerstandsorganisation. Die Gruppe verteilte Flugblätter und schrieb nachts Parolen an Häuserwände. Überall in der Stadt tauchte ein symbolisches „F“ auf, das für Freiheit stand. Im Mai 1951 kam es zu den ersten Verhaftungen. Am 4. Oktober 1951 wurden 19 Schüler vom Landgericht Zwickau zu langen Zuchthausstrafen verurteilt.

Die Sowjetunion als Leitbild

Nicht nur politisch, sondern auch kulturell galt die Sowjetunion als Vorbild. Kunst und Literatur sollten den politischen Aufbau unterstützen. So findet sich in einschlägigen Werken oft eine idealisierende Darstellung der sozialistischen Wirklichkeit. Diese Kunstrichtung hieß „sozialistischer Realismus“ und verherrlichte den einfachen Arbeiter und die Aufbauleistungen nach dem Krieg.

Besondere Bedeutung hatte in den Anfangsjahren der DDR der Stalinkult. Der Führer der Sowjetunion wurde wie ein Übermensch dargestellt. Straßen trugen seinen Namen und sein Bild war in der Öffentlichkeit allgegenwärtig. Diese Propaganda wollte aber nicht recht zum mühsamen Wiederaufbau nach dem Zweiten Weltkrieg passen.

M 3 „Monat der deutsch-sowjetischen-Freundschaft 1952“

Plakat der SED von 1952, im Hintergrund sind die Bauten der „Stalinallee“ in Berlin-Friedrichshain zu erkennen (heute Karl-Marx-Allee).

Stalinkult und Widerstand

M 4 „Wie soll man Stalin danken"

a) In dem DEFA-Film „Roman einer jungen Ehe" (1952) von Bodo Uhse und Kurt Maetzig findet eine junge Schauspielerin in der Vier-Sektoren-Stadt Berlin ihren Weg durch die Wirren des Kalten Krieges an die Seite der „fortschrittlichen Arbeiterklasse". Den Höhepunkt des Films bildet die Rezitation eines Gedichts (von Kurt Barthel) über den Namensgeber der „Stalinallee":

Auf dieser Straße ist der Friede in die Stadt gekommen.
Die Stadt war Staub.
Wir waren Staub und Scherben
und sterbensmüde.
Aber sagt, wie soll man sterben?
Hat uns doch Stalin selber bei der Hand genommen
und hieß uns, unsre Köpfe stolz erheben.
Und als wir Schutt wegräumten und uns Pläne machten,
den grünen Streifen und die Häuserblocks erdachten,
da war'n wir Sieger, und die Stadt begann zu leben.
Gradaus zu Stalin führt der Weg, auf dem die Freunde kamen.
Nun soll'n sich in den Fenstern, in den neuen, blanken,
die Feuer spiegeln!
Sagt, wie soll man Stalin danken?
Wir gaben dieser Straße seinen Namen.

Zit. nach: Hans-Hermann Hertle/Stefan Wolle, Damals in der DDR. Der Alltag im Arbeiter- und Bauernstaat, München: Goldmann 2006, S. 15.

M 5 Josef Stalin, Porträtaufnahme, 1945

M 6 Widerstand

Achim Beyer war einer der Schüler, die 1950 in der Stadt Werdau eine Widerstandsorganisation gründeten. Die Oberschüler verteilten Flugblätter und wurden 1951 zu langjährigen Haftstrafen verurteilt. Achim Beyer erinnert sich 2003:

Bei der Lektüre ihrer Flugblätter aus dem Jahre 1943 wurde uns die Ähnlichkeit zwischen dem NS-Regime und dem Stalinismus von 1950 besonders offenkundig: ein Austausch der Begriffe NSDAP gegen SED, Hitlerjugend (HJ) gegen FDJ, Gestapo gegen Stasi drängte sich geradezu auf. Damit erschien der politische Widerstand gegen die NS-Diktatur für uns in einem völlig anderen Licht: Es ging nicht mehr nur um eine überwundene Vergangenheit – es ging auch um die gegenwärtige politische Entwicklung. Die Geschwister Scholl wurden für viele Jugendliche zum Vorbild – und dies nicht nur in Werdau, sondern an vielen anderen Orten der DDR.

Achim Beyer, Urteil: 130 Jahre Zuchthaus. Jugendwiderstand in der DDR und der Prozess gegen die „Werdauer Oberschüler" 1951, Leipzig: Evangelische Verlagsanstalt 2003, S. 24.

Info

Schülerwiderstand in Storkow (Brandenburg)

Im Jahre 1956 kam es zu einer bemerkenswerten Aktion einer ganzen Klasse, die kurz vor dem Abitur stand. Findet heraus, was diese Klasse getan hat und welche Folgen das für sie hatte.

Beginnt zunächst mit einem Originaldokument des „Ministeriums für Staatssicherheit" vom 29.12.1956 unter:

https://www.bstu.bund.de/DE/BundesbeauftragterUndBehoerde/Aktuelles/Dokumente/20180216_das_schweigende_klassenzimmer-01/tabelle.html

Verwendet dann den Link: „Zurück zum Text", um euch mit dem Aufbau der Seiten vertraut zu machen.

Nächste Schritte für den Überblick:

https://www.jugendopposition.de/themen/145437/fuenf-minuten-schweigen-fuer-ungarn

http://www.spiegel.de/einestages/ddr-das-schweigende-klassenzimmer-wie-abiturienten-1956-aufbegehrten-a-1195587.html

und zum Abschluss ggf. das Video:

http://www.bpb.de/mediathek/247023/gemeinsame-flucht-einer-schulklasse (15 Min.)

„Weltfestspiele der Jugend und Studenten“ – Propaganda analysieren

M 7 „Auf die Knie mit dem Krieg!“

Im August 1951 fanden die „Weltfestspiele der Jugend und Studenten“ in Ostberlin statt. Die in Ostberlin ansässige Tageszeitung „Neues Deutschland“ berichtete darüber am 18. August 1951:

In allen Straßen, auf allen Plätzen der deutschen Hauptstadt zeigt die Jugend den unermesslichen Reichtum ihrer Lieder und Tänze. In weiten hellen Sälen hängen Bilder und Plastiken, deren Schönheit die reine Sehnsucht der Völker nach Glück und Frieden spiegelt, und zugleich den unaufhaltsamen Sieg des Tages über die Nacht. Schwarze und weiße und gelbe Söhne der Menschheit reichen einander die Hand und sprechen die Sprache der Zukunft: Die Sprache der Freundschaft.

Aber vor diesem leuchtenden sieghaften Bild liegen, die Zähne fletschend, die Fratzen wutverzerrt, die Kettenhunde des amerikanischen und deutschen Imperialismus, bereit, über diese blühende Jugend herzufallen, sie in das entsetzliche Massengrab eines dritten Weltkrieges zu treiben, die Lieder, die Tänze, die Kunstwerke mit der höllischen Detonation der Atombomben zu vernichten.

Bereit zu dieser Mordtat sind sie, aber sie können nicht, wie sie wollen, denn die Jugend greift ihnen in den Rachen, schlägt ihre Pranken zurück. Die Jugend singt und tanzt, aber keine Sekunde läßt sie dabei die Todfeinde ihres glücklichen Lebens aus den Augen. Das mußten die [...] Mordkumpane zur Kenntnis nehmen, als Tausende FDJler das leuchtende Blau des Friedens, den hellen Klang ihrer Lieder, den Stolz und die edle Begeisterung junger Menschen, die für die Wahrheit stehen, über die Sektorengrenzen hinübertrugen. [...]

Jetzt waren die „Kommunisten“, die Friedenskämpfer da und sie sangen: „... das Kind will die Mutter vom Weinen befrein, und der Friede wird schön wie die Heimat sein. Im August, im August blühn die Rosen!“ Und die Menschen in den Häusern hoben den stumpfgewordenen Blick, die Frau des Arbeitslosen preßte ihr Kind erregt an die Brust, weil das Blau auf der Straße wie Hoffnung leuchtete: „Freundschaft!“

„Neues Deutschland“ vom 18.08.1951.

M 8 Weltjugendlied

1. Jugend aller Nationen,
uns vereint gleicher Sinn, gleicher Mut!
Wo auch immer wir wohnen,
unser Glück auf dem Frieden beruht.
In den düsteren Jahren
haben wir es erfahren:
Arm ward das Leben!
Wir aber geben
Hoffnung der müden Welt!
Unser Lied die Ländergrenzen überfliegt,
Freundschaft siegt! Freundschaft siegt!
Über Klüfte, die des Krieges Hader schuf,
springt der Ruf, springt der Ruf:
Freund, reih dich ein,
dass vom Grauen wir die Welt befrein!
Unser Lied die Ozeane überfliegt,
Freundschaft siegt! Freundschaft siegt!
2. Schmerzhaft brennen die Wunden,
nun der Hass neuen Brand schon entfacht.
Denn wir haben empfunden:
Bittres Leid hat der Krieg uns gebracht.
Junger Kraft wird gelingen,
Not und Furcht zu bezwingen.
Licht soll es werden
ringsum auf Erden!
Zukunft, wir grüßen dich!

Zit. nach: Autorenkollektiv, Frisch auf singt all ihr Musici, Lehrbuch Musik Klasse 7/8, Berlin: Volk und Wissen Volkseigener Verlag 1965, S.14ff.

Aufgaben

1. **Stalinkult**
   a) Bearbeitet die Materialien zum Stalinkult und erläutert die Merkmale dieses Kults.
   b) Arbeitet anhand der Materialien die Auswirkungen des Stalinkults auf die frühe DDR heraus.
   c) Fasst eure Ergebnisse in einer Mindmap zusammen.
   → Text, M4–M6
2. **„Weltfestspiele der Jugend und Studenten“**
   a) Analysiere die Quelle M7, indem du die wesentlichen Inhalte des Textes wiedergibst und anhand geeigneter Zitate herausarbeitest, welche politische Position die Zeitung zum geschilderten Ereignis einnimmt. Beurteile anschließend die Aussagen des Berichts aus damaliger Perspektive.
   b) Fasse die Aussagen des „Weltjugendliedes“ zusammen.
   c) Untersuche die Propaganda-Absichten, die im „Weltjugendlied“ zum Ausdruck kommen.
   → M7, M8

Fragebogen zum Thema: Die Welt, Europa und Deutschland 1949–1962

Hinweis: Die folgende Tabelle dient der Selbsteinschätzung deiner erworbenen Kenntnisse und Fähigkeiten. Die Auflistung erhebt nicht den Anspruch, vollstän-

Ich kann ...	Ich bin sicher. ☺	Ich bin ziemlich sicher. 😐	Ich bin noch unsicher. 😕	Ich habe große Lücke ☹
... den Verlauf und das Ergebnis des Koreakrieges erläutern.				
... die Ereignisse in Ungarn 1956 skizzieren.				
... die Ursachen für die Verschärfung des Kalten Krieges in den 1950er-Jahren benennen.				
... den Begriff „Kanzlerdemokratie“ erklären.				
... die innenpolitische Entwicklung der Bundesrepublik Deutschland in den Fünfzigerjahren an zwei Beispielen erläutern.				
... den Prozess der Integration der Bundesrepublik Deutschland in den Westen an zwei Stationen beschreiben.				
... die Gründe für den Volksaufstand am 17. Juni 1953 in der DDR nennen sowie den Verlauf und die Ergebnisse des Aufstandes erläutern.				
... die Unterschiede der wirtschaftlichen Entwicklung zwischen der BRD und der DDR in den Fünfzigerjahren darlegen.				
... die Ursachen für die Errichtung der Berliner Mauer erklären.				
...				
...				
...				
...				

Bitte beachte: Kopiere die Seiten, bevor du mit ihnen arbeitest.

dig zu sein. Es handelt sich um eine Auswahl, die ggf. erweitert werden kann. In der rechten Spalte findest du Hinweise, wie du eventuell vorhandene Lücken oder auch Unsicherheiten beseitigen kannst.

→ **Bitte kopiere die Seiten, bevor du mit ihnen arbeitest.**

uf diesen Seiten kannst du HORIZONTE nachlesen	Empfehlungen zur Übung, Wiederholung und Festigung
54–57	Verfasse einen Kommentar zum Thema: „Der Koreakrieg – ein Produkt des Kalten Krieges“.
54–59	Dokumentiere in einem Schaubild die Ereignisse in Ungarn 1956.
54–59	Die Bildung der NATO und des Warschauer Paktes verschärften den Kalten Krieg. Begründe.
64–65	Verfasse einen Lexikonartikel zum Thema: „Der Regierungsstil Konrad Adenauers“.
64–67	Entwickle ein Schaubild zur innenpolitischen Entwicklung der BRD in den Fünfzigerjahren.
72–75	Nimm Stellung zu folgender Behauptung: „Die Integration der BRD in den Westen war auch ein Resultat des Kalten Krieges.“
76–78	Erstelle einen Kurzvortrag zum Thema: „Der 17. Juni 1953 in der DDR – Volksaufstand oder Arbeiterrevolte?“.
68–71, 84–85	Erläutere wichtige Unterschiede zwischen sozialer Marktwirtschaft und Planwirtschaft.
78–82	Die Regierung der DDR hat die Berliner Mauer als „Antifaschistischen Schutzwall“ bezeichnet. Nimm dazu Stellung.

Die Welt, Europa und Deutschland 1962–1990/91

Die Welt

Anfang der 1960er-Jahre wurde die Gefahr eines „heißen Krieges" in der sogenannten Kuba-Krise real: Nachdem die USA in der Türkei und in Italien Nuklearraketen stationiert hatten, die auf die Sowjetunion gerichtet waren, stationierte die Sowjetunion auf Kuba auf die USA gerichtete Raketen. Die USA blockierten daraufhin sowjetische Schiffe und drohten mit Krieg. Das Einlenken der Sowjetunion entschärfte die Situation. Beide Weltmächte initiierten oder eskalierten überdies kriegerische Auseinandersetzungen auf mehreren Erdteilen, die in „Stellvertreterkriege" mündeten.

M 1 „Einverstanden, Herr Präsident, wir wollen verhandeln."

Der sowjetische Ministerpräsident Chruschtschow und der US-Präsident Kennedy messen ihre Kräfte zur Zeit der Kuba-Krise, britische Karikatur, 1962.

Auf die Kuba-Krise folgte in den späten 1960er- und in den 1970er-Jahren eine Zeit der Entspannung, in der sich die USA und die Sowjetunion um eine Entschärfung von Konflikten, um Abrüstung und Zusammenarbeit bemühten. In den 1980er-Jahren wurden die Spannungen jedoch größer, bis die Reform-Politik des sowjetischen Politikers Michail Gorbatschows in der Sowjetunion eine neue Situation schuf: Die – nicht zuletzt aufgrund des ruinösen Rüstungswettlaufs notwendigen – Reformen zielten zwar ursprünglich auf eine Demokratisierung und Modernisierung des sowjetischen Systems ab, sie führten jedoch zum Zusammenbruch des sozialistischen Wirtschafts- und Gesellschaftssystems und zur Auflösung der UdSSR. Die vormaligen Sowjetrepubliken erklärten ihre Unabhängigkeit, einige Staaten schlossen sich zur Gemeinschaft Unabhängiger Staaten (GUS) zusammen. Russland verlor seinen Rang als den USA ebenbürtige Supermacht. Der Kalte Krieg war beendet.

Europa

In Westeuropa erfolgte nach der Gründung der Europäischen Wirtschaftsgemeinschaft (EWG) 1957, die der ökonomischen Zusammenarbeit diente, die politische Zusammenarbeit. Aus dem „Kerneuropa" der EWG entwickelte sich bis 1990 eine Staatengemeinschaft, die als Europäische Union (EU) die meisten der westeuropäischen Länder umfasste.

Das geteilte Deutschland und die deutsche Einheit

Die BRD wurde ein fester Bestandteil des Westens, während die DDR Teil des Ostblocks wurde. Der Mauerbau 1961 zementierte diese Teilung: Nachdem immer mehr DDR-Bürger in die BRD geflohen waren, riegelte die DDR ihre Grenze ab, um ihre wirtschaftliche Existenz zu sichern. Einer langen Konfrontationsphase zwischen den beiden Blöcken folgte ab 1969 eine Zeit der Entspannungspolitik. Verträge zwischen BRD, DDR und einigen anderen Ostblockstaaten sollten militärische Konflikte verhindern, eine politische Zusammenarbeit ermöglichen und die Lebensbedingungen der Menschen im Osten verbessern.

1985 übernahm Michail Gorbatschow die Macht in der Sowjetunion. Angesichts der großen wirtschaftlichen und gesellschaftlichen Probleme des Landes leitete er umfassende Reformen ein. Die zentralen Konzepte seiner Politik hießen Glasnost (russ. „Offenheit“) und Perestroika (russ. „Umbau“): Politische Entscheidungen sollten fortan transparent und unter breiter Beteiligung des Volkes getroffen werden; Wirtschaft und Gesellschaft des Landes wurden grundlegend umstrukturiert. Die Reformen entwickelten jedoch eine Eigendynamik, die sehr rasch zum Zerfall des Ostblocks und schließlich auch zum Zerfall der Sowjetunion selbst führte.

Obwohl sich die DDR-Führung unter Erich Honecker dem sowjetischen Reform-Kurs verweigerte, war mit der Entwicklung in der UdSSR auch das baldige Ende der DDR besiegelt: Eine nicht mehr zu steuernde Ausreisebewegung sowie Massenproteste führten 1989 zum Fall der Mauer und zum Zusammenbruch der SED-Herrschaft. Am 3. Oktober 1990 wurde nach schwierigen Verhandlungen zwischen beiden deutschen Staaten und den Siegermächten des Zweiten Weltkriegs schließlich die deutsche Einheit verwirklicht.

M 2 Deutschland – Von der Teilung zur Wiedervereinigung

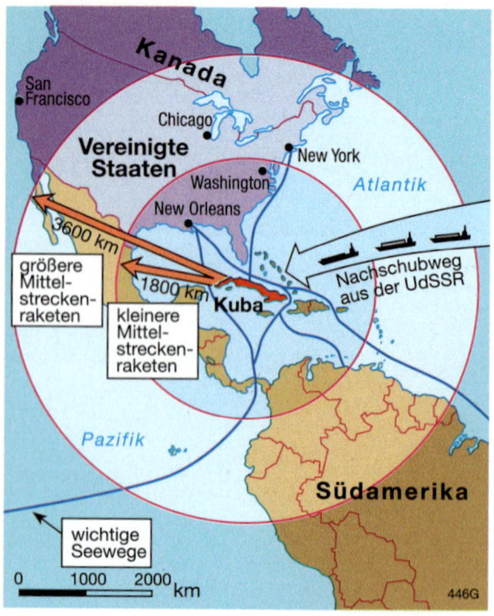

M 1 **Die Kuba-Krise**

M 2 **Ernesto Che Guevara (1928–1967)**
Revolutionär und Mitstreiter Fidel Castros in Kuba, Foto, 1960

M 3 **Der Vietnamkrieg 1964–1973**

Kuba-Krise, Vietnamkrieg und „Prager Frühling"

Die Welt am Abgrund: Die Kuba-Krise und die Folgen

Im Oktober 1962 hielt die Welt den Atem an, denn nach einer Stationierung sowjetischer Mittelstreckenraketen auf Kuba drohte eine militärische Konfrontation zwischen den USA und der Sowjetunion, d. h. ein neuer Weltkrieg.

Vorangegangen war 1959 der Sturz des kubanischen Diktators Batista durch den Revolutionär Fidel Castro. Unmittelbar nach seiner Machtübernahme begann Castro mit grundlegenden gesellschaftlichen Reformen. Die neue kubanische Regierung war den USA ein Dorn im Auge und ein umfangreiches Handelsembargo war die Folge. Diese Entwicklung begriff die Sowjetunion als Chance, ein festes Bündnis mit einem Staat einzugehen, der nur 150 Kilometer vor der US-amerikanischen Küste liegt. Im Mai 1962 begann die Sowjetunion unter Regierungschef Nikita Chruschtschow heimlich Mittelstreckenraketen auf Kuba zu stationieren. Als die USA die sowjetischen Raketenbasen auf Luftbildaufnahmen entdeckten, versetzte Präsident John F. Kennedy (1917–1963) die Streitkräfte in Alarmbereitschaft und forderte die Sowjetunion ultimativ zum Abbau ihrer Raketenstellungen auf. Zugleich verhängten die USA eine Seeblockade, um den sowjetischen Nachschub zu stoppen. Planungen der US-Regierung sahen die Bombardierung und Invasion Kubas vor, was wohl einen Atomkrieg ausgelöst hätte. Lediglich das Nachgeben Chruschtschows und das Zugeständnis der USA, bereits zuvor stationierte Atomraketen in der Türkei abzubauen, verhinderten einen dritten Weltkrieg.

Der Schreck, nur knapp einem Atomkrieg entronnen zu sein, führte zu einem Wendepunkt. Die beiden Supermächte installierten einen „heißen Draht", eine direkte Telefonleitung zwischen Washington und Moskau. Bei krisenhaften Entwicklungen sollten die Verantwortlichen jederzeit miteinander sprechen können, um die Gefahr eines globalen Atomschlags zu vermeiden.

Darüber hinaus bemühten sich beide Mächte um eine Rüstungskontrolle. Der erste Schritt war 1963 ein Atomtest-Vertrag, der Atomversuche „in der Atmosphäre, im Weltraum und unter Wasser" verbot. Der Atomwaffen-Sperrvertrag von 1968 verpflichtete die Staaten, die damals im Besitz von Atomwaffen waren, diese nicht an andere Staaten weiterzugeben.

Ein kostspielige Rüstungswettlauf und das Risiko eines Atomkriegs veranlassten beide Supermächte zu einer Politik der Entspannung. Der Kalte Krieg sollte entschärft werden. Daran änderte auch das militärische Eingreifen der USA in Vietnam 1964–1973 und der Einmarsch der Sowjetunion in die Tschechoslowakei 1968 nichts.

Der Vietnamkrieg

In Asien entstand ab 1954 ein weiterer Konflikt, als Frankreichs Bemühungen scheiterten, sein Kolonialreich in Indochina zurückzuerobern. Während Laos und Kambodscha nach dem Indochinakrieg ihre Unabhängigkeit erlangten, wurde Vietnam entlang des 17. Breitengrads geteilt. Damit entstand ein kommunistisches Nordvietnam unter Präsident Ho Chi Minh (1890–1969), das unter dem Schutz Chinas stand. In Südvietnam bildete sich hingegen eine antikommunistische Diktatur, die von den USA wirtschaftliche und militärische Unterstützung erhielt.

In der Bevölkerung fand das autoritäre System des Südens wenig Rückhalt, da es unter Korruption und Misswirtschaft litt. Als Reaktion bildeten Oppositionsgruppen die „Nationale Front Südvietnams", die neben einer Wiedervereinigung

M 4 **Abwurf von Napalmbomben**

Kinder während eines Angriffs südvietnamesischer Streitkräfte, die bei der Eroberung des Dorfs Trang Bang Napalm einsetzen, Foto von Nick Ut, 8. Juni 1972.

sozialistische Forderungen erhob und aus Nordvietnam Unterstützung erhielt. Nach der führenden kommunistischen Gruppe wurde diese Freiheitsbewegung auch als „Vietcong" bezeichnet. Der Vietcong besaß beträchtlichen Einfluss auf die Bevölkerung und kontrollierte bald große Teile Südvietnams. Das schürte in den USA die Furcht, ganz Vietnam und später Asien könnten kommunistisch werden.

1965 landeten amerikanische Bodentruppen in Südvietnam und die US-Luftwaffe begann mit der systematischen Bombardierung militärischer und wirtschaftlicher Ziele in Nordvietnam. Doch obwohl die USA in den nächsten Jahren 540 000 Soldaten einflogen und die Luftwaffe 7 Millionen Tonnen Bomben abwarf und Agent Orange, ein Entlaubungsgiftgas auf Dioxinbasis, einsetzte, waren die im Dschungel verborgenen Guerillakämpfer des Vietcong nicht zu besiegen.

Schockierende Bilder und Berichte über Gräueltaten an der Zivilbevölkerung bewirkten weltweite Proteste der Jugend gegen den Vietnamkrieg. So kam es 1973 zum Waffenstillstand, die USA zogen sich aus Vietnam zurück. Der Krieg ging jedoch weiter und endete erst 1975 mit dem Einmarsch kommunistischer Truppen in Saigon. Auch Kambodscha und Laos wurden kommunistisch, ohne dass sich etwas an der weltpolitischen Lage veränderte.

Der Vietnamkrieg diskreditierte das Ansehen der USA für viele Jahre und rief ein fortwirkendes Trauma hervor. Erstmals hatte eine kleine Nation das mächtige Amerika in seine Schranken verwiesen.

Ein weiteres Krisenereignis: Das gewaltsame Ende des „Prager Frühlings" in der Tschechoslowakei 1968

Seit 1960 befand sich die sozialistische Tschechoslowakei in einer wirtschaftlichen und gesellschaftlichen Krise. So konnte sich 1967 eine Gruppe von Reformern durchsetzen, an deren Spitze Alexander Dubček stand. Nach seiner Wahl zum Parteichef 1968 schaffte er die Pressezensur ab, garantierte Meinungsfreiheit und erlaubte Auslandsreisen. Ferner leitete er Wirtschaftsreformen ein und versuchte

Info

My Lai

Vor allem das Massaker von My Lai im März 1968, als ein Trupp US-Soldaten 347 Zivilisten töteten, untergrub weltweit die offizielle Legitimierung des Krieges. Der einzige Angeklagte, Leutnant Calley, wurde zu lebenslanger Haft verurteilt, auf Betreiben von Präsident Nixon wurde diese Strafe in drei Jahre Hausarrest umgewandelt.

Info

Medium Fernseher

Eine besondere Bedeutung kam dem neuen Medium Fernsehen zu: Jeden Tag wurde aus Vietnam berichtet, wobei den Medien keinerlei Beschränkungen auferlegt wurden. So bekamen die Amerikaner täglich die Gräuel dieses Krieges zu sehen.

M 5 **„Prager Frühling"**
Demonstranten zwischen sowjetischen Panzern in Prag, 1968

die Rolle der Kommunistischen Partei in der Gesellschaft neu zu bestimmen. Dieser „Sozialismus mit menschlichem Antlitz" fand in der Bevölkerung eine breite Anhängerschaft. Der „Prager Frühling" schien die Eiszeit des Kommunismus zu beenden.

Doch die Sowjetunion empfand die Entwicklung als Bedrohung ihrer Machtposition. Deshalb rückten am 20. August 1968 Truppen des Warschauer Pakts in Prag ein. Der sowjetische Parteichef Leonid Breschnew rechtfertigte das mit der Behauptung, die Ostblockstaaten hätten nur eine „eingeschränkte Souveränität" (Breschnew-Doktrin).

Gegen den passiven Widerstand der Bevölkerung beendeten Panzer den „Prager Frühling". Dubček und seine Anhänger wurden verhaftet, die Reformen zurückgenommen. Damit war der Weg eines „demokratischen Sozialismus" gescheitert. Dessen Ideale wirkten jedoch fort und trugen zur Auflösung des Ostblocks im Jahr 1989 bei.

Die Entschärfung des Kalten Kriegs

Trotz dieser lokalen Kriege und Krisen klang der Kalte Krieg nach der Kuba-Krise 1962/63 ab. Die von den Supermächten mit Vorsicht und Misstrauen betriebene Entspannungspolitik führte dazu, dass lokale Konflikte nicht mehr automatisch die Gefahr eines Weltkriegs heraufbeschworen. Vielmehr wurden nun Möglichkeiten eines Ausgleichs und einer Zusammenarbeit zwischen Ost und West ernsthaft geprüft.

Die „Breschnew-Doktrin" – Arbeiten mit Karikaturen und Textquelle

M 6 „Sag, dass du mich gerufen hast!"
Westdeutsche Karikatur von Peter Leger zum Prager Frühling, 1968

M 7 Die „Breschnew-Doktrin"

Aus der Rede Leonid Breschnews auf dem V. Parteitag der Polnischen Vereinigten Arbeiterpartei, 12. November 1968:

Die sozialistischen Staaten setzen sich für die strikte Beachtung der Souveränität aller Länder ein, und wir wenden uns nachdrücklich gegen die Einmischung in die inneren Angelegenheiten anderer Staaten, gegen die Verletzung ihrer Souveränität.
Für uns Kommunisten sind dabei von besonders großer Bedeutung die Festigung und der Schutz der Souveränität der Staaten, die den Weg des sozialistischen Aufbaus beschritten haben. [...]
Es ist bestens bekannt, dass die Sowjetunion manches für die reale Stärkung der Souveränität und Selbstständigkeit der sozialistischen Länder getan hat. Die KPdSU setzte sich immer dafür ein, dass jedes sozialistische Land die konkreten Formen seiner Entwicklung auf dem Wege zum Sozialismus unter Berücksichtigung der Eigenart seiner nationalen Bedingungen selbst bestimmte. Aber bekanntlich, Genossen, gibt es auch allgemeine Gesetzmäßigkeiten des sozialistischen Aufbaus, und ein Abweichen von diesen Gesetzmäßigkeiten könnte zu einem Abweichen vom Sozialismus im Allgemeinen führen. Und wenn innere und äußere dem Sozialismus feindliche Kräfte die Entwicklung eines sozialistischen Landes zu wenden und auf eine Wiederherstellung der kapitalistischen Zustände zu drängen versuchen, wenn also eine ernste Gefahr für die Sache des Sozialismus in diesem Lande, eine Gefahr für die Sicherheit der ganzen sozialistischen Gemeinschaft entsteht – dann wird dies nicht nur zu einem Problem für das Volk dieses Landes, sondern auch zu einem gemeinsamen Problem, zu einem Gegenstand der Sorge aller sozialistischen Länder.
Begreiflicherweise stellt militärische Hilfe für ein Bruderland zur Unterbindung einer für die sozialistische Ordnung entstandenen Gefahr eine erzwungene, außerordentliche Maßnahme dar. Sie kann nur durch direkte Aktionen der Feinde des Sozialismus im Landesinnern und außerhalb seiner Grenzen ausgelöst werden, durch Handlungen, die eine Gefahr für die gemeinsamen Interessen des sozialistischen Lagers darstellen.

Zit. nach: DGAP – Deutsche Gesellschaft für Auswärtige Politik (Hg.), Europa-Archiv, 24. Jahrgang (1969) Folge 11, 10.06.1969, Bonn: Verlag für Internationale Politik GmbH (VIP), 1969, S.D 257 ff.

M 8 Leonid Breschnew (1906–1982)
Generalsekretaer des ZK der KPdSU, Foto, 1982

Der Vietnamkrieg – Perspektiven erfassen

M 9 Zwei Perspektiven

a) Rede des amerikanischen Präsidenten Lyndon B. Johnson (1908–1973) vom 7. April 1965:

Warum mussten wir diesen schmerzhaften Weg wählen? Warum musste diese Nation ihre Ruhe, ihre Interessen und ihre Macht für das Heil eines so fernen Volkes aufs Spiel setzen? Wir kämpfen, weil wir kämpfen müssen, wenn wir in einer Welt leben wollen, in der jedes Land sein eigenes Schicksal bestimmen kann, und nur in einer solchen Welt wird unsere eigene Freiheit endgültig sicher sein. [...]
Die Welt in Asien ist kein heiterer und friedlicher Ort. Die erste Realität ist, dass Nordvietnam die unabhängige Nation Südvietnams angegriffen hat. Das Ziel ist die totale Eroberung. Natürlich unterstützen einige Südvietnamesen den Angriff auf ihre eigene Regierung. Aber ausgebildete Männer, Nachschub, Befehle und Waffen fließen unaufhörlich von Nord nach Süd. Diese Unterstützung ist der Lebensstrom des Krieges. Und es ist ein Krieg von unvergleichlicher Brutalität. Einfache Bauern sind Opfer von Mord und Verschleppung. Frauen und Kinder werden bei Nacht erwürgt, weil ihre Männer ihre Regierung unterstützen. Hilflose Dörfer werden durch heimtückische Überfälle verwüstet. Umfangreiche Angriffe und Terror beherrschen die Zentren der Städte.
Die konfuse Natur dieses Konflikts kann die Tatsache nicht überdecken, dass es sich um das neue Gesicht eines alten Feindes handelt. Über diesem Krieg – und über ganz Asien – hängt der dunkle Schatten des kommunistischen China. Die Regierung in Hanoi wird gelenkt von Peking. [...] Es ist eine Nation, die den Mächten der Gewalt in fast allen Kontinenten Hilfe leiht. [...]
Warum sind wir in Südvietnam? Wir sind dort, weil wir ein Versprechen zu halten haben. Seit 1954 hat jeder amerikanische Präsident dem Volk von Südvietnam Hilfe angeboten. Wir haben geholfen aufzubauen, wir haben geholfen zu verteidigen. Durch viele Jahre hindurch haben wir versprochen, Südvietnams Unabhängigkeit verteidigen zu helfen. Und ich beabsichtige, dieses nationale Versprechen zu halten.

Zit. nach: Wolfgang Lautemann/Manfred Schlenke (Hg.), Helmut Krause/Karlheinz Reif (Bearb.), Geschichte in Quellen Bd. 7. Die Welt seit 1945, München: Bayerischer Schulbuch-Verlag 1980, S. 601 f.

b) In einer Antwort auf den Friedensappell Papst Pauls VI. (1897–1978) vom 8. Februar 1967 formuliert der Politiker Ho Chi Minh (1890–1969) am 13. Februar 1967 die nordvietnamesische Position:

Unser Volk liebt den Frieden aufrichtig und wünscht, unser Land in Unabhängigkeit und Freiheit aufzubauen. Die US-Imperialisten haben jedoch eine halbe Million Soldaten aus den USA und ihren Satellitenstaaten geschickt und mehr als 600 000 „Marionetten-Soldaten“ benutzt, um Krieg gegen unser Volk zu führen. Sie haben monströse Verbrechen begangen. Sie haben die furchtbarsten Waffen wie Napalm, chemische Produkte und toxische Gase benutzt, um unsere Landsleute zu töten und unsere Dörfer, Pagoden, Kirchen, Krankenhäuser und Schulen niederzubrennen. Ihre Aggressionsakte haben die Genfer Vereinbarungen von 1954 über Vietnam grob verletzt und ernsthaft den Frieden in Asien und der Welt bedroht.
Um seine Unabhängigkeit und seinen Frieden zu verteidigen, kämpft das vietnamesische Volk entschlossen gegen die Aggressoren. Sie vertrauen darauf, dass die Gerechtig-

M 10 Lyndon B. Johnson (1908–1973)
Foto, 1964

M 11 Ho Chi Minh (1890–1969)
Foto, undatiert

keit triumphieren wird. Die US-Imperialisten müssen ihre Aggression gegen Vietnam beenden, bedingungslos und endgültig der Bombardierung und allen anderen Kriegshandlungen gegen die Demokratische Republik von Vietnam ein Ende setzen, von Südvietnam alle amerikanischen und Satelliten-Truppen zurückziehen, die Nationale Front zur Befreiung Südvietnams anerkennen und das vietnamesische Volk seine Angelegenheiten selbst bestimmen lassen. Nur unter solchen Bedingungen kann der Friede in Vietnam wiederhergestellt werden.

Ich hoffe, dass Eure Heiligkeit im Namen der Menschlichkeit und Gerechtigkeit Ihren großen Einfluss nutzen wird, um die US-Regierung zu drängen, die nationalen Rechte des vietnamesischen Volkes zu beachten, namentlich Frieden, Unabhängigkeit, Souveränität, Einheit und territoriale Integrität, wie sie in den Genfer Vereinbarungen von 1954 [Indochina-Konferenz] über Vietnam anerkannt sind.

Zit. nach: Wolfgang Lautemann/Manfred Schlenke (Hg.), Helmut Krause/Karlheinz Reif (Bearb.), Geschichte in Quellen Bd. 7. Die Welt seit 1945, München: Bayerischer Schulbuch-Verlag 1980, S. 601f.

M 12 **„Korrektur“**
Karikatur von Walter Hanel

Training

Erklärung des Operators „Beurteilen“

Du hast zu einem Thema umfangreiche Informationen erhalten bzw. erarbeitet und eventuell verschiedene Positionen sowie Argumente anderer Personen dazu kennengelernt. Nun sollst du selbst eine eigene Einschätzung aus deiner Perspektive formulieren, die du mit passenden Argumenten begründen und durch ebenfalls passende Fakten/Beispiele belegen musst. Beachte, dass du bei bestimmten Beurteilungsaufgaben das Thema nicht aus deiner Perspektive beurteilen sollst, sondern aus der Perspektive einer anderen Person aus einer anderen Zeit. Sprachliche Mittel zu den Operatoren befinden sich im hinteren Einband.

Aufgaben

1. Die Kuba-Krise

a) Erläutere aus der Perspektive der Sowjetunion und der USA die Ursachen der Kuba-Krise.

b) Erarbeitet in Partnerarbeit ein kurzes Streitgespräch unter zwei Fachleuten zu folgender Behauptung: „Die Kuba-Krise war ein Resultat der unnachgiebigen Politik der Supermächte.“ Beachtet dabei auch die Handlungsspielräume Kennedys und Chruschtschows.

→ Text, M1

2. Der „Prager Frühling“

a) Erläutere die Ursachen für den Einmarsch der Truppen des Warschauer Paktes in die Tschechoslowakei.

b) Arbeite die Aussage der Karikatur heraus.

c) **Zusatzaufgabe:** Verfasse für eine Zeitung einen kurzen Zeitungsartikel über die „Breschnew-Doktrin“.

→ M6–M8

3. Der Vietnamkrieg

a) Skizziere den Verlauf des Vietnamkriegs.

b) Arbeite die Argumentation von Johnson und Ho Chi Minh zum Einsatz in Vietnam heraus.

c) Vergleiche die Argumentation Ho Chi Minhs mit der Johnsons und beurteile sie unter dem Gesichtpunkt der UN-Charta (vgl. M8 Seite 57). Verwende auch den Trainingskasten auf dieser Seite.

d) Interpretiere die Karikatur. „Korrektur“ von Walter Hanel.

e) **Medienbildung:** Erarbeitet für das Foto M4 eine passende Bildunterschrift für dieses Schulbuch. Recherchiert dafür im Internet zu den Hintergründen des Fotos (Suchbegriffe: Napalm, Trang Bang, 1972).

→ Text, M3, M4, M9 – M12

Zwischen Kooperation und Konfrontation

Bemühungen um das Ende des Wettrüstens

Die Kuba-Krise hatte gezeigt: Ein Atomkrieg zwischen den beiden Weltmächten war nicht ausgeschlossen. Die USA und die Sowjetunion bemühten sich darum seit den 1960er-Jahren – nicht zuletzt wegen der gewaltigen Rüstungsausgaben – das Wettrüsten zu beenden. 1969 begannen die sogenannten SALT-Verhandlungen (Strategic Arms Limitation Talks), die 1972 zu einem Abkommen über die Begrenzung atomarer Waffensysteme führten. Eine zweite Vereinbarung von 1979 trat nie in Kraft. Daran wird erkennbar, dass das Bemühen um Abrüstung nur phasenweise erfolgreich war.

Sicherheit für Europa – Die Schlussakte der KSZE

Parallel dazu kam es in Helsinki zu einer „Konferenz über Sicherheit und Zusammenarbeit in Europa" (KSZE), an der alle europäischen Staaten sowie die beiden Supermächte und Kanada teilnahmen. Die 1975 verabschiedete „Schlussakte von Helsinki" enthielt Bestimmungen über die Einhaltung der Menschenrechte, die Unverletzbarkeit der europäischen Nachkriegsgrenzen sowie den Verzicht auf militärische Gewaltanwendung.

Wichtiger Bestandteil der Akte war ein Bereich, der Regelungen zur Verbesserung humanitärer Kontakte über Grenzen hinweg umfasste: Ein- und Ausreisemöglichkeiten, Familienzusammenführung und Besuchsreisen. Auf diesen Teil der Schlussakte von Helsinki beriefen sich nach 1975 Tausende von Bürgern der DDR, wenn sie Ausreiseanträge stellten oder mehr Reisefreiheit forderten. Auch in anderen sozialistischen Staaten verwiesen Bürgerrechtsgruppen immer wieder auf die Schlussakte, um ihren Forderungen nach Meinungs- und Pressefreiheit Nachdruck zu verleihen. Dennoch gaben die Regierungen der Ostblockstaaten meist nicht nach, verurteilten viele Bürgerrechtler zu Gefängnisstrafen oder wiesen sie aus.

M 1 Unterzeichnung der Schlussakte von Helsinki

Bundeskanzler Helmut Schmidt und der DDR-Staatschef Erich Honecker beim Unterzeichnen des Schlussdokuments am 1. August 1975. Der DDR ging es vor allem um die Nichteinmischung in ihre inneren Angelegenheiten und den Status quo in Europa. Die Bundesrepublik erhoffte sich hingegen Reiseerleichterungen zwischen beiden Staaten und eine Ausweitung der humanitären Kontakte.

Der NATO-Doppelbeschluss

Seit 1976 begann die Sowjetunion mit der Aufstellung moderner Mittelstreckenraketen, die Westeuropa bedrohten. Darauf reagierte die NATO 1979 mit dem sogenannten „Doppelbeschluss“: Darin erklärte sie sich bereit, Verhandlungen über einen Abbau dieser Waffensysteme aufzunehmen. Sollten die Verhandlungen scheitern, wollte die NATO eigene Raketen aufstellen, um das Gleichgewicht zu wahren.

Da die Verhandlungen zu keinem Ergebnis führten, wurden 1983 neue amerikanische Mittelstreckenraketen in Europa stationiert, was in vielen Ländern zu heftigen Protesten und Demonstrationen von Friedensbewegungen führte. In der Bundesrepublik unterstützte die sozialdemokratische Regierung unter Bundeskanzler Helmut Schmidt den NATO-Doppelbeschluss, obwohl es darüber zu einer Zerreißprobe innerhalb der SPD kam und sich eine breite Friedensbewegung dagegen formierte.

In dieser Phase einer neuen Eiszeit zwischen Ost und West wählten die Amerikaner 1981 Ronald Reagan zum Präsidenten. Er leitete als Reaktion auf die Rüstungsanstrengungen der Sowjetunion und ihren Einmarsch in Afghanistan ein umfassendes Aufrüstungsprogramm ein: Die sogenannte Strategische Verteidigungsinitiative (SDI) sah einen satellitengestützten Schutzschild für die USA vor.

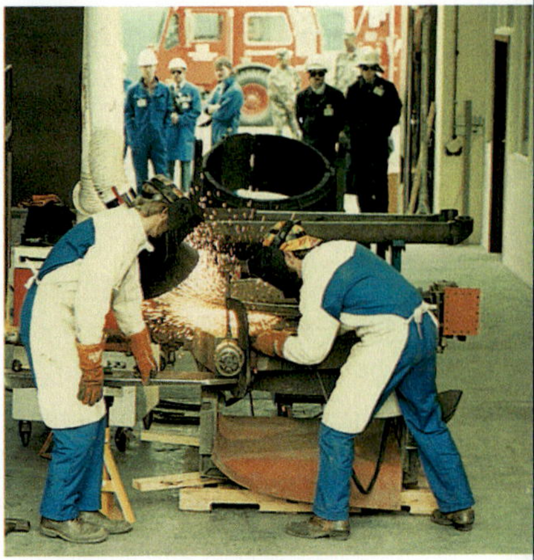

M 2 Verschrottung
In Anwesenheit sowjetischer Beobachter werden in Deutschland stationierte Pershing II-Raketen (Mittelstreckenraketen) zerstört, Foto von 1988.

Auf dem Weg zum Ende des Kalten Kriegs

Auf dem Hintergrund dieser Politik und einer schweren Wirtschaftskrise in der UdSSR vollzog Michail Gorbatschow, der 1985 Staatschef der Sowjetunion wurde, eine politische Wende. Den einzigen Ausweg aus der Wirtschaftskrise sah er in einer Beendigung des Wettrüstens, und er fand in US-Präsident Reagan einen gesprächsbereiten Verhandlungspartner. 1987 vereinbarten beide Staatschefs die Verschrottung aller Mittelstreckenraketen. Dies bedeutete erstmals eine echte Abrüstung.

M 3 Gipfeltreffen
Reagan und Gorbatschow treffen sich zum ersten Mal, Foto, November 1985.

Die KSZE-Schlussakte – Arbeiten mit einem Vertragstext

M 4 Die KSZE-Schlussakte von Helsinki

Auszüge aus dem Schlussdokument vom 1.8.1975:

I. Souveräne Gleichheit
Die Teilnehmerstaaten werden gegenseitig ihre souveräne Gleichheit achten, einschließlich des Rechts eines jeden Staates auf territoriale Integrität [Unverletzlichkeit] sowie auf Freiheit und politische Unabhängigkeit. Sie werden das Recht jedes Teilnehmerstaats achten, sein politisches, soziales, wirtschaftliches und kulturelles System frei zu wählen.

II. Enthaltung von der Androhung von Gewalt
Die Teilnehmerstaaten werden sich in ihren gegenseitigen Beziehungen der Androhung oder Anwendung von Gewalt enthalten.

III. Unverletzlichkeit der Grenzen
Die Teilnehmerstaaten betrachten gegenseitig alle ihre Grenzen als unverletzlich und werden deshalb jetzt und in der Zukunft keinen Anschlag auf diese Grenzen verüben.
[...]

V. Friedliche Regelung von Streitfällen
Die Teilnehmerstaaten werden Streitfälle zwischen ihnen mit friedlichen Mitteln auf solche Weise regeln, dass der internationale Frieden nicht gefährdet wird. Sie werden bestrebt sein, im Geiste der Zusammenarbeit eine gerechte Lösung auf der Grundlage des Völkerrechts zu erreichen.

VI. Nichteinmischung in innere Angelegenheiten
Die Teilnehmerstaaten werden sich ungeachtet ihrer gegenseitigen Beziehungen jeder Einmischung in die inneren oder äußeren Angelegenheiten enthalten.

VII. Achtung der Menschenrechte und Grundfreiheiten, einschließlich der Gedanken-, Gewissens-, Religions- oder Überzeugungsfreiheit
Die Teilnehmerstaaten werden die Menschenrechte und Grundfreiheiten ohne Unterschied der Rasse, des Geschlechts, der Sprache oder der Religion achten. Sie werden die wirksame Ausübung der zivilen, politischen, wirtschaftlichen, sozialen, kulturellen sowie der anderen Rechte und Freiheiten, die sich aus der dem Menschen innewohnenden Würde ergeben, fördern und ermutigen.

Zusammenarbeit in humanitären Bereichen
a) Kontakte auf Grundlage familiärer Bindungen:
Um die weitere Entwicklung von Kontakten auf der Grundlage familiärer Bindungen zu fördern, werden die Teilnehmerstaaten Gesuche auf Reisen wohlwollend prüfen.
b) Familienzusammenführung:
Die Teilnehmerstaaten werden in positivem und humanitärem Geist Gesuche von Personen behandeln, die mit Angehörigen ihrer Familie zusammengeführt werden möchten.
[...]
d) Reisen aus persönlichen o. beruflichen Gründen:
Die Teilnehmerstaaten beabsichtigen, Möglichkeiten für umfassenderes Reisen ihrer Bürger aus persönlichen oder beruflichen Gründen zu entwickeln.

Schlussakte der Konferenz über Sicherheit und Zusammenarbeit in Europa, 01.08.1975, www.osce.org/de/mc/39503?download=true [letzter Zugriff: 12.06.2018].

M 5 Karikatur von Rolf Henn
1990

Aufgaben

1. **Die KSZE-Schlussakte**
   a) Fasse die wesentlichen Bestimmungen der KSZE-Schlussakte zusammen.
   b) Formuliere aus Sicht eines kritischen DDR-Bürgers ein Flugblatt, indem du die KSZE-Schlussakte nutzt, um Forderungen an die DDR-Regierung zu stellen (z. B. Meinungsfreiheit, Reiseerlaubnis).
   → Text, M4

2. **Die KSZE-Schlussakte – Eine Deutung**
   a) Beschreibe die Karikatur und erläutere die Kernaussage.
   b) Finde für die Karikatur einen passenden Titel. Berücksichtige dabei das Jahr der Entstehung.
   → M5

Strategien der NATO

M 6 Die Strategie der NATO

Aus einer Veröffentlichung des Bundesverteidigungsministeriums (1979):

Die Militärstrategie der NATO hat zum Ziel, Krieg durch Abschreckung zu verhüten. Abschreckung ist dann glaubwürdig, wenn die Bündnisstaaten fähig und willens sind, sich gemeinsam zu verteidigen. [...]
Für jeden Aggressor muss das Risiko seines Angriffs unkalkulierbar sein. Mögliche Erfolge des Angreifers dürfen in keinem tragbaren Verhältnis zu seinen Verlusten und Schäden stehen. [...]
Die NATO hält Nuklearwaffen für Abschreckung und Verteidigung bereit, nicht weil sie damit einen Nuklearkrieg, sondern jeden Krieg verhüten will. Die am Ende unberechenbare Zerstörungskraft nuklearer Waffen soll davor abschrecken, den Krieg noch als Mittel der Politik zu begreifen.

Bundesministerium für Verteidigung (Hg.), Weißbuch zur Sicherheit der Bundesrepublik und zur Entwicklung der Bundeswehr 1979, Bonn: 1979, S. 123f.

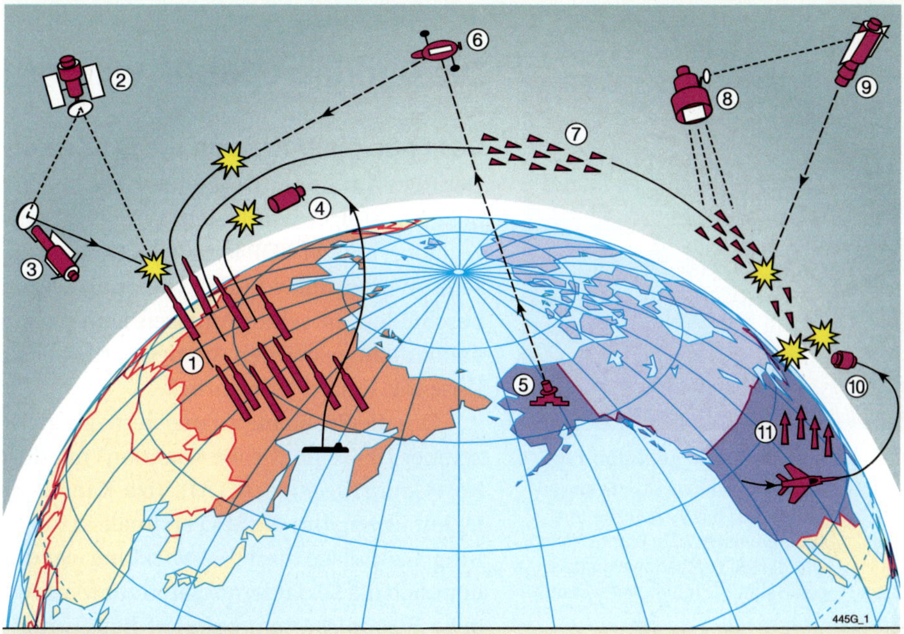

"Star Wars" - Skizze zum SDI-Projekt der USA

In Sibirien stationierte sowjetische Nuklearraketen ① werden gezündet.
Ein Überwachungssatellit ② meldet den Angriff an eine Kampfstation im Weltraum ③. Diese vernichtet Raketen mit Laserstrahl gleich nach dem Start. Weitere Raketen werden vernichtet durch Laserwaffen, die von U-Booten aus gestartet werden ④ und durch Laser-Kanonen ⑤, deren Strahl von Weltraumspiegeln ⑥ gelenkt wird.
Die noch nicht zerstörten Angreifer setzen Schwärme von Sprengkörpern frei ⑦. Diese werden von einem zweiten Überwachungssatelliten ⑧ geortet und dann einzeln zerstört durch Weltraumlaser ⑨, Flugzeugabwehr ⑩ oder Antiraketenwaffen ⑪.

M 8

M 7 SDI-Projekt der USA

In seiner Ansprache vom 23.03.1983 begründete US-Präsident Ronald Reagan (1911–2004) das futuristische SDI-Projekt:

Was wäre, wenn freie Menschen in dem Bewusstsein leben könnten, dass ihre Sicherheit nicht von der Drohung eines amerikanischen Vergeltungsschlags zur Abschreckung eines sowjetischen Angriffs abhängt – dass wir Interkontinentalraketen abfangen und vernichten können, noch ehe sie unser Gebiet oder das unserer Verbündeten erreichen? Angesichts dieser Überlegungen rufe ich die Wissenschaftler, die uns die Atomwaffen bescherten, dazu auf, ihre Talente in den Dienst des Weltfriedens zu stellen und uns Mittel an die Hand zu geben, die diese Atomwaffen wirkungslos und überflüssig machen.

Zit. nach: Bundeszentrale für politische Bildung (Hg.), APuZ – Aus Politik und Zeitgeschichte. Beilage zur Wochenzeitung „Das Parlament" Nr. 48/1984, S. 31.

Aufgaben

1. **NATO-Strategie: Nachrüsten für die Abrüstung?**
   a) Viele Europäer, darunter auch viele Deutsche, bezeichneten die NATO-Strategie als paradox (widersprüchlich) und demonstrierten. Erkläre diese Ansicht.
   b) Zeichne eine Karikatur zur Strategie der NATO, in der die Widersprüchlichkeit zum Ausdruck kommt. Vergleiche im Internet deine Karikatur mit Karikaturen aus der Zeit.
   c) Beschreibe das SDI-Programm und stelle Vermutungen zur Zielstellung Ronald Reagans auf.
   → Text, M6–M8

Die Bundesrepublik von 1963 bis 1969

M 1 **Große Koalition 1966**

Bundeskanzler Kurt Georg Kiesinger (rechts) mit Vizekanzler und Außenminister Willy Brandt (links) und dem SPD-Fraktionsvorsitzenden Helmut Schmidt (Mitte), Foto.

Das Ende einer Ära und die Große Koalition

Der Rücktritt Konrad Adenauers 1963 beendete die frühe Phase der Bundesrepublik. Nachfolger wurde sein Wirtschaftsminister Ludwig Erhard (CDU), der die Koalition mit der FDP fortsetzte. Obwohl die Bürger mit seinem Namen das deutsche „Wirtschaftswunder" verbanden, war ihm als Bundeskanzler wenig Erfolg beschieden. In seiner Amtszeit kam es zu einer Wirtschaftskrise mit einem bis dahin nicht gekannten Anstieg der Arbeitslosenzahl. Unter dem Eindruck dieser Krise trat Erhard 1966 zurück.

Um die Probleme zu meistern, ging die CDU nach heftigen Debatten im Dezember 1966 eine „Große Koalition" mit der SPD ein. Neuer Bundeskanzler wurde Kurt Georg Kiesinger (CDU), Vize-Kanzler und Außenminister Willy Brandt (SPD). Damit übernahm die SPD erstmals in der Bundesrepublik Regierungsverantwortung. Grundlage dieser Entwicklung war das Godesberger Programm von 1959, in dem sich die Sozialdemokraten zur Marktwirtschaft und zur Einbindung ins westliche Bündnissystem bekannt hatten und damit neue Wählerschichten in der bürgerlichen Mitte gewannen. Der Großen Koalition gelang es mithilfe gezielter Maßnahmen, die wirtschaftliche Krise bald zu überwinden. Doch fiel in diese Zeit auch eine Phase gesellschaftlicher Proteste.

Hinweis

Die Notstandsgesetze
http://www.documentarchiv.de/brd/1968/grundgesetz-notstandsgesetze.html

Die Notstandsgesetze

Besonders umstritten waren die 1968 verabschiedeten Notstandsgesetze. Das Notstandsrecht, das bei inneren Unruhen, Katastrophen oder im Kriegsfall galt, hatten sich bislang die westlichen Alliierten vorbehalten. Nun sollte die Bundesrepublik auch auf diesem Sektor ihre Souveränität zurückgewinnen. Da der Staat bei einem Notstand die Grundrechte einschränken kann, führten die Notstandsgesetze zu heftigen Protesten. Die Kritiker fürchteten, dass die demokratische

M 2 **Demonstration gegen die „Notstandsgesetze"**

Am alten Botanischen Garten in München demonstrierten Tausende gegen die Verabschiedung der Notstandsgesetze in Bonn, Foto, 1968.

Ordnung in Gefahr sei und – ähnlich wie in Weimar – die schleichende Errichtung einer Diktatur ermöglicht werde. Doch im Bundestag fehlte eine starke Opposition, da nur noch die FDP die Regierung kontrollierte. Sie hatte 9,5 Prozent der Stimmen bei der Bundestagswahl 1965 erhalten, sodass die Große Koalition über eine erdrückende Mehrheit verfügte. Die Demonstranten verstanden sich daher als „Außerparlamentarische Opposition“ (APO).

Schatten der Vergangenheit

Auch forderte die jüngere Generation von der älteren eine schonungslose Aufarbeitung der nationalsozialistischen Vergangenheit. Die Ermittlungen der 1958 eingerichteten „Zentralen Stelle der Landesjustizverwaltungen zur Verfolgung nationalsozialistischer Gewaltverbrechen“ führten in den 60er-Jahren zu aufsehenerregenden NS-Prozessen. Der Auschwitz-Prozess, der von 1963 bis 1966 in Frankfurt stattfand, zeigte einer breiten Öffentlichkeit kaum vorstellbare Gewalttaten. Man erkannte, dass eine große Anzahl von NS-Verbrechen ungesühnt geblieben war und die Täter sich in der deutschen Bevölkerung frei bewegten.

M 3 Tod des Studenten Benno Ohnesorg in Berlin

Foto, West-Berlin, 2.6.1967

Die Studentenrevolte

Hatten die Studenten zunächst Unzufriedenheit mit den verkrusteten Verhältnissen an den Universitäten geäußert, so erstreckte sich die Ablehnung später auf immer größere Bereiche. Insbesondere der von den USA geführte Krieg in Vietnam provozierte heftige Proteste. Mit neuen Aktionsformen verschaffte sich die APO Gehör: Flugblätter, Demonstrationen und Sitzblockaden („Sit-ins“) wurden gängige Mittel, eigenen Forderungen Nachdruck zu verleihen.

1967 kam es in Berlin beim Staatsbesuch des persischen Herrschers, Schah Reza Pahlevi, zu ersten gewalttätigen Auseinandersetzungen: Während einer Demonstration erschoss ein Polizist den Studenten Benno Ohnesorg, was zu Straßenkämpfen zwischen Polizei und Demonstranten in verschiedenen deutschen Städten führte.

Im Frühjahr 1968 versuchte ein Attentäter, den Anführer der Studentenbewegung, Rudi Dutschke, zu erschießen. Dutschke wurde lebensgefährlich verletzt, überlebte aber. Die Studenten gaben der konservativen Presse des Verlagshauses Springer (BILD) eine Mitschuld an der Eskalation, da sie die Studentenbewegung scharf kritisierte.

M 4 Tribunal zum Vietnamkrieg

Der Sozialistische Deutsche Studentenbund (SDS) organisierte einen Internationalen Vietnam-Kongress im Auditorium Maximum (Audimax) der Technischen Universität Berlin, der sich gegen die US-amerikanische Vietnampolitik richtete; Rudi Dutschke (SDS) bei seiner Rede, Foto, 17. Februar 1968.

Erziehung, neuer Lebensstil und die Frauenbewegung

Die „68er-Bewegung" propagierte eine anti-autoritäre Erziehung und provozierte damit die ältere Generation. Warum sollten Kinder gehorchen? Warum sollte ihr Leben von Pflichten und Verboten bestimmt sein? Solche Fragen wurden damals ausgiebig diskutiert. Werte wie Familie und Ehe oder Tugenden wie Höflichkeit, Pünktlichkeit und Leistung wurden in Frage gestellt oder abgelehnt. Bewusst grenzte sich ein Teil der jungen Generation auch äußerlich ab. Lange Haare und eine nachlässig-bequeme Kleidung kamen in Mode.

War es damals unüblich oder gar strafbar, Wohnungen an unverheiratete Paare zu vermieten, so gründeten Studenten nun Wohngemeinschaften, in denen unverheiratete Frauen und Männer zusammenlebten. Berühmtheit erlangte die Berliner „Kommune 1", die sexuelle Tabus brach und sich bewusst von kleinbürgerlichen Vorstellungen lösen wollte.

Fand der neue Lebensstil zunächst nur bei Studenten und anderen jungen Leuten Anklang, so bewirkte er langfristig eine Veränderung der Gesellschaft. Eine freiere Lebensgestaltung bahnte sich an, die oft von bürgerlichen Normen abwich. Erstmals mischten sich auch Bürgerinnen und Bürger kräftig in politische Entscheidungen ein und machten ihre Forderungen mit Bürgerinitiativen geltend.

Es entstand eine Frauenbewegung, die die Emanzipation der Frau in allen gesellschaftlichen Bereichen, besonders in Familie und Beruf, zum Ziel hatte. Viele traten auch für die Streichung des §218 Strafgesetzbuch ein, der den Schwangerschaftsabbruch verbot. Unter dem Motto „Mein Bauch gehört mir" forderten Frauen das Recht, selbst über eine Abtreibung zu entscheiden. Die Einführung der Anti-Baby-Pille in den Sechzigerjahren ermöglichte eine gezielte und sichere Empfängnisverhütung und veränderte auch die Einstellung zur Sexualität.

M 5 „Wir haben abgetrieben!"

Anfang der 1970er-Jahre weitete sich die Frauenbewegung zu einer großen sozialen Bewegung aus. In Gesprächskreisen, die sich in der gesamten Bundesrepublik bildeten, wurde die Benachteiligung von Frauen diskutiert, z. B. die Lohndiskriminierung oder die geringeren Bildungschancen von Mädchen. Besonderen Zündstoff bot die Forderung nach der Abschaffung des § 218 StGB: Das strafrechtliche Verbot der Abtreibung wurde für die Frauenbewegung zu einem Symbol für die Fremdbestimmung der Frau. 1971 kam es zu einer groß angelegten Kampagne für ein „Selbstbestimmungsrecht": Prominente Frauen gaben in der Illustrierten „Stern" öffentlich bekannt, dass sie abgetrieben haben, Titelblatt der Zeitschrift „Stern" (Ausschnitt), 6. Juni 1971.

Die Studentenbewegung: Notwendige Kritik oder gefährlicher Tabubruch? – Als Geschichtsforscher eine Narration (Geschichtserzählung) herstellen

M 6

M 7

Training

Zum Begriff der Narration

(von lat. „narrare"-erzählen)

Dargestellte oder gedeutete Geschichte ist immer ein Erzählen der Geschichte. Das tun Historiker genauso wie Regisseure von Spielfilmen mit historischem Inhalt. Stets liegt Geschichte in erzählter Form vor und es geht es darum, Einzelereignisse/Vorgänge triftig (überzeugend) zu einer Geschichte zu verknüpfen. Eine derart verknüpfende Geschichtserzählung nennt man Narration. Diese ist unvermeidbar perspektivisch.

Die Mittel der Narration

Hat man die zu verknüpfenden Ereignisse/Zustände in eine sinnvolle Folge gebracht, geht es auch darum, diese sprachlich miteinander zu verbinden. Dabei hilft folgende Auswahl von Konjunktionen (Bindewörter).

temporal (gleichzeitig): als, während, indem, solange, sowie ...

temporal (vorzeitig): bevor, nachdem, sobald ...

temporal (nachzeitig): bis, bevor, als ...

kausal: weil, da, denn ...

final: damit, dass ...

modal: indem ...

konsekutiv: sodass, das ...

Aufgaben

1. **Eine Narration (Geschichtserzählung) herstellen – Sprachbildung**
   a) Analysiert die einzelnen Bildquellen (M1, M2, M3, M4, M6, M7) und bestimmt zunächst deren Gattung und ggf. Aussage. Berücksichtigt dabei: Autor/Perspektive des Autors, dargestellte Akteure, Handlungen, Ziele, Aussage der Quelle, Wirkungsabsicht.
   b) Formuliert (offene) Fragen an jede Bildquelle.
   c) Stellt Vermutungen über mögliche Zusammenhänge/Wirkungszusammenhänge zwischen der hier vorgelegten Quellen an und legt eine erste Reihenfolge der Bilder fest.
   d) **Geschlossener WebQuest:** Recherchiert im Netz relevante Informationen zur Studentenbewegung. Diese sollen sich möglichst auf die Bilder beziehen. Verwendet dazu nur die hier angegebenen Seiten.
      - Lebendiges Museum Online: https://www.hdg.de/lemo/kapitel/geteiltes-deutschland-modernisierung/bundesrepublik-im-wandel/studentenbewegung-und-apo.html
      - https://www.hdg.de/lemo/bestand/medien/video-studentenbewegung-rudi-dutschke.html
      - Medienarchiv 68 des Axel-Springer Verlages: http://www.medienarchiv68.de/suche.html?suchformular=schnellsuche&epp=25&s_text=SDS (erweiterte Suche: nur BILD-Zeitung, Begriffe „Dutschke"; „SDS".
   e) Erstellt anschließend auf der Grundlage eurer Ergebnisse und der Bildquellen aus dem Buch eine triftige Narration zur Leitfrage: Die Studentenbewegung: Notwendige Kritik oder gefährlicher Tabubruch?

Frauen in der Bundesrepublik – gleichberechtigt?

M 8 „Frauenaktion 70“

Die „Frauenaktion 70“, ein Zusammenschluss zahlreicher Frauen, veröffentlichte folgende „Argumente und Forderungen“ (1970):

Warum wollen wir die gesetzliche Erlaubnis für Schwangerschaftsunterbrechungen?
Weil jede Frau das Recht hat, über ihren Körper selber zu bestimmen. Weil jedes Kind das Recht hat, willkommen geboren zu werden. Weil jeder Mann das Recht hat, nur bei gewollter Elternschaft Vater zu werden.
1. Verhüten ist besser als abtreiben: Schwangerschaftsunterbrechungen wären völlig überflüssig, wenn alle Frauen und Männer stets sichere Verhütungsmittel benutzen würden. Solange dies nicht geschieht, wird es Schwangerschaftsunterbrechungen geben und geben müssen. (Zur Zeit nehmen nur 18 % der empfängnisfähigen Frauen die Pille.)
2. Das Elend der illegalen Schwangerschaftsunterbrechungen: Nach seriösen Schätzungen werden in der Bundesrepublik jährlich etwa 500 000 bis eine Million illegale Schwangerschaftsunterbrechungen vorgenommen. […] Bei diesen Eingriffen kommt es vielfach zu Gesundheitsschäden, ja gelegentlich zum Tode der Frauen (etwa 250 Todesfälle im Jahr). […]
Das Bewusstsein der Strafbarkeit und Illegalität ist eine schwere seelische Belastung für die Frauen und beeinträchtigt oft die Freude an der Sexualität. […]
Durch die hohen Kosten einer illegalen, aber fachgerechten Schwangerschaftsunterbrechung werden wirtschaftlich schwächere Frauen gegenüber wohlhabenderen stark benachteiligt. Der § 218 StGB wendet sich eindeutig gegen die einkommensschwachen Gruppen unserer Gesellschaft.
3. Die klare Lösung: In mehreren Staaten der Welt ist die Schwangerschaftsunterbrechung nicht nur gesetzlich freigegeben (z. B. England, mehreren Bundesstaaten der USA, Sowjetunion, Jugoslawien), sondern wird sogar gefördert (Japan, Indien). Auch in der Bundesrepublik ist es an der Zeit, dass nur noch gewünschte Kinder geboren werden. Ungewollte Kinder werden leicht um die elterliche Liebe betrogen und sind besonders oft bewussten oder unbewussten Aggressionen oder gar Misshandlungen ausgesetzt. […]
Wir fordern: Alle Kinder und Jugendlichen müssen in der Schule rückhaltlos über Verhütungsmittel aufgeklärt werden. Alle Ärzte müssen verpflichtet sein, auch an junge unverheiratete Mädchen Rezepte für die Pille abzugeben, sofern dies medizinisch verantwortet werden kann. Alle Verhütungsmittel müssen von den gesetzlichen Krankenkassen bezahlt werden.
Wir fordern: Die Schwangerschaftsunterbrechung muss völlig freigegeben werden. Die §§ 218–220 unseres Strafgesetzbuches von 1871 müssen verschwinden. Schwangerschaftsunterbrechungen sollen – auf Wunsch der betroffenen Frauen – auf Kosten der gesetzlichen Krankenkassen von Fachärzten nach gynäkologischen Gesichtspunkten vorgenommen werden.

Zit. nach: Ilse Lenz (Hg.), Die Neue Frauenbewegung in Deutschland. Abschied vom kleinen Unterschied. Eine Quellensammlung, Wiesbaden: Verlag für Sozialwissenschaften 2008, S. 77 f.

Aufgaben

1. **Die Bundesrepublik 1963–1969**
   a) Benenne politische Streitfragen in der Bundesrepublik zusammen und erläutere diese.
   b) Wähle eine politische Streitfrage aus und verfasse dazu ein Kurzreferat, das unterschiedliche Perspektiven berücksichtigt.
   ➝ Text, Internet
2. **Der Auschwitz-Prozess – Medienbildung**
   a) Informiere dich auf der nachfolgenden Internetseite über Auschwitz im Allgemeinen (siehe Zeittafel, Opferzahlen, Opfergruppen). Informiere dich hinsichtlich des Prozesses über: Biografien von Angeklagten und Urteile. Hört euch Tonbandausschnitte an (z. B. Zeugenaussagen von Überlebenden und Familienmitgliedern der Angeklagten, Schlussworte der Angeklagten).
   b) Diskutiert über die Chancen und Grenzen des Auschwitz-Prozesses und den historischen Wert der erhaltenen Tonbandaufnahmen der Auschwitz-Überlebenden.
   ➝ Text, www.auschwitz-prozess.de/index.php
3. **Frauen in der Bundesrepublik – gleichberechtigt?**
   a) Arbeitet drei wichtige Argumente und Forderungen, die die „Frauenaktion 70“ aufstellte, heraus.
   b) Informiert euch über die aktuellen gültigen Regelungen (Möglichkeiten der Abtreibung, Kosten für die Pille, Aufklärung an Schulen) und diskutiert, ob die Frauenbewegung in dieser Frage erfolgreich war.
   ➝ Text, M5, M8, Internet

Neuer Lebensstil – eine Kritik analysieren

M 9 „Wir"

In den Fünfziger- und Sechzigerjahren war Freddy Quinn (geb. 1931 in Wien) einer der erfolgreichsten deutschsprachigen Schlagersänger, der regelmäßig mit seinen Titeln in den Hitlisten vertreten war. 1966 veröffentlichte er das Lied „Wir":

Wer will nicht mit Gammlern verwechselt werden? Wir!
Wer sorgt sich um den Frieden auf Erden? Wir!
Ihr lungert herum in Parks und in Gassen,
wer kann eure sinnlose Faulheit nicht fassen? Wir! Wir! Wir!

Wer hat den Mut, für euch sich zu schämen? Wir!
Wer lässt sich unsere Zukunft nicht nehmen? Wir!
Wer sieht euch alte Kirchen beschmieren,
und muss vor euch jede Achtung verlieren? Wir! Wir! Wir!

Denn jemand muss da sein,
der nicht nur vernichtet,
der uns unseren Glauben erhält,
der lernt, der sich bildet,
sein Pensum verrichtet,
zum Aufbau der morgigen Welt.

Die Welt von Morgen sind bereits heute Wir!
Wer bleibt nicht ewig die lautstarke Meute? Wir!
Wer sagt sogar, dass Arbeit nur schändet,
so gelangweilt, so maßlos geblendet? Ihr! Ihr! Ihr!

Wer will nochmal mit euch offen sprechen? Wir!
Wer hat natürlich auch seine Schwächen? Wir!
Wer hat sogar so ähnliche Maschen,
auch lange Haare, nur sind sie gewaschen? Wir! Wir! Wir!

Auch wir sind für Härte,
auch wir tragen Bärte,
auch wir gehen oft viel zu weit.
Doch manchmal im Guten,
in stillen Minuten,
da tut uns Verschiedenes leid.

Wer hat noch nicht die Hoffnung verloren? Wir!
Und dankt noch denen, die uns geboren? Wir!
Doch wer will weiter nur protestieren,
bis nichts mehr da ist zum Protestieren? Ihr! Ihr! Ihr!

M 10 Drei Jugendliche auf den Stufen der Gedächniskirche in West-Berlin

Foto, 28.02.1966

Aufgaben

1. **Neuer Lebensstil – eine Kritik analysieren**
   a) Verfasse zu jeder Strophe des Liedes „Wir" eine Strophe aus der Perspektive derjenigen, die angesprochen werden.
   b) Ordne das Lied in den historischen Kontext ein und nimm Stellung zu dem im Lied vertretenen Gesellschaftsbild.

→ Text, M9, M10

Die sozialliberale Koalition von 1969 bis 1982

Machtwechsel in Bonn: „Mehr Demokratie wagen!“

Seit 1949 hatte die CDU/CSU die Regierung gestellt. Das änderte sich nach der Bundestagswahl 1969, denn nun übernahm eine sozialliberale Koalition aus SPD und FDP die Macht. Willy Brandt wurde im Oktober 1969 der erste sozialdemokratische Kanzler der Bundesrepublik, Walter Scheel (FDP) sein Außenminister.

Brandt trat mit dem Motto „Mehr Demokratie wagen“ an. Das entsprach Forderungen der Jugend und führte zu umfangreichen Reformen: Im Rahmen einer Bildungsreform erhielten Gesamtschulen einen festen Platz, eine Hochschulreform strebte die Demokratisierung der Universitäten und eine größere Mitbestimmung der Studenten an. Das Wahlrecht wurde von 21 auf 18 Jahre herabgesetzt, die rechtliche und gesellschaftliche Stellung der Frau verbessert. Zudem gewährte ein Betriebsverfassungsgesetz den Arbeitnehmern mehr Mitbestimmung.

M 1 Historische Szene

Bundeskanzler Willy Brandt kniet am 7. Dezember 1970 vor dem Mahnmal im einstigen jüdischen Getto in Warschau, das den Opfern des Getto-Aufstandes vom April 1943 gewidmet ist, Foto.

Eine neue Ostpolitik: „Wandel durch Annäherung!“

Einen völlig neuen Kurs schlug Willy Brandt in der Ostpolitik ein. Sie war nun auf Verständigung und Aussöhnung mit Osteuropa ausgerichtet und suchte den Ausgleich mit der DDR. 1970 schloss die Bundesregierung Ostverträge mit der Sowjetunion und Polen. Am 21.12.1972 vereinbarte sie mit der DDR den Grundlagenvertrag. In diesen Verträgen erkannte die Bundesrepublik die Unverletzlichkeit der Nachkriegsgrenzen an und verzichtete auf Gebietsansprüche und Gewaltanwendung. Der Grundlagenvertrag regelte das Nebeneinander beider deutscher Staaten. Die Bundesrepublik erkannte die Souveränität der DDR an, die dafür eine Reihe von Reiseerleichterungen garantierte, nicht aber die Freizügigkeit der DDR-Bürger. Die Forderung nach Wiedervereinigung erhielt die Bundesregierung aufrecht, akzeptierte aber die bestehenden politischen Realitäten.

Bei der CDU/CSU-Opposition stieß die Ostpolitik auf erbitterten Widerstand, wurde aber international hoch bewertet. Bundeskanzler Willy Brandt erhielt dafür 1971 sogar den Friedensnobelpreis. Mit der Ostpolitik war der Grundstein für eine

M 2 „Unterschrift des Jahres“

Karikatur von Hanns Erich Köhler, Bundesrepublik Deutschland, 1970 politische Entwicklung gelegt, die 1975 zur „Konferenz für Sicherheit und Zusammenarbeit in Europa" (KSZE) führte und schließlich auch zur Überwindung des „Eisernen Vorhangs" in Europa im Jahr 1989 beitrug.

Von Brandt zu Schmidt (SPD-Kanzler)

Insbesondere die heftig umstrittene Ostpolitik führte dazu, dass einige FDP-Abgeordnete zur CDU/CSU wechselten, sodass die sozialliberale Koalition ihre knappe Mehrheit verlor. Aus den vorgezogenen Wahlen ging 1972 die SPD als stärkste Partei hervor. Willy Brandt war auf der Höhe seiner Macht angelangt und setzte die SPD/FDP-Koalition fort. Doch bereits im Mai 1974 erklärte er seinen Rücktritt, nachdem ein enger Mitarbeiter, Günter Guillaume, als Spion der DDR enttarnt worden war.

Nachfolger Brandts wurde Helmut Schmidt (SPD). Dieser setzte die Ostpolitik seines Vorgängers fort und festigte die deutsch-französischen Beziehungen. Zusammen mit dem französischen Präsidenten Valery Giscard d'Estaing war er einer der Initiatoren des Europäischen Währungssystems, das die Grundlage für die spätere gemeinsame europäische Währung legte. Schmidt profilierte sich international als Wirtschafts- und Finanzpolitiker und war Mitbegründer des Weltwirtschaftsgipfels, der jährlich die Staats- und Regierungschefs der sieben wichtigsten Industriestaaten (G7) zusammenführt.

In diese Zeit fielen auch die Auswirkungen der „Ölkrise", welche die Erdöl exportierenden arabischen Staaten durch Drosselung der Fördermengen 1973 auslösten. Der gestiegene Ölpreis führte zu einer internationalen Wirtschaftskrise, die in der Bundesrepublik die Zahl der Arbeitslosen und die Staatsverschuldung ansteigen ließen.

Die RAF – Bedrohung durch den Terrorismus

Seit 1970 erschütterte eine Serie terroristischer Gewaltakte die Bundesrepublik. Eine kleine Gruppe aus dem Umfeld der APO war in den Untergrund gegangen, um den aus ihrer Sicht faschistoiden Staat zu bekämpfen. Bald überzogen Brand-, Sprengstoff- und Mordanschläge das Land.

Die „Rote Armee Fraktion" (RAF), wie die Terroristen ihre Organisation nannten, bedrohte Repräsentanten des gesellschaftlichen Lebens, vor allem aus der Justiz und der Wirtschaft. Einen Höhepunkt und zugleich eine neue Dimension erreichte der Linksterrorismus 1977, als Generalbundesanwalt Siegfried Buback, der Vorstandssprecher der Dresdner Bank, Jürgen Ponto, und schließlich Arbeitgeberpräsident Hanns-Martin Schleyer ermordet wurden.

Schleyer, den die Terroristen zunächst entführt hatten, sollte gegen elf inhaftierte RAF-Mitglieder ausgetauscht werden. Nachdem die Bundesregierung diese Forderung nicht erfüllte, kaperten arabische Luftpiraten eine Lufthansa-Maschine mit deutschen Mallorca-Touristen und entführten diese nach Mogadischu (Somalia). Eine Spezialeinheit des Bundesgrenzschutzes (GSG9) befreite die Touristen in einer dramatischen Rettungsaktion. Wenige Stunden danach begingen die RAF-Anführer Andreas Baader, Gudrun Ensslin und Jan Carl Raspe in der Strafanstalt Stammheim Selbstmord. Hanns-Martin Schleyer fand man am nächsten Tag ermordet.

Als Reaktion auf den Terrorismus kam es zu einer Verschärfung des bundesdeutschen Strafrechts und des Strafvollzugs. Neue „Antiterrorgesetze" stellten die Bildung terroristischer Vereinigungen und auch das Befürworten von Straftaten unter Strafe.

M 3 „Autofreier Sonntag"
Radfahrer auf dem Kurfürstendamm in Berlin am autofreien Sonntag, 25. November 1973. Wegen der Ölpreiskrise wurden in diesem Jahr an mehreren Sonntagen Fahrverbote für Automobile ausgesprochen.

M 4 Gefangener der RAF
Der entführte Arbeitgeberpräsident Hanns Martin Schleyer, Foto, 1977

Kontroverse um die neue Ostpolitik

M 5 Wandel durch Annäherung

Der Politiker Egon Bahr in einer Rede vom 15. Juli 1963:

Die amerikanische Strategie des Friedens lässt sich auch durch die Formel definieren, dass die kommunistische Herrschaft nicht beseitigt, sondern verändert werden soll. [...] Die erste Folgerung, die sich aus einer Übertragung der Strategie des Friedens auf Deutschland ergibt, ist, dass die Politik des Alles oder Nichts ausscheidet. Entweder freie Wahlen oder gar nichts, entweder gesamtdeutsche Entscheidungsfreiheit oder ein hartes Nein, entweder Wahlen als erster Schritt oder Ablehnung, das alles ist nicht nur hoffnungslos antiquiert und unwirklich, sondern in einer Strategie des Friedens auch sinnlos.

Heute ist klar, dass die Wiedervereinigung nicht ein einmaliger Akt ist, der durch einen historischen Beschluss an einem historischen Tag auf einer historischen Konferenz ins Werk gesetzt wird, sondern ein Prozess mit vielen Schritten und vielen Stationen. Wenn es richtig ist, was Kennedy sagte, dass man auch die Interessen der anderen Seite anerkennen und berücksichtigen müsse, so ist es sicher für die Sowjetunion unmöglich, sich die Zone zum Zwecke einer Verstärkung des westlichen Potenzials entreißen zu lassen. Die Zone muss mit Zustimmung der Sowjets transformiert werden. Wenn wir soweit wären, hätten wir einen großen Schritt zur Wiedervereinigung getan. [...] Wir haben gesagt, dass die Mauer ein Zeichen der Schwäche ist. Man könnte auch sagen, sie war ein Zeichen der Angst und des Selbsterhaltungstriebes des kommunistischen Regimes. Die Frage ist, ob es nicht Möglichkeiten gibt, diese durchaus berechtigten Sorgen dem Regime graduell so weit zu nehmen, dass auch die Auflockerung der Grenzen und der Mauer praktikabel wird, weil das Risiko erträglich ist. Das ist eine Politik, die man auf die Formel bringen könnte: Wandel durch Annäherung.

Zit. nach: www.1000dokumente.de/pdf/dok_0091_bah_de.pdf [letzter Zugriff: 12.06.2018]

M 6 „Anerkennung der Oder-Neissegrenze ist ein Ausverkauf Deutschlands"

„Einmal müssen sie es ja erfahren, wir werden es ihnen also schonend beibringen, dass wir 1945 den Krieg verloren haben!"

Vorne: Walter Scheel (FDP) und Willy Brandt (SPD); oben: Franz Josef Strauß (CSU), Rainer Barzel (CDU) und Kurt Georg Kiesinger (CDU), Karikatur von 1970.

Aufgaben

1. **Kontroverse um die neue Ostpolitik**
   a) Erkläre die Formel des SPD-Politikers Egon Bahr „Wandel durch Annäherung".
   b) Arbeite heraus, was für Egon Bahr weiterhin das oberste Ziel bundesdeutscher Politik sein sollte.
   c) Erläutere – ausgehend von der Karikatur (M6) – die Kritik an der neuen Ostpolitik.
   → Text, M5, M6
2. **Kniefall von Willy Brandt – Medienbildung**
   Der Redakteur einer Warschauer Wochenzeitung, Adam Krzemiński, schreibt: „Willy Brandts Kniefall in Warschau wurde sofort zu einem Symbol und zugleich zu einem Zankapfel. [...] Die polnische Zensurbehörde gab die Vorschrift raus, das Bild nicht allzu präsent herausstellen zu lassen. Das zugelassene Bild zeigte zudem eine bezeichnende Einstellung, der Agenturfotograf hatte es von vorne geschossen, somit schien der Bundeskanzler vor einem polnischen Soldaten der Ehrenwache zu knien, das Denkmal selbst war kaum erkennbar. Mit der Zeit wurde der kommunistischen Obrigkeit selbst dieses Bild zu gefährlich. Daher wurde es – so man es überhaupt druckte – auf Anweisung der Zensur unten abgeschnitten. Damit sah es so aus, als knie Willy Brandt nicht, sondern als stehe er."
   Stellt in Partnerarbeit (mithilfe eurer Handykamera) nach, wie man den Kniefall von Warschau durch unterschiedliche Kamerablickwinkel manipuliert darstellen konnte.

Der Grundlagenvertrag von 1973 – Mit einem Vertragstext arbeiten

M 7 Grundlagenvertrag

Der 1973 in Kraft getretene Vertrag regelte die Grundlagen der Beziehungen zwischen der Bundesrepublik Deutschland und der DDR:

Artikel 1: Die Bundesrepublik Deutschland und die Deutsche Demokratische Republik entwickeln normale gutnachbarliche Beziehungen zueinander auf der Grundlage der Gleichberechtigung.

Artikel 2: Die Bundesrepublik Deutschland und die Deutsche Demokratische Republik werden sich von den Zielen und Prinzipien leiten lassen, die in der Charta der Vereinten Nationen niedergelegt sind, insbesondere der souveränen Gleichheit aller Staaten, der Achtung der Unabhängigkeit, Selbstständigkeit und territorialen Integrität, dem Selbstbestimmungsrecht, der Wahrung der Menschenrechte und der Nichtdiskriminierung.

Artikel 3: Entsprechend der Charta der Vereinten Nationen werden die Bundesrepublik Deutschland und die Deutsche Demokratische Republik ihre Streitfragen ausschließlich mit friedlichen Mitteln lösen und sich der Drohung mit Gewalt oder Anwendung von Gewalt enthalten. Sie bekräftigen die Unverletzlichkeit der zwischen ihnen bestehenden Grenze jetzt und in der Zukunft und verpflichten sich zur uneingeschränkten Achtung ihrer territorialen Integrität.

[...] Artikel 7: Die Bundesrepublik Deutschland und die Deutsche Demokratische Republik erklären ihre Bereitschaft, im Zuge der Normalisierung ihrer Beziehungen praktische und humanitäre Fragen zu regeln. Sie werden Abkommen schließen, um auf der Grundlage dieses Vertrages und zum beiderseitigen Vorteil die Zusammenarbeit auf dem Gebiet der Wirtschaft, der Wissenschaft und Technik, des Verkehrs, des Rechtsverkehrs, des Post- und Fernmeldewesens, des Gesundheitswesens, der Kultur, des Sports, des Umweltschutzes und auf anderen Gebieten zu entwickeln und zu fördern. Einzelheiten sind in dem Zusatzprotokoll geregelt.

Zit. nach: Der Grundlagenvertrag, Seminarmaterial des Gesamtdeutschen Instituts, Bonn: Gesamtdeutsches Institut 1975, S. 3f.

Training

Hilfe zum Erschließen des Grundlagenvertrags von 1973

- Markiere und kläre alle dir unbekannten Begriffe
- Notiere die Vertragsparteien
- Fasse für jeden Abschnitt (bzw. Artikel) eine Hauptaussage zusammen
- Untersuche den vorliegenden Grundlagenvertrag, indem du folgende Zitate auf ihre Berechtigung hin überprüfst (Zitate aus der Urteilsverkündung des Bundesverfassungsgerichts vom 31. Juli 1973):

„Nach dem Grundgesetz soll das gesamte deutsche Volk in freier Selbstbestimmung die Einheit und Freiheit Deutschlands vollziehen. Der Grundvertrag macht dagegen die Wiedervereinigung rechtlich von der Zustimmung der nicht frei gewählten DDR-Regierung abhängig."

„Der Vertrag enthält keine Einigung beider Seiten über die Einheit der Nation und darüber, dass die beiden deutschen Staaten füreinander nicht Ausland sind ..."

„Durch den Vertrag die Voraussetzungen zu schaffen, die Gräben zwischen den beiden deutschen Staaten zu ebnen."

„Die Bundesregierung hat allerdings in eigener Verantwortung zu entscheiden, mit welchen politischen Mitteln und auf welchen politischen Wegen sie das nach dem Grundgesetz rechtlich gebotene Ziel der Wiedervereinigung zu erreichen oder ihm wenigstens näher zu kommen versucht."

Aufgaben

1. Der Grundlagenvertrag

a) Untersuche den Grundlagenvertrag, indem du die oben im Kasten aufgeführten Zitate auf ihre Berechtigung hin überprüfst.

b) Interpretiere die Karikatur „Unterschrift des Jahres" von Hanns Erich Köhler.

→ Text, M2, M7

M 1 **„Dieser Kanzler schafft Vertrauen"**
CDU-Plakat zur Bundestagswahl 1983

M 2 **„Die Grünen"**
Plakat der Grünen zur Bundestagswahl 1983

Hinweis

Der NATO-Doppelbeschluss wird in diesem Schulbuch auch auf den Seiten 105/107 behandelt.

Die Ära Kohl 1982 bis zur Wiedervereinigung

Das Ende der sozialliberalen Koalition

Nach 13 Jahren brach schließlich 1982 die sozialliberale Koalition auseinander. Es ging um Fragen der Wirtschaftspolitik, aber auch um das sicherheitspolitische Konzept Helmut Schmidts, dem ein großer Teil der SPD nicht folgen wollte. Schmidt forderte eine Nachrüstung durch amerikanische Mittelstreckenraketen als Antwort auf die Stationierung moderner sowjetischer SS-20-Atomraketen. Das führte zu heftigen Protestdemonstrationen der Friedensbewegung.

Am 1. Oktober 1982 wurde Helmut Schmidt durch ein konstruktives Misstrauensvotum gestürzt. Die CDU/CSU wählte mit Unterstützung der FDP Helmut Kohl zum neuen Bundeskanzler. Dieser vollzog eine konservative Wende. Vorgezogene Neuwahlen bestätigten 1983 das Ergebnis.

Die Partei der „Grünen"

Erstmals zog 1983 neben CDU/CSU, SPD und FDP mit den „Grünen" eine weitere Partei in den Bundestag ein. Die „Grünen" waren eine pazifistisch, ökologisch und basisdemokratisch orientierte Partei, die sich in den 1970er-Jahren als Reaktion auf die atomare Bedrohung und die Verschmutzung der Umwelt gebildet hatte.

Die Ölkrise, die hemmungslose Ausbeutung natürlicher Ressourcen und Atomunfälle wie die Reaktorkatastrophe von Tschernobyl 1986 (in der Ukraine, die damals zur Sowjetunion gehörte) erzeugten bei vielen Menschen ein neues ökologisches Bewusstsein.

Außenpolitische Entscheidungen

Unter der neuen CDU-FDP-Regierung wurde der NATO-Beschluss zur Nachrüstung gegen den Widerstand einer starken Friedensbewegung durchgesetzt. Doch nahm die Sowjetunion bald Verhandlungen mit den USA auf, die zu einem Durchbruch bei der Abrüstung führten: 1987 vereinbarten US-Präsident Reagan und der sowjetische Staatschef Gorbatschow die Vernichtung sämtlicher Mittelstreckenraketen.

Außenpolitisch setzte die Regierung Kohl die Ostpolitik der Vorgänger fort. So erhielt die DDR 1983 einen Milliarden-Kredit, der ihr vorläufig das wirtschaftliche Überleben sicherte. 1987 empfing Kohl sogar den Staatschef der DDR, Erich Honecker, zu Gesprächen in Bonn.

M 3 Friedensdemonstration in Bonn

300 000 Menschen demonstrieren für Abrüstung und Entspannung, Foto, 10. Oktober 1981.

M 4 Logo der Anti-AKW-Bewegung

gegen die zivile Nutzung der Kernenergie

M 5 Staatsbesuch von DDR-Staatschef Erich Honecker in Bonn 1987

Trotz Anerkennung der DDR 1972 war dieser Besuch eine Besonderheit.

„Kanzler der Einheit“

In die lange Amtszeit Helmut Kohls, die bis 1998 währte, fiel 1990 die deutsche Wiedervereinigung. Der Zusammenbruch des Ostblocks 1989/90 eröffnete Helmut Kohl die Chance, die deutsche Einheit herbeizuführen. Er wurde damit der erste gesamtdeutsche Bundeskanzler und gilt seitdem als „Kanzler der Einheit“.

Neue Soziale Bewegungen – „Wir sind die Alternative“

M 6 „Gorleben soll leben!“

In einem Aufruf, der im September 1977 veröffentlicht und u.a. von Wolf Biermann, Günter Grass und Walter Mossmann unterschrieben wurde, wird der geplante Bau einer atomaren Wiederaufbereitungsanlage im niedersächsischen Gorleben so bewertet:

Keine Atommülldeponie in Gorleben und anderswo!
Die Energiedebatte im Bundestag, die wieder einmal vor fast leeren Bänken stattfand, hat gezeigt, dass wir nicht länger auf die Einsicht von Regierung und Opposition in den Irrsinn ihrer eigenen Energiepolitik hoffen können. Die Fronten im Deutschen Bundestag verlaufen heute nicht mehr zwischen Befürwortern und Gegnern der Atomenergie, sondern zwischen denen, die den Bau weiterer Kernkraftwerke von der Lösung der Entsorgungsfrage abhängig machen, und denen, die sofort und ohne Rücksicht auf Verluste mit dem Bau beginnen wollen.

M 7 Demonstration in Berlin
Atomkraftgegner demonstrieren am 23.10.2010 in Berlin gegen den bevorstehenden Castor-Transport (mit Atommüll) nach Gorleben.

So oder so nimmt die in Gorleben geplante zentrale Atommülldeponie und Wiederaufbereitungsanlage dabei eine Schlüsselstellung ein: In Gorleben wird darüber entschieden, ob die Bundesrepublik bis zum Jahre 1984 in einen Atomstaat umgewandelt werden soll, in dem zusammen mit den letzten Rückzugsgebieten der Natur auch der letzte noch verbliebene Rest von Lebensqualität beseitigt werden wird.
[...] Um dieser Entwicklung frühzeitig Einhalt zu gebieten, muss sich der bundesweite Widerstand der Bürgerinitiativen verstärkt auf Gorleben konzentrieren. Zugleich sollen hier, unter dem Motto „Wiederaufforstung statt Wiederaufbereitung“, neue Formen des gewaltfreien Widerstandes praktiziert werden.

Zit. nach: Klaus Wagenbach (Hg.), Vaterland, Muttersprache. Deutsche Schriftsteller und ihr Staat seit 1945. Ein Nachlesebuch fur die Oberstufe, Berlin (West): Wagenbach Verlag 1979, S. 313 ff.

M 8 Programm der „Grünen“

Die Präambel zum Parteiprogramm der Grünen (1980):

Wir sind die Alternative zu den herkömmlichen Parteien. Hervorgegangen sind wir aus einem Zusammenschluss von grünen, bunten und alternativen Listen und Parteien. Wir fühlen uns verbunden mit all denen, die in der neuen demokratischen Bewegung mitarbeiten: den Lebens-, Natur- und Umweltschutzverbänden, den Bürgerinitiativen, der Arbeiterbewegung, christlichen Initiativen, der Friedens- und Menschenrechts-, der Frauen- und 3.-Welt-Bewegung. Wir verstehen uns als Teil der grünen Bewegung in aller Welt.
Die in Bonn etablierten Parteien verhalten sich, als sei auf dem endlichen Planeten Erde eine unendliche industrielle Produktionssteigerung möglich. Dadurch führen sie uns nach eigener Aussage vor die ausweglose Entscheidung zwischen Atomstaat oder Atomkrieg, zwischen Harrisburg [Kernkraftwerk in den USA] oder Hiroshima. Die ökologische Weltkrise verschärft sich von Tag zu Tag: Die Rohstoffe verknappen sich, Giftskandal reiht sich an Giftskandal, Tiergattungen werden ausgerottet, Pflanzenarten sterben aus, Flüsse und Weltmeere verwandeln sich in Kloaken, der Mensch droht inmitten einer späten Industrie und Konsumgesellschaft geistig und seelisch zu verkümmern, wir bürden den nachfolgenden Generationen eine unheimliche Erbschaft auf.

www.boell.de/sites/default/files/assets/boell.de/images/download_de/publikationen/1980_001_Grundsatzprogramm_Die_Gruenen.pdf [letzter Zugriff: 12.06.2018].

Helmut Kohl im Spiegel von Karikaturen

M 9 **„Es muss was Wunderbares sein …"**
Karikatur von Horst Haitzinger, 1982

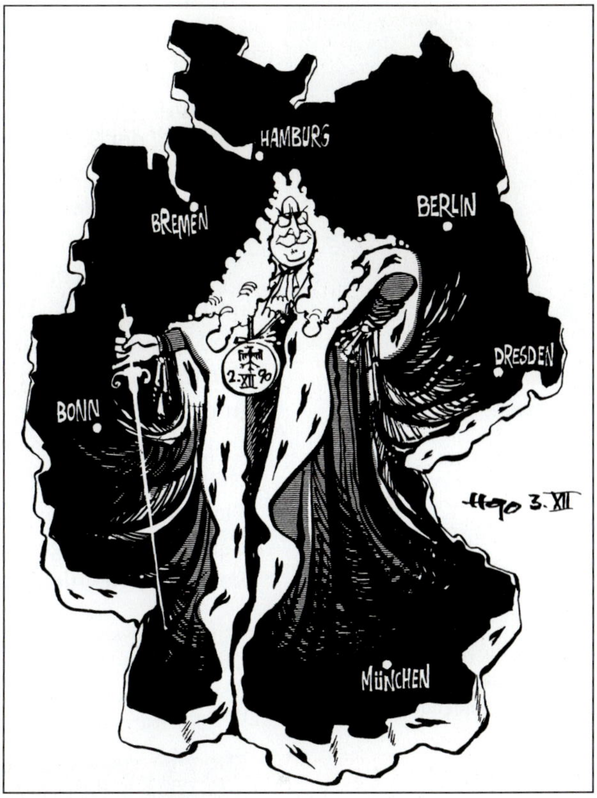

M 10 **„Sonnenkanzler"**
Karikatur von Horst Haitzinger, 1990

Aufgaben

1. Die Ära Kohl
a) Skizziere die wichtigsten innenpolitischen und außenpolitischen Entwicklungen in der Ära Kohl. Beurteile, welche Handlungen Kohls als Leistungen gedeutet werden könnten.
b) Beschreibe die beiden Wahlplakate von 1983, erläutere die jeweilige Aussage und bestimme die Wählergruppen.
↝ Text, M1, M2

2. Neue Soziale Bewegungen – „Wir sind die Alternative"
a) Arbeite aus dem Aufruf die Kritik an der geplanten Atomanlage in Gorleben heraus.
b) Erläutere die Alternativvorstellungen, die im Aufruf entwickelt werden.
c) Analysiere die Sicht der Grünen in Bezug auf das Verhältnis zu den schon bestehenden Parteien.
d) Erläutere die Kernforderungen der neuen Partei.
↝ Text, M6, M8

3. Helmut Kohl im Spiegel von Karikaturen
a) Beschreibe die beiden Karikaturen von Horst Haitzinger.
b) Erläutere die Zusammenhänge, auf die die Karikaturen Bezug nehmen.
c) Setze dich mit den Aussagen der Karikaturen auseinander.
↝ M9, M10

4. Helmut Kohl – Medienbildung
Findet heraus, wie viele Varianten von Wikipedia-Artikeln inzwischen über Helmut Kohl erschienen sind. Verwendet dazu im Artikel „Helmut Kohl" den Reiter „Versionsgeschichte". Bestimmt, von wann die älteste und von wann die jüngste Version stammt. Markiert beide. Nehmt euch anschließend drei Minuten Zeit für einen Vergleich der beiden Versionen (siehe auf der Wiki-Seite unten: „Gewählte Versionen vergleichen").
↝ Internet

M 1 **Erich Honecker**
Foto, 1975

Die DDR zwischen Mauerbau und Revolution

Die Ära Honecker (1971–1989)

Nach dem Mauerbau begann für die DDR eine Phase der Konsolidierung, denn die Gefahr eines Wirtschaftskollapses durch die „Abstimmung mit den Füßen" war gestoppt. Trotzdem musste Walter Ulbricht im Mai 1971 auf Anordnung der neuen Führung der Sowjetunion unter Leonid Breschnew als Staats- und Parteichef zurücktreten. Er war in Moskau aufgrund seiner „schwierigen Persönlichkeit" in Ungnade gefallen. Seine Ämter übernahm Erich Honecker, unter dem die Bindung der DDR an die Sowjetunion noch enger wurde.

Kurz darauf beschloss ein Parteitag der SED 1971 die „Einheit von Wirtschafts- und Sozialpolitik". Dieses in den folgenden Jahren umgesetzte Konzept steigerte die Konsummöglichkeiten der DDR-Bevölkerung spürbar. So hatten 1975 26,2 % der Haushalte einen PKW, 84,7 % eine Waschmaschine, 73 % einen Kühlschrank und 87,9 % ein Fernsehgerät.

Das nach wie vor ungelöste Wohnungsproblem sollte durch ein gewaltiges Neubauprogramm gelöst werden. Doch während am Rande der Großstädte neue Plattenbausiedlungen aus dem Boden schossen, wurden historische Innenstände dem Verfall preisgegeben. Neubauwohnungen waren durchaus begehrt und ihre Vergabe geriet nicht selten zum Politikum.

M 2 **Plattenbausiedlung**
Platz einer Wohnsiedlung in Schwedt (Brandenburg), Foto, 1974

Hinweis

Filmtipp zum Wohnungsbau in der DDR
https://www.berlin-mauer.de/videos/einmillionste-wohnung-von-honecker-uebergeben-657/

Filmtipp zum Centrum Warenhaus am Alex
https://www.berlin-mauer.de/videos/westjeans-im-centrum-warenhaus-598/

Das Verhältnis zum Westen

Die vom westdeutschen Bundeskanzler Willy Brandt initiierte Entspannungspolitik wurde von Honecker aufgenommen. Nachdem die Bundesrepublik und die DDR 1972 den Grundlagenvertrag unterzeichnet hatten, traten beide deutschen Staaten den Vereinten Nationen bei. Damit erlangte die DDR internationale Anerkennung auch außerhalb des Ostblocks. Gleichzeitig verschärfte Honecker aber die symbolische Abgrenzung zur Bundesrepublik: Alle Hinweise auf die deutsche Einheit verschwanden aus der überarbeiteten Verfassung vom Oktober 1974 und der Text der Nationalhymne entfiel wegen seiner Berufung auf „Deutschland, einig Vaterland". Bei feierlichen Anlässen spielte man nur noch die Melodie.

Trotz der Teilung blieben die Deutschen in Ost und West miteinander im Gespräch. Auch wurden die DDR-Bürger durch die häufigen Besuche aus dem Westen und die mitgebrachten oder verschickten „Westpakete" mit Konsumgütern konfrontiert, die im Sozialismus nicht erhältlich waren. Seit 1962 gab es die begehrten Westwaren in sogenannten „Intershops" zu kaufen. Bezahlen konnte man dort aber nur mit westlicher Währung, was nur wenigen DDR-Bürgern möglich war.

M 3 Intershop
im Bahnhof Friedrichstraße in Ost-Berlin, Foto von 1985

Honeckers Kulturpolitik

In den 1970er-Jahren proklamierte das ZK der SED „Weite und Vielfalt" in der Kunst. So entstanden bemerkenswerte Filme wie „Die Legende von Paul und Paula" oder die Erzählung „Die neuen Leiden des jungen W." von Ulrich Plenzdorf. Diese Werke vermittelten dem DDR-Publikum ein individuelles und jugendliches Lebensgefühl. Doch Kritik am SED-Regime wurde weiterhin nicht geduldet. Ein Beispiel dafür war der Umgang mit dem Liedermacher Wolf Biermann . Dieser erhielt 1976 eine Ausreisegenehmigung für ein Konzert in Köln. Biermann bekannte sich dort zum Sozialismus, kritisierte aber die SED-Hierarchie und den Stalinismus. Daraufhin wurde er von der DDR-Regierung ausgebürgert und durfte nicht in die DDR zurückreisen. Biermanns Ausbürgerung spaltete die DDR-Künstler und Intellektuellen in zwei Lager. Die einen solidarisierten sich mit Biermann in einem Aufruf gegen seine Ausbürgerung. Die anderen hingegen stellten sich in einer offiziellen Erklärung im „Neuen Deutschland" auf die Seite des SED-Staates. Viele von denen, die Biermann unterstützt hatten, stellten einen Ausreiseantrag oder wurden ausgebürgert und gingen in den Westen. So verließen viele prominente Künstler wie Angelika Domröse, Eva-Maria Hagen, Nina Hagen, Manfred Krug und Armin Müller-Stahl Ende der 1970er- und Anfang der 1980er-Jahre die DDR.

Arbeitswelt und Freizeit

„Sozialistisch arbeiten, lernen und leben" war eine zentrale Botschaft der DDR-Propaganda, die dem bürgerlichen Individualismus den Kampf ansagte und das sozialistische „Kollektiv" pries. Da die zentral verwaltete Wirtschaft ohne Rücksicht auf betriebswirtschaftliche Kosten Arbeitskräfte einstellte, herrschte offiziell Vollbeschäftigung. In den Betrieben wurden „Bestarbeiter" ausgezeichnet und auch „Normuntererfüller" öffentlich gemacht, um sowohl Kontrolle als auch Planerfüllung zu erreichen.

Besonders in der Berufswelt waren Frauen und Männer gleichberechtigt, was als sozialistische Errungenschaft gefeiert wurde. Anders als in der Bundesrepublik gingen die meisten Frauen ganz selbstverständlich einer Erwerbsarbeit nach und waren in allen Berufsgruppen vertreten. Außerdem galt das Prinzip „Gleicher Lohn für gleiche Arbeit". In wichtigen Parteiämtern und führenden Positionen der Wirtschaft waren Frauen hingegen kaum vertreten.

Im Familienleben galt das traditionelle Rollenverständnis von Mann und Frau unverändert. Frauen mussten die Doppelbelastung von Familie und Beruf stemmen. Dabei wurden sie allerdings vom Staat unterstützt, etwa durch zusätzliche Urlaubstage, kürzere Arbeitszeiten und flächendeckende Kinderbetreuungsangebote.

M 4 Arbeiterin in der Produktion
Eine Facharbeiterin produziert beim „VEB Wirkwarenfabrik Goldfisch Oberlungwitz" (Sachsen) Badebekleidung, Foto, undatiert.

Das Erziehungssystem der DDR war von der Krippe bis zur Universität streng organisiert. Es setzte auf Disziplin und Leistung und zielte auf die ideologische Beeinflussung. Mit der 1955 eingeführten Jugendweihe sollten junge Menschen ab 14 Jahren symbolisch auf die sozialistische Weltanschauung verpflichtet und kirchliche Bindungen zurückgedrängt werden. Wer sich statt der Jugendweihe für die Konfirmation oder Firmung entschied, musste mit Nachteilen in der Schule und später während des beruflichen Werdegangs rechnen.

Urlaubsmöglichkeiten in der DDR waren stark eingeschränkt. Die Plätze in den staatlichen Betriebsferienheimen wurden bezuschusst und waren entsprechend heiß umkämpft. Alternativ boten sich staatliche Zeltplätze oder private Unterkünfte an, die allerdings meist recht teuer waren. Auslandsreisen waren nur in andere Ostblockstaaten möglich. Zwischen Ostseeküste und Balaton in Ungarn sehnten sich viele DDR-Bürger nach westlichen Reisezielen.

Mangel und Konsum

In den 1980er-Jahren zeigte sich, dass sich die ineffektive Planwirtschaft nicht dauerhaft von der Entwicklung des Weltmarktes abkoppeln ließ. Versorgungskrisen bei Konsumgütern, Devisenmangel (fehlende ausländische Zahlungsmittel), steigende D-Mark- und Dollarverschuldung, fehlende Investitionen und ausbleibende Modernisierung waren die Probleme, die zunehmend auf der Wirtschaft lasteten. Dies führte zu wachsendem Unmut in der Bevölkerung. Besonders schlecht war die Versorgung mit Baumaterialien, Autoersatzteilen und Möbeln, doch waren auch andere Güter knapp. Südfrüchte und höherwertige Genussmittel waren rar, überall gab es Warteschlangen. Staatlich festgesetzte Preise führten zu billigen Grundnahrungsmitteln und niedrigen Mieten, sodass die Menschen viel Kaufkraft besaßen, diese aber aufgrund des beschränkten Angebotes nicht nutzen konnten. So betrug 1987 die Wartezeit für einen Trabant (Automarke) zwischen 13,5 und 15 Jahren.

M 5 Einkaufen

Schlange vor einem Obst- und Gemüseladen in Weimar, 1983

Hinweis

Opposition und Widerstand in der DDR wird in diesem Schulbuch im folgenden Teilkapitel ab Seite 130 thematisiert.

Ausreise

Schließlich erkannte die DDR auf der Konferenz für Sicherheit und Zusammenarbeit in Europa 1973–1975 im Prinzip das Bürgerrecht der Freizügigkeit an. Dies führte zu einer Welle an Ausreiseanträgen. Das MfS reagierte mit Verhaftungen und „Zersetzungsmaßnahmen“. Tausende Häftlinge wurden von der BRD freigekauft.

Die Jugendweihe – Mit Textquellen arbeiten

M 6 Das Gelöbnis

a) Die 1955 in der DDR eingeführte Jugendweihe knüpfte an ältere humanistische Traditionen an. Sie wurde als Konkurrenz zur katholischen Firmung und zur evangelischen Konfirmation staatlich massiv gefördert. Eine Mehrheit der Vierzehnjährigen nahm an der Jugendweihe teil. Das Gelöbnis lautete folgendermaßen (Auszug):

Liebe junge Freunde!

Seid ihr bereit, als junge Bürger unserer Deutschen Demokratischen Republik mit uns gemeinsam, getreu der Verfassung, für die große und edle Sache des Sozialismus zu arbeiten und zu kämpfen und das revolutionäre Erbe des Volkes in Ehren zu halten, so antwortet: Ja, das geloben wir! [...]

Seid ihr bereit, als würdige Mitglieder der sozialistischen Gemeinschaft stets in kameradschaftlicher Zusammenarbeit, gegenseitiger Achtung und Hilfe zu handeln und euren Weg zum persönlichen Glück immer mit dem Kampf für das Glück des Volkes zu vereinen, so antwortet: Ja, das geloben wir!

Seid ihr bereit, als wahre Patrioten die feste Freundschaft mit der Sowjetunion weiter zu vertiefen, den Bruderbund mit den sozialistischen Ländern zu stärken, im Geiste des proletarischen Internationalismus zu kämpfen, den Frieden zu schützen und den Sozialismus gegen jeden imperialistischen Angriff zu verteidigen, so antwortet: Ja, das geloben wir!

Wir haben euer Gelöbnis vernommen. Ihr habt euch ein hohes und edles Ziel gesetzt. Feierlich nehmen wir euch auf in die große Gemeinschaft des werktätigen Volkes, das unter Führung der Arbeiterklasse und ihrer revolutionären Partei, einig im Willen und im Handeln, die entwickelte sozialistische Gesellschaft in der Deutschen Demokratischen Republik errichtet.

Wir übertragen euch eine hohe Verantwortung. Jederzeit werden wir euch mit Rat und Tat helfen, die sozialistische Zukunft schöpferisch zu gestalten.

Zit. nach: Thomas Gandow, Jugendweihe. Humanistische Jugendfeier, München: Evang. Presseverb. für Bayern, Abt. Schriftenmission 1994, S. 47.

b) Claudia Rusch, geboren 1971, schildert ihre Jugendweihe in Berlin (2003):

Die Jugendweihe war das abschließende und am heißesten erwartete Ereignis einer DDR-Kindheit. Sie bedeutete die feierliche Aufnahme der Vierzehnjährigen in den Kreis der Erwachsenen. Zeitgleich bekam man seinen Personalausweis, trat in die FDJ ein und wurde fürderhin von den Lehrern im Unterricht gesiezt. Ein bedeutsamer Moment also. [...] Ich hatte Anfang 1985 Jugendweihe. [...] Der Festakt mit Reden, Kulturprogramm und sozialistischem Glaubensbekenntnis fand in einem Saal des Museums für Deutsche Geschichte statt. [...] Obwohl ich sogar eine Rede halten musste, war ich insgesamt ein wenig leidenschaftslos, was diese ganze Weihe betraf. [...]

Die entscheidende Frage der Jugendweihe lautete: „Was ziehst du an?" [...] Das Gelöbnis spielte keine Rolle – entscheidend waren das Fest und die Geschenke. [...] Als wir dran waren, erhob ich mich und tat das, was ich immer tat: Ich ging los und stand es durch. In meinem bedeutungsvollen Westkleid stieg ich auf die Bühne, schwor mit gekreuzten Fingern auf den Staat und wurde erwachsen.

Claudia Rusch, Meine freie deutsche Jugend, Frankfurt a. M.: S. Fischer 2003, S. 47ff.

M 7 Jugendweihe in Bad Freienwalde, 1985

Versorgungsengpässe – Mit Textquellen arbeiten

M 8 Automarkt

Annoncen in der „Lausitzer Rundschau" vom 7. Juni 1982. Die gesetzlich festgelegten Preise führten zu der seltsamen Situation, dass gebrauchte Autos teurer waren als Neuwagen. Gegen den blühenden Schwarzmarkt halfen keine Gesetze und Strafandrohungen (Namen und Adressen sind aus Gründen des Datenschutzes unkenntlich gemacht).

Wartburg 311/1000, Baujahr 1964, Garagenwagen, neu bereift, Kupplung und Federn überholt, braune Prägemarke, mit Radio, für 5500 M zu verkaufen. [redacted]

Skoda S 100, Bauj. 1970, Garagenwagen, mit Hängerk. u. Radio, diverse Teile wurden neu eingebaut, wegen Neuanschaffung für 9500 M zu verkaufen. Zuschr. an [redacted]

Skoda S 100, Bauj. 1972, Blechteile neu, für 11 000 M zu verkaufen. [redacted]

Wolga M 21, Baujahr 1964, für 2500 M zu verkaufen. [redacted]

MZ TS 250/1, Bj. 1979, 2500 M, Integralhelm, 240 M, Nierengurt, 60 M, zu verk. [redacted]

SAS 968 S, Bj. 1974, 17 000 km, Garagenwagen, für 8000 M zu verk. [redacted]

M 9 Automarkt

Information der Bezirksleitung der SED Berlin an das Politbüro der SED vom 16. April 1980 über Straftaten unter Ausnutzung von Zeitungsannoncen:

Bei den unter der Rubrik „Automarkt" [...] annoncierten Angeboten ist überwiegend der rechtswidrige und spekulative Charakter von Preisforderungen erkennbar.
Die in den Annoncen geforderten Preise stehen im Widerspruch zu den für die Preisbildung bei gebrauchten Kraftfahrzeugen gültigen Rechtsvorschriften. Die Praxis bestätigt, dass darüber hinaus der dann zwischen Verkäufer und Käufer ausgehandelte Preis noch darüber liegt.
Überpreisforderungen sind besonders in Annoncen über den Verkauf von PKW des Typs „Trabant" enthalten, treten jedoch auch bei Importfahrzeugen in Erscheinung. Charakteristisch ist dabei, dass, differenziert für Fahrzeuge, die bis zu 15 Jahren alt sind und Laufleistungen von über 50 000 km aufweisen, überwiegend 80–110 % der Neupreise angegeben sind.
Der beschäftigungslose Gerd G. erzielte von Oktober 1975 bis November 1978 durch den spekulativen Handel mit PKW, wertintensiven Konsumgütern sowie mit anderen Gegenständen in einem Umfang von 1,9 Mio Mark einen persönlichen Gewinn von 379 TM. Allein bei 44 PKW wurden unter Verletzung von Preisbestimmungen in einer Höhe von 260 TM bis zu 20 TM über den EVP für den jeweiligen PKW gefordert und von den Interessenten gezahlt.

Zit. nach: Bundesarchiv, SAPMO-Barch, ZPA, DY 30, IV2/2037/26 (16.04.1980)

M 10 Engpässe

Aus einer streng vertraulichen Information der Bezirksverwaltung Suhl (Thüringen) des MfS (Ministeriums für Staatssicherheit) vom 13.5.1985:

Kreis Sonneberg: In den Grenzgemeinden des Kreises bestehen seit Monaten Schwierigkeiten bei der Bereitstellung von ausgewählten Gemüsekonserven wie Gurken, Paprika und Letscho [ungarisches Schmorgericht]. [...]
Ständige Nachfrage besteht in den Grenzgemeinden nach gekörnter Brühe, schwarzem Tee in Beuteln, Waffeln und Dauergebäck.
Kreis Suhl: [...] In der Konsumverkaufsstelle Suhl-Neundorf gibt es heftige Diskussionen über die schlechte Obst- und Gemüseversorgung; außer Kuba-Orangen gebe es z. Z. keinerlei Obst und Gemüse.
[...]
In diesem Zusammenhang wurde die Auffassung geäußert, dass „40 Jahre nach dem Krieg die Versorgung mit bestimmten Dingen besser sein müsste". Unter der Bevölkerung der Bezirksstadt traten Diskussionen über den ungenügenden Frischegrad von Brot auf sowie über die ungenügende Versorgung mit Joghurterzeugnissen, Südfrüchten, Backzutaten und Kuko-Reis. Ausgewählte Käsesorten wie Limburger, Romadur und Brie sind nicht ständig im Angebot. Der Bedarf nach Edelfleisch- und Schinkenware kann derzeit nicht befriedigt werden.

Zit. nach: BStU (Bundesbeauftragter für die Unterlagen des Staatssicherheitsdienstes der ehemaligen DDR), Archiv der Außenstelle Suhl, AKG/29 Bd. 2.

Wohnungsbau – Perspektiven vergleichen

M 11 Wohnungsbau: Anspruch ...

Aus der Autobiografie Erich Honeckers (1980):

Nur ein den spezifischen Wohnbedürfnissen gerecht werdender Wohnungsbau und eine an sozialen Kriterien sich orientierende Wohnungsvergabepolitik bei niedrigen Mieten entspricht dem humanistischen Anliegen, Wohngebiete zu schaffen, die frei sind von den versteinerten Gegensätzen zwischen Arm und Reich, in denen sich alle Bewohner wohl fühlen und wo ihre Kinder in menschlicher Wärme und sozialer Geborgenheit aufwachsen.

Erich Honecker, Aus meinem Leben, Berlin: Dietz 1980, S. 310.

M 12 ... und Wirklichkeit

Seit 1975 hatten die Bürger der DDR das Recht, sich durch sogenannte Eingaben bei staatlichen Stellen über Missstände zu beschweren. Dabei standen Klagen über die mangelhafte Versorgung mit Wohnraum an erster Stelle. Den folgenden Brief vom 30. Dezember 1986 schickte ein Bürger an den Oberbürgermeister von Meißen und parallel an die Redaktion der Fernsehsendung Prisma mit der Bitte, das Problem öffentlich zu machen:

Werter Genosse Bürgermeister!

Am gestrigen Abend hörte ich in der „Aktuellen Kamera" [DDR-Nachrichtensendung], wie Sie über die Erfolge der Stadt Meißen sprachen und Ihren Stolz über die Verbesserung der Wohnverhältnisse der Bürger Ihrer Stadt zum Ausdruck brachten.

Um die Verhältnisse in Ihrer Stadt richtig kennen zu lernen, empfehle ich Ihnen einen Besuch bei der Familie Senf in der Hopfendorfer Straße 45. Dort, unter dem Dach, erhielt vor ca. 4 ½ Jahren meine Tochter als junge Lehrerin eine Absolventenwohnung, bestehend aus einem Wohnzimmer, einer kleinen Küche und einer kleinen Kammer mit schräger Wand. Meine Tochter verwendete ihren gesamten Urlaub und ihre gesamten Ersparnisse, um mit Hilfe von Freunden und Kollegen diese Wohnung in einen bewohnbaren Zustand zu versetzen. Heute wohnt dort eine 4-Personen-Familie.

Wohnen heißt für diese Familie: Das Ehepaar schläft auf Matratzen am Fußboden, weil keine Möglichkeit zum Aufstellen von Betten besteht. [...] Welche Schwierigkeiten es bereitet, unter den gegebenen Umständen die erforderlichen hygienischen Bedingungen für die Kinder zu gewährleisten, möchte ich hier nicht detailliert darstellen.

[...] Nach Ihrem Auftreten in der „Aktuellen Kamera" erwarte ich nun Ihre konkreten Maßnahmen. Noch immer gilt doch wohl, dass Menschen nicht nur durch Agitation und Propaganda überzeugt werden, sondern sich vor allem anhand ihrer eigenen Erfahrungen überzeugen.

Zit. nach: Ina Merkel (Hg.), „Wir sind doch nicht die Meckerecke der Nation". Briefe an das Fernsehen der DDR, erw. Neuaufl., Berlin: Schwarzkopf und Schwarzkopf 2000, S. 88 ff.

Aufgaben

1. Die Jugendweihe – Mit Textquellen arbeiten

a) Arbeitet aus dem Gelöbnis zur Jugendweihe die Erwartungen des Staates an die Jugendlichen heraus.

b) Erläutert an konkreten Textsstellen die im Bericht von Claudia Rusch erkennbare Einstellung zur Jugendweihe.

c) Erklärt den Zweck der Jugendweihe aus der Perspektive des Staates und der Jugendlichen.

→ Text, M6, M7

2. Versorgungsengpässe

a) Erklärt die Gründe dafür, dass Gebrauchtwagen oft teurer waren als Neuwagen.

b) Beschreibt die Engpässe im Bereich des Konsums in der DDR.

c) Erklärt die Gründe dafür, dass sich das Ministerium für Staatssicherheit der DDR mit diesen Problemen beschäftigte.

d) **Zusatzaufgabe:** Erläutert am Beispiel der Abkürzung „EVP" (Endverbraucherpreis) oder EVK (Einzelhandelsverkaufspreis), wie die Preisbildung in einem planwirtschaftlichen Modell entsteht und stellt dem die Preisbildung in einer Marktwirtschaft gegenüber.

→ Text, M5, M8 – M10

3. Wohnungsbau – Perspektiven vergleichen

Erläutert die Frage des Wohnungsbaus in der DDR aus zwei relevanten Perspektiven. Verwendet dabei die Begriffe Anspruch, Wirklichkeit und Propaganda.

→ Text, M11, M12

Der Palast der Republik – Ein Gebäude, viele Beurteilungen

M 1 Palast der Republik

Foto, 1984

M 2 Palast der Republik – Abriss

Foto, 2007

M 3 Verschiedene Bezeichnungen für den Palast der Republik

- Palast der Republik
- Ballast der Republik
- Palazzo Prozzo
- Haus des Volkes
- DDR-Monument
- Tanzpalast
- Asbestruine
- sozialistischer Klotz
- Symbol eines zerbrochenen Staates
- Beweis der sozialistischen Leistungskraft
- Zentrale der Macht
- sozialistische Mehrzweckhalle
- Erichs Lampenladen
- Vergnügungstempel
- Schlüsselsymbol der DDR
- Prunkbau der Politbürozeit
- unbequemes Erbstück
- Relikt des ostdeutschen Unrechtsstaates
- einzigartiges Zeitdokument
- Kulturhaus

Info

Zeitstrahl

1973–1976	Bau an prominenter Stelle des 1945 ausgebrannten und 1950 gesprengten Berliner Stadtschlosses
1976–1990	Nutzung als Sitzungsort der Volkskammer sowie der SED-Parteitage, zugleich einzigartiger Freizeit- und Veranstaltungsort der DDR
23.08.1990	frei gewählte Volkskammer der DDR beschließt im Palast der Republik den Beitritt der DDR zur BRD
19.09.1990	Sperrung des Gebäudes nach gutachterlicher Feststellung der Asbestverseuchung
1998–2003	Asbestentfernung, Verkauf und Versteigerung der Innenausstattung
April 2002	Internationale Expertenkommission empfiehlt mehrheitlich den Abriss des Gebäudes
2004–2005	Zwischennutzung als Kulturort
19.01.2006	Beschluss des Bundestages zum Abriss
2006–2008	Abriss des Palastes der Republik
seit 2013	Wiederaufbau des Berliner Stadtschlosses als Humboldt-Forum

Info

Faktenbox

- der Bau war ein Prestigeprojekt: die Baukosten betrugen nach Angaben der DDR-Regierung 485 Mio. Mark der DDR, nach Schätzungen wohl aber bis zu einer Milliarde Mark der DDR, wobei teuerste Materialien wie importierter weißer Marmor genutzt wurden
- die Konzeption des Palastes der Republik folgte der Idee der funktionalen Zweiteilung als Parlamentsgebäude und kulturelles Mehrzweckgebäude, dies sollte die Verbundenheit von sozialistischem Staat und Volk ausdrücken
- neben der Nutzung als Sitzungsort der Volkskammer und des SED-Parteitages wurden Veranstaltungen der Staats- und Parteiführung zu Ehren-, Gedenk- und Feiertagen, Veranstaltungen der FDJ sowie nationale und internationale Kongresse im Palast durchgeführt
- das kulturelle Angebot im Palast der Republik umfasste Konzerte, Bälle, Revuen, Ausstellungen, Tanzabende, Modenschauen, Ballett, Kabarett, Theater u.v.m.

Info

Vor allem der Große Saal des Palastes war durch seine besondere technische Ausstattung sehr variabel bespielbar

- der Palast der Republik beherbergte insgesamt 13 verschiedene gastronomische Einrichtungen, aber auch acht Bowlingbahnen, einen Jugendtreff und ein Theater
- der Veranstaltungsplan des Palastes musste dem ZK der SED zur Bestätigung vorgelegt werden
- der Palast der Republik war das größte Kulturhaus der DDR, in 14 Jahren wurde es von 70 Millionen Menschen besucht
- im Palast arbeiteten zwischen 1.700 (1976) und 1.940 (1986) Mitarbeiter und Mitarbeiterinnen
- die Staatssicherheit überwachte zunächst den Bau des Gebäudes, später wurde das gesamte Gelände sowie der Besucherverkehr beobachtet; die Kommandozentrale der Staatssicherheit für die Palastüberwachung lag gegenüber, im Palast selbst gab es zwei operative Abhörräume

Training

Urteilsbildung im Geschichtsunterricht

Zu historischen Ereignissen, Entwicklungen, Personen und Denkmälern gibt es häufig unterschiedliche Bewertungen und Beurteilungen. Auch im Namen des „Palastes der Republik“ sowie in den alternativen Bezeichnungen dieses Gebäudes sind bereits Wertungen und Urteile enthalten. Diese werden verständlich, wenn du Perspektiven, Interessen und Wertmaßstäbe auf der historischen Ebene einnimmst und nachvollziehst. Wenn du auf der der Ebene der historischen Zeit und ihrer damaligen Möglichkeiten urteilst, fällst du ein historisches **Sachurteil**.

Das **Werturteil** hingegen ist deine eigene, individuelle Stellungnahme zu einem historischen Sachgegenstand, deren Begründung auf deinen eigenen, heutigen Wertmaßstäben basiert. Selbstverständlich muss deine Begründung zugleich sachlogisch und stichhaltig sein. Dies gelingt dir, indem du möglichst vollständige Argumente (Behauptung – Begründung – Beleg/Beispiel) nutzt. Du solltest dir bewusst machen, dass sich Argumente verschiedenen Betrachtungsebenen (Recht, Wirtschaft, Politik, Lebenswelt u.a.) zuordnen lassen.

Aufgaben

1. Der Palast der Republik – Ein Gebäude, viele Beurteilungen

a) Ordne mindestens zehn verschiedene Bezeichnungen chronologisch und begründe die Anordnung, indem du jeder Bezeichnung mindestens eine passende Perspektive auf der Sachurteilsebene zuordnest.

b) Verteilt die Perspektiven und recherchiert arbeitsteilig mit dem Ziel, eine passende Bezeichnung aus eurer jeweiligen Perspektive argumentativ begründen zu können.

c) Die im Jahr 2000 eingesetzte Expertenkommission sollte u.a. eine Empfehlung für den Umgang mit dem Palast der Republik geben, wobei ein Erhalt der nach der Asbestsanierung verbliebenen Teile des Gebäudes im Vorhinein ausdrücklich nicht ausgeschlossen wurde. Teilt die Klasse in drei Gruppen: Befürworter a) des Abrisses, b) des Teilerhalts in Verbindung mit einem Wiederaufbau des Schlosses, c) des kompletten Erhalts der verbliebenen Teile. Bereitet euch auf eine Rollendiskussion vor und führt diese durch.

d) In einem Zeitungskommentar über das Humboldt-Forum liest du die Meinung der Autorin, dass der Palast der Republik ihrer Meinung nach erhalten hätte werden sollen. Antworte ihr schriftlich mit deinem gut begründeten Werturteil und nutze dabei mindestens eine alternative Bezeichnung für das Gebäude.

Opposition und Widerstand in der DDR

M 1 Wappen der DDR-Staatssicherheit

Der Herrschaftsanspruch der SED

Die SED vertrat seit ihrer Gründung 1946 in der SBZ bis zum Ende der DDR 1989/90 einen totalitären Herrschaftsanspruch. Dieser beschränkte sich nicht nur auf die Politik, sondern griff in alle Bereiche der Gesellschaft ein. Versuche, die Machtposition der SED in Frage zu stellen oder Alternativen zu entwickeln, wurden als staatsfeindlicher Angriff auf die DDR unterdrückt und verfolgt. Die eigene Machtsicherung stand für die SED im Vordergrund, woraus ihr konsequentes Vorgehen gegen Opposition und Widerstand folgte.

Instrumente der Machtsicherung: MfS und politische Justiz

Bereits 1950 wurde das Ministerium für Staatssicherheit (MfS) gegründet. Es verstand sich als „Schwert und Schild" der SED. Als politischer Geheimdienst agierte das MfS abseits rechtsstaatlicher Prinzipien und ohne gesetzliche Grundlage. Die Bevölkerung der DDR wurde systematisch überwacht, um jede Form von politischer Gegnerschaft im Keim zu ersticken. Dafür verfügte das MfS über eigene Untersuchungshaftanstalten. Der Ausbau des Geheimdienstes auf bis zuletzt fast 90 000 hauptamtliche und etwa 189 000 inoffizielle Mitarbeiter dokumentiert seine Bedeutung als wichtigstes Machtinstrument der SED.

Auch die Justiz war den Machtinteressen der SED unterworfen. Bei als politisch eingestuften Gerichtsverfahren schalteten sich Führungskräfte der SED ein und beeinflussten direkt Urteile und die Höhe des Strafmaßes bis hin zur Todesstrafe, die erst 1987 aus dem Strafgesetzbuch der DDR gestrichen wurde. Die Verfolgung und Bestrafung politischer Gegner der SED-Herrschaft erfolgte zwar auf einer gesetzlichen Grundlage, dies widersprach aber rechtsstaatlichen Prinzipien.

M 2 Arrestzelle
im geschlossenen Jugendwerkhof Torgau, Foto von 1990

Erziehung und Zwang

Auch Kinder und Jugendliche waren dem Machtanspruch der SED unterworfen. Die staatlichen Bildungs- und Erziehungsinstitutionen der DDR verfolgten das Ziel, einen neuen sozialistischen Menschen zu formen. Der Einzelne sollte ausschließlich im Kollektiv der sozialistischen Gesellschaft seinen Platz finden. Viele Jugendliche, die durch nonkonformes Verhalten auffielen, bekamen das Stigma „schwer erziehbar". Um ihre Anpassung an die sozialistischen Ideale zu erzwingen, konnte die Jugendhilfe der DDR, die dem Ministerium für Volksbildung unterstand, auch gegen den elterlichen Willen eine Einweisung in Erziehungsheime anordnen. Die härteste Maßnahme war eine Einweisung in den geschlossenen Jugendwerkhof in Torgau. Hier wurden zwischen 1964 und 1989 über 4000 Jungen und Mädchen im Alter von 14 bis 18 Jahren völlig ohne Rechtsgrundlage eingewiesen. Ein haftähnliches System von strenger Kontrolle, Drill, Strafen, körperlich schwerer Arbeit und ideologischer Indoktrinierung sollte die Jugendlichen „umerziehungsbereit" machen.

Opposition und Widerstand: Eine Geschichte von Wenigen

Kritik an der Politik der SED war weit verbreitet. Nur wenige hingegen suchten den offenen Konflikt mit der Staatsmacht. In der Bevölkerung hatte sich in Folge der Niederschlagung des Aufstands vom 17. Juni 1953 und des Mauerbaus auch ein Gefühl der Ohnmacht und Resignation ausgebreitet. Dabei vollzog die große Mehrheit der Bevölkerung – gezwungen durch die staatliche Repression, aber

M 3 „Wir fordern Freiheit“
Parole des Eisenberger Kreises auf einem Bahnwaggon im Bahnhof Hainspitz (Nordost-Thüringen), 21.10.1956, vom MfS als Beweismittel aufgenommen

Hinweis

Orte der Repression
http://www.orte-der-repression.de
(recherchiere Berlin/Brandenburg)
Besonders Schwedt: http://www.orte-der-repression.de/einrichtung.php?id=74

vielfach auch freiwillig – eine Anpassung an Werte und Normen der sozialistischen Gesellschaft. So ließen sich private Rückzugsräume schaffen. Außerdem war nur durch Anpassung ein sozialer Aufstieg möglich. Häufig anzutreffende Formen der Verweigerung im Alltag (z. B. der heimliche Konsum westlicher Medien, das Fernbleiben von Massenveranstaltungen und die Orientierung an Mode und Lebensstil des Westens) stellten nicht grundsätzlich die politische Machtfrage und wurden mehr oder weniger offen durch das SED-Regime toleriert.

Es waren daher vor allem einzelne und kleinere Gruppen, die es trotz größter Gefahren und teilweise schwerer persönlicher Konsequenzen wagten, für ihre Überzeugungen einzutreten und die SED-Herrschaft direkt herauszufordern. Massenproteste gegen die SED-Politik blieben eine seltene Ausnahme. Die Formen und Mittel des Widerstands waren sehr unterschiedlich. Neben den stark eingeschränkten legalen Möglichkeiten wurden teilweise auch illegale und gewalttätige Formen des Widerstandes gewählt. Im Folgenden werden exemplarisch Formen jugendlichen Widerstands beleuchtet.

Jugendlicher Widerstand: Der Eisenberger Kreis

In der thüringischen Stadt Eisenberg musste der Oberschüler Thomas Ammer (geb. 1937) 1953 mit ansehen, wie einige seiner Mitschüler aufgrund ihrer Zugehörigkeit zur evangelischen Jungen Gemeinde vom Unterricht ausgeschlossen wurden. Als Reaktion auf die kirchenfeindliche SED-Politik gründete er mit Freunden eine Widerstandsgruppe. Von der Unrechtmäßigkeit der SED-Herrschaft überzeugt, brachten die Mitglieder des „Eisenberger Kreises“ heimlich politische Losungen an Hauswänden an und verteilten Flugblätter. Besonderes Aufsehen erregte ihr Brandanschlag auf einen Schießstand der „Gesellschaft für Sport und Technik“ (GST) im Januar 1956. Durch diesen Gewaltakt wollten sie ihre Ablehnung der Militarisierung der DDR und der bevorstehenden Gründung der Nationalen Volksarmee (NVA) zum Ausdruck bringen. 1957 verhaftete das MfS 24 Mitglieder des „Eisenberger Kreises“, die im Herbst 1958 zu insgesamt 116 Jahren und sechs Monaten Zuchthaus verurteilt wurden. Thomas Ammer erhielt mit 15 Jahren die höchste Haftstrafe, wurde aber nach sechs Jahren Haft 1964 als politischer Häftling von der Bundesrepublik Deutschland freigekauft und dorthin entlassen.

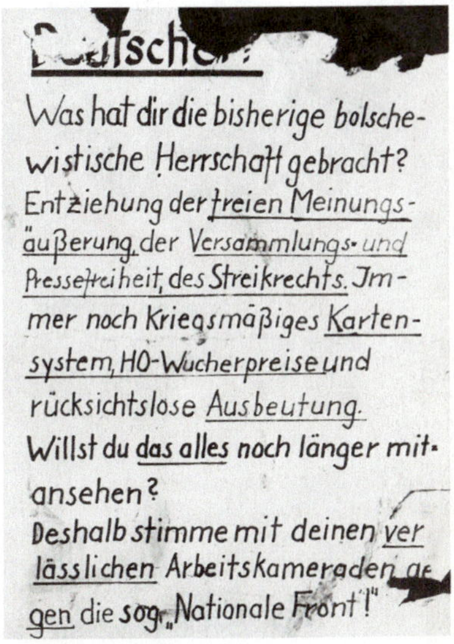

M 4 Plakat
des Eisenberger Kreises zu den Volkskammerwahlen am 17.10.1954, DIN-A4, vom MfS als Beweismittel aufgenommen

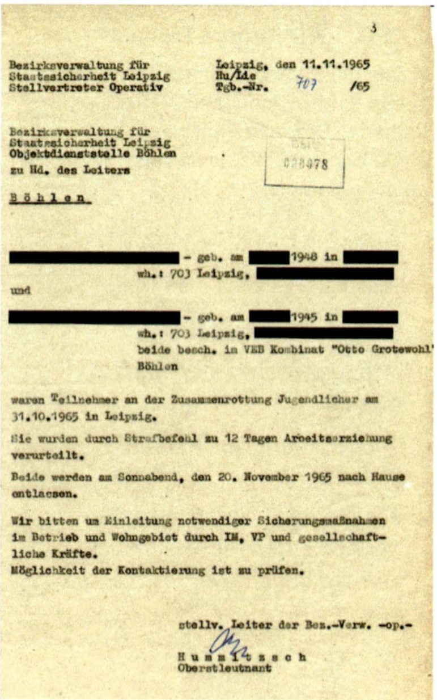

3

Bezirksverwaltung für
Staatssicherheit Leipzig
Stellvertreter Operativ

Leipzig, den 11.11.1965
Hu/Lie
Tgb.-Nr. 707 /65

Bezirksverwaltung für
Staatssicherheit Leipzig
Objektdienststelle Böhlen
zu Hd. des Leiters

Böhlen

[redacted] – geb. am [redacted] 1948 in [redacted]
wh.: 703 Leipzig, [redacted]

und

[redacted] – geb. am [redacted] 1945 in [redacted]
wh.: 703 Leipzig, [redacted]
beide besch. im VEB Kombinat "Otto Grotewohl"
Böhlen

waren Teilnehmer an der Zusammenrottung Jugendlicher am 31.10.1965 in Leipzig.

Sie wurden durch Strafbefehl zu 12 Tagen Arbeitserziehung verurteilt.

Beide werden am Sonnabend, den 20. November 1965 nach Hause entlassen.

Wir bitten um Einleitung notwendiger Sicherungsmaßnahmen im Betrieb und Wohngebiet durch IM, VP und gesellschaftliche Kräfte.
Möglichkeit der Kontaktierung ist zu prüfen.

stellv. Leiter der Bez.-Verw. -op.-

H u m m i t z s c h
Oberstleutnant

M 5 Fernschreiben
mit Vermerk über die bevorstehende Entlassung von zwei Teilnehmern der Beat-Demonstration nach 12 Tagen „Arbeitserziehung"

M 6 „Schwerter zu Pflugscharen"
Aufnäher

Flucht: Die Oberschüler von Storkow

Wenige Wochen vor den Abiturprüfungen 1957 flohen 16 Schüler aus Storkow in Brandenburg nach West-Berlin. Sie hatten in einer Schweigeminute in der Schule den Opfern des Ungarn-Aufstandes von 1956 gedacht. Weil die Klasse trotz intensiver Nachforschungen durch die Staatsorgane nach den „Rädelsführen" schwieg, wurden alle Schülerinnen und Schüler vom Abitur ausgeschlossen. Nach geglückter Flucht konnten schließlich alle im hessischen Bensheim ihr Abitur ablegen. Zwischen 1949 und 1961 flohen insgesamt rund 2,8 Millionen Menschen aus der DDR in die Bundesrepublik Deutschland.

Protest: Die Leipziger Beat-Demonstration

Am 31. Oktober 1965 fand die größte nichtgenehmigte Demonstration nach dem 17. Juni 1953 in Leipzig statt. Etwa 1000 bis 2000 jugendliche „Beatniks" hatten sich in der Leipziger Innenstadt versammelt, um gegen das im Zuge des 11. Plenums der SED erlassene Verbot von „Beatgruppen" zu demonstrieren. Westliche Musikkultur galt der SED als Einfallstor für westliche Werte, vor denen die Jugend in der DDR geschützt werden sollte. Der Protest der überwiegend als „Gammler" diffamierten Jugendlichen wurde mit harter Polizeigewalt aufgelöst. Von 297 Verhafteten im Alter von 15 bis 25 Jahren mussten 97 ohne Gerichtsurteil bis zu sechs Wochen Zwangsarbeit in Braunkohletagebauen in der Nähe von Leipzig leisten.

Opposition: „Schwerter zu Pflugscharen"

Christliche Gruppen engagierten sich ab den 1980er-Jahren gegen die umfassende Militarisierung der DDR-Gesellschaft. Für die kirchliche Friedensdekade 1980 hatte der sächsische Landesjugendpfarrer Harald Bretschneider (geb. 1942) das Symbol „Schwerter zu Pflugscharen" angeregt. Auf einem Textilvlies gedruckt, fand das Symbol reißenden Absatz unter Jugendlichen über die evangelischen Jungen Gemeinden hinaus. Insgesamt waren über 100 000 Exemplare des Aufnähers im Umlauf. Die spontane Bewegung „Schwerter zu Pflugscharen" wurde in den Jahren 1981 und 1982 zur größten oppositionellen Massenbewegung zwischen dem Volksaufstand 1953 und der friedlichen Revolution 1989/1990. Der SED-Machtapparat antwortete auf die Herausforderung durch diese unabhängige Friedensbewegung mit öffentlich erzwungenen Rechtfertigungen, Schul- und Universitätsverweisen sowie Verhaftungen. Um die Konfrontation mit dem Staat zu entschärfen, entschieden sich die evangelischen Kirchenleitungen, dass das Symbol nicht mehr in der Öffentlichkeit, sondern nur noch im innerkirchlichen Bereich verwendet werden sollte. Doch die Kraft des Symbols für die oppositionellen Gruppen blieb ungebrochen.

Aufgaben

1. **Staat und Repression – Medienbildung**
   Verfasse eine Beurteilung der Internetseite des Mitteldeutschen Rundfunks (MDR) zur Todesstrafe in der DDR (URL: http://www.mdr.de/zeitreise/ddr/todesstrafe-ddr100.html).
   Führe dafür eine Gegenprüfung der Informationen der Internetseite anhand der Lehrbuchmaterialien sowie eigener Internetrecherche durch.
   Begutachte die Themenseite des MDR anhand aller weiterer Kriterien zur Beurteilung einer Internetseite auf Seite 135 in diesem Schulbuch.
   → Text, Internet, Trainingskasten Seite 135

Staatliche Repression – Der Jugendwerkhof Torgau und das DDR-Strafrecht

M 7 Inschrift
auf einer Zellenpritsche im geschlossenen Jugendwerkhof Torgau

M 8 Arrestordnung

Arrestordnung des geschlossenen Jugendwerkhofes Torgau:

Da Sie die Hausordnung des Jugendwerkhofes Torgau nicht eingehalten haben, werden Sie mit Arrest bestraft. Sie haben sich im Arrest entsprechend der nachstehenden Ordnung zu verhalten:

a) Ihnen ist im Arrest verboten:
1. Das Singen und Pfeifen
2. Das Lärmen
3. Das Herausschauen aus dem Fenster
4. Das Benutzen der Lagerstätte außerhalb der Nachtruhe
5. Der Besitz von Büchern, Zeitungen, Bleistiften und dergleichen außer den vom diensthabenden Leiter übergebenen Gegenständen
6. Das Beschmieren oder Beschriften der Wände und Türen
7. Jede Art der Unterhaltung mit anderen Jugendlichen

b) Weiterhin haben Sie folgende Anordnungen zu befolgen:
1. Wird die Arrestzelle geöffnet, haben Sie Grundstellung einzunehmen und Meldung zu machen.
Inhalt der Meldung ist:
Name – Dauer des Arrestes – Grund des Arrestes – die schon verbüßte Zeit
2. Der Hocker hat in der Mitte der Zelle zu stehen
3. Die Lagerstätte steht in der Zelle links an der Wand am Fenster
4. Der Kübel steht in der Zelle rechts neben der Tür

Dinge des persönlichen Bedarfs, wie Zahnbecher, Seife, Kamm werden außerhalb des Arrestes aufbewahrt [...]

c) Sollten Sie gegen die Arrestordnung verstoßen, werden notwendige erzieherische Maßnahmen – Arrest-Verlängerung oder Aufenthaltsverlängerung – angewandt.

Zit. nach: Bundesarchiv Berlin, DR 203

M 9 Strafrechtliche Grundlagen

Aus dem Strafgesetzbuch der DDR (1979):

§ 101. (1) Wer bewaffnete Anschläge oder Geiselnahmen oder Sprengungen durchführt, Brände legt oder Zerstörungen, oder Havarien herbeiführt oder andere Gewaltakte begeht, um gegen die sozialistische Staats- und Gesellschaftsordnung der Deutschen Demokratischen Republik Widerstand zu leisten oder Unruhe hervorzurufen, wird mit Freiheitsstrafe nicht unter drei Jahren bestraft. (2) Vorbereitung und Versuch sind strafbar. (3) In besonders schweren Fällen kann auf lebenslängliche Freiheitsstrafe oder Todesstrafe erkannt werden. [...]

§ 107. Staatsfeindliche Gruppenbildung. (1) Wer einer Gruppe oder Organisation angehört, die sich eine staatsfeindliche Tätigkeit zum Ziele setzt, wird mit Freiheitsstrafe von zwei bis zu acht Jahren bestraft. (2) Wer eine staatsfeindliche Gruppe oder Organisation bildet oder deren Tätigkeit organisiert, wird mit Freiheitsstrafe von drei bis zu zwölf Jahren bestraft. (3) Der Versuch ist strafbar.

Zit. nach: Ministerium der Justiz (Hg.), Strafgesetzbuch der Deutschen Demokratischen Republik (StGB vom 12. Januar 1968 i.d. Neufassung vom 19. Dezember 1974), Berlin: Staatsverlag der DDR 1979.

„Schwerter zu Pflugscharen“ – Die unabhängige Friedensbewegung der DDR

M 10 Brief des Schulleiters der Oberschule Werdau

Erhalten in der Behörde des Bundesbeauftragten für die Unterlagen des Staatssicherheitsdienstes der ehemaligen Deutschen Demokratischen Republik (BStU). Bei dem im Brief genannten „Abzeichen“ handelte es sich um den Aufnäher „Schwerter zu Pflugscharen“ (vgl. M6).

DIESTERWEGSCHULE WERDAU
– zehnklassige polytechnische Oberschule –
Straße der Freundschaft 28 / Tel. 3293 / Betr.-Nr. 9487 082 8

Rat des Kreises
Abt. Volksbildung
Kreisschulrat

9620 Werdau

962 Werdau, den 13.4.82

BStU
000126

Werter Genosse Kreisschulrat!

Zu Ihrer Anfrage gebe ich Ihnen nachstehend einige Informationen:

Kl.4a: Annekatrin [redacted]

Uns ist bekannt, daß die Schülerin Annekatrin [redacted] das Abzeichen trägt. Die Klassenleiterin, Kollegin [redacted], konnte noch kein Gespräch führen, da Annekatrin seit Wochen krank ist.

Kl.6b: King [redacted]

Die Klassenleiterin, Kollegin [redacted], führte u.a. am 30.3.82 ein Gespräch mit King. Trotz vieler Argumente konnte keine Veränderung erreicht werden.

Kl.8a: Christoph [redacted]

Kollegin [redacted], Klassenleiterin, sprach u.a. am 24.3.82 mit Christoph. Der Schüler führte an, daß die Sowjetunion dieses Symbol der UNO zum Geschenk gemacht habe. Außerdem will er damit dokumentieren, daß er sich durch das Tragen des Abzeichens zum Frieden bekennt.

Kl.9b: Rebekka Meusel

Die Klassenleiterin, Genossin Heike [redacted], war längere Wochen krank, deshalb bekam Genosse [redacted] den Auftrag, mit Rebekka zur Problmatik zu sprechen. Das Gespräch wurde am 2.4.82 geführt. Die Schülerin brachte zum Ausdruck, daß sie dieses Abzeichen weiterhin tragen kann, da die Sowjetunion dieses Symbol der UNO zum Geschenk übergeben hat, und es außerdem in Moskau steht. Die Abzeichen wurden in der Kirche verteilt. Sie führte u.a. aus, daß ein Wissenschaftler Untersuchungen gemacht hat, auch ohne Waffen könne der Frieden erhalten werden. Genossin Heike [redacted] wird weiterhin Überzeugungsarbeit leisten.

[redacted]
Direktor

Aufgaben

1. Der geschlossene Jugendwerkhof Torgau
Erläutere, weshalb der geschlossene Jugendwerkhof Torgau von den jugendlichen Insassen auch als „Hölle von Torgau“ beschrieben wurde. Beachte dabei folgende Unteraufgaben:

a) Recherchiere im Internet Biografien von Jugendlichen, die im geschlossenen Jugendwerkhof in Torgau eingewiesen wurden. Benenne die Gründe für die Einweisung und erkläre, wie sie heute damit leben.

b) Arbeite anhand der Quellen (M7, M8) sowie deiner Rechercheergebnisse die Auswirkungen heraus, die die Erziehungsmethoden auf die Jugendlichen hatten.

c) **Medienbildung:** Recherchiere, wie die Geschichte des Jugendwerkhofs in Torgau aufgearbeitet und wie an die Ereignisse erinnert wird. Beachte während deiner Recherche immer die Kriterien zur Beurteilung einer Internetseite (S. 135).

Text, M2, M7, M8

2. Der Eisenberger Kreis

a) Erläutere die Bedeutung von „Freiheit“ für die Jugendlichen des Eisenberger Kreises anhand der Analyse von M4.

b) Informiert euch durch gezielte Internetrecherche über die „Gesellschaft für Sport und Technik“ (GST). Trefft anschließend ein Sachurteil, indem ihr die Motive und erhofften Folgen des Brandanschlages auf die GST aus Sicht der Jugendlichen des Eisenberger Kreises formuliert.

Text, M3, M4

3. „Schwerter zu Pflugscharen“

a) Fasse die Angaben zusammen, die der Brief zu den Motiven der Schüler macht, das Symbol „Schwerter zu Pflugscharen“ zu tragen.

b) Beschreibe die Reaktion der Lehrer und des Schulleiters.

c) Erkläre die Rückschlüsse, die sich aus dem Fundort des Briefes im Archiv des BStU für den staatlichen Umgang mit der Friedensbewegung ziehen lassen.

Text, M6, M10

Eine Internetseite beurteilen

Oft stellt sich erst beim Besuch eines Internetangebots heraus, ob die Internetseite die gewünschte Information liefert oder nicht und ob sie auch seriös und vertrauenswürdig ist. Es gibt keine Kontrollinstanz für die Veröffentlichung von Inhalten im Internet, jeder darf hier seine Meinung kundtun. In vielen Fällen findet man authentische, umfassende und hochaktuelle Inhalte, doch dafür gibt es keine Garantie. Oft trifft man auch auf unbewusste oder bewusste Fehlinformationen, z.T. auch auf Propaganda.

Folgende Kriterien können bei der Begutachtung von Internetseiten helfen:

Wer betreibt das Internetangebot?

Hinweise auf den Betreiber finden sich meist im Impressum, über das jede seriöse Webseite verfügen sollte. Manchmal gibt die Internetadresse selbst Aufschluss über die Herkunft einer Seite. Den sogenannten Domainnamen erhält man, indem aus der Adresse alles hinter dem Länderkürzel gelöscht wird – so wird z.B. aus der Internetadresse http://www.ub.uni-bielefeld.de/biblio/search/help/index.htm die Adresse http://www.ub.uni-bielefeld.de, die Startseite der Universitätsbibliothek Bielefeld.

Häufig gibt es auch einen Link auf die Einstiegsseite des Internetangebots (Button „Home“).

Wer ist der Verfasser? In welcher Funktion schreibt er?

Gibt es Hinweise oder Links („Wir über uns“, Biografie des Autors), die weitere Auskunft geben? Wenn der Name des Verfassers bekannt ist, die Seite aber keine weiteren Informationen oder Links zum Verfasser bietet, kann mithilfe einer Suchmaschine nach Informationen über den Verfasser gesucht werden. Bücher oder Aufsätze eines Verfassers lassen sich am besten über einen Bibliothekskatalog oder eine Fachdatenbank ermitteln.

Wie aktuell sind die Informationen?

Häufig befindet sich am Ende der Seite das letzte Aktualisierungsdatum, was aber nicht unbedingt aussagekräftig ist, da es beliebig verfälscht werden kann. Zum Teil geht das Erstellungsdatum auch aus der Seite selbst hervor. Erkennbar ist der Aktualitätsgrad auch daran, ob z.B. die Links auf externe Internetseiten veraltet sind und nicht mehr funktionieren.

Für wen wurde die Seite geschrieben?

Gibt es Hinweise, für welches Zielpublikum – Allgemeinheit, Schüler, Studierende, Wissenschaftler – die Seite geschrieben wurde („Niveau“, Umfang, Verwendung von Fachbegriffen und Fremdwörtern)? Führen externe Links auf weitere, ergiebige Informationsquellen oder auf eher zweifelhafte Angebote? Sind die Links kommentiert und wird deutlich, warum ein Link gerade auf diese Webseiten gelegt wurde? Ein weiteres Kriterium für Seriosität kann Werbefreiheit sein.

Gibt es inhaltliche, stilistische oder orthografische Auffälligkeiten?

Wenn man auf einer Webseite Rechtschreibfehler, Übertreibungen oder eine ungewöhnliche Wortwahl bemerkt, kann man von einer eher unseriösen Seite ausgehen. Diese Auffälligkeiten sprechen häufig dafür, dass die Seite von einem Einzelautor ohne eine prüfende Instanz online gestellt wurde.
Es ist dagegen schwieriger, inhaltliche Auffälligkeiten zu bemerken, wenn man zu einem Thema recherchiert, in dem man sich noch nicht gut auskennt. Folgende Leitfragen sollten beachtet werden: Wird eine extreme Sichtweise vertreten? Wird nur eine einzige Sichtweise genannt? Werden unüberprüfbare Behauptungen (Stichwort: Verschwörungstheorien) aufgestellt?
Um inhaltliche Auffälligkeiten besser bemerken zu können ist wiederum eine Gegenprüfung gefundener Informationen sinnvoll. Zudem sollte man immer auch nach Gegenpositionen und Einschätzungen aus anderen Perspektiven suchen, wenn diese auf einer Webseite fehlen.

Wer war Chris Gueffroy? – Eine internetbasierte Fallanalyse

Der 20-jährige Chris Gueffroy, der am 5. Februar 1989 an der Sektorengrenze zwischen den Berliner Stadtbezirken Treptow und Neukölln erschossen wurde, war das letzte Opfer des Schusswaffeneinsatzes an der Berliner Mauer und der deutsch-deutschen Grenze.
Wenngleich die Regierung und die Organe der DDR versuchten, den tödlichen Schusswaffengebrauch möglichst zu verschweigen und die deutsch-deutschen Beziehungen nicht damit zu belasten, wurde der Fall auch in der bereits kriselnden DDR zur Kenntnis genommen. So zeigte sich insbesondere an der Begräbnisfeier auf dem Friedhof Baumschulenweg, welche Brisanz in der öffentlichen Wahrnehmung des Sterbens an der Mauer lag.

M 1 **Chris Gueffroy (21.06.1968–06.02.1989)**
Foto, 1988

M 2 Eine zeitgenössische Quelle

Einsatzplanung der Volkspolizei-Inspektion (VPI) Berlin-Treptow für die Begräbnisfeier für Chris Gueffroy am 23.02.89:

- ab 11 Uhr Einsatz von Kriminalisten in den Gaststätten „Serenade“, „Goldbroiler“, „Kiefholz“, „Ulla“ und „Glanzeck“ zur Aufklärung
- [...] Einsatz einer Doppelstreife der VPI in der Baumschulenstraße,
- Einsatz einer Doppelstreife der VPI in der Kiefholzstraße
- Einsatz eines FstW [Funkstreifenwagen] „gedeckt“ in der Rixdorfer/Kiefholzstraße
- Einsatz von 2 Genossen des TPA [Transportpolizeiamt der DDR, = Bahnpolizei]
- Kräfte in Zivil am Bahnhof Baumschulenweg
- Einsatz eines WS-Bootes [Wasserschutzpolizei] im Britzer-Zweig-Kanal (100 m entfernt von der Urnenstelle)
- Besetzung des ABV-Stützpunktes [Abschnittsbevollmächtigter: für ein bestimmtes Gebiet längerfristig zuständiger Polizeibeamter, vergleichbar dem Kontaktbereichsbeamten] durch 12 Kräfte in Uniform und ein LO [LO: Luftgekühlter Ottomotor, bezeichnet einen LKW der Marke Robur, der hier als Mannschaftstransporter verwendet wurde.]
- Errichtung von Zuführungspunkten
- Kennwort für die Kräfte: „Sonnenschein“
- Mit den Angehörigen wurde durch MfS gesprochen, sie wollen kein Fernsehen und keine Transparente und werden mündlich darauf Einfluss nehmen
- Zum taktischen Verhalten:
  Im Friedhofsgebäude handelt grundsätzlich keine Volkspolizei
  Journalisten dürfen grundsätzlich den Friedhof nicht betreten – bezüglich ihres Handelns im Vorgelände wird gegenwärtig durch MfS entschieden

Zit. nach: Landesarchiv Berlin C Rep. 303, Nr. 2731.

M 3 Reaktionen auf den Fall Chris Gueffroy

a) Brief des Ministers für Staatssicherheit Erich Mielke an den Staatschef Erich Honecker vom 25.02.1989 (Auszug):

Die Veröffentlichung der durch den zweiten Sohn der Gueffroy aufgegebenen Todesanzeige in der „Berliner Zeitung“ am 21. Februar 1989 konnte nicht verhindert werden, um auch im Hinblick auf den störungsfreien Ablauf der Beisetzung keine negativen Reaktionen der Angehörigen hervorzurufen und keinen Vorwand für Behauptungen im Sinn von Vertuschung zu bieten. [...]
Die Urnenbeisetzung und die Auflösung der Trauergemeinschaft verliefen ohne Vorkommnisse. [...]
Im Zusammenhang mit dem Zwischenfall vom 5./6. Februar 1989 und in dessen Auswertung wurden Maßnahmen veran-

lasst, dass [...] noch gründlicher und umfassender geprüft wird, welche Einflussmöglichkeiten zu nutzen sind, um das Zusammenfallen von gegnerischerseits nutzbaren Maßnahmen mit bestimmten Aktivitäten der Partei- und Staatsführung auszuschließen. [Mielke spielt hier wahrscheinlich auf den zur gleichen Zeit stattfindenden Besuch des westdeutschen CDU-Politikers Lothar Späth (1978–91 Ministerpräsident Baden-Württembergs) an. Dieser Besuch bot die Möglichkeit, vor einer größeren Medienöffentlichkeit den Fall Gueffroy zu thematisieren.]

Zit. nach: www.chronik-der-mauer.de/todesopfer/171675/chris-gueffroy-brief-von-stasi-minister-erich-mielke-an-erich-honecker-ueber-diewestlichen-reaktionen [letzter Zugriff: 13.06.2018].

b) Offener Brief Leipziger Oppositionsgruppen vom 15. März 1989 (Auszug):

Die Bevölkerung eines Landes, welche sich in ihrer Mehrheit als Gefangene einer Regierung empfindet, wird nie ihre ganze Kraft für das Wohl dieses Landes einsetzen, sondern in einen Zustand der Lüge und Resignation verfallen oder aufbegehren. Es bleibt – und das nicht nur für die Regierung der DDR – beschämend, wenn der Zustand der Lüge bis in die Gräber von Toten reicht. Chris Gueffroy wurde im Februar am sogenannten antifaschistischen Schutzwall von Grenzsoldaten der DDR ermordet. Er war nicht der erste und wird auch nicht der letzte gewesen sein – leider.
120 Personen waren am 23. Februar zu seiner Beerdigung gekommen, aber nicht einmal am Grabe fand die Wahrheit Platz. Der Mord wurde als „tragischer Unglücksfall" bezeichnet, was den Zustand der Lüge gegenüber dunklen Stellen in der Geschichte der DDR besonders beschämend aufzeigt.

M 4 Chris-Gueffroy-Allee
Am 13. August 2010 wurde die Britzer Allee, die Neukölln und Treptow verbindet, in Chris-Gueffroy-Allee umbenannt, Foto, 2017.

Wenn wir, ob Parteigenosse oder Christ, Intellektueller oder Arbeiter etwas ändern wollen, müssen wir zuerst die Dinge so benennen wie und was sie sind. Jeder muss an seinem Ort beginnen die Wahrheit zu sagen.

Zit. nach: www.chronik-der-mauer.de/todesopfer/171677/chris-gueffroyoffener-brief-von-mitgliedern-oppositioneller-gruppen-in-der-ddr-andie-bevoelkerung [letzter Zugriff: 13.06.2018].

c) Bericht des SED-Zentralorgans „Neues Deutschland" vom 24.02.1989 über die Gespräche zwischen Erich Honecker und Lothar Späth:

Erich Honecker unterstrich, man könne nicht übersehen, daß sich aus der BRD Versuche zur Einmischung in innere Angelegenheiten der DDR häufen. Solche Bestrebungen belasteten die Beziehungen. Die DDR werde auch künftig ihre Grenze so sichern, wie das ihren Interessen und den Interessen ihrer Bürger entspreche. Es werde in den Beziehungen zwischen der DDR und der BRD weiter vorangehen, wenn sich beide Seiten von der Achtung der Souveränität, der territorialen Integrität und der Nichteinmischung leiten ließen.

„Neues Deutschland" vom 24.02.1989, S. 1.

Aufgaben

1. **Wer war Chris Gueffroy – ein Webquest**
   a) Lest die Quelle M2 und formuliert Fragen zum Fall Chris Gueffroy, die sich daraus ergeben.
   b) Schildert die Ereignisse vom 5. Februar 1989 auf der Grundlage des MfS-Berichts über den Fluchtversuch.
   c) Recherchiert in der Gruppe die Biografie Chris Gueffroys und erstellt einen kurzen Steckbrief.
   d) Zeichnet anhand einer geeigneten online-Karte (z. B. open street map) eine Kartenskizze vom Tatort, dem Ort der Begräbnisfeier und dem Einsatzgebiet der Sicherheitskräfte.
   e) Erstellt auf der Basis der Rechercheergebnisse eine digitale Folienpräsentation zu der Frage „Der Fall Chris Gueffroy – eine Schmach für die DDR?" Bindet geeignetes Bild- bzw. Quellenmaterial ein und achtet auf die korrekte Angabe von Quellen, ggf. Literatur und Internetseiten.
   Text, M1–M2
2. **Reaktionen auf den Fall Gueffroy**
   a) Stelle vergleichend gegenüber, wie die Staatsführung und die Opposition in der DDR auf den Fall reagierten.
   b) Der Fall Chris Gueffroy – ein denkwürdiges Ereignis? Diskutiere, inwiefern der Tod Chris Gueffroys von besonderer Bedeutung für das Gedenken an die Toten der deutsch-deutschen Grenze ist.
   Text, M1–M4

Der Zerfall der Sowjetunion und das Ende des Kalten Krieges

Hinweis

Eine Karte zur Sowjetunion und deren „Satellitenstaaten“ nach dem Zweiten Weltkrieg befindet sich auf Seite 31 in diesem Schulbuch.

Das sozialistische Lager

Die Sowjetunion umgab sich nach dem Zweiten Weltkrieg mit einem Gürtel von „Satellitenstaaten“, die sie politisch, militärisch und wirtschaftlich beherrschte. Die innere Ordnung der Satelliten war – trotz erheblicher Differenzierungen – nach sowjetischem Vorbild gestaltet. Dieses System von „Bruderstaaten“ nannte sich selbst „sozialistisches Lager“. Im Westen hieß es meist „Ostblock“. Dazu zählten die DDR, Polen, die Tschechoslowakei, Ungarn, Rumänien und Bulgarien.

Die ebenfalls kommunistisch regierten Staaten Jugoslawien und Albanien hatten sich aus sowjetischer Vorherrschaft gelöst. Jugoslawien bemühte sich um einen blockfreien Status, Albanien trat 1961 aus dem Warschauer Pakt aus und orientierte sich an China.

Ursachen für den Zerfall

Die Ursachen der politischen Dauerkrise im Ostblock – z.B. die Aufstände in Ungarn 1956 und der CSSR 1968 – konnten auch durch den Einsatz von Panzern nicht beseitigt werden. Das sozialistische Wirtschaftssystem erwies sich als wenig leistungsfähig und blieb immer weiter hinter dem des Westens zurück. Die Situation verschärfte sich durch den Rüstungswettlauf mit den USA.

In der Sowjetunion vollzog sich seit den 70er-Jahren zudem ein gesellschaftlicher Verfallsprozess: Versorgungsmängel, mangelnde Arbeitsdisziplin, Alkoholismus und Kriminalität, und bestimmten oft den Alltag des Sowjetbürgers. Die schlechte Versorgung ließ Korruption und Schattenwirtschaft aufblühen. Es entwickelten sich Strukturen des organisierten Verbrechens, in die auch führende Parteifunktionäre verstrickt waren. Das Luxusleben der Oberschicht erregte Anstoß. Entscheidend war aber der Krieg in Afghanistan.

M 1 „Vietghanistan“

Der Text zu dieser Karikatur lautet: „Bist du sicher, Leonid, dass wir uns nicht verfahren haben?“, Karikatur von Horst Haitzinger, 1980.

Die Sowjetunion hatte 1980 in die internen Machtkämpfe des kleinen muslimischen Nachbarlandes eingegriffen. Daraus entwickelte sich eine Spirale der Gewalt, die immer schlimmere Folgen zeigte. Muslimische, von den USA ausgerüstete Kämpfer verwickelten die sowjetischen Besatzungstruppen in einen brutalen Kleinkrieg. Die USA reagierten außergewöhnlich scharf auf die sowjetische Intervention in Afghanistan. Sie leiteten politische und wirtschaftliche Maßnahmen gegen die UdSSR ein und boykottierten 1980 die Olympischen Spiele in Moskau.

M 2 Michail Gorbatschow

(geb. 1931), Generalsekretär des Zentralkomitees der Kommunistischen Partei der Sowjetunion (März 1985 bis August 1991) und Präsident der Sowjetunion (März 1990 bis Dezember 1991), Foto, 1991

Reformversuche – und weitere Krisen

Um den Niedergang aufzuhalten, begann die Sowjetführung 1985 ein gewaltiges Reformprojekt. Der neue Mann hieß Michail Gorbatschow. Er sprach die Probleme offen an, diskutierte mit den Menschen, vor allem aber war er mit 54 Jahren vergleichsweise jung. Das eine Schlagwort seiner Politik hieß „Perestroika" – Umbau: Das bedeutete eine gründliche Neugestaltung der Gesellschaft. Das andere hieß „Glasnost" – Durchsichtigkeit: Damit war die Transparenz von Machtstrukturen und Entscheidungen gemeint.

Im Westen und auch bei DDR-Bürgern war Gorbatschow ungeheuer populär. Im eigenen Land aber verlor er bald schon an Rückhalt. Die politischen Eliten schwankten zwischen einer Modernisierung des sozialistischen Systems und der Angst vor Machtverlust durch mehr Demokratie. Während auf kulturellem Sektor eine nie gekannte Freiheit einzog und sogar offen über die Verbrechen der Stalinzeit gesprochen wurde, ging der Verfall der Wirtschaft weiter.

Ein Vielvölkerstaat zerfällt

Hinzu kam, dass die Sowjetunion ein Vielvölkerstaat war. Etwa die Hälfte der 270 Millionen Sowjetbürger waren keine Russen. Offiziell genossen alle Völker Gleichberechtigung, doch regierte Moskau das Land zentralistisch; die Russen und ihre Sprache wurden überall bevorzugt.

Die schon im Zarenreich bestehenden Nationalitätenkonflikte schwelten unter der Oberfläche weiter. Nun kamen sie angesichts des Machtverfalls zunehmend zum Ausbruch. Im Kaukasus und in Mittelasien gab es heftige Auseinandersetzungen zwischen den Völkerschaften. Das Riesenreich begann zu zerfallen.

Auswirkungen im Ostblock

Die Parteiführungen der sozialistischen Länder beobachteten diesen Zerfallsprozess mit wachsender Sorge. Besonders die SED-Führung wusste, dass es ohne die Sowjetunion und deren Vormachtstellung in Osteuropa kein Überleben für die DDR gab. Der SED-Generalsekretär Erich Honecker ging daher immer deutlicher auf Distanz zu Gorbatschow, obwohl weite Teile der Bevölkerung dessen Reformpolitik begrüßten. Vor allem erhofften sich die Menschen davon mehr Demokratie und Freiheit sowie wirtschaftliche Reformen. „Gorbi", wie die Leute jetzt gerne sagten, war zeitweise in der DDR der populärste Politiker.

M 3 „Solidarność"

Lech Wałesa, der Anführer der Gewerkschaftsbewegung in Polen und spätere Staatspräsident auf einer Veranstaltung vor der Wahl, Januar 1989

Auch in den anderen sozialistischen Ländern zeigten sich ähnliche Entwicklungen. In Polen entschloss sich die Führung nach einer Streikwelle im Jahr 1988 zu Verhandlungen, die einen schrittweisen friedlichen Übergang zur Demokratie vorsahen. Hier fanden im Juni 1989 die ersten freien Wahlen in einem sozialistischen Land statt. Sie endeten mit einem triumphalen Wahlsieg der Gewerkschaft „Solidarność". Dies alles geschah, ohne dass die Sowjetunion eingriff.

Entscheidend für Ungarn war die Öffnung der Grenze zu Österreich im Mai

M 4 **Flucht von DDR-Bürgern**

661 DDR-Bürger nutzten ein sogenanntes paneuropäisches Picknick an der ungarisch-österreichischen Grenze, bei dem ein Grenztor symbolisch geöffnet wurde, zur Flucht in den Westen, Foto, 19.08.1989.

1989. Damit hatte der Eiserne Vorhang ein Loch. Die Aussicht, über die ungarische Grenze in den Westen zu gelangen, lockte im Sommer 1989 Tausende DDR-Bürger nach Ungarn. Es kam zu spektakulären Szenen, die zeigten, welches Ausmaß die innere Krise der DDR bereits angenommen hatte.

Die Tschechoslowakei war seit dem „Prager Frühling" von 1968 in Resignation verfallen. Doch entstand 1977 mit der „Charta 77" unter Václav Havel eine mutige Bürgerrechtsbewegung, die seit 1988 zu politischen Aktionen aufrief. Im November 1989 kam es zu mehrtägigen Demonstrationen in Prag, die den Machtverlust der kommunistischen Führung zur Folge hatte.

M 5 **„Perestroika"**

Karikatur von Karl-Heinz Schoenfeld, 1987

Das Ende der Sowjetunion – Entstehung der GUS

In der Sowjetunion veränderte Gorbatschows Reformkurs die Sicherheitslage der Welt. 1989 hob er die Breschnew-Doktrin auf und entließ die Staaten des Ostblocks aus dem sozialistischen Lager. Damit erhielten sie ihre Unabhängigkeit zurück, was im Juli 1991 zur Auflösung des Warschauer Pakts führte.

Am 26. Dezember 1991 wurde die Sowjetunion formell aufgelöst. Auch Präsident Gorbatschow trat zurück. Er hatte wenige Monate zuvor noch einen Putsch konservativer Militärs überstanden. An die Stelle der Sowjetunion trat nun die „Gemeinschaft Unabhängiger Staaten" (GUS), der alle ehemaligen Teilrepubliken außer den baltischen Staaten angehörten.

Der politisch beherrschende und wirtschaftlich stärkste Teilstaat der GUS wurde das neue Russland unter Präsident Boris Jelzin.

Reagan und Gorbatschow – Zwei Reden am Ende des Kalten Krieges

M 6 Der US-Präsident Ronald Reagan am 12. Juni 1987 vor dem Brandenburger Tor

M 7 Ronald Reagan

Der US-Präsident Ronald Reagan am 12. Juni 1987 vor dem Brandenburger Tor:

Präsident v. Weizsäcker hat einmal gesagt: „Die deutsche Frage ist so lange offen, wie das Brandenburger Tor zu ist." Heute sage ich: „So lange das Tor zu ist, so lange wird diese Mauer als Wunde fortbestehen. Es ist nicht die deutsche Frage allein, die offen bleibt, sondern die Frage der Freiheit für die gesamte Menscheit. Generalsekretär Gorbatschow, wenn Sie nach Frieden streben, wenn Sie Wohlstand für die Sowjetunion und für Osteuropa wünschen, wenn Sie Liberalisierung wollen, dann kommen Sie hierher, zu diesem Tor! Herr Gorbatschow, öffnen Sie dieses Tor! Herr Gorbatschow, reißen Sie die Mauer nieder! Und ich unterbreite Herrn Gorbatschow folgenden Vorschlag: Bringen wir die Ost- und Westteile der Stadt enger zusammen! Alle Bewohner der gesamten Stadt Berlin sollen die Vorzüge genießen, die das Leben in einer der größten Städte der Welt mit sich bringt.

https://de.usembassy.gov/de/offnen-sie-dieses-tor-reisen-sie-diese-mauer-nieder/ [letzter Zugriff: 13.06.2018].

M 8 Michail Gorbatschow

Der Generalsekretär des Zentralkomitees der Kommunistischen Partei der Sowjetunion Michail Gorbatschow in einer Rede 1988 in Moskau:

Es ist durchaus berechtigt, die letzten drei Jahre als Wendepunkt in unserem Leben zu bezeichnen. Durch die Anstrengungen der Partei und der Werktätigen ist es gelungen, das Abrutschen des Landes in eine wirtschaftliche, soziale und intellektuelle Krise zu stoppen. Vergangenheit, Gegenwart und Zukunft werden nun von der Gesellschaft besser verstanden. Die Politik der Umgestaltung [...] wird für Millionen tatsächlich greifbar. Darin liegt das Wesen der politischen Situation im Land.
Es ist offensichtlich, dass die Gesellschaft neue Kräfte gesammelt hat. [...] Die Menschen haben erkannt, dass sie persönlich Verantwortung tragen; man überwindet Apathie und Entfremdung. Der Wind der Erneuerung stärkt die moralische Gesundheit des Volkes. Die Demokratisierung hat ein gewaltiges Potenzial von Gedanken, Emotionen und Initiativen freigesetzt. Die Bestärkung von Wahrheit und Offenheit reinigt die Atmosphäre in der Gesellschaft, beflügelt die Menschen, befreit das Bewusstsein und fördert die Aktivität. Dies ist ein anschaulicher und beeindruckender Prozess, an dem alles Ehrliche und Fortschrittliche in unserem Volk beteiligt ist. Es vollzieht sich eine Konsolidierung der Kräfte der revolutionären Erneuerung. Die Menschen glauben an die Perestroika und fordern, dass sie ständig vorangetrieben wird.

Zit. nach: Juri Afanassjew (Hg.), Es gibt keine Alternative zu Perestroika, Nördlingen: Greno 1988, S. 7ff.

Aufgaben

1. **Zerfall der Sowjetunion**
   Erstellt mithilfe des Darstellungstextes (S. 138ff.) eine Veranschaulichung (z. B. eine Concept-Map), in der ihr die wichtigsten Gründe für den Zerfall der Sowjetunion sowie die Bedeutung und die Auswirkungen von Perestroika und Glasnost auf die Sowjetunion darstellt. Unterscheidet innerhalb eurer Veranschaulichung durch farbliche Hervorhebungen, auf welchen Betrachtungsebenen die Auswirkungen liegen (z. B. gesellschaftlich, wirtschaftlich, kulturell, politisch). Nutzt möglichst auch einfache Symbole, einfache Hervorhebungsmittel (z. B. Unterstreichungen, Schriftfarbe, Umrandungen, Schriftgröße) und bildliche Darstellungsformen.
   → Text

Der Zerfall der Sowjetunion – Mit einer thematischen Karte arbeiten

Der Zerfall der Sowjetunion und des Ostblocks

- Grenze der Sowjetunion bis 1991
- Russische Föderation (seit 1991): Russland und autonome Gebiete nichtrussischer Nationalitäten
- Grenzen der Republiken und autonomen Gebiete der Russischen Föderation
- *Tataren* Völkernamen
- neue Staatsgrenzen ehemaliger Sowjetrepubliken
- ehemalige Sowjetrepubliken, zusammengeschlossen mit Russland in der Gemeinschaft Unabhängiger Staaten (GUS)
- ehemalige Sowjetrepubliken, nicht der GUS beigetreten
- Staaten des Warschauer Pak (unter Führung der Sowjetuni
- Westgrenze des ehemaligen Warschauer Pakts ("Eiserner

M 9 Der Zerfall der Sowjetunion und des Ostblocks

Aufgaben

1. Mit einer Karte arbeiten

a) Stellt mithilfe der Karte begründete Vermutungen über die Folgen der Veränderung/des Zusammenbruchs des machtpolitischen Gefüges in Europa und der Welt an.

b) Nehmt begründet Stellung zu der Behauptung: Mit dem Zerfall der Sowjetunion war das Zeitalter der Bipolarität in der Welt beendet. Berücksichtigt dabei auch die Situation zu Beginn des Kalten Krieges.

→ Text, M9

2. Reagan und Gorbatschow – Zwei Reden am Ende des Kalten Krieges

a) Fasse die Aussagen von US-Präsident Reagan und Generalsekretär Gorbatschow mit eigenen Worten zusammen.

b) Erläutere, inwieweit beide Reden in den Kontext „Ende des Kalten Krieges" gehören.

c) Finde für beide Reden geeignete Überschriften. Berücksichtige insbesondere Redekontexte und innen- bzw. außenpolitischen Wirkungsabsichten der Reden.

→ M6 – M8

Europa wächst zusammen

Die europäische Gemeinschaft wird größer

Als erkennbar wurde, dass der Ost-West-Konflikt zur Teilung Europas führen würde, bemühten sich die Politiker um eine verstärkte Kooperation. 1957 hatten sich nur sechs Länder zur „Europäischen Wirtschaftsgemeinschaft" (EWG) zusammengeschlossen, doch wuchs Europa in den nächsten Jahrzehnten immer mehr zusammen:

- 1967 vereinigten sich EWG, EURATOM und Montanunion zur „Europäischen Gemeinschaft" (EG). In der Präambel, dem Vorwort des Vertrags, lud die EG alle Staaten Europas ausdrücklich ein, sich ihrem Projekt anzuschließen.
- Der europäische Einigungsgedanke gewann nun zunehmend an Anziehungskraft und führte in den nächsten Jahren zum Beitritt Großbritanniens, Dänemarks und Irlands (1973), Griechenlands (1981) sowie Spaniens und Portugals (1986). Die europäische Einigung erfasste allerdings zunächst nur den westlichen Teil des Kontinents, da bis 1989 der „Eiserne Vorhang" Europa in zwei Hälften teilte.

M 1

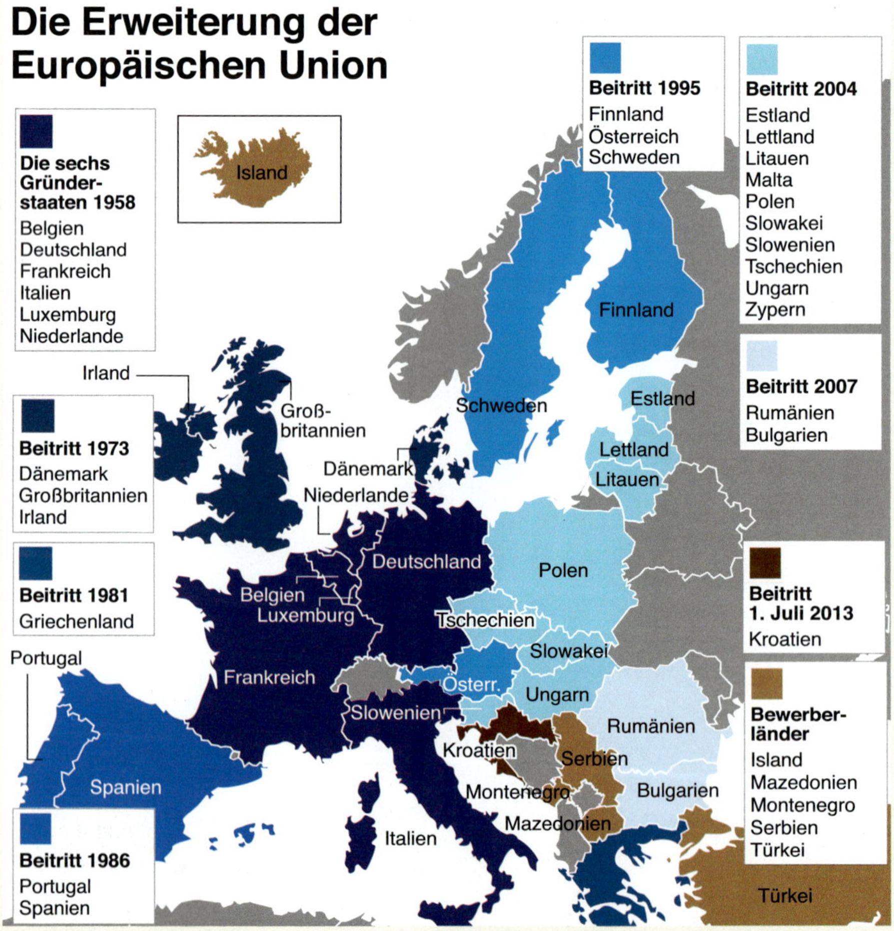

Europa nach dem Ende des Ost-West-Konflikts

Das Ende des Ost-West-Konflikts veränderte Europas politische Landkarte grundlegend und stellte die Europäische Union (EU) – so heißt die Gemeinschaft seit dem Vertrag von Maastricht 1992 – vor neue Herausforderungen. Schweden, Finnland und Österreich, die während des Kalten Krieges Neutralität wahrten, traten 1995 der EU bei. Die DDR wurde bereits 1990 mit der Wiedervereinigung Teil der Gemeinschaft. 2004 kamen mit einem Schlag zehn neue Länder hinzu, 2007 folgten zwei weitere, 2013 wurde Kroatien 28. Mitgliedsstaat. Nur wenige instabile Staaten wie Albanien oder Serbien blieben außen vor. Heute reicht die EU vom Nordkap bis Gibraltar und vom Atlantik bis Zypern. Rund eine halbe Milliarde Menschen gehören ihr an. Das mit dem Vertrag von Maastricht 1992 anvisierte Ziel einer Wirtschafts- und Währungsunion ist in weiten Teilen Wirklichkeit geworden.

Wo endet Europa?

Diese Frage ist besonders interessant, weil Europa nicht wie andere Kontinente überall natürliche Grenzen hat. Weitere Länder wie die Türkei oder die Ukraine sind an einem Beitritt interessiert, was langwierige Verhandlungen voraussetzt. An die Aufnahme sind Bedingungen wie stabile demokratische Verhältnisse oder eine funktionierende Marktwirtschaft geknüpft. Umstritten ist, ob Europas kulturelle und religiöse Identität z. B. eine Aufnahme islamischer Staaten zulässt.

Institutionen der Europäischen Union

Die Europäische Union hat ein einzigartiges institutionelles System, in dem die Mitgliedstaaten einen Teil ihrer Hoheitsrechte an selbstständige Institutionen übertragen. Diese vertreten die Interessen der Gemeinschaft, der Mitgliedstaaten und der EU-Bürger:

M 2 **Die Funktionsweise der Europäischen Union** (Stand: 2015)

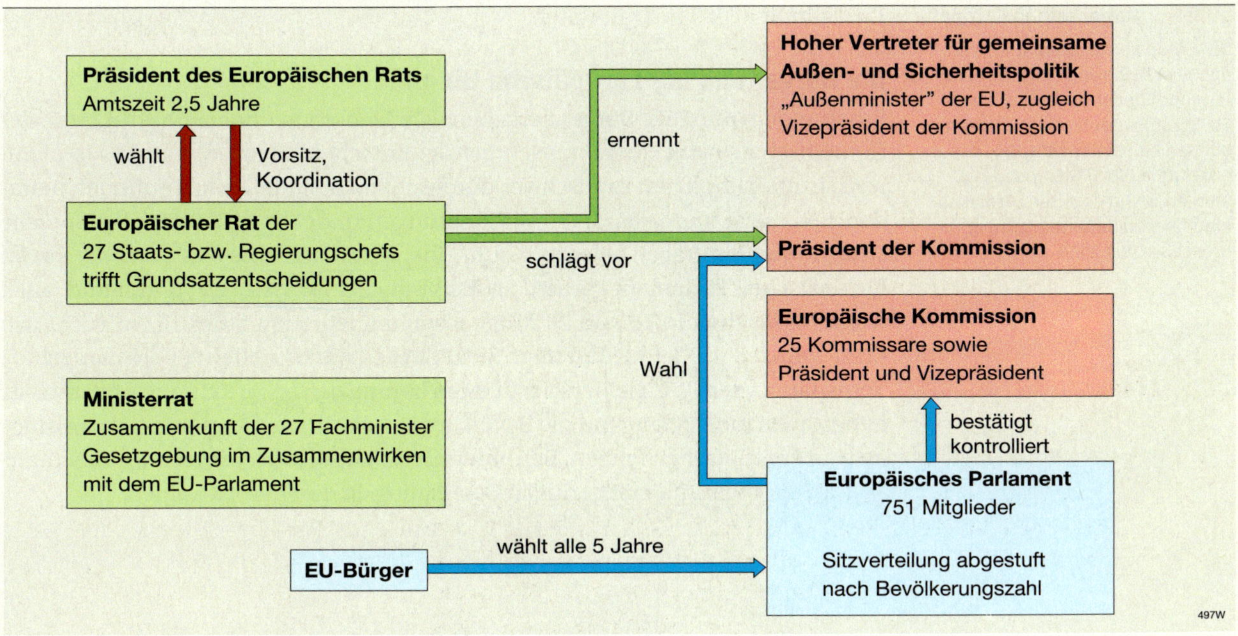

M 3 „Dabei sein in Europa“
Die Europäische Union unterstützt den Austausch von Lehrern, Schülern und Studenten innerhalb der EU-Staaten. Deutsche Studenten können beispielsweise über das Programm ERASMUS im Ausland studieren und erhalten zusätzlich eine finanzielle Unterstützung, Broschüre von 2004.

- Entscheidungsgremium in allen Angelegenheiten der EU ist der Europäische Rat, der aus den Staats- und Regierungschefs der 27 EU-Länder sowie dem Präsidenten des Rates und dem Präsidenten der EU-Kommission besteht. Der „Europäische Rat“ trifft sich zweimal im Jahr.
- Die Europäische Kommission führt als Exekutivorgan die Beschlüsse des Rats aus und überwacht die Erfüllung der Verträge.
- Das Europäische Parlament repräsentiert die Bürger der Union. Seit 1979 finden alle fünf Jahre Wahlen statt, in denen die Bürger die Abgeordneten direkt wählen. Das Parlament hat ein Mitentscheidungsrecht bei der Gesetzgebung und beim Haushalt der EU und übt die demokratische Kontrolle aus.
- Zwei weitere Organe ergänzen dieses institutionelle Dreieck: der Europäische Gerichtshof und der Europäische Rechnungshof.

Die Macht innerhalb der EU ist wie in demokratischen Staaten auf verschiedene Organe verteilt. Ferner haben die Institutionen in mehreren europäischen Städten ihren Sitz: In Straßburg tagt das Europäische Parlament, in Brüssel sitzen der Rat der EU und die Kommission, in Luxemburg der Europäische Gerichtshof.

Eine Verfassung für Europa: Der Vertrag von Lissabon

2004 unterzeichneten die Staats- und Regierungschefs der Mitgliedstaaten in Rom einen Vertrag über eine Verfassung für Europa. Die erforderliche Zustimmung aller Länder zur Ratifizierung des Vertrags kam jedoch nicht zustande: 2005 lehnten Franzosen und Niederländer die Verfassung in einer Volksabstimmung ab, wodurch das Projekt einen schweren Rückschlag erlitt.

Das Scheitern des Verfasungsvertrages veranlasste die EU-Staaten, einen zweiten Anlauf zu unternehmen, die Union demokratischer, transparenter und effizienter zu machen. Der Vertrag von Lissabon (2007) verzichtet dabei absichtlich auf den Begriff „Verfassung“. Als Ende 2009 der Ratifizierungsprozess in allen 27 EU-Staaten abgeschlossen war, konnte der EU-Reformvertrag von Lissabon am 1. Dezember 2009 in Kraft treten.

Die Bürger und die Europäische Union

Erhebungen unter EU-Bürgern ergaben: Die Menschen finden die Strukturen der Gemeinschaft nicht demokratisch genug. Entscheidungen verstehen sie nicht, weil sie oft kompliziert und schwer durchschaubar sind. Die Institutionen befinden sich meist im Ausland, die Verhandlungen finden in einer fremden Sprache statt. Andere Umfragen belegen: Kaum einer kennt den Abgeordneten, der ihn im Europäischen Parlament vertritt. So bleibt die EU für viele fern und fremd, auch wenn inzwischen in 18 von 28 Mitgliedstaaten jeder ein Stück EU in Form von Euro-Münzen im Geldbeutel trägt. Sicher liegen die Ursachen für die mangelnde Transparenz der Union einerseits in ihren komplizierten Strukturen. Andererseits haben auch die Medien und die Bevölkerung der Mitgliedstaaten oft wenig Interesse an europäischen Fragen. Besonders deutlich zeigt sich das mangelnde Interesse an der meist äußerst geringen Beteiligung an den Europawahlen.

Außenpolitik der EU – Karikaturen analysieren

M 4 „Im Gleichschritt, marsch!“

Karikatur von Pepsch Gottscheber, 2003

M 5 „Nagelprobe“

Karikatur von Jürgen Tomicek, 2004

Aufgaben

1. Europa wächst zusammen

a) Erstelle eine Zeitleiste über die Entwicklung der europäischen Einigung von 1962 bis 1992. Suche dafür eine Zeitleiste zur Europäischen Integration auf einer seriösen Internetseite. Kürze diese anschließend sinnvoll auf die Länge von maximaler einer A4-Seite in noch gut lesbarer Schriftgröße. Hebe innerhalb deiner Zeitleiste Verträge und Erweiterungen mit unterschiedlichen Farben oder durch andere Hervorhebungsmittel hervor.

b) Skizziere mit eigenen Worten die Situation in Europa nach dem Zerfall des Ostblocks.

c) Erläutere mithilfe des Schaubildes M2 die Funktionsweise der EU.

d) Führe eine Befragung unter deinen Mitschülern, bei deinen Lehrern oder bei Eltern und Verwandten durch zum Thema: Meine Vorstellungen von Europa im Jahr 2035.

→ Text, M1, M2

2. Außenpolitik der EU – Karikaturen analysieren

a) Analysiere die Einstellungen der beiden Karikaturisten gegenüber Europa.

b) Prüfe die Aktualität der beiden Karikaturen.

→ Text, M4, M5

Die deutsche Einheit 1989/90

Der deutsche Nationalfeiertag

Seit 1990 ist der 3. Oktober deutscher Nationalfeiertag. Er erinnert an die Vereinigung der beiden deutschen Staaten im Jahr 1990. An diesem Tag trat die DDR der Bundesrepublik nach Artikel 23 Grundgesetz (GG) bei. Das GG hatte 1949 in seiner Präambel das deutsche Volk aufgefordert, „in freier Selbstbestimmung die Einheit und Freiheit Deutschlands zu vollenden". Wie kam es zum Zusammenbruch der SED-Herrschaft und zur Wiedervereinigung Deutschlands?

M 1 Botschaftsbesetzungen
Tausende suchen Zuflucht in der Deutschen Botschaft in Prag, Foto, September 1989.

Der Zusammenbruch der SED-Herrschaft 1989

Mitglieder von Oppositionsgruppen wiesen die Fälschung der DDR-Kommunalwahlen im Mai 1989 nach. Sie verglichen ihre eigenen Auszählergebnisse mit dem amtlichen Endergebnis und stellten eine Differenz von 20 bis 30 Prozent zum amtlichen Endergebnis von 98,77 Prozent fest. Das steigerte den Unmut der Bevölkerung. So nutzten im Sommer Zehntausende die beginnende Urlaubszeit und flüchteten in die Botschaften der Bundesrepublik in Prag, Budapest und Warschau, um von dort ihre Ausreise in den Westen zu erlangen. Als Ungarn im September 1989 seine Grenzen öffnete, wagten Tausende die Flucht über Österreich in die Bundesrepublik.

Inzwischen fanden sich große Teile der Bevölkerung der DDR zu mächtigen Demonstrationen zusammen: Hunderttausende begaben sich angesichts der Präsenz der Staatssicherheit in Gefahr und gingen auf die Straße, demonstrierten gewaltlos für Demokratie und Reformen und riefen in Sprechchören „Wir sind das Volk!" – vor allem in Berlin und Leipzig. Das SED-Regime wagte aber nicht, gegen die Demonstranten vorzugehen. Das erschreckte Politbüro stürzte vielmehr am 18. Oktober den reformunwilligen Erich Honecker, doch konnte auch dessen Nachfolger Egon Krenz, der bei großen Teilen der Bevölkerung über keinerlei Vertrauen verfügte, die Lage nicht beruhigen.

Hinweis

Transparente und Audiodateien vom 4. November:
https://www.jugendopposition.de/themen/herbst89/145464/4-november-1989
und:
https://www.stasi-mediathek.de/sammlung/friedliche-revolution/

M 2 Massendemonstration
Foto, Berlin, 4. November 1989

M 3 **Der Fall der Mauer am 9. November 1989**
Ausgelassen feiern Deutsche aus Ost und West die historische Maueröffnung in der Nacht vom 9. zum 10. November 1989.

Hinweis

Chronologie bis zum Mauerfall in der Tagesschau
12 Videos der Tagesschau:
http://www.tagesschau.de/multimedia/mauerfallvideos-101.html

„Runder Tisch"
https://www.hdg.de/lemo/kapitel/deutsche-einheit/weg-zur-einheit/der-runde-tisch.html

Der Fall der Mauer

Da die Situation in der DDR immer unhaltbarer wurde, beschloss der Ministerrat eine neue Reiseregelung: Den Bürgern gestattete man die sofortige Ausreise in alle Länder. Am Abend des 9. November 1989 wurde diese Meldung im DDR-Fernsehen verkündet. Noch in der gleichen Nacht strömten viele Ost-Berliner zur Mauer. Die verunsicherten Grenzpolizisten öffneten unter dem Druck der Massen die Schlagbäume. Hunderttausende besuchten in den nächsten Tagen über neue Grenzübergänge West-Berlin und die Bundesrepublik.

Von der „Friedlichen Revolution" zum Ruf nach Einheit

Im November 1989 übernahm der als Reformpolitiker geltende Hans Modrow (SED) das Amt des Ministerpräsidenten. Egon Krenz trat am 3. Dezember als Generalsekretär der SED zurück. Ein im Dezember 1989 in Ostberlin aus Vertretern aller Parteien, der SED und der Bürgerbewegungen gebildeter „Runder Tisch" beschloss freie Wahlen für den 18. März 1990.

In einem sogenannten „Zehn-Punkte-Plan" ging Bundeskanzler Helmut Kohl im November 1989 noch von einer Konföderation beider deutscher Staaten aus, mit der Einheit als Fernziel. Doch mehrten sich in der Bevölkerung der DDR rasch Stimmen, die keine Reform des Sozialismus wünschten, sondern eine baldige Wiedervereinigung forderten. Diesen Stimmungsumschwung nutzte Bundeskanzler Kohl. Er unterstützte eine „Allianz für Deutschland" unter Führung der Ost-CDU, die eine rasche Vereinigung mit der Bundesrepublik versprach.

Ferner drohte der wirtschaftliche und finanzielle Zusammenbruch der DDR, da der osteuropäische Markt wegbrach und westdeutsche Waren viele DDR-Produkte verdrängten. Die Bevölkerung forderte lautstark die Einführung der Deutschen Mark: „Kommt die D-Mark, bleiben wir, kommt sie nicht, gehn wir zu ihr!", so lautete damals ein geläufiger Spruch. Auch um einen Exodus der DDR-Bevölkerung zu verhindern, erstrebte die Regierung Kohl nun eine rasche Vereinigung.

M 4 **„Wir sind ein Volk"**
Demonstrant in Ostberlin, 9. Dezember 1989

M 5 **„Wohlstand für alle."**
Wahlplakat für die Volkskammerwahl am 18. März 1990 mit Lothar de Maizière als CDU-Kandidat der „Allianz für Deutschland", Foto, Leipzig-Connewitz, 1990.

M 6 **Wahlkampf in Leipzig**
Bundeskanzler Helmut Kohl auf einer Wahlkampfveranstaltung, März 1990

Erste freie Wahlen zur Volkskammer und Währungsunion

Aus der ersten freien Volkskammerwahl am 18. März 1990 ging die „Allianz für Deutschland" mit 48 % als Siegerin hervor. Die SPD gewann 21,9 %, die Liberalen 5,3 %. Das „Bündnis 90" – die Gruppe der Bürgerrechtsbewegungen – kam hingegen nur auf 2,9 %. Die „Partei des Demokratischen Sozialismus" (PDS), die Nachfolgerin der SED, kam auf 16,4 %. Dieses Ergebnis zeigte deutlich, dass die SED gegen eine Mehrheit der Bevölkerung geherrscht hatte. Der neue Ministerpräsident Lothar de Maizière (Ost-CDU) bildete eine Regierung, die den Vereinigungsprozess beschleunigte.

Ein wichtiger Schritt in Richtung Einheit war der Staatsvertrag vom 1. Juli 1990 über eine „Währungs-, Wirtschafts- und Sozialunion": Jetzt galt die DM als alleiniges Zahlungsmittel in der DDR; Löhne, Renten und Mieten wurden – anders als die Sparguthaben – im Verhältnis 1:1 umgestellt. Dieser Umtauschkurs blieb jedoch umstritten, da die reale Kaufkraft der DDR-Währung erheblich geringer war.

Reaktionen im Ausland

Das Ausland betrachtete eine mögliche Wiedervereinigung Deutschlands mit großer Skepsis. Viele europäische Staaten fürchteten ein wirtschaftlich dominantes und militärisch erstarktes Deutschland in Europas Mitte. Von den ehemaligen Siegermächten signalisierten lediglich die USA ihr volles Einverständnis. Beide deutsche Staaten suchten solche Bedenken zu zerstreuen und versicherten, ein vereintes Deutschland werde auch künftig dem Westen angehören und Mitglied der Europäischen Union (EU) und der NATO sein.

Der „Zwei-plus-Vier-Vertrag"

Nach langen Verhandlungen konnte Helmut Kohl im Juli 1990 die Zustimmung des sowjetischen Präsidenten Gorbatschow zur deutschen Einheit erreichen. Die sowjetischen Truppen sollten bis 1994 abziehen und die UdSSR im Gegenzug finanzielle Unterstützung erhalten.

Nun galt es, in Verhandlungen zwischen beiden deutschen Staaten und den vier Siegermächten des Zweiten Weltkrieges die Vereinigung außenpolitisch zu vollenden. Am 12. September 1990 unterzeichneten die Außenminister in Moskau den „Zwei-plus-Vier-Vertrag", der Deutschland die volle Souveränität zurückgab. Als Gegenleistung musste die Bundesrepublik die Oder-Neiße-Grenze zu Polen völkerrechtlich anerkennen und die Bundeswehr verkleinern. Damit war der Weg zur deutschen Einheit frei.

Die Vereinigung beider deutscher Staaten

Es stellte sich nun die Frage, auf welche Weise die Vereinigung vollzogen werden sollte. Dafür boten sich zwei Lösungen: Artikel 23 des Grundgesetzes ermöglichte einen „Beitritt" der DDR zur Bundesrepublik. Bei Anwendung von Artikel 146 GG hätten beide deutsche Staaten eine neue Verfassung ausarbeiten müssen.

Da die Bevölkerung der DDR eine rasche Wiedervereinigung forderte und die internationalen Bedingungen günstig waren, beschloss die Volkskammer am 23. August 1990 mit überwältigender Mehrheit den Beitritt zur Bundesrepublik. Der Einigungsvertrag vom 31. August gliederte die neu geschaffenen Länder der Bundesrepublik ein und verfügte den Beitritt der DDR zur Bundesrepublik Deutschland nach Artikel 23 des Grundgesetzes zum 3. Oktober 1990. Damit war die Wiedervereinigung Deutschlands vollzogen.

Berlin am 4. November 1989 – Reden analysieren

M 7 Eine Massenkundgebung

*a) Die Protestbewegung in der DDR fand ihren Höhepunkt in einer Massenkundgebung am 4. November 1989 auf dem Berliner Alexanderplatz, an der mehrere Hunderttausend Menschen teilnahmen. Die Liste der Redner reichte von reformbereiten Funktionären der SED bis hin zu Regimegegnern. Jan Joseph Liefers (*1964), Schauspieler am Deutschen Theater in Berlin:*

Ich möchte drei Überlegungen mitteilen. In den letzten Wochen haben Hunderttausende Menschen auf den Straßen unseres Landes das Gespräch eingefordert. Wir alle führen es seit kurzer Zeit. Natürlich hat jeder das Recht, Partner in diesem Gespräch zu sein. Aber ich meine, wir sollten darauf achten und uns verwahren gegen mögliche Versuche von Partei- und Staatsfunktionären, jetzt oder zukünftig Demonstrationen und Proteste von Menschen unseres Landes für ihre Selbstdarstellung zu benutzen, Initiatoren und Führer des begonnenen gesellschaftlichen und politischen Reformprozesses zu sein.
Der zweite Gedanke. Zur ganzen Frage der führenden Rolle [der SED] überhaupt meine ich schon, dass sie zur Disposition gestellt werden muss. Zur Demokratie gehört für mich, dass keine gesellschaftliche Kraft allein dieses Recht okkupieren noch sich um sie bewerben, sondern sie bestenfalls erringen kann. Und zwar in täglicher Arbeit, demokratisch und eindeutig durchschaubar organisierter Arbeit und entsprechender Resultate. Solange die Spitze der SED nur auf unser aller Druck reagiert, kann meiner Meinung nach von führender Rolle nicht die Rede sein. Außerdem haben, denke ich, allein die in diesem Land verbliebenen und verbleibenden Menschen darüber zu entscheiden, wen sie mit der Führung beauftragen.
Und der dritte Gedanke: Es ist richtig, jeden Menschen zu ermutigen, die durch die Politik von Partei und Regierung entstandene Krise in unserem Land durchzustehen. Ich glaube allerdings nicht, dass in 40 Jahren DDR-Geschichte nur einzelne Personen immer wieder in Krisen führten, sondern auch die von ihnen geschaffenen und zentrierten Strukturen.
Die vorhandenen Strukturen, die immer wieder übernommenen prinzipiellen Strukturen lassen Erneuerung nicht zu. Deshalb müssen sie zerstört werden. Neue Strukturen müssen wir entwickeln, für einen demokratischen Sozialismus.

Zit. nach: http://www.dhm.de/archiv/ausstellungen/4november1989/lief.html [letzter Zugriff: 13.06.2018].

b) Christa Wolf (1929–2011), Schriftstellerin:

Jede revolutionäre Bewegung befreit auch die Sprache. Was bisher so schwer auszusprechen war, geht uns auf einmal frei über die Lippen. Wir staunen, was wir offenbar schon lange gedacht haben und was wir uns jetzt laut zurufen: Demokratie jetzt oder nie! Und wir meinen Volksherrschaft, und wir erinnern uns der steckengebliebenen oder blutig niedergeschlagenen Ansätze in unserer Geschichte und wollen die Chance, die in dieser Krise steckt, da sie alle unsere produktiven Kräfte weckt, nicht wieder verschlafen; aber wir wollen sie auch nicht vertun durch Unbesonnenheit oder die Umkehrung von Feindbildern. Mit dem Wort „Wende“ habe ich meine Schwierigkeiten. Ich sehe da ein Segelboot, der Kapitän ruft: „Klar zur Wende!“, weil der Wind sich gedreht hat und die Mannschaft duckt sich, wenn der Segelbaum über das Boot fegt. Stimmt dieses Bild? Stimmt es noch in dieser täglich vorwärtstreibenden Lage? Ich würde von revolutionärer Erneuerung sprechen. Revolutionen gehen von unten aus. „Unten“ und „oben“ wechseln ihre Plätze in dem Wertesystem und dieser Wechsel stellt die sozialistische Gesellschaft vom Kopf auf die Füße. Große soziale Bewegungen kommen in Gang.
[...]
Stell dir vor, es ist Sozialismus, und keiner geht weg! Wir sehen aber die Bilder der immer noch Weggehenden, fragen uns: Was tun? Und hören als Echo die Antwort: Was tun! Das fängt jetzt an, wenn aus den Forderungen Rechte, also Pflichten werden: Untersuchungskommission, Verfassungsgericht. Verwaltungsreform. Viel zu tun, und alles neben der Arbeit. Und dazu noch Zeitung, essen! Zu Huldigungsvorbeizügen, verordneten Manifestationen werden wir keine Zeit mehr haben. Dieses ist eine Demo, genehmigt, gewaltlos. Wenn sie so bleibt, bis zum Schluss, wissen wir wieder mehr über das, was wir können, und darauf bestehen wir dann: Vorschlag für den Ersten Mai: Die Führung zieht am Volk vorbei. Unglaubliche Wandlungen. Das „Staatsvolk der DDR“ geht auf die Straße, um sich als „Volk“ zu erkennen. Und dies ist für mich der wichtigste Satz dieser letzten Wochen – der tausendfache Ruf: Wir sind das Volk! Eine schlichte Feststellung. Die wollen wir nicht vergessen.

Zit. nach: http://www.dhm.de/archiv/ausstellungen/4november1989/cwolf.html [letzter Zugriff: 13.06.2018].

Reaktionen im Ausland auf die Wiedervereinigung – Standpunkte erfassen

M 8 **„Auf dem Weg zur Einheit"**

Karikatur, 1990

M 9 Die „Deutsche Frage"

a) Über sein Treffen am 10. Februar 1990 mit dem damaligen Bundeskanzler Helmut Kohl schreibt Michail Gorbatschow:

Was die prinzipielle Einstellung der UdSSR zu Deutschlands Vereinigung betraf, so erklärte ich Kohl: „Wahrscheinlich kann man behaupten, dass zwischen der Sowjetunion, der Bundesrepublik und der DDR in der Frage der Einheit der deutschen Nation keine Meinungsunterschiede bestehen. Um es kurz zu machen: Wir stimmen im wichtigsten Punkt überein. Die Deutschen selbst müssen ihre Entscheidung treffen. Und sie müssen unsere diesbezügliche Position kennen."

„Die ist ihnen bekannt", erwiderte Kohl. „Meinen Sie damit, die Frage der Einheit ist eine Entscheidung der Deutschen selbst?"

„Aber im Kontext der Realitäten", fügte ich hinzu. „Damit bin ich einverstanden", erklärte der Kanzler. In der gegebenen Situation war es in meinen Augen entscheidend, zu verhindern, dass Kohl in Euphorie verfiel und die „deutsche Frage" lediglich auf die Vereinigung und die Befriedigung nationaler Sehnsüchte der Deutschen reduzierte. Sie betraf die Interessen aller Nachbarstaaten, einschließlich der Sowjetunion, betraf die Situation in Europa ebenso wie die globale. In diesem Zusammenhang war eine Unzahl von Fragen zu lösen: nach Garantien der Unantastbarkeit der Grenzen und der Anerkennung der territorial-politischen Realitäten der Nachkriegszeit, nach dem militärpolitischen Status des vereinten Deutschland, nach der Verknüpfung des gesamteuropäischen Prozesses mit dem der deutschen Wiedervereinigung.

Der Kanzler nahm meine Argumente im Großen und Ganzen verständnisvoll auf, obwohl er sich sofort gegen alle Varianten einer deutschen Neutralität aussprach. Ansonsten einigten wir uns, alle mit der Wiedervereinigung zusammenhängenden Probleme im Rahmen der „Sechs" – die UdSSR, die USA, Großbritannien und Frankreich auf der einen, die Bundesrepublik und die DDR auf der anderen Seite – zu erörtern. Die Idee der „Vier plus Zwei"-Konferenz (später bestanden die Deutschen, aktiv unterstützt von den USA, darauf, dass sie die Bezeichnung „Zwei plus Vier" erhielt) sage ihm zu, meinte Kohl, eine separate Konferenz der vier Mächte zur „deutschen Frage" lehne er jedoch kategorisch ab. Ich versicherte ihm, dass ohne Beteiligung der Deutschen keine Entscheidungen getroffen würden. Damit schlossen wir unser Gespräch ab.

Michail Gorbatschow, Erinnerungen, Berlin: Siedler Verlag 1995, S. 717.

b) Stellungnahme des US-Präsidenten George Bush sen. vom 24. Oktober 1989:

Interviewer: Können Sie irgendwelche Veränderungen im Status von Deutschland voraussehen?

Präsident Bush: Ja. [...] Ich teile die Sorge mancher europäischer Länder über ein wiedervereinigtes Deutschland nicht, weil ich glaube, dass Deutschlands Bindung an und Verständnis für die Wichtigkeit des [atlantischen] Bündnis-

ses unerschütterlich ist. Und ich sehe nicht, was einige befürchten, dass Deutschland, um die Wiedervereinigung zu erlangen, einen neutralistischen Weg einschlägt, der es in Widerspruch oder potenziellen Widerspruch zu seinen NATO-Partnern bringt [...]
Trotzdem glaube ich nicht, dass wir den Begriff der Wiedervereinigung forcieren oder Fahrpläne aufstellen und über den Atlantik hinweg unsererseits eine Menge neuer Verlautbarungen zu diesem Thema machen sollten. Sie braucht Zeit. Sie benötigt eine vorsichtige Entwicklung. Sie verlangt Arbeit zwischen ihnen (den Deutschen) [...] und Verständnis zwischen den Franzosen und Deutschen, den Engländern und Deutschen über alle diese [Fragen].

Interview mit George Bush sen. in der „New York Times", 25. Oktober 1990, zit. nach: Bundeszentrale für politische Bildung (Hg.), IzpB – Informationen zur politischen Bildung: Der Weg zur Einheit. Deutschland seit Mitte der achtziger Jahre, Heft 250, Bonn 1996, S. 38 f.

c) Stellungnahme der britischen Premierministerin Margaret Thatcher (nach 1990):

Der wahre Ursprung der deutschen Angst [im original deutsch; A. d. Ü.] ist die Qual der Selbsterkenntnis. Wie ich bereits erklärt habe, ist das einer der Gründe, warum so viele Deutsche aufrichtig – und wie ich meine, irrigerweise – Deutschland in ein föderatives Europa eingebettet wissen wollen. Es ist doch wahrscheinlich, dass Deutschland in einem solchen Gefüge die Führungsrolle einnehmen würde, denn ein wiedervereinigtes Deutschland ist schlichtweg viel zu groß und zu mächtig, als dass es nur einer von vielen Mitstreitern auf dem europäischen Spielfeld wäre. Überdies hat Deutschland sich immer auch nach Osten hin orientiert, nicht nur in Richtung Westen, obwohl die moderne Version solcher Tendenzen eher auf wirtschaftliche denn auf kriegerische territoriale Expansion abzielt. Daher ist Deutschland vom Wesen her eher eine destabilisierende als eine stabilisierende Kraft im europäischen Gefüge. Nur das militärische und politische Engagement der USA in Europa und die engen Beziehungen zwischen den beiden anderen starken, souveränen Staaten Europas, nämlich Großbritannien und Frankreich, können ein Gegengewicht zur Stärke der Deutschen bilden. In einem europäischen Superstaat wäre dergleichen niemals möglich.

Margaret Thatcher, Downing Street No. 10. Die Erinnerungen, Düsseldorf: ECON 1993, S. 1095 f.

Aufgaben

1. Die Entwicklung zur Friedlichen Revolution im Fernsehen – Medienbildung

a) Erarbeitet in Gruppen die auf Seite 149 vorgestellten Videoclips der ARD. Verbindlich für alle: Video vom 4.11.89, 5:55: „Ruhiger und doch lauter Protest".

b) Stellt euch die jeweiligen Inhalte in chronologischer Reihenfolge gegenseitig vor.

c) Findet für jeden Videoclip eine neue Überschrift.

→ Hinweis-Kasten Seite 149, Internet

2. Eine Massenkundgebung

a) Ordne die Massenkundgebung vom 4. November 1989 in den Verlauf der friedlichen Revolution ein.

b) Fasse die zentralen Aussagen von Jan Josef Liefers und Christa Wolf zusammen.

c) Erläutere die Grundeinstellung zur DDR, wie sie jeweils in den Reden deutlich wird.

d) Vergleiche die Erwartungen der Redner vom 4. November 1989 mit der weiteren Entwicklung.

→ Text, M7

3. Reaktionen im Ausland

a) Arbeite die Position heraus, die Michail Gorbatschow gegenüber Helmut Kohl bezüglich einer möglichen deutschen Wiedervereinigung vertritt.

b) Helmut Kohl lehnte eine mögliche deutsche Neutralität kategorisch ab. Erläutere mögliche Gründe.

c) Vergleiche die Positionen von Margaret Thatcher und George Bush sen.

d) Verfasse einen Leserbrief, in dem du deine Meinung zu den Bedenken vieler europäischer Politiker benennst und erläuterst. Berücksichtige die Ebenen: Politik, Wirtschaft, territoriale Integrität.

e) Erkläre die Aussage der Karikatur zur deutschen Einheit und nimm Stellung dazu.

→ M8, M9

4. Die Revolution in der DDR

a) Erkläre die Ursachen für die Revolution in der DDR. Unterscheide dabei zwischen politischen, ökonomischen und sozaialen Ursachen.

b) Führe eine Fotorecherche durch und suche im Internet ein passendes Foto zum Ende der DDR sowie alle verfügbaren Informationen über Datum, Ort und Situation der Entstehung des Fotos. Erkläre, welchen Aspekt des Endes der DDR das Foto deiner Ansicht nach symbolisiert.

c) Führe eine Zeitzeugenbefragung durch. Suche dafür in dem Bekanntenkreis deiner Eltern Menschen aus Ost- und Westdeutschland. Befrage diese zu den Ereignissen und Stimmungen im Jahr 1989.

→ Text, Zeitzeugenbefragung (vgl. S. 83)

M 1 **Skulptur im Sowjetisches Ehrenmal im Treptower Park (Berlin)**
Foto, 2018

Abzug der sowjetischen Truppen aus Deutschland – Zwischen Würdigung und Vergessen

Die sowjetischen Truppen verlassen Deutschland

Seit Kriegsende waren in der Sowjetischen Besatzungszone, später DDR, sowjetische Truppen stationiert. Ein Stützpunkt der Sowjetarmee war im brandenburgischen Ort Beelitz-Heilstätten. In dem 1990 abgeschlossenen Zwei-plus-Vier-Vertrag zwischen den beiden deutschen Staaten und den vier Siegermächten des Zweiten Weltkrieges (USA, UdSSR, F, GB) wurde festgelegt, dass die Truppen bis Ende 1994 abgezogen sein mussten. Mehr als 500 000 sowjetische Soldaten und deren Angehörige verließen demnach Deutschland zwischen 1991 und 1994. Die letzte russische Flagge wurde vor dem ehemaligen Oberkommando der sowjetischen Streitkräfte in Deutschland am 9. September 1994 eingeholt. Dieser Abzug wurde von den sowjetischen Organisatoren als Erfolg beschrieben. Er stellte jedoch für Deutschland auch nach 1994 eine große militärische, soziale, politische, ökonomische Herausforderung dar: Was die Armee zurückließ, war eine Last, die Aufgaben und Fragen bis in die Gegenwart stellt: verfallene Kasernen wie in Beelitz, kontaminierte Grundstücke und zurückgelassene Munition. Die Soldaten aber erwartete auch in ihrer Heimat eine unsichere Zukunft: Eine der ungeklärten Fragen war beispielsweise die Wohnsituation. Wo sollten eine halbe Million Soldaten und deren Angehörige untergebracht werden?

Pflege der sowjetischen Erinnerungsorte und Gedenkstätten: Theorie und Praxis

Sowohl im Zwei-plus-Vier-Vertrag von 1990 zur Wiedervereinigung Deutschlands als auch im deutsch-sowjetischen Nachbarschaftsvertrag vom 9. November 1990 hat sich die Bundesrepublik Deutschland verpflichtet, sowjetische Denkmäler und Kriegsgräber in Deutschland zu erhalten und zu pflegen. Vier große sowjetische Ehrenmale hat man nach dem Zweiten Weltkrieg in Berlin angelegt, die neben der Funktion als Denkmal auch gleichzeitig Soldatenfriedhöfe sind. An der Straße des 17. Juni im Zentrum von Berlin befindet sich das Sowjetische Ehrenmal Tiergarten. Rund 2500 Soldaten haben dort ihre letzte Ruhe gefunden. Mit einer Größe von rund neun Hektar ist das Denkmal in Treptow das größte sowjetische Ehrenmal in Deutschland. 7000 Rotarmisten sind dort begraben. Beide Ehrenmäler sind nach dem Abzug der Truppen in den Besitz des Berliner Senats übergegangen.

In Beelitz-Heilstätten (Brandenburg) befand sich nach 1945 das größte russische Militärhospital, das außerhalb der UdSSR betrieben worden ist. Das gesamte Areal wurde zum militärischen Sperrgebiet erklärt. 1994 wurde auch Beelitz-Heilstätten an den ursprünglichen Besitzer (Landesversicherungsanstalt) zurückgegeben und anschließend in das Denkmalverzeichnis des Landkreises Potsdam-Mittelmark eingetragen. Seitdem hat mehrfach der Eigentümer des Geländes gewechselt. Man entschied sich, den Ort nicht in ein Museum umzubauen, ihn jedoch, mit all seinen historischen Brüchen, zu erhalten. Trotz dieser Bemühungen setzte ein zum Teil kontinuierlicher Verfall ein. Bewegliche Gegenstände wurden restlos aus den Gebäuden gestohlen. Heute kann ein Teil der ehemaligen militärischen Räumlichkeiten besichtigt werden. Das Gelände wurde als Kulisse für die Filme „Der Pianist“ und „Operation Walküre“ genutzt.

M 2 **Ehemalige Kaserne der sowjetischen Truppen in Beelitz (Brandenburg)**
Foto, 2018

M 3 Abzug der Streitkräfte

Aus dem Zwei-plus-Vier-Vertrag vom 12. September 1990:

Artikel 4

(1) Die Regierungen der Bundesrepublik Deutschland, der Deutschen Demokratischen Republik und der Union der Sozialistischen Sowjetrepubliken erklären, daß das vereinte Deutschland und die Union der Sozialistischen Sowjetrepubliken in vertraglicher Form die Bedingungen und die Dauer des Aufenthalts der sowjetischen Streitkräfte auf dem Gebiet der heutigen Deutschen Demokratischen Republik und Berlins sowie die Abwicklung des Abzugs dieser Streitkräfte regeln werden, der bis zum Ende des Jahres 1994 im Zusammenhang mit der Verwirklichung der Verpflichtungen der Regierungen der Bundesrepublik Deutschland und der Deutschen Demokratischen Republik, auf die sich Absatz 2 des Artikels 3 dieses Vertrags bezieht, vollzogen sein wird.

Zit. nach: www.bpb.de/nachschlagen/gesetze/zwei-plus-vier-vertrag/ [letzter Zugriff: 13.06.2018].

M 4 Denkmalschutz

Auszug aus dem gemeinsamen Brief des Bundesministers des Auswärtigen, Hans-Dietrich Genscher, und des ehemaligen amtierenden Außenministers der DDR, Ministerpräsident Lothar de Maizière, an die Außenminister der Sowjetunion, Frankreichs, Großbritanniens und der Vereinigten Staaten vom 14. September 1990:

2. Die auf deutschem Boden errichteten Denkmäler, die den Opfern des Krieges und der Gewaltherrschaft gewidmet sind, werden geachtet und stehen unter dem Schutz deutscher Gesetze. Das Gleiche gilt für die Kriegsgräber, sie werden erhalten und gepflegt.

www.bpb.de/geschichte/deutsche-einheit/deutsche-teilung-deutscheeinheit/43784/2-plus-4-vertrag [letzter Zugriff: 13.06.2018]

M 5 Letzte Parade der russsischen Soldaten anlässlich des Besuches von Präsident Boris Jelzin

1. September 1994

Aufgaben

1. **Abzug der sowjetischen Truppen aus Deutschland**
   a) Für die sowjetischen Soldaten gestaltete sich die Heimkehr schwierig – sie gingen nach Russland, einem Land, das nach dem Scheitern des Sozialismus unter großen wirtschaftlichen Schwierigkeiten litt. Formuliere einen inneren Monolog eines Soldaten bei dem Weggang aus Deutschland. Berücksichtige dabei auch die Rolle der Sowjetunion im Zweiten Weltkrieg und als Besatzungsmacht in der Nachkriegszeit.
   b) Abzug der sowjetischen Truppen aus Deutschland: Zwischen Würdigung und Vergessen. Diskutiere diese Problemfrage. Berücksichtige dabei nachfolgende Aspekte: Kurz- und Langfristigkeit; unterschiedliche Betrachtungsebenen (z. B. sozial, ökonomisch, wirtschaftlich, ideologisch, militärisch) und Perspektiven (Deutschland, Russland).
   c) Beelitz-Heilstätten – ein Ort in Brandenburg mit einer vielseitigen Geschichte: Lungenheilstätte für Tuberkulosekranke, Lazarett in beiden Weltkriegen, Aufenthaltsort von Adolf Hitler und Erich Honecker, größtes sowjetisches Hospital außerhalb der UdSSR. Schau dir diesen Ort auf Google-Earth genauer an. Informiere dich auf der offiziellen Seite über die Geschichte des Ortes. Diskutiert, inwieweit dieser Ort als Erinnerungsort deutscher Geschichte erhaltenswert ist.
   d) Informiere dich im Internet unter https://www.bild.de/politik/inland/petitionen/weg-mit-den-russen-panzern-35578436.bild.html über die Kampagne gegen das Ehrenmal.

   → Text, M1–M5, Internet

M 1 „Tag der Deutschen Einheit"

Staatsakt und Volksfest – die Feier zur deutschen Einheit vor dem Berliner Reichstag am 3.10.1990

M 2 „Ich kaufe Ost!"

Anstecker, Foto, um 1991

Das vereinte Deutschland

Politische Veränderungen

Seit dem 3. Oktober 1990 ist Deutschland wieder vereint. Die neuen Bundesländer Sachsen, Sachsen-Anhalt, Thüringen, Brandenburg und Mecklenburg-Vorpommern gaben sich eigene Landesverfassungen und wirken im Bundesrat bei der Gesetzgebung mit. Heute besteht die Bundesrepublik Deutschland aus 16 Bundesländern. Die erste gesamtdeutsche Wahl am 2. Dezember 1990 gewann die regierende CDU/CSU-FDP-Koalition, sodass Helmut Kohl Bundeskanzler blieb. Allerdings hatte sich das Parteienspektrum des neuen Deutschland verändert. Die alten Blockparteien der DDR gingen meist in den westlichen Parteien auf. Die SED, die Staatspartei der DDR, benannte sich um in „Partei des Demokratischen Sozialismus" (PDS) und war vor allem bei Wahlen in den ostdeutschen Bundesländern erfolgreich. Mit der politischen Einheit waren aber nicht alle Probleme gelöst. Vielmehr zeigte sich, dass der neue Staat vor ganz neuen Herausforderungen stand.

Wirtschaftliche Probleme im Osten

Besonders schwierig erwies sich die Umstellung der DDR-Wirtschaft vom planwirtschaftlichen auf das marktwirtschaftliche System. Die Produktionsstätten der DDR waren veraltet, die Fabriken marode, die Infrastruktur in einem erbärmlichen Zustand. Hinzu kamen beträchtliche Umweltschäden. Somit konnte die ostdeutsche Wirtschaft der westlichen Konkurrenz nicht standhalten, zumal der frühere Absatzmarkt in Osteuropa wegbrach. Die 1990 gegründete staatliche „Treuhandanstalt“ sollte die DDR-Betriebe sanieren und privatisieren. Die Folge war die Schließung vieler ostdeutscher Betriebe, da eine rentable Produktion meist nicht möglich war. Gleichzeitig nutzten Spekulanten die Situation, um sich unliebsamer Konkurrenz zu entledigen. Die Arbeitslosigkeit erreichte in einigen Regionen über 30 Prozent.

Finanziert wurde die Umstrukturierung Ostdeutschlands aus Steuermitteln. Seit 1995 zahlen alle Arbeitnehmer einen „Solidaritätszuschlag“, der zur Finanzierung des Umwandlungsprozesses beiträgt.

M 3 Wirtschaft in der Sackgasse
Ehemals begehrte Produkte sind schnell nicht mehr gefragt, Foto Mitte der 90er-Jahre.

Unterschiedliche Mentalitäten?

Viele Menschen im Osten waren enttäuscht über die veränderte wirtschaftliche und soziale Lage. Das führte oftmals zur Verbitterung von ehemaligen DDR-Bürgern, von denen sich manche im neuen Deutschland als „Bürger zweiter Klasse“ fühlten. Der Erfolg der PDS in den neuen Bundesländern lässt sich auf mehrere Faktoren zurückführen. Einerseits stellte sie sich den Menschen als „ostdeutsche Partei“ dar und andererseits nutzte sie die Tatsache, dass einige Politiker die neuen Lebensumstände der Menschen und die daraus resultierenden Sorgen nicht ernst genug nahmen. Umgekehrt waren manchen Westdeutschen die Kosten der Wiedervereinigung zu hoch oder sie stellten sogar den Sinn der Vereinigung in Frage. Die verschiedenen Lebenswege und Erfahrungen der Deutschen in Ost und West machten zuweilen eine Verständigung schwierig.

Aufarbeitung der Vergangenheit

Als schwierig – aber notwendig – erwies sich die Aufarbeitung der DDR-Vergangenheit. Führende Politiker der DDR, aber auch Grenzsoldaten, mussten sich Gerichtsverfahren stellen, in denen sie sich wegen Schusswaffengebrauchs an der Berliner Mauer und der innerdeutschen Grenze zu verantworten hatten. Der Schießbefehl gilt als unvereinbar mit dem völkerrechtlichen Schutz des Lebens. Außerdem forderte die Bürgerrechtsbewegung in der DDR vom Staatssicherheitsdienst („Stasi“) schon während der Wendezeit die vollständige Öffnung der Archive. Diesem Begehren kam der deutsche Staat mit dem Stasi-Unterlagen-Gesetz von 1991 nach. Zugleich schuf der Bundestag eine Behörde, die jedem Bürger, den die Stasi verfolgt oder abgehört hatte, die Möglichkeit gab, seine personenbezogenen Unterlagen einzusehen.

M 4 „Wo ist meine Akte?“
Vor der ehemaligen Stasi-Zentrale in der Normannenstraße in Ostberlin, 19. Februar 1990

Die Außenpolitik des vereinten Deutschland

Das wiedervereinigte Deutschland blieb Mitglied sowohl der NATO als auch der Europäischen Union (EU). Die Sowjetunion hatte diesen Plänen bereits 1990 in langen Verhandlungen zugestimmt und ihre Truppen bis 1994 aus Deutschland abgezogen. Mit der Erlangung der vollen Souveränität erhöhten sich die Anforderungen der internationalen Staatengemeinschaft an Deutschland. Durfte die Bundeswehr bislang nicht an sogenannten Out-of-Area-Einsätzen, also Einsätzen außerhalb des NATO-Gebietes, teilnehmen, wurde nun die Beteiligung deutscher Soldaten auch an solchen Missionen gefordert. Das war in Deutschland umstritten. Schließlich entschied das Bundesverfassungsgericht, dass die Bundeswehr an bewaffneten Friedensmissionen teilnehmen darf, wenn der Bundestag ausdrück-

Hinweis

Die Behörde des Bundesbeauftragten für die Stasi-Unterlagen
https://www.bstu.bund.de/DE/Home/home_node.html

lich zustimmt (Parlamentsarmee). Seitdem beteiligt sich die Bundeswehr an verschiedenen Auslandseinsätzen, so etwa auf dem Balkan, in Afghanistan und im Libanon.

M 5 Rot-grüne Koalition 2005

Bundeskanzler Gerhard Schröder (1998–2005) mit Vizekanzler und Außenminister Joschka Fischer

Hinweis

Die Finanzkrise und deren Folgen werden in diesem Schulbuch auf Seite 164f. behandelt.

Die deutsche Europapolitik

Bei wichtigen europäischen Fragen übernahm Deutschland eine Vorreiterrolle. So trieb die Bundesregierung seit den 1990er-Jahren eine gemeinsame europäische Währung voran. 2002 wurde der Euro eingeführt, der in Teilen der Bevölkerung jedoch auf Skepsis stieß. Um die Stabilität der Währung zu garantieren, wurden im Vertrag von Maastricht 1992 Kriterien vereinbart, die jedes Land erfüllen muss, das dem Euro-Raum beitreten will. Die Europäische Zentralbank (EZB), die die Währungsstabilität des Euros überwacht, hat ihren Hauptsitz in Frankfurt am Main. Allerdings kam es zu einer weltweiten Finanzkrise, die das Vertrauen in den Euro nachhaltig erschütterte und in einigen Ländern zu großer Not führte. Die strenge Sparpolitik, die die EU in dieser Situation anwandte, war in der Öffentlichkeit sehr umstritten.

Rot-Grün an der Macht

1998 kam es in der Bundesrepublik zum Machtwechsel. Gerhard Schröder (SPD) wurde zum Bundeskanzler einer rot-grünen Bundesregierung (SPD und Bündnis 90/Die Grünen) gewählt. Innenpolitisch wurden viele Reformen angestoßen, wie z. B. der Ausstieg aus der Kernenergie, die Anerkennung von homosexuellen Partnerschaften, die Stärkung des Verbraucherschutzes, die Entschädigung der Zwangsarbeiter des Dritten Reiches und die Stärkung des Umweltschutzes. Deutschlands gewaltige Verschuldung sollte zudem durch einen grundlegenden Umbau des Sozialstaates reduziert werden. Diese als „Agenda 2010" bezeichneten Reformen führten durch die damit verbundenen sozialen Härten zu heftigen Protesten. Außenpolitisch vollzog die rot-grüne Regierung einerseits eine Wendung zur Beteiligung an internationalen Militäraktionen, insbesondere nach dem Terroranschlag in New York am 11. September 2001; andererseits weigerte sie sich aber 2003, die USA im Irak-Krieg durch Entsendung von Truppen militärisch zu unterstützen.

M 6 Große Koalition 2006

Bundeskanzlerin Angela Merkel, die erste Frau an der Spitze der Republik, mit Vizekanzler und Arbeitsminister Franz Müntefering

Die Ära Merkel

Die Politik der rot-grünen Koalition war umstritten. Vorgezogene Neuwahlen erbrachten 2005 nahezu ein Patt der Volksparteien SPD und CDU/CSU, sodass es zu einer Großen Koalition aus CDU/CSU und SPD kam. Mit Angela Merkel (CDU) wurde erstmals eine Frau Bundeskanzlerin, die zudem aus Ostdeutschland stammte. Nach der folgenden Bundestagswahl von 2009 konnte Merkel mit einer schwarz-gelben Koalition (CDU/CSU und FDP) weiterregieren, bevor es 2013 und 2018 erneut zu einer Großen Koalition kam. Merkel versuchte, die innenpolitische Situation weiter zu stabilisieren und die außenpolitische Rolle Deutschlands zu stärken. Die wichtigsten Herausforderungen waren die weltweite Finanzkrise, die seit 2007 die Welt erschütterte, die durch die Finanzkrise in Frage gestellte europäische Einigung, der Rückzug aus dem Militäreinsatz in Afghanistan und der Atomunfall in Fukushima 2011, der zum endgültigen Atomausstieg Deutschlands führte.

Die Bundesrepublik hat seit 1990 viele Probleme der Vereinigung überwunden und ist inzwischen ein Staat, der in der Welt wirtschaftlich und politisch sehr einflussreich ist.

Deutsche Einheit – Zwischenbilanzen

M 7 Straße nach Norden

Der ostdeutsche Liedermacher Gerhard Gundermann (1955–1998) schrieb 1998 folgenden Liedtext:

zuerst komm ich in schwarze pumpe[1] übern berg
und da schimmert in der sonne das nagelneue kraftwerk
das sieht aus als ob ein ufo hier gelandet wär
es glänzt wie gelogen und passt hier nicht richtig her

nebenan verdienten einst vierzehntausend ihr brot
die sind vom wind verweht und die alte dreckschleuder ist tot
vom wind verweht ist auch der russ die ganze dicke schicht
heut verheizen sie ihr giftmüll und das gift das sieht man nicht

und ich sehe auf der strasse nach norden
dieser teil der welt ist anders geworden
ich schwimme mittendrin in meinem alten hemd
gehöre noch dazu und bin schon ziemlich fremd
und ich frag mich was ich bin was ich war
in der suppe das salz oder das haar
ich schwimme mittendrin in meinem alten hemd
gehöre noch dazu und bin schon ziemlich fremd

in cottbus komm ich dann auf die nagelneue autobahn
und da bin ich wie der blitz an lübbenau und vetschau[2] ran
die warn kaum vom netz da ham se schon die schornsteine gelegt
es hät ja können sein das sichs noch einer überlegt

am lübbenaueer dreieck lkw an lkw
die gehören eigentlich zu einer feindlichen armee
so sah der gegner aus in meinem offiziersbewerberbuch
und nu kommen die vom einsatz aus dem oderbruch
und ich seh auf der strasse nach norden ...

ich hab ein schönes auto da muss ich nicht mehr drunterliegen
und das autoradio von diesem auto kann einhundert sender rankriegen
doch die songs bei denen ich meine unschuld verlor
kommen in dem autoradio nicht mehr vor
und ich seh auf der strasse nach norden

1 Schwarze Pumpe: Braunkohlekraftwerk in der Lausitz, 1991 stillgelegt
2 Lübbenau, Vetschau: Orte im Landkreis Oberspreewald-Lausitz

Text: Gerhard Gundermann, ©Buschfunk Produktion, Berlin

Biografie

Gerhard Gundermann

Gundermann (1955–1998), der „singende Baggerfahrer", war in der DDR als Liedermacher und Rockmusiker eine moralische Instanz, weil seine Lieder oft offen von Problemen in der DDR , insbesondere in der Gegend des Lausitzer Braunkohlereviers handelten. Er erhielt mehrere Ausschlüsse aus der SED und flog auch aus der Stasi, für die er sich hatte anwerben lassen. Obwohl er nach einigen Erfolgen von seiner Musik hätte leben können (Vorprogramm von Bob Dylan), arbeitete er weiterhin als Baggerfahrer im Braunkohlebergbau der Lausitz.

Aufgaben

1. Die Bilanz des Gerhard Gundermann

a) Analysiert und interpretiert das Lied, indem ihr
- es in seinen groben historischen Zusammenhang stellt,
- die dargestellten Verhältnisse vor und nach der Wiedervereinigung herausarbeitet und nach Vorzügen und Nachteilen aus der Sicht Gundermanns bewertet,
- eine neue Überschrift für das Lied formuliert, welche Gundermanns Bilanz im Jahre 1998 ausdrückt,
- aus der Perspektive des Kommentators H. Rudolph (vgl. M7 Seite 160) einen Liedkommentar in Twitter-Umfang verfasst.

b) Informiert euch im Internet über die aktuelle Situation des Tagebaus in der Region Spreetal/Bluno.

→ M7, Internet

Deutsche Einheit – Zwischenbilanzen

M 8 15 Jahre Einheit – Eine erste Bilanz

Der Journalist Hermann Rudolph zieht eine erste, vorläufige Bilanz im Jahre 2004:

Das Mindeste, was von der Einheit gesagt werden muss, ist, dass ein Grauschleier über ihr liegt. Keine Frage: Das hat auch mit der Gemütsverfassung der Deutschen zu tun, immer erst das Haar und dann die Suppe zu sehen. Doch er ist auch die Folge davon, dass das Ereignis der Einheit, das keiner mehr erwartet hatte, Entwicklungen auslöste und sich in Formen vollzog, mit denen auch niemand gerechnet hat.

Das Zusammenbrechen der Industrien, aus denen die DDR-Bürger doch ihren Stolz gezogen hatten, der Abbau so vieler Arbeitsplätze, an denen individuelles und kollektives Leben hing: Die Einheit kostete einen Preis, an den keiner gedacht hat. Dieser Schock hat der Erfolgsgeschichte deutsche Einheit das Selbstvertrauen genommen.

Ähnlich gebrochen stellt sich, fünfzehn Jahre nach der Vereinigung, das Lebensgefühl dar. Die Einheit hat unendlich vielen Menschen Lebenschancen eröffnet, von denen ihre Vorgänger-Generationen nicht einmal träumen konnten. Die Welt hat sich für die Menschen in den neuen Ländern geöffnet, für Reisen ebenso wie für berufliche Laufbahnen, für die Jüngeren noch mehr als für die Älteren – vor allem aber ist die Welt in einer so überwältigenden Weise in das Leben in Sachsen oder Brandenburg eingedrungen, dass es schwerfällt, sich an die Enge und Bevormundung überhaupt noch zu erinnern, mit denen man in diesem Teil Deutschlands über zwei, drei Generationen leben musste. Doch kann man nicht darüber hinwegsehen, dass die gewünschte und begrüßte Veränderung viele Biografien nicht bereichert, sondern aus der Bahn geworfen hat – wobei, natürlich, nicht an jene parteiergebenen Kader zu denken ist, die sich ihr Scheitern wahrlich verdient haben, sondern an den zur Wendezeit fünfzigjährigen Ingenieur oder Universitätsprofessor mit dem DDR-Horizont, die im Zuge all der Abwicklungen die Stellungen verloren haben, in die sie sich für den Rest ihrer Tage eingerichtet hatten. Es bleibt ein Schatten auf der Vereinigung, dass in einem glückhaften Prozess, den so gut wie jeder für richtig hält und den jedenfalls keiner rückgängig machen will, ein beträchtliches Maß an Irritation, Verstörung und Scheitern hat geschehen können, sodass oft – wie ungerecht das immer sein mag – weniger seine Erfolge, sondern seine Schwierigkeiten das Bild bestimmen und es fast den provokativen Ton eines Protestes gegen den Zeitgeist hat, wenn jemand erklärt, er freue sich über die Einheit.

Hermann Rudolph, 15 Jahre deutsche Einheit. Eine Bilanz, in: Rainer Eppelmann u. a. (Hg.), Das ganze Deutschland. Reportagen zur Einheit, Berlin: Aufbau Taschenbuch Verlag 2005, S. 20 ff.

M 9 „Ossi – Wessi“
Karikatur von Hans-Jürgen Starke, 1991

Aufgaben

1. Deutsche Einheit – Zwischenbilanzen

a) Nach Meinung des Journalisten Hermann Rudolph liegt ein „Grauschleier“ über der Einheit. Erkläre diese Aussage.

b) Ermittle die Grundaussage der Karikatur M9 und vergleiche sie mit den Auffassungen von Hermann Rudolph.

c) Beobachte Meldungen und Kommentare in der Presse und im Fernsehen. Sammle Informationen und Meinungen zum Stand der inneren Einheit Deutschlands und diskutiere deine Ergebnisse mit deinen Mitschülern.

→ Text, M8, M9

Die Welt nach dem 11. September 2001

Angriff auf die USA: „Nine Eleven"

Der 11. September 2001 markiert eine Zäsur in der Weltgeschichte, die sich tief in das kollektive Gedächtnis der Zeitgenossen eingeprägt hat. Nach den offiziellen Untersuchungsergebnissen hatten 19 Terroristen vier Passagierflugzeuge in ihre Gewalt gebracht, um sie als fliegende Bomben in symbolträchtige Gebäude der USA zu steuern. Bei den Angriffen auf das World Trade Center, einem Wahrzeichen New Yorks, stürzten die sogenannten Twin Towers sowie ein drittes Gebäude ein, ein weiterer Angriff erfolgte auf das amerikanische Verteidigungsministerium Pentagon. Insgesamt starben mehr als 3000 Menschen. Als verantwortlich für die Anschläge wurde die Terrororganisation al-Qaida identifiziert. Deren Mitglieder sind religiöse Fanatiker verschiedener Länder, überwiegend aber aus der arabischen Welt, die sich auf einen politisch gedeuteten, radikalen Islam berufen.

Die Ungeheuerlichkeit der Anschläge und deren politische Konsequenzen riefen schnell Skeptiker auf den Plan, die den Erklärungen der staatlichen Ermittler misstrauten und verschiedene Verschwörungstheorien entwickelten. Die bekannteste Theorie vermutet, dass amerikanische Regierungs- und Geheimdienstkreise die Twin Tower selbst gesprengt hätten. Obgleich diese Verschwörungstheorien widerlegt wurden, leben sie – nicht zuletzt dank des Internets – weiter fort.

M 1 **„11. September 2001"**
Staubwolke über Manhattan nach dem Einsturz des World Trade Centers, Foto, 11.9.2001

„Krieg gegen den Terror"

Wenige Tage nach dem 11. September sprach der amerikanische Präsident George W. Bush von einem bevorstehenden, langwierigen „Krieg gegen den Terror", der weltweit geführt werden müsse. Die NATO rief infolge der fortan als „9/11" bekannten Anschläge den sogenannten Bündnisfall aus, nach dem ein angegriffenes Mitgliedsland Beistand der NATO-Partner erwarten kann. Da das Terrornetzwerk al-Qaida mitsamt seinem Anführer Osama bin Laden seine Basis in Afghanistan hatte, intervenierten die USA in Afghanistan und stürzten hier bis Ende 2001 das radikalislamische Regime der Taliban, ohne diese jedoch vollständig entmachten zu können. Der Sicherheitsrat der Vereinten Nationen stimmte einem friedenserzwingenden Einsatz zu und mandatierte internationale Truppen (ISAF-Mission).

Unmittelbar nach den Anschlägen vom 11. September war die internationale Solidarität mit den USA sehr groß. In Deutschland machte Bundeskanzler Gerhard Schröder den Fortbestand seiner Regierung davon abhängig, dass der Bundestag die Beteiligung der Bundeswehr am Krieg in Afghanistan beschloss.

M 2 **Ehrung der Toten**
Zentrale Trauerfeier für vier am 15. April 2010 in Afghanistan getötete deutsche Soldaten, Ingolstadt, 24. April 2010

M 3 **US-Soldat im Irak**
Patrouille eines US-Marines in der Stadt Falludschah, Oktober 2004

M 4 **US-Gefangenenlager im Militärstützpunkt Guantánamo Bay auf Kuba**
Foto, 2004

Krieg gegen den Irak

Als noch unklar war, wie sich die Situation in Afghanistan nach dem Sturz der Taliban weiter entwickeln würde, zeichnete sich 2002 bereits der nächste Krieg ab. Der irakische Diktator Saddam Hussein war von den Vereinten Nationen verpflichtet worden, auf den Besitz von Massenvernichtungswaffen – also z. B. auf Giftgas, das er bereits gegen das eigene Volk eingesetzt hatte – zu verzichten. Die US-Regierung behauptete, dass der Irak dieses Verbot unterlief. Sie sprach sich für einen Krieg gegen das Land aus, um so die Weitergabe von Massenvernichtungswaffen an Terroristen zu verhindern. Diese Position war weltweit deutlich umstrittener als der Einsatz gegen die Taliban. Auch Europa war gespalten: Während Großbritannien und viele osteuropäische Länder die USA unterstützten, standen unter anderem Frankreich und Deutschland dem Kriegskurs der USA sehr kritisch gegenüber.

Im März 2003 marschierten die USA mit ihren Verbündeten in den Irak ein, und schon am 1. Mai verkündete Präsident Bush den Sieg. Bald aber wurde klar, dass dieser Triumph voreilig war; das Land war keineswegs befriedet. Während der folgenden Besatzungszeit starben Tausende Menschen durch Anschläge. Die Massenvernichtungswaffen, mit denen der Krieg gerechtfertigt worden war, wurden niemals gefunden; die ursprünglich für ihr Vorhandensein vorgebrachten Belege stellten sich als fragwürdig heraus. Dies führte zu einem enormen Vertrauensverlust in die Politik der Amerikaner und stellte deren Erklärungen etwa zu 9/11 sowie deren politische Absichten insgesamt in Frage. Der „Krieg gegen den Terror“ sollte universale Werte wie Freiheit, Menschenrechte und Demokratie durchsetzen, jedoch wurden gerade diese Werte von den USA selbst nur allzu oft verletzt, wie die Skandale um Abu-Ghuraib oder um die Blackwater-Söldner gezeigt haben. Auch stieß das weltweite Vorgehen der USA gegen Terror-Verdächtige auf Kritik, insbesondere im Hinblick auf Folter, Geheimgefängnisse und Inhaftierungen ohne Gerichtsbeschluss. Abhörskandale wie die NSA-Affäre machten deutlich, dass die USA selbst ihre Verbündeten ausforschten. Die moralische Autorität der USA – eine wichtige Grundlage ihres weltpolitischen Führungsanspruchs – nahm so in den Jahren nach 9/11 massiv Schaden.

Des Weiteren gelang es den Amerikanern auch im Irak nicht, das Land nach dem Sturz des Saddam-Regimes zu demokratisieren. Von den Irakern wurden die Amerikaner nicht als Befreier, sondern als Besatzer betrachtet, mit denen man nicht zusammenarbeiten wollte. Der bürgerkriegsähnliche Konflikt zwischen den religiösen Gruppierungen verschärfte sich. 2011 zogen die Amerikaner und ihre Verbündeten aus dem Irak ab, der gegenwärtig am Abgrund steht. Die von Schiiten dominierte Regierung vollzog keine Aussöhnung zwischen den Schiiten und Sunniten, vielmehr unterstützt nun ein Großteil der sunnitischen Bevölkerung die Terrormiliz „Islamischer Staat“, die mittlerweile (2015) ein Drittel des Landes beherrscht.

„Arabischer Frühling“

Bis zum Jahr 2010 war die arabische Welt geprägt von autoritären, oft auch korrupten Regimen, die ohne hinreichende Teilhabe der Bevölkerung regierten. Als sich im Dezember 2010 ein tunesischer Gemüsehändler selbst verbrannte, weil er für sich keine ausreichende Lebensperspektive mehr sah, löste dieses Ereignis Proteststürme in vielen arabischen Ländern aus. Vor allem die junge Bevölkerung forderte politische Teilhabe und Zukunftschancen. Innerhalb kurzer Zeit wurden die Herrscher in Tunesien, Ägypten, Libyen und im Jemen entmachtet; in manchen Ländern führten die Konflikte zu heftigen Gewaltausbrüchen bis hin zum Bürgerkrieg wie in Syrien. Auch zeigte sich, dass die Revolutionäre sehr unterschiedliche Vorstellungen von der politischen Zukunft ihres Landes hatten, gerade im Hinblick auf die Rolle der Religion. Erst die kommenden Jahre werden erweisen, welchen Weg die arabische Welt nimmt. 2015 ist noch völlig unklar, ob es gelingen kann, in den arabischen Staaten demokratische Herrschaftsstrukturen herauszubilden oder ob sich intolerante, islamistisch-salafistische Gruppierungen durchsetzen werden.

„Islamischer Staat“

Eine terroristisch-salafistische Gruppe ist der selbsternannte „Islamische Staat (IS)“, welcher das Ziel verfolgt, im Nahen Osten ein Kalifat („Gottesstaat“) zu errichten, das Syrien, den Irak, den Libanon, Israel, Palästina und Jordanien umfassen soll. Der „Islamische Staat“ hat seinen Ursprung im Irak-Krieg und geht vor allem auf den Islamisten Abu Musab al-Zarqawi zurück, der die Schiiten zugunsten der Sunniten bekämpfen wollte. Zarqawi und seine wachsende Gefolgschaft, zu der zunächst auch viele Mitglieder von al-Qaida gehörten, verübten ab 2004 schwere Terroranschläge im Irak und waren maßgeblich für den Bürgerkrieg zwischen den Schiiten und Sunniten verantwortlich. Nach der Tötung Zarqawis durch einen Luftschlag der Amerikaner im Jahr 2006 übernahm 2010 Abu Bakr al-Baghdadi die Führung des „Islamischen Staates“. Die Terrormiliz verlagerte ihren kriegerischen und terroristischen Schwerpunkt nach Syrien, wo sie sich festsetzen konnte und wo al-Baghdadi im Juni 2014 ein „Islamisches Kalifat“ ausrief.

Der „Islamische Staat“ geht mit extremer Grausamkeit gegen seine Gegner vor und stellt seine Brutalität durch die Veröffentlichung von Hinrichtungsvideos im Internet zur Schau. Die Terroristen finanzieren sich vermutlich durch Spenden aus arabischen Staaten, vor allem aber durch Erpressungen, Geiselnahmen, den Verkauf antiker Objekte aus Grabungsstätten und Museen sowie den Handel mit Öl, welches sie in Syrien und im Irak gewinnen. Der Terror des „Islamischen Staats“ richtet sich auch gegen das kultur- und kunstgeschichtliche Erbe der gesamten Menschheit, da in den eroberten Gebieten systematisch historische Denkmäler zerstört werden.

Flüchtlingswelle im Jahr 2015

Um Bürgerkriegen, dem Terror des „Islamischen Staates“ oder der Perspektivlosigkeit zerfallender Gesellschaften zu entkommen, verlassen viele Menschen ihre Heimat und werden zu Flüchtlingen. Noch nie befanden sich weltweit so viele Menschen auf der Flucht wie im 21. Jahrhundert – im Sommer des Jahres 2015 waren es über 50 Millionen Menschen, etwa die Hälfte von ihnen waren minderjährig.

Von den über 16 Millionen, die mit der Flucht auch ihr Heimatland verlassen haben, suchten die meisten Schutz und Zuflucht in einem direkten Nachbarland. Nach Angaben des UN-Flüchtlingshilfswerks hielten sich zum genannten Zeitpunkt 86 % aller Flüchtlinge in Entwicklungsländern auf. Prozentual gesehen macht sich also nur ein sehr kleiner Teil der Flüchtlinge auf den Weg nach Europa, um hier Asyl zu beantragen . Der Weg in die Länder der Europäischen Union ist für Flüchtlinge beschwerlich und oft auch gefährlich. Schlepperbanden nutzen die

M 5 Bürgerkrieg in Syrien
Damaskus, 2014

Info

Salafismus

Zum Salafismus gehören verschiedene politische und religiöse Bewegungen des Islam. Bekannt ist der Salafismus heute als Strömung des Islamismus, also als eine religiös verklärte Form des politischen Extremismus. Diese Salafisten geben vor, ihr Leben sehr nah am Wortlaut des Korans und den Überlieferungen über das Leben des Propheten Mohammed (sunna) auszurichten. Terroristischen Salafisten erscheint die Anwendung von Gewalt, Terror und Mord als ein geeignetes Mittel, um die eigenen politischen und religiösen Ansichten durchzusetzen. Mit Krieg, Attentaten und Anschlägen bekämpfen sie nicht nur „Feinde“ wie Israel, die USA oder andere westliche Staaten, sondern als Sunniten auch andere Gruppierungen im Islam wie die Schiiten.

Notlage der Flüchtlinge aus, Tausende sterben auf der Überfahrt über das Mittelmeer, wenn überfüllte, zumeist nicht seetüchtige Schiffe sinken.

Durch die wachsende Anzahl von Flüchtlingen wird die Europäische Gemeinschaft vor eine schwierige Aufgabe gestellt. Während einige Staaten nur wenige Flüchtlinge aufnehmen und ihre Grenzen schließen wollen, nehmen andere Staaten verhältnismäßig viele Flüchtlinge auf. Der großen Hilfs- und Aufnahmebereitschaft Deutschlands im Jahr 2015 standen leider aber auch Brandanschläge auf Flüchtlingsheime und fremdenfeindliche Demonstrationen gegenüber. Selbst die deutsche Politik zeigte sich in der Flüchtlingsfrage gespalten: Während einige rechtskonservative Politiker eine strikte Begrenzung des Flüchtlingsstromes verlangten, setzten sich andere für eine Beibehaltung und Ausweitung des Einsatzes für die Flüchtlinge ein.

Die neue Weltwirtschaftskrise

Nach dem 11. September 2001 betrieb die US-Notenbank Federal Reserve (Fed) eine Niedrigzinspolitik, die es den US-Bürgern ermöglichte, günstig Schulden zu machen. Viele Menschen liehen sich Geld, um sich ein Eigenheim zu kaufen, was zum Anstieg der Immobilienpreise und schließlich zu riskanten Spekulationsgeschäften führte. Einige amerikanische Banken verspekulierten sich und gerieten in eine Schieflage. 2007 löste dies eine Bankenkrise aus, zunächst in Nordamerika, kurz darauf aber auch in Europa, da auch europäische Finanzinstitute auf dem amerikanischen Markt spekuliert hatten. Die Finanzkrise führte fast überall auf der Welt zu einem deutlich abgeschwächten Wirtschaftswachstum bzw. zu einer Rezession. Der Welthandel nahm ab, die Arbeitslosigkeit stieg an. Es entwickelte sich eine Weltwirtschaftskrise, die die Regierungen mithilfe von öffentlichen Finanzhilfen beheben wollten, um das schwer geschädigte Banken- und Finanzsystem wieder zu stabilisieren. Die „Rettung" von Banken, Versicherungs- oder Industrieunternehmen durch öffentliche (Steuer-)Gelder bedeutete eine Form der „Verstaatlichung" der Schulden. Weiterhin versuchten die Staaten, über

M 6 Europäische Schuldenkrise

Proteste in Athen gegen Sparmaßnahmen der Regierung, 2011

unterschiedliche Wege die Wirtschaft wieder anzukurbeln. Das Rheinisch-Westfälische Institut für Wirtschaftsforschung (RWI) hat berechnet, dass die Finanzkrise Deutschland bis 2014 etwa 187 Milliarden Euro gekostet hat, wobei dieser Betrag vor allem zur Rettung der Banken ausgegeben wurde.

Die Griechenland-Krise

Die staatlichen Rettungsmaßnahmen hatten einen sprunghaften Anstieg der öffentlichen Schulden zur Folge und mündeten 2010 in einer europäischen Schuldenkrise. Von dieser Krise war besonders Griechenland betroffen, das bereits in den Vorjahren einen sehr hohen Schuldenstand aufgewiesen hatte. Um einen Staatsbankrott abzuwenden, wurde Griechenland von den Euro-Ländern und dem Internationalen Währungsfonds mit über 200 Milliarden Euro gestützt. Doch nicht alle europäischen Politiker wollten Griechenland unbegrenzt helfen; erstmals wurde die Frage diskutiert, unter welchen Bedingungen ein Land die gemeinsame Währung wieder verlassen sollte. Andere Länder der Eurozone hatten unter der Wirtschaftskrise ebenfalls stark zu leiden, vor allem Spanien, Irland, Italien und Portugal. Auch wenn für diese Staaten Ende 2015 Grund zu vorsichtigem Optimismus besteht, bleibt offen, ob sich damit zugleich auch schon eine generelle wirtschaftliche Trendwende abzeichnet.

Russland und die Ukraine-Krise

Seit 2014 beschäftigt die Ukraine-Krise die Weltpolitik. Die Ukraine ist ein heterogener Staat, der in geografischer Hinsicht einen Schnittpunkt unterschiedlicher geopolitischer Interessen darstellt. Die Krise nahm ihren Anfang im November 2013, als es auf dem Kiewer Maidan-Platz zu Massenprotesten gegen die Regierung des Präsidenten Viktor Janukowitsch kam. Auslöser des nachfolgenden gewaltsamen Umsturzes waren tödliche Schüsse auf Demonstranten und Polizisten, deren Hintergründe noch nicht aufgeklärt sind. Janukowitsch musste fliehen; in Kiew einigte man sich unter Beteiligung der EU-Außenminister darauf, den bisherigen Präsidenten für abgesetzt zu erklären und am 25. Mai 2014 vorgezogene Präsidentschaftswahlen abzuhalten. In der Zwischenzeit verlagerte sich der Konflikt in die östlichen Landesteile der Ukraine. Auf der Krim forderten Zehntausende Demonstranten die Vereinigung ihrer Halbinsel mit Russland, bewaffnete Gruppen besetzten das Regionalparlament. Die Regionalregierung der Krim setzte mit russischer Unterstützung für den 16. März eine Volksabstimmung an, als deren Ergebnis eine 96,6%ige Befürwortung des Beitrittes zur Russischen Föderation verkündet wurde. Allerdings erkannten weder die Ukraine noch die EU und die USA das Abstimmungsergebnis und die Abspaltung der Krim an. In den östlichen, traditionell an Russland orientierten Landesteilen der Ukraine kam es zu blutigen Kämpfen zwischen den Truppen der Kiewer Zentralregierung und örtlichen, pro-russischen Kräften. Die Regionen Donezk und Luhansk riefen sich als autonome Volksrepubliken aus, wurden aber weder von Kiew noch international als solche anerkannt. Auch nach der Wahl Petro Poroschenkos zum ukrainischen Präsidenten am 25. Mai 2014 dauerten die Auseinandersetzungen zwischen der ukrainischen Armee und den Separatisten an.

Um Druck auszuüben, verhängten die EU und die USA Sanktionen gegen die Russische Föderation, weil diese die pro-russischen Separatisten unterstützte. Russland konterte mit der Drohung einer Erhöhung der Energiepreise und einem Einfuhrverbot für Agrarprodukte. Ein Ende des Konflikts ist derzeit nicht in Sicht.

M 7 **Krieg in der Ukraine**
Soldaten der ukrainischen Armee in der Ostukraine, Februar 2015

Flüchtlinge in Deutschland – Karikatur und politische Rede im Vergleich

M 8 „Wahnsinn, dieses Deutschland! Überall Jubel, Hilfe, Freudenfeuer!"

Karikatur von Klaus Stuttmann, 7. September 2015

M 9 Eine politische Rede zur Flüchtlingswelle

Zum Auftakt der 40. Interkulturellen Woche in Mainz am 27. September 2015 hielt Bundespräsident Joachim Gauck folgende Rede:

Wir spüren, dass die Ereignisse der vergangenen Monate außergewöhnlich sind. Was wir sehen, beunruhigt viele und fordert uns alle heraus. Wir ahnen es, wenn wir die Bilder sehen aus Ungarn, vom Balkan, aus Griechenland, aus Italien, aus der Türkei, aus Syrien. Wir ahnen, dass wir es mit einem epochalen Ereignis zu tun haben, dessen Ausmaß und Tragweite wir noch immer schwer erfassen können. Wir ahnen, dass der Zug der Flüchtenden, der vor allem in Deutschland sein erhofftes Ziel findet, unser Land verändern wird. Wie – das liegt an uns. [...]

Lassen Sie mich zunächst sagen: Mit wem ich in diesen Tagen auch spreche, ob mit Bürgern oder Amtsträgern, ob ich Flüchtlingsunterkünfte besuche oder politische Versammlungen, überall sind die Menschen, genauso wie ich, tief beeindruckt von der Hilfsbereitschaft und dem Engagement der vielen Tausend freiwilligen und hauptamtlichen Helferinnen und Helfern, auch der Kommunen und der Länder. Oft sind mehr Menschen da, die helfen wollen, als tatsächlich eingesetzt werden können. Angesichts dieser Herausforderung ist so etwas durchaus neu. Es hat sich etwas verändert in unserer Gesellschaft und darüber dürfen wir uns ruhig einmal freuen.

Aber zugleich treibt viele die Sorge um: Wie kann Deutschland in der Zukunft offen bleiben für Flüchtlinge, wenn zu den vielen, die schon da sind, viele weitere hinzukommen? Wird der Zuzug uns irgendwann überfordern, so fragen sie. Werden die Kräfte unseres wohlhabenden und stabilen Landes irgendwann über das Maß hinaus beansprucht? [...] Inzwischen trauen wir uns, und wenn nicht, dann sollten wir uns trauen, das fundamentale Dilemma dieser Tage offen auszusprechen: Wir wollen helfen. Unser Herz ist weit. Doch unsere Möglichkeiten, sie sind endlich. [...]

Das Asylrecht hat in der Bundesrepublik Deutschland eine herausragende Bedeutung. Das ist wesentlich eine Lehre aus der Schreckenszeit des Nationalsozialismus, als Juden und politisch Verfolgte in anderen Ländern Schutz suchen mussten. Was es bedeutet, auf die Aufnahmebereitschaft anderer Staaten angewiesen zu sein, das bezeugen Menschen wie Hannah Arendt und Willy Brandt, Fritz Bauer oder Thomas Mann. Von ihrer Erfahrung wollte die Bundesrepublik in ihren frühen Jahren eigentlich wenig wissen. Inzwischen, nach langen Auseinandersetzungen und schmerzhaften Lernprozessen, ist sie aber eingewoben in die politische DNA unseres Landes. Diese Geschichte hat sich uns eingeprägt. Sie schwingt mit, wenn wir heute Flüchtlingen Schutz gewähren, wenn wir politisch Verfolgten Asyl bieten.

Es darf uns freuen, dass aus dem Land, aus dem vor einem Menschenleben Hunderttausende fliehen mussten, heute ein Zufluchtsort geworden ist. […] Für diese Aufgabe, das Ausmaß dieser Aufgabe, gibt es kein Vorbild. So sehr wir Sicherheit und Planungstreue erwarten, so sehr wir uns nach einem Gesamtkonzept sehnen, so müssen wir doch erkennen: Was jetzt gebraucht wird, sind neben Ordnung auch Flexibilität und Phantasie. Beides beschreibt nicht das Versagen, sondern eine Tugend des Gemeinwesens in der aktuellen Krisensituation. Lernen in einer zugespitzten Situation, das meint aber nicht, ein paar eherne Vorschriften zu lockern. Es geht vielmehr darum, eine kreative Haltung zu fördern, die nicht sagt, warum etwas unmöglich ist, sondern die fragt, wie es möglich wird.

Selbst der größte Ideenreichtum, selbst hohe finanzielle Mittel werden aber nicht ausreichen, um Konflikte gänzlich abzuwenden. […]

Da hilft nur eins: Wir müssen schnell handeln. Es gilt, Spannungen zwischen Neuankömmlingen und Alteingesessenen so weit wie irgend möglich zu vermeiden. Und das wird am besten gelingen, wenn die einen wie die anderen nicht übervorteilt werden oder sich jedenfalls nicht übervorteilt fühlen. Deutschland hat in seiner Geschichte wiederholt bewiesen, dass es Engpässe und materielle Herausforderungen meistern kann. […]

Schließlich, und auch davon möchte ich den Blick nicht abwenden, werden sich unter die Ankommenden Menschen mischen – sehr wenige, wie ich hoffe – die Konflikte aus ihrer Heimat auf deutschem Boden weiterführen wollen: Fundamentalisten, Antisemiten und andere Ideologen, die unsere Gesetze missachten und die freiheitliche Ordnung bekämpfen. Denen sage ich: Wir wollen in diesem Land keinen religiösen Fanatismus. Sogenannte Gotteskrieger müssen wissen: Der Rechtsstaat duldet keine Gewalt. Er wird die Täter konsequent verfolgen.

Dasselbe gilt selbstverständlich auch für jene Gewalttäter, die sich Asylgegner nennen und Flüchtlingsheime anzünden. Rechtsradikale Brandstifter und Hetzer müssen wissen: Es gibt keine rechtsfreien Räume in diesem Land. Ihr werdet verfolgt werden und im Übrigen werden wir, die Solidarischen, gewinnen. […]

Und deshalb möchte ich nun, zum Schluss, jene Menschen ansprechen, die bei uns bleiben werden, die bei uns Aufnahme finden.

Nach den Mühen Ihrer Odyssee will ich Ihnen sagen: Sie sind hier sicher. […]

Und abschließend, meine Damen und Herren, ein Wort an uns, die Sorgenden und die Besorgten: Wenn wir Probleme benennen und Schwierigkeiten aufzählen, so soll das nicht, so soll das niemals unser Mitgefühl – unser Herz – schwächen. Es soll vielmehr unseren Verstand und unsere politische Ratio aktivieren.

Wir werden also weiter wahrnehmen, was ist – ohne zu beschönigen oder zu verschweigen.

Wir werden weiter helfen, so wie wir es tun – ohne unsere Kräfte zu überschätzen.

So werden wir bleiben, was wir geworden sind: Ein Land der Zuversicht.

Zit. nach: www.bundespraesident.de/SharedDocs/Reden/DE/Joachim-Gauck/Reden/2015/09/150927-Interkulturelle-Woche-Mainz.html [letzter Zugriff: 13.06.2018].

Aufgaben

1. Eine kurze Geschichte des 21. Jahrhunderts

Den Darstellungstext über die Entwicklung der Welt nach dem 11. September 2001 sollt ihr in Arbeitsgruppen erarbeiten und seinen Inhalt in möglichst frei gehaltenen Referaten in der Klasse vorstellen. Dazu erhaltet ihr folgende Aufgaben:

a) Erarbeitet zunächst als gemeinsame Grundlage die Seite 161.
b) Bildet 7 AGs für folgende Abschnitte: 1. Irakkrieg, 2. Arabischer Frühling, 3. „Islamischer Staat“, 4. Flüchtlingswelle 2015, 5. Neue Wirtschaftskrise, 6. Griechenland-Krise, 7. Ukraine-Krise.
c) Erarbeitet jeweils frei gehaltene Mini-Referate für die Klasse (Einleitung, Problemdarstellung/Problemfrage, Akteure, Hauptteil, erkennbaren Schluss).
d) Recherchiert dazu ggf. ein geeignetes Foto zum Zeigen in der Klasse (Quellenangabe).
e) Klärt alle wichtigen Fachbegriffe und Abkürzungen.
f) Erstellt aus den Referaten einen Klassenfries, der aktualisiert werden kann.
g) **Medienbildung:** Diskutiert, welche Vor- und welche Nachteile reine Darstellungstexte in Schulbüchern haben (Quellenfrage, Multiperspektivität …).

→ Text, M1 – M7

2. Flüchtlinge in Deutschland

a) Arbeite die wesentlichen Aussagen über die Flüchtlinge in Deutschland sowie die Vorschläge und Appelle aus der Rede Joachim Gaucks heraus.
b) Analysiere die Karikatur über die Ankunft der Flüchtlinge in Deutschland und erläutere ihre Aussage.
c) Vergleicht beide sehr unterschiedlichen Quellen (M8, M9) hinsichtlich der verwendeten Mittel, der Perspektiven auf das Thema und des ableitbaren Appells.

→ Text, M8, M9

Fragebogen zum Thema: Die Welt, Europa und Deutschland 1962 – 1990/91

Hinweis: Die folgende Tabelle dient der Selbsteinschätzung deiner erworbenen Kenntnisse und Fähigkeiten. Die Auflistung erhebt nicht den Anspruch, vollstän-

Ich kann ...	Ich bin sicher. ☺	Ich bin ziemlich sicher. 😐	Ich bin noch unsicher. 😕	Ich habe große Lücken. ☹
... den Verlauf der Kuba-Krise erläutern.				
... den Verlauf des Vietnamkrieges und seine Folgen erklären.				
... den Begriff „Prager Frühling" erklären.				
... die Bedeutung der Breschnew-Doktrin für die Staaten des Warschauer Paktes darlegen.				
... die Ursachen für das Interesse beider Supermächte an einer Abrüstung in den 1970er-Jahren erklären.				
... die weltpolitische Situation Ende der 1970er-Jahre darlegen.				
... die wichtigsten Beschlüsse der KSZE-Konferenz wiedergeben.				
... den Begriff „Ostpolitik" erläutern und die wichtigsten Ergebnisse dieser Politik erklären.				
... die Veränderungen des Parteisystems in der BRD in den Achtzigerjahren darlegen.				
... die Ursachen für die Revolution in der DDR erläutern.				
... den Verlauf der Friedlichen Revolution in der DDR bis zur Herstellung der deutschen Einheit an relevanten Beispielen darlegen.				
... die Bedeutung des Zwei-plus-Vier-Vertrages erklären.				
...				
...				

Bitte beachte: Kopiere die Seiten, bevor du mit ihnen arbeitest.

dig zu sein. Es handelt sich um eine Auswahl, die ggf. erweitert werden kann. In der rechten Spalte findest du Hinweise, wie du eventuell vorhandene Lücken oder auch Unsicherheiten beseitigen kannst.

→ **Bitte kopiere die Seiten, bevor du mit ihnen arbeitest.**

Auf diesen Seiten kannst du in HORIZONTE nachlesen	Empfehlungen zur Übung, Wiederholung und Festigung
98–99	Stelle in einem Zeitstrahl den Verlauf der Kuba-Krise dar.
98–103	Verfasse eine Darstellung zum Thema: „Die USA und der Vietnamkrieg."
98–101, 54–59	Vergleiche den „Prager Frühling" mit den Ereignissen in Ungarn 1956.
98–101	Nimm Stellung zu folgender Behauptung: „Die Breschnew-Doktrin schränkte die Souveränität der sozialistischen Länder stark ein."
104–105	Lege die Ergebnisse der Abrüstung beider Supermächte bis Mitte der 70er-Jahre dar.
104–107	Halte einen Vortrag zum Thema: „Die Militärpolitik der NATO und des Warschauer Paktes Ende der 70er-Jahre".
104–107	Begründe, dass die Umsetzung der Beschlüsse der KSZE-Konferenz den Frieden in Europa sicherer machte.
114–117	Verfasse eine Erörterung zur Ostpolitik der Regierung Brandt.
118–120	Finde Argumente für die Behauptung: „Die Gründung der Grünen war ein Resultat neuer politischer Herausforderungen."
122–127, 130–134	Erstelle ein Schaubild zu den kurz- und langfristigen Ursachen für die Revolution in der DDR.
148–153	Fertige einen Zeitstrahl mit den wichtigsten Stationen der Friedlichen Revolution in der DDR an.
150, 154–155	Erörtere den Satz: „Der Zwei-plus-Vier-Vertrag bedeutete das Ende der Nachkriegszeit für Deutschland.".

02 DER NAHOST-KONFLIKT
Eine Fallanalyse am Beispiel des Sechstagekrieges

M 1 Eine syrische Perspektive

Das syrische Außenministerium in der Tageszeitung „Al-Thura" über die Kampfbereitschaft der Streitkräfte (20.05.1967):

Unsere Streitkräfte sind nun absolut bereit, nicht nur um eine Aggression zurückzuschlagen, sondern auch um die Initiative für die Befreiung zu ergreifen und die aggressive zionistische Anwesenheit in unserer arabischen Heimat zu zerschmettern. Die syrische Armee, die ihre Hand am Abzug hat, ist einig in ihrer Entschlossenheit, die Auseinandersetzung zu beschleunigen. Gegenwärtig warten wir auf das Zeichen von Seiten der politischen Führung.

Zit. nach: Ingomar Reinartz (Hg.), Nahostkonflikt. Dokumente, Materialien und Abkommen zur Entstehung und zum Verlauf des Konflikts zwischen Israelis, Arabern und Palästinensern, Opladen: Heggen-Verlag 1975, S. 78.

M 2 Eine israelische Perspektive

Der israelische Historiker und Journalist Tom Segev gibt die Stimmung in der israelischen Gesellschaft im Mai/Juni 1967 durch eine Zeitzeugenaussage wieder:

„Die Lage ist schrecklich", schrieb Naomi Shukri aus Ramatajim einer Klassenkameradin in Los Angeles. „Du kannst Dir nicht vorstellen, welches Glück Du hast, dass Du jetzt nicht in Israel bist." Es sei nicht die Rezession [wirtschaftliche Flaute], nicht das Geld – es gehe ums Leben. Die Menschen gingen tief gebeugt, die Angst sei zermürbend. Wer könne da an Arbeit denken? Das Land sei gelähmt. „Keiner weiß, was morgen, in der nächsten Stunde, der nächsten Minute geschieht. Die Leute fragen einander: Was wird geschehen?

Tom Segev, 1967: Israels zweite Geburt, München: Siedler 2007, S. 343–346.

Aufgaben

1. **Der arabisch-israelische Konflikt im Mai/Juni 1967**
   Stellt euch vor, ihr hättet als Forscherinnen und Forscher die Aufgabe, bei schwieriger Quellenlage zum Sechstagekrieg möglichst umfassen zu forschen und ihr würdet die beiden oben abgebildeten Materialien als Ausgangslage besitzen.
   a) Analysiert die Texte M1 und M2 hinsichtlich ihrer Informationen zur Konfliktlage im Mai/Juni 1967 im Nahen Osten (Akteure, Handlung(-smittel,) Erwartungen...).
   b) Diskutiert den Quellenwert der vorliegenden Texte und beachtet dabei Textsorten, Autoren (einschließlich ihrer Position), Perspektive, Adressaten.
   c) Erläutert, welche (beiden) Textsorten und Perspektiven für ein ausgewogenes Bild der Lage noch fehlen.
   d) Erstellt als Arbeitsbasis ein vorläufiges Schaubild zur Lage im Mai/Juni 1967 und notiert weiterführende Fragestellungen. Berücksichtigt dabei M1, M2 und das Schema für Fallanalysen (Seite 171). Ein Tipp: Zieht ggf. noch die Bildquelle M5 (Seite 176) heran.
   e) Vergleicht eure Fragen und einigt euch auf die Untersuchungsaspekte in der „Fallgruppe".
   ↝ M1–M2

Orientierung

Der Nahostkonflikt – am Beispiel des Sechstagekrieges

Der Begriff „Nahost-Konflikt“ wird insbesondere für den israelisch-palästinensischen Konflikt verwendet. Kern des israelisch-palästinensischen Konfliktes ist die Region Palästina, auf die sowohl Israelis als auch Palästinenser Anspruch erheben. Immer wieder kommt es in dieser Region zu Terror, bewaffneten Konflikten und Krieg.

Fallanalyse zum Sechstagekrieg 1967
Bei einer historischen Fallanalyse wird ein besonders wichtiges Ereignis untersucht. Die Historiker arbeiten bei die für die Zeit typischen Bedingungen, Abläufe und Entscheidungsprozesse an einem „Fall“ heraus. Eine Fallanalyse zielt dabei zum einen auf das Allgemeine, das Repräsentative oder Beispielhafte und zum anderen auch auf das Besondere und Unverwechselbare des Ereignisses. Repräsentativ für die zahlreichen Konflikte und Kriege des Nahost-Konflikts, der Auseinandersetzung zwischen Israelis und Arabern, ist der Sechstagekrieg 1967.

Bei der Fallanalyse des Sechstagekrieges werden folgende Aspekte untersucht:

1. Die Vorgeschichte des Sechstagekrieges. Dazu gehören langfristig die Gründung des Staates Israel und die „arabische Katastrophe“ im Jahr 1948 und die unmittelbaren, kurzfristigen Ursachen des Kriegs 1967.

2. Der Fall Sechstagekrieg 1967. Welche Kontrahenten stehen sich in dem Krieg gegenüber? Welche Interessen haben die Akteure vertreten? Wie wurde der Krieg geführt? Wie wurde der Krieg beendet?

3. Die Folgen des Sechstagekrieges.

Eine Fallanalyse zum Sechstagekrieg 1967

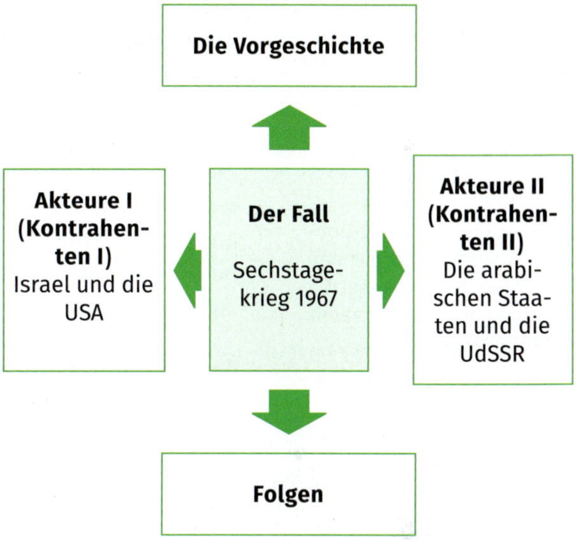

Hinweis

Der Sechstagekrieg in der Tagesschau

https://www.tagesschau.de/jahresrueckblick/meldung221696.html

Aufgaben

1. **Der israelisch-palästinensischen Konflikt im April 2018**
   a) Die Texte von Seite 170 entstanden vor und während des Sechstagekrieges, den ihr im Folgenden als Fallanalyse untersuchen werdet. Ihr habt dabei die Aufgabe, durch eure Analyse folgende Themenfrage zu beantworten: „Viele Konflikte und (k)eine Lösung?“ Erklärt dazu zunächst in eigenen Worten, was eine historische Fallanalyse ist und wie sie durchgeführt wird.
   b) Untersucht als Vorbereitung auf die Fallanalyse die Geschichte der Gründung des Staates Israel (Seite 172–173).
   → Orientierungskasten Seite 171, Seite 172–173.

M 1 Theodor Herzl
(1860–1904), Schriftsteller und zionistischer Politiker, Fotografie, um 1900

Info

Zionismus

Als Zionismus wird eine politische Bewegung bezeichnet, die es sich zum Ziel gesetzt hat, einen jüdischen Staat in Palästina zu errichten.

M 2 Kampf in Jaffa 1948
Palästinenser kämpfen gegen jüdische Streitkräfte kurz nach der Staatsgründung, Fotografie, 1948

Die Gründung des Staates Israels

Aufkommen des Zionismus

Nach der Zerschlagung der jüdischen Aufstände in der Antike verließen viele Juden Palästina (Diaspora). Gegen Ende des 19. Jahrhundert wurde der Wunsch vieler Juden konkreter, in das Land ihrer Herkunft zurückzukehren. Die Bewegung des Zionismus entstand. Ziel des Zionismus war es, dass die Juden sich eine „Heimstätte", also einen Staat, in Palästina errichten. Die Ideen des Zionismus entwickelte vor allem Theodor Herzl (1860–1904) in seinem Buch „Der Judenstaat" (1896).

Seit 1516 gehörte die Region Palästina zum Osmanischen Reich. Es wurde also weder von Juden, noch von Arabern regiert. Mit dem Ende des Ersten Weltkrieges 1918 kam es zur Auflösung des Osmanischen Reichs. Im Krieg wurden von Seiten der Briten zahlreiche, z.T. wiedersprüchliche Versprechungen gemacht (McMahon-Briefe 1915, Balfour-Deklaration 1917). Nach dem Krieg erhielt Großbritannien vom Völkerbund, einem Vorläufer der Vereinten Nationen, den Auftrag, die Region Palästina zu verwalten. Juden siedelten sich in Palästina an. Das Motto der Zionisten lautete: „Für ein Volk ohne Land ein Land ohne Volk." Doch dieser Leitsatz übersah, dass Palästina keinesfalls eine unbewohnte Wüste war, die nur darauf wartete, von den Juden besiedelt zu werden. Palästina war in Teilen von Arabern bewohnt. Bereits in den 1920er-Jahren kam es zu Konflikten und Gewalt zwischen Juden und Arabern.

Gründung des Staates Israel und die „arabische Katastrophe"

Nach Ende des Zweiten Weltkriegs wollten die Briten ihr Mandat über Palästina aufgeben. Am 29. November 1947 beschlossen die Vereinten Nationen, dass ein arabischer und ein jüdischer Staat gegründet werden sollten. Jerusalem sollte von den Vereinten Nationen verwaltet werden. Um 1946 lebten etwa 1,33 Million Araber und 603 000 Juden in Palästina. Der jüdische Anteil der Bevölkerung lag also bei etwa einem Drittel. Den Juden wurde insgesamt etwas über die Hälfte der Gesamtfläche Palästinas zugesprochen, auf der etwa 520 000 Juden und 350 000 Araber lebten.

Die Reaktionen auf den Beschluss der Vereinten Nationen fiel äußerst unterschiedlich aus. Die jüdische Bevölkerung jubelte, weil es nun endlich einen jüdischen Staat geben sollte, die Araber reagierten entsetzt, da sie eine Teilung Palästinas und die Gründung eines jüdischen Staates entschieden ablehnten. Am 14. Mai 1948 verlas David Ben-Gurion in Tel Aviv die Unabhängigkeitserklärung des Staates Israel. In der Nacht zum 15. Mai 1948 griffen arabische Truppen aus Ägypten, Irak, Jordanien, Libanon und Syrien den jüdischen Staat an. Allerdings schickten die arabischen Staaten schlecht ausgebildete und ausgerüstete Soldaten nach Israel. Die israelische Armee indes verfügte über eine moderne Ausrüstung.

Der erste arabisch-israelische Krieg endete mit einem Sieg Israels, allerdings nicht mit einem Frieden. So kam es zwar zwischen Israel und den arabischen Staaten 1949 zu Waffenstillstandsvereinbarungen, Friedensschlüsse wurden aber nicht fixiert. Israel beherrschte über drei Viertel der Region Palästina. Von den etwa 1,4 Millionen Arabern, die in Palästina lebten, waren etwa 700 000–760 000 geflohen oder vertrieben worden. Die arabische Bevölkerung Palästinas bezeichnet den Ausgang des Kriegs als an-Nakba, Katastrophe. Der Konflikt zwischen Israel und den Arabern konnte nicht beigelegt werden.

M 3 Israels Unabhängigkeitserklärung

Am 14. Mai 1948 verlas David Ben-Gurion in Tel Aviv die Proklamationsurkunde des Staats Israel.

Die über das jüdische Volk in der letzten Zeit hereingebrochene Vernichtung, in der in Europa Millionen Juden zur Schlachtbank geschleppt wurden, bewies erneut und eindeutig die Notwendigkeit, die Frage des heimat- und staatenlosen jüdischen Volkes durch Wiedererrichtung des jüdischen Staates in Erez Israel [= Land Israel] zu lösen. Dieser Staat wird seine Tore für jeden Juden weithin öffnen und dem jüdischen Volke die Stellung einer gleichberechtigten Nation unter den Völkern verleihen.

Die jüdischen Flüchtlinge, die sich aus dem furchtbaren Blutbad des Nationalsozialismus in Europa retten konnten, und Juden anderer Länder strömten ohne Unterlass nach Erez Israel, trotz aller Schwierigkeiten, Hindernisse und Gefahren forderten sie unablässig insbesondere ihr Recht auf ein Leben der Ehre, Freiheit und redlichen Arbeit in der Heimat ihres Volkes. Im zweiten Weltkrieg hat die jüdische Bevölkerung Palästinas an dem Ringen der freiheits- und friedliebenden Völker mit den Kräften der nationalsozialistischen Verbrecher ihren vollen Anteil genommen und sich mit dem Blut ihrer Kämpfer und durch ihren Kriegseinsatz das Recht erworben, den Völkern, die den Bund der Vereinten Nationen gegründet haben, zugerechnet zu werden. Am 29. November 1947 hat die Vollversammlung der Vereinten; Nationen einen Beschluss gefasst, der die Errichtung eines jüdischen Staates in Erez Israel fordert; die Vollversammlung verlangte von der Bevölkerung Erez Israels, selbst alle notwendigen Schritte zu ergreifen, um diesen Beschluss durchzuführen. Diese Anerkennung des Rechtes des jüdischen Volkes auf die Errichtung seines Staates durch die Vereinten Nationen kann nicht rückgängig gemacht werden. Es ist das natürliche Recht des jüdischen Volkes, ein Leben wie jedes andere staatlich selbständige souveräne Volk zu führen.

Wir, die Mitglieder des Volksrates, die Vertreter der jüdischen Bevölkerung Palästinas und der Zionistischen Bewegung, sind daher heute, am Tage der Beendigung des britischen Mandats über Erez Israel, zusammengetreten und proklamieren hiermit kraft unseres natürlichen und historischen Rechtes und aufgrund des Beschlusses der Vollversammlung der Vereinten Nationen die Errichtung eines jüdischen Staates in Erez Israel, des Staates Israel. [...]

Wir strecken allen Nachbarstaaten und ihren Völkern die Hand zum Frieden und auf gute Nachbarschaft entgegen und appellieren an sie, mit dem in seinem Lande selbstständig gewordenen jüdischen Volke in gegenseitiger Hilfe zusammenzuarbeiten. Der Staat Israel ist bereit, seinen Anteil an der gemeinsamen Anstrengung, den ganzen Vorderen Orient zu entwickeln, beizutragen.

Zit. nach: Ingomar Reinartz (Hg.), Nahostkonflikt. Dokumente, Materialien und Abkommen zur Entstehung und zum Verlauf des Konflikts zwischen Israelis, Arabern und Palästinensern, Opladen: Heggen-Verlag 1975, S. 30–33.

M 4 Staatsgründung in Tel Aviv

Der spätere israelische Ministerpräsident David Ben-Gurion verliest vor Vertretern aller Parteien am 14. Mai 1948 die Unabhängigkeitserklärung Israels, die am folgenden Tag in Kraft trat.

Aufgaben

1. Die Gründung des Staates Israels

a) Beschreibe, wie es zur Gründung des Staates Israel kam und welche Akteure/Parteien daran beteiligt waren bzw. sich gegenüberstanden

b) Erkläre, warum kein arabisch-palästinensischer Staat gegründet wurde.

c) Begründe, warum die Palästinenser den Ausgang des israelisch-arabischen Krieg als Katastrophe (an-Nakba) bezeichnen.

d) Erläutere das Selbstverständnis des Staates Israel an ausgewählten Zitaten.

Text, M1–M4.

Der Sechstagekrieg 1967 – Eine Fallanalyse

Training

Ein Gruppenpuzzle durchführen

Das Gruppenpuzzle ist eine besondere Form der Gruppenarbeit. Es eignet sich, um vielschichtige komplexe Sachverhalte und verschiedene Perspektiven arbeitsteilig und effektiv als Lernaufgabe zu bearbeiten. Hier geht es um die Gegenüberstellung und Beurteilung der Konfliktparteien im Sechstagekrieg. Das Gruppenpuzzle durchläuft vier Phasen:

1. Phase
Analyse: Die Klasse wird in vier Stammgruppen eingeteilt, um arbeitsteilig die Positionen und Ziele der Konfliktparteien im Sechstagekrieg zu erschließen und zu analysieren. Jede Stammgruppe besteht aus mindestens vier Gruppenmitgliedern. In den Stammgruppen einigen sich die Mitglieder, wer zu welcher Perspektive in dem Konflikt arbeitet:

A: Die arabischen Staaten Syrien und Ägypten
B: Israel
C: UdSSR
D: USA
(Mögliche weitere Perspektive: Palästinenser; Materialien unter: https://www.lpb-bw.de/geschichte-palaestinas.html)
Alle Schülerinnen und Schüler erschließen als gemeinsame Grundlage den Text über den Sechstagekrieg im Schulbuch (Seite 175/176) in Einzelarbeit (siehe Aufgabe 1b).

2. Phase
Austausch: Alle Lernenden treffen sich nun in ihren Expertengruppen (A, B, C, D), die sich durch die Bearbeitung der gleichen Konfliktpartei ergeben. Die Experten vergleichen ihre Ergebnisse und legen fest, was und wie sie im Anschluss in ihrer Stammgruppe das erworbene Wissen weitergeben wollen.
Folgende Aspekte sollten von den Expertengruppen berücksichtigt werden:
- Vorstellung der Konfliktpartei
- Position und Verhalten im Sechstagekrieg
- Beurteilung der Position und des Verhaltens der Konfliktpartei im Sechstagekrieg
- Vorschläge zur Friedenslösung

3. Phase
Vermittlung/Sicherung: Die Experten (A, B, C, D) kehren in ihre jeweilige Stammgruppe zurück. Jeder Experte trägt innerhalb seiner Stammgruppe sein Spezialwissen über die jeweilige Konfliktpartei vor.

4. Phase

Diskussion: Diskutiert abschließend im Plenum, durch welche Positionen und welches Verhalten der Konfliktparteien ein Frieden nach dem Sechstagekrieg verhindert wird und unter welchen (veränderten) Bedingungen ein Frieden im Nahen Osten möglich werden könnte. Erschließt und berücksichtigt dazu vertiefend die Resolution 242 der Vereinten Nationen vom 22. November 1967 (siehe Seite 180, M11, Aufgabe 1).

Die Quellenlage zum Thema ist außerordentlich schwierig. Überlegt, welche Quellen/Standpunkte für eine Klärung von Fragen – auch unter dem Gesichtspunkt der Multiperspektivität – noch hilfreich sein könnten.

Aufgaben

1. Der Sechstagekrieg – Eine Fallanalyse
a) Führt zum Sechstagekrieg die Fallanalyse in einem Gruppenpuzzle durch. Orientiert euch dazu an der Anleitung auf dieser Seite.
b) Erschließt in Einzelarbeit die Situation nach dem israelisch-arabischen Krieg 1948/1949, den Verlauf des Sechstagekriegs 1967 und die unmittelbaren Folgen des Kriegs. Vergleicht eure Ergebnisse in der Stammgruppe.

Trainingskasten auf dieser Seite, Seite 174–180.

Situation nach dem israelisch-arabischen Krieg 1948/1949

Nach dem Krieg 1949 festigte sich Israel wirtschaftlich und politisch als Staat. Es hatte seine Überlebensfähigkeit unter Beweis gestellt und wurde sofort von den USA und der UdSSR anerkannt. Bis Ende 1949 wuchs die jüdische Bevölkerung auf eine Million an. In Israel entstand eine Demokratie mit einem vielschichtigen Parteiensystem. Das israelische Parlament, die Knesset (hebr. Versammlung) mit Sitz in Jerusalem umfasst 120 Sitze. Alle vier Jahre werden die Abgeordneten in einer reinen Verhältniswahl gewählt. Im Unterschied zu anderen Demokratien kann der Ministerpräsident mit seiner Regierung über Kriegseinsätze entscheiden, ohne das Parlament zu befragen. Israels Armee erhält sich so die Möglichkeit, angesichts seiner Gegner im Nahen Osten schnell handeln zu können.

Für die Zionisten ging der Traum vom jüdischen Staat in Palästina in Erfüllung. Für die Palästinenser bedeutete der Ausgang des Krieges eine Katastrophe. Viele Araber lebten als Flüchtlinge in Gaza oder in der Westbank unter fremder Herrschaft. Für sie begann ein jahrzehntelanges Dasein in Flüchtlingslagern, da die Flüchtlinge aus Palästina sich nicht in die arabischen Staaten integrieren konnten und wollten. Die Flüchtlingsresolution der Vereinten Nation (Resolution 194) aus dem Jahr 1948 sieht zwar vor, dass „den Flüchtlingen, die in ihre Heimat zurückkehren und in Frieden mit ihren Nachbarn zu leben wünschen, die Rückkehr zum frühestmöglichen praktikablen Zeitpunkt erlaubt werden solle." Doch Israel verweigerte ihnen eine Rückkehr aus Furcht und um seine Identität als jüdischer Staat nicht zu verlieren, als der sich Israel definiert. Die in Israel verbliebenen 160 000 arabischen Palästinenser erhielten zwar die israelische Staatsbürgerschaft, wurden aber wie Bürger zweiter Klasse behandelt. Oft verloren sie ihre Arbeitsplätze und bekamen keinen Zugang zu neugeschaffenen Stellen, die den einwandernden Juden vorbehalten blieben. Außerdem betrachtete man die Araber als Sicherheitsrisiko und ließ ihre Wohngebiete durch das Militär überwachen. Die Flüchtlingsfrage blieb ungelöst.

Der Sechstagekrieg 1967

In den folgenden Jahren sollten sich die Spannungen zwischen Israel und den arabischen Ländern weiter zuspitzen und es zu Konflikten kommen. So kam es 1956 in der Suezkrise zu einem zweiten israelisch-arabischen Krieg. Israel, England und Frankreich marschierten in Ägypten ein, das zuvor den Suezkanal verstaatlicht hatte. Den Suezkanal kontrollierten bisher die Briten und Franzosen. Auf Druck der Vereinigten Staaten von Amerika und der Sowjetunion zogen sich Israel, England und Frankreich wieder aus Ägypten zurück.

Zur Verschärfung der Lage kam es einerseits durch ein israelisches Bewässerungsprogramm, bei dem der Oberlauf des Jordans zum Nachteil der Araber umgelenkt wurde, andererseits lieferten sich Ägypten und Syrien einen „Überbietungswettbewerb" in ihrer Propaganda gegen Israel. Hinzu kam eine unzutreffende Warnung der Sowjets an Ägypten und Syrien vor einem Angriff Israels, der am 17. Mai 1967 stattfinden sollte. Isreal hingegen erkannte in der arabischen Kriegspropaganda, einem im November 1966 zwischen Ägypten und Syrien unterzeichneten Beistandspakt und dem Aufmarsch der ägyptischen Truppen auf der von der UN zuvor geräumten Sinai-Halbinsel das Risiko eines arabischen Angriffs und eines Zwei-Frontenkrieges. Die Blockade des Golfs von Akaba durch Ägypten war schließlich der konkrete Anlass für Israel mit amerikanischer Rückendeckung einen genau geplanten und ausgeführten Überraschungsangriff durchzuführen.

M 1

M 2 **Flagge Palästinas**

M 3 **Israelische Soldaten an der Klagemauer**

Nach der Eroberung Ost-Jerusalems im Sechstagekrieg, 1967

M 4

Israel nach dem Sechs-Tage-Krieg

Von Israel besetzte Gebiete

* Rückgabe der Halbinsel Sinai 1979 (Camp David)

M 5 **Während des Sechstagekrieges 1967**

Israelischer Panzer und palästinensische Flüchtlinge, Foto, Juni 1967

Am Morgen des 5. Juni 1967 vernichtete die israelische Luftwaffe nahezu vollständig die Luftstreitkräfte Ägyptens, Jordaniens und Syriens. Innerhalb weniger Tage besetzten israelische Truppen Ost-Jerusalem und das Westjordanland (engl. Westbank) von Jordanien, den Gaza-Streifen und die Sinai-Halbinsel von Ägypten und die strategisch bedeutsamen Golanhöhen von Syrien. Nach Vermittlung der Vereinten Nationen kam es am 10. Juni zum Waffenstillstand.

M 6

Israel nach dem Unabhängigkeitskrieg

Israelischer Staat

Jerusalem geteilt

Die unmittelbaren Folgen des Sechstagekrieges

Ein Friede zwischen den arabischen Staaten und Israel war jedoch nicht in Sicht. Die arabischen Staaten waren sich weiterhin einig in ihrer Haltung gegenüber Israel. Im September 1967 verkündigte man auf einer Tagung in Khartoum ein dreifaches Nein: „Nein zur Anerkennung Israels! Nein zu Verhandlungen! Nein zu einem Friedensvertrag!"

Als Folge des Sechstagekrieges war Israel zur überlegenen Militärmacht des Nahen Ostens aufgestiegen und sollte diesen Status aufgrund militärischer und wirtschaftlicher Unterstützung der USA und später auch der EU nicht verlieren. Politisch blieb Israel indes im Nahen Osten isoliert und von Feinden umringt. Eine Aussicht auf Frieden bestand zunächst nicht, da keine Partei zu Zugeständnissen bereit war. Die UN-Resolution 242 vom November 1967, die die Basis für eine anzustrebende Friedensregelung bieten sollte, wurde nicht umgesetzt.

Vorgeblich zum Schutze Israels und um strategisch bedeutsame wichtige Gebiete zu kontrollieren und die Herrschaft über Jerusalem zu festigen trieben israelische Regierungen in den 1967 besetzten Gebieten den Siedlungsbau voran. Israel wurde zu einer Besatzungsmacht. Allerdings verstieß diese Siedlungspolitik in den besetzten Gebieten gegen bestehendes Völkerrecht, das einer Besatzungsmacht verbietet, seine Bevölkerung in dem von ihr besetzten Gebiet anzusiedeln. Die Araber bezeichnen den Sechstagekrieg als „Naksa" (Rückschlag).

Der Sechstagekrieg 1967 – Eine Fallanalyse

M 7 Die arabischen Staaten Syrien und Ägypten

a) Erklärung zum Abschluss des ägyptisch-syrischen Beistandspakts vom in der staatlichen ägyptischen Zeitung Al-Ahram (11.11.1966):

Die beiden Seiten haben die Bedingungen in den beiden brüderlichen Regionen und im gesamten arabischen Heimatland erörtert. [...]
Die beiden Seiten bekräftigen, dass der Kampf für die Befreiung Palästinas beim kämpferischen arabischen Volk im ganzen arabischen Heimatland die Hauptfrage bildet und dass das palästinensisch-arabische Volk berechtigt ist, sich als die Vorhut des legitimen Kampfes für die Befreiung ihres usurpierten [=widerrechtliche angeeigneten] Heimatlandes zu organisieren. [...]

Zit. nach: Ingomar Reinartz (Hg.), Nahostkonflikt. Dokumente, Materialien und Abkommen zur Entstehung und zum Verlauf des Konflikts zwischen Israelis, Arabern und Palästinensern, Opladen: Heggen-Verlag 1975, S. 76 f.

b) Alarmbefehl an die ägyptische Armee versendet über Radio Kairo (14.05.1967):

1. Die Einsatzbereitschaft der ägyptischen Streitkräfte wird am Sonntag, 14. Mai 14.30 Uhr, auf den Stand der Kriegsbereitschaft gebracht.
2. Die Verbände und Einheiten, die innerhalb des Rahmens des Operationsplanes dafür vorgesehen sind, werden aus ihren gegenwärtigen Standorten in die zugewiesenen Stellungen einrücken.
3. Die Kampfeinheiten werden auf die volle Kriegsbereitschaft gebracht, um jede militärische Aufgabe zu erfüllen, die die Lag an der israelischen Front erforderlich machen kann.

Zit. nach: Ingomar Reinartz (Hg.), Nahostkonflikt. Dokumente, Materialien und Abkommen zur Entstehung und zum Verlauf des Konflikts zwischen Israelis, Arabern und Palästinensern, Opladen: Heggen-Verlag 1975, S. 78.

c) Rede des ägyptischen Präsidenten Gamal Abdel Nasser vor Soldaten der ägyptischen Luftwaffe (22.05.1967):

Was ist Frieden? Wenn es den ehrlichen Wunsch nach Frieden gibt, so erklären wir, dass auch wir für den Frieden arbeiten. Doch bedeutet Frieden, dass wir die Rechte des palästinensischen Volkes missachten sollen, weil die Zeit vergeht? Bedeutet Frieden, dass wir unsere Rechte aufgeben sollen, weil die Zeit vergeht? [...] Von Frieden hört man nur reden, wenn Israel in Gefahr ist. Aber wenn es um den Verlust arabischer Rechte, der Rechte des palästinensischen Volkes geht, dann spricht niemand von Frieden, Rechten oder sonst etwas. Deshalb ist es klar, dass zwischen den Westmächten – deren Hauptvertreter die Vereinigten Staaten und Großbritannien sind – und Israel eine Allianz besteht. Es besteht eine politische Allianz. Diese politische Allianz veranlasst die Westmächte zur Lieferung militärischer Ausrüstungen an Israel. [...]
Die Juden drohen mit Krieg. Wir sagen ihnen, dass sie kommen können, wir sind zum Krieg bereit. Unsere Streitkräfte und unser ganzes Volk sind zum Krieg bereit, aber wir werden unter keinen Umständen eines unserer Rechte abtreten. [...]

Zit. nach: Ingomar Reinartz (Hg.), Nahostkonflikt. Dokumente, Materialien und Abkommen zur Entstehung und zum Verlauf des Konflikts zwischen Israelis, Arabern und Palästinensern, Opladen: Heggen-Verlag 1975, S. 83–87.

M 8 Gamal Abdel Nasser (1918–1970)
Fotografie, Februar 1954

Der Sechstagekrieg 1967 – Eine Fallanalyse

M 9 Israel

Rede des israelischen Ministerpräsidenten Levi Eshkol in der Knesset (22.05.1967):

Die letzten Entwicklungen sind ein Glied in der Kette der Spannungen, die ihren Ursprung in Damaskus haben. Von dieser Stelle aus habe ich mich bereits mit der Tatsache befasst, dass allein Syrien gefordert hat, einen Krieg gegen Israel zu führen, und zu diesem Zweck mit der Organisation von Sabotage- und Verbrecherbanden begonnen hat, die aus israelischem Gebiet operieren sollten.
Von 1965 bis zum Mai 1967 sind 113 Sprengstoffattentate und Attentatsversuche sowie Sabotageakte auf israelischem Gebiet verübt worden, für die Syrien verantwortlich ist, sei es, dass sie direkt von seinem Territorium oder über andere Länder durchgeführt worden sind. Darüber hinaus sind von syrischem Territorium aus Schießereien und Bombenanschläge gegen israelische Siedler verübt worden. Einige Dörfer sind beschossen worden. [...]
Angesichts der syrischen Aggression haben wir uns vergeblich bemüht, alle politischen Maßnahmen zu ergreifen, die geeignet gewesen wären, der Entwicklung Einhalt zu gebieten. Aber als die Aggressionsakte weitergingen und intensiviert wurden, haben wir es für notwendig erachtet, in einigen Fällen von unserem Recht auf Selbstverteidigung Gebrauch zu machen. [...]
Die zwischen Israel und den arabischen Ländern bestehende Spannung ist im Lauf der Jahre aus der Situation der interarabischen Beziehungen und aus dem Verhältnis zwischen den Mächten auf dem Hintergrund ihrer globalen und regionalen Politik erwachsen. Alle diese Elemente sind unlöslich miteinander verbunden. Angesichts der zunehmenden Spannung müssen die Großmächte ihren ganzen Einfluss aufbieten, um die Gefahr eines Zusammenstoßes im Nahen Osten zu beseitigen. Besondere Verantwortung liegt bei der Sowjetunion, die freundschaftliche Beziehungen zu Damaskus und Kairo unterhält und die sich noch nicht ausdrücklich von der Politik Syriens an der israelischen Grenze distanziert hat. [...]
Die ägyptischen Truppenkonzentrationen auf der Sinai-Halbinsel haben Ausmaße erreicht, die die Spannung in unserer Region vermehren und in der ganzen Welt Besorgnis erregen. Der Status quo muss auf beiden Seiten der Grenze wiederhergestellt werden. [...] Ich möchte von dieser Stelle aus gegenüber den arabischen Staaten, besonders gegenüber Ägypten und Syrien, wiederholen, dass wir keine aggressiven Absichten hegen. Wir haben keinerlei Interesse, ihre Sicherheit, ihr Territorium oder ihre legitimen Rechte zu verletzen.

Zit. nach: Ingomar Reinartz (Hg.), Nahostkonflikt. Dokumente, Materialien und Abkommen zur Entstehung und zum Verlauf des Konflikts zwischen Israelis, Arabern und Palästinensern, Opladen: Heggen-Verlag 1975, S. 79–82.

M 10 Sowjetunion

Rede des sowjetischen Ministerpräsidenten Alexej Kossygin vor den Vereinten Nationen (19.06.1967):

Man wird vielleicht fragen, warum sich die Sowjetunion so entschieden gegen Israel wendet. Nein, meine Herren, nicht gegen Israel wendet sich die Sowjetunion. Sie wendet sich gegen die Aggressionspolitik, die die herrschenden Kreise dieses Staates betreiben. In ihrer fünfzigjährigen Geschichte bewies die Sowjetunion Hochachtung gegenüber allen Völkern – den großen wie den kleinen. Jedes Volk hat das Recht, seinen eigenen unabhängigen nationalen Staat aufzubauen. So lautet eines der Grundprinzipien der Politik der Sowjetunion.
Gerade davon gingen wir aus, als wir unsere Haltung zu Israel als Staat festlegten und 1947 für den Beschluss der UN stimmten, auf dem Territorium der ehemaligen britischen Kolonie Palästina zwei unabhängige Staaten – einen jüdischen und einen arabischen – zu schaffen. [...]
Wie wir nun sehen, ist der heute von Israel gegen die arabischen Länder entfesselte Aggressionskrieg die direkte

Fortsetzung der Politik, die die herrschenden extremistischen Kreise ihrem Lande seit der Existenz des israelischen Staates aufzwangen. Und gerade gegen diese Aggressionspolitik wendet sich die Sowjetunion zusammen mit den anderen sozialistischen und allen friedliebenden Staaten fest und konsequent. Die Organisation der Vereinten Nationen muss Israel zwingen, sich den Forderungen der Völker zu beugen. Wenn die UN dies nicht tut, so wird sie nicht ihre hohe Pflicht erfüllen, um derentwillen sie geschaffen wurde, und der Glaube der Völker an diese Organisation würde untergraben.
Nur auf dem Wege des Friedens, durch Verzicht auf die Aggressionspolitik gegenüber den Nachbarstaaten kann Israel seinen Platz unter den Staaten der Welt behaupten. [...]
Die Sowjetunion erhebt die kategorische Forderung: Die israelischen Truppen müssen unverzüglich von dem Ufer des Suez-Kanals, aus allen von ihnen besetzten arabischen Gebieten zu rückgenommen werden. Allein der Abzug der israelischen Truppen aus den besetzten Gebieten kann die Lage im Sinne eine Entspannung, im Sinne der Schaffung von Bedingungen für den Frieden im Nahen Osten ändern. [...]
Am 9. Juni erklärten sich die führenden Persönlichkeiten der kommunistischen und Arbeiter-Parteien und der Regierungen von sieben sozialistischen Ländern mit dem gerechten Kampf der Staaten des arabischen Ostens voll und ganz solidarisch. Wenn die Regierung Israels die Aggression nicht einstellt und ihre Truppen nicht hinter die Waffenstillstandslinie zurücknimmt, werden die sozialistischen Staaten „alles Notwendige tun, um den Völkern der arabischen Länder zu helfen, dem Aggressor eine entschiedene Abfuhr zu erteilen, ihre legitimen Rechte zu schütze den Kriegsherd im Nahen Osten zu löschen, den Frieden in diesem Raum wiederherzustellen." [...]
Wir wiederholen: das bedeutet vor allem den Abzug der israelischen Truppen aus den besetzten Gebieten. Heute ist das eine Schlüsselfrage, ohne die es keine Entspannung im Nahen Osten geben kann.

Zit. nach: Ingomar Reinartz (Hg.), Nahostkonflikt. Dokumente, Materialien und Abkommen zur Entstehung und zum Verlauf des Konflikts zwischen Israelis, Arabern und Palästinensern, Opladen: Heggen-Verlag 1975, S. 94–97.

M 11 USA

Rede des Präsidenten der USA Lyndon B. Johnson auf einer Pädagogenkonferenz (19.06.1967):

Nun möchte ich mich abschließend noch dem Nahen Osten und den tumultarischen Vorgängen der vergangenen Monate zuwenden. Die Ereignisse dort haben die Weisheit von fünf großen Prinzipien des Friedens für diese Region unter Beweis gestellt.
Das erste und bedeutsamste Prinzip besagt, dass jede Nation in dem Gebiet ein fundamentales Lebensrecht besitzt und dass dieses Recht von ihren Nachbarn respektiert werden muss. Für die Völker des Nahen Ostens kann der Weg in eine hoffnungsvolle Zukunft nicht in Drohungen bestehen, die Existenz anderer Nationen zu vernichten. Solche Drohungen sind zu einer Belastung des Friedens nicht nur in diesem Gebiet, sondern der gesamten Welt geworden. In gleicher Weise aber würde keine Nation sich als treu gegenüber der UN-Charta oder ihren eigenen wahren Interessen erweisen, wenn sie sich durch einen militärischen Erfolg blind für die Tatsache machen ließe, dass ihre Nachbarn eigene Rechte und Interessen besitzen. Jede Nation muss das Lebensrecht der anderen akzeptieren.
Zweitens, der vergangene Monat zeigt uns ein weiteres für die Lösung des Problems grundlegendes Erfordernis: die menschliche Forderung, den Flüchtlingen Gerechtigkeit widerfahren zu lassen. Ein neuer Konflikt hat neue heimatlose Menschen mit sich gebracht. Die Staaten des Nahen Ostens müssen sich schließlich auch selbst mit dem Geschick derjenigen befassen, die durch die Kriegsgeschehnisse vertrieben wurden. Bislang haben beide Seiten sich allen noch so gutgemeinten Bemühungen einer Vermittlung von außen widersetzt, den Opfern des Konflikts wieder ihre Heimstatt zu verschaffen oder für sie andere geeignete Leben und Arbeitsplätze zu finden. Es wird für keine Partei im Nahe Osten Frieden geben, sofern dieses Problem nicht mit neuer Energie von allen und vor allem von denjenigen, die es unmittelbar betrifft, angepackt wird.
Eine dritte Lehre dieses Monats ist, dass die internationalen Schifffahrtsrechte respektiert werden müssen. [...]
Viertens hat die letzte Auseinandersetzung mit aller Deutlichkeit die Gefährlichkeit des nahöstlichen Wettrüstens während der vergangenen zwölf Jahre aufgezeigt. [...]
Fünftens unterstreicht die Krise, von welch entscheidender Bedeutung die Achtung vor der politischen Unabhängigkeit

Der Sechstagekrieg 1967 – Eine Fallanalyse

und der territorialen Integrität aller Staaten in diesem Gebiet ist. Wir haben auf dem Höhepunkt der Krise dieses Prinzip erneut bekräftigt, und wir tun es heute noch einmal – für alle. Dieses Prinzip kann im Nahen Osten nur auf der Grundlage des Friedens zwischen den Parteien wirksam werden. [...]

Wer aber soll diesen Frieden bringen, nachdem zwanzig Jahre lang sämtliche Bemühungen gescheitert sind? Ohne Frage müssen die Parteien des Konflikts auch die Parteien des Friedens sein. Früher oder später werden sie zu einer Regelung in diesem Gebiet kommen müssen. Es ist schwer, sich vorzustellen, wie Völker miteinander in Frieden leben können, wenn sie nicht lernen, miteinander vernünftig zu reden.

Zit. nach: Ingomar Reinartz (Hg.), Nahostkonflikt. Dokumente, Materialien und Abkommen zur Entstehung und zum Verlauf des Konflikts zwischen Israelis, Arabern und Palästinensern, Opladen: Heggen-Verlag 1975, S. 97–100.

M 12 Resolution 242 der Vereinten Nationen

Vom 22. November 1967:

Der Sicherheitsrat, mit dem Ausdruck seiner anhaltenden Besorgnis über die ernste Situation im Nahen Osten, unter Betonung der Unzulässigkeit des Gebietserwerbs durch Krieg und der Notwendigkeit, auf einen gerechten und dauerhaften Frieden hinzuarbeiten, in dem jeder Staat der Region in Sicherheit leben kann, ferner unter Betonung dessen, dass alle Mitgliedstaaten mit der Annahme der Charta der Vereinten Nationen die Verpflichtung eingegangen sind, in Übereinstimmung mit Artikel 2 der Charta zu handeln,

1. erklärt, dass die Verwirklichung der Grundsätze der Charta die Schaffung eines gerechten und dauerhaften Friedens im Nahen Osten verlangt, der die Anwendung der beiden folgenden Grundsätze einschließen sollte:

i) Rückzug der israelischen Streitkräfte aus (den)[1] Gebieten, die während des jüngsten Konflikts besetzt wurden;

ii) Beendigung jeder Geltendmachung des Kriegszustands beziehungsweise jedes Kriegszustands sowie Achtung und Anerkennung der Souveränität, territorialen Unversehrtheit und politischen Unabhängigkeit eines jeden Staates in der Region und seines Rechts, innerhalb sicherer und anerkannter Grenzen frei von Androhungen oder Akten der Gewalt in Frieden zu leben;

2. erklärt ferner, dass es notwendig ist,

a) die Freiheit der Schifffahrt auf den internationalen Wasserwegen in der Region zu garantieren;

b) eine gerechte Regelung des Flüchtlingsproblems herbeizuführen;

c) die territoriale Unverletzlichkeit und politische Unabhängigkeit eines jeden Staates der Region durch Maßnahmen zu garantieren, die auch die Schaffung entmilitarisierter Zonen einschließen;

3. ersucht den Generalsekretär, einen Sonderbeauftragten zu ernennen, der sich in den Nahen Osten begeben soll, um mit den beteiligten Staaten Verbindung aufzunehmen und zu unterhalten, mit dem Ziel, eine Einigung zu fördern und die Bemühungen zur Herbeiführung einer friedlichen und akzeptierten Regelung im Einklang mit den Bestimmungen und Grundsätzen dieser Resolution zu unterstützen;

4. ersucht den Generalsekretär, dem Sicherheitsrat baldmöglichst über den Stand der Bemühungen des Sonderbeauftragten Bericht zu erstatten.

Auf der 1382. Sitzung des Sicherheitsrats einstimmig verabschiedet.

1 englischer Text: from territories = aus Gebieten; französischer Text: des territoires = aus den Gebieten.

Zit. nach: www.un.org/depts/german/sr/sr_67/sr242-67.pdf [letzter Zugriff: 13.06.2018].

Aufgaben

1. Die Resolution 242 der Vereinten Nationen

a) Fasse die wesentlichen Bestimmungen der UN-Resolution 242 in Stichworten zusammen.

b) Erläutere, warum die UN-Resolution 242 nach ihrer Veröffentlichung nicht umgesetzt wurde.

c) Erkläre den Unterschied zwischen der englischen und der französischen Fassung und die sich daraus ergebenen Folgen für den geforderten Abzug.

→ M11

2. Fazit

a) Diskutiert die Themenfrage „Viele Konflikte und (k)eine Lösung?" Berücksichtigt dabei folgendes Zitat von Kurt Waldheim: „Israel hat sich durch seinen Sieg über die arabischen Staaten militärische Sicherheit auf lange Sicht geschaffen. Von einer politischen Lösung seiner Existenzfrage dürfte es jedoch weiter entfernt sein denn je."

b) Reflektiert eure Zusammenarbeit im Gruppenpuzzle und setzt euch mit der Methode der Fallanalyse auseinander.

Viele Konflikte – (k)eine Lösung? – Der Nahost-Konflikt im 21. Jahrhundert

Jom-Kippur-Krieg/Ramadan-Krieg 1973

Auch unter dem neuen ägyptischen Präsident Anwar al-Sadat kam es trotz verschiedener Versuche zu keiner Annäherung zwischen den arabischen Staaten und Israel. Weder Israel noch die USA glaubten an eine Verhandlungsbereitschaft Ägyptens. Tatsächlich ließ Sadat aufrüsten und plante mit Syrien im Geheimen einen Angriff auf Israel. Am 6. Oktober 1973, an Jom Kippur, dem höchsten jüdischen Feiertag (Versöhnungsfest) griffen Ägypten und Syrien überraschend Israel an. Die israelische Armee war unvorbereitet, so dass die arabischen Truppen zunächst Erfolge erzielen und auf Teile der 1967 von den Israelis eroberten Gebiete wie den Sinai und den Golan vordringen konnten. Es folgte eine dreiwöchige Materialschlacht, bei der Israel von den USA und Syrien von der Sowjetunion über Luftbrücken mit Waffen versorgt wurden. Israel gewann schließlich die Oberhand, drängte die arabischen Truppen zurück und rückte auf ägyptisches Gebiet vor. Unter dem Druck der beiden Großmächte, USA und Sowjetunion, stoppte Israel seinen Vormarsch, es kam zu einer Waffenruhe und zu einer geregelten Entflechtung sowie einem Rückzug der Armeen. Der Jom-Kippur-Krieg, der im arabischen Raum auch Ramadan-Krieg genannt wird, da er während des Fastenmonats Ramadan stattfand, war beendet.

Die arabischen Regierungen konnten zwar die von Israel besetzten Gebiete nicht zurückgewinnen, zerstörten aber den Mythos von Unbesiegbarkeit der israelischen Armee. Offen blieb die Frage, wie in der Region Frieden geschaffen werden sollte.

Zwischen Krieg und Frieden

Nach dem Jom-Kippur-Krieg lud der Sicherheitsrat der Vereinten Nationen zu einer Friedenskonferenz für den Nahen Osten am 21. Dezember 1973 in Genf ein, um am Verhandlungstisch den Konflikt zwischen Israel und den Arabern beizulegen. Unter dem Vorsitz der USA und der Sowjetunion verhandelten Israel, Ägypten und Jordanien – Syrien hatte die Einladung ausgeschlagen – über eine Umsetzung der UN-Resolution 242 aus dem Jahr 1967. Allerdings konnten die Verhandlungspartner keine Einigung erzielen.

In den Folgejahren kam es immer wieder zu erfolgsversprechenden Friedenbemühungen im israelisch-arabischen Konflikt, die aber von Terror und Krieg durchkreuzt wurden. Die folgende Zeitleiste gibt einen Überblick über die wesentlichen Ereignisse bis zum Beginn des 21. Jahrhunderts:

Info

Zeitleiste

1978: Unter Vermittlung der USA erzielen Ägypten und Israel in Camp David eine bilaterale Einigung: Anerkennung des Staates Israel durch Ägypten und Aufnahme diplomatischer Beziehungen. Israel gibt den Sinai an Ägypten zurück. Damit etabliert sich das Prinzip „Land für Frieden".

1982: Libanonkrieg. Einmarsch Israels in den Libanon, um die dortige Palästinensische Befreiungsorganisation PLO – das wichtigste Sprachrohr und die Anführerin der Palästinenser – an Anschlägen zu hindern. Israel gelingt es nicht, die PLO zu →

M 1

M 2 Intifada
Gewalttätige Auseinandersetzungen in Nablus (Westjordanland), 12. Dezember 1987

Info

→ zerschlagen, die nach Tunesien abzieht. Radikalisierung der libanesisch-schiitisch-islamistischen Untergrundbewegung Hisbollah („Partei Gottes), die sowohl eine Partei im Libanon als auch eine als Terrororganisation eingestufte Miliz bildet. Die Hisbollah spricht bis heute dem Staat Israel sein Existenzrecht ab und verfolgt das Ziel, Israel zu vernichten.

1987: Intifada (Aufstand, Erhebung). Jugendliche Palästinenser attackieren israelische Siedler und Soldaten mit Steinen. Trotz drastischer Maßnahmen gelingt es der israelischen Armee nicht, die Intifada zu beenden. Unterstützung erfährt die Intifada durch die „Islamische Widerstandsbewegung“ Hamas, die sich als politische Partei und zugleich terroristische Organisation das Ziel setzt, Israel zu vernichten und in ganz Palästina (einschließlich Israel) einen islamischen Staat zu errichten.

1993: „Oslo-I-Abkommen“. In Oslo erkennt die PLO unter Jassir Arafat Israels Recht auf eine Existenz in Sicherheit und Frieden an; Israel akzeptiert die PLO als legitime Vertreterin des palästinensischen Volkes.

1994: Israel erklärt sich im „Gaza-Jericho-Abkommen“ (und ein Jahr später im „OSLO-II-Abkommen“) bereit, „Land für Frieden“ zu geben. Den Palästinensern wird die – wenn auch eingeschränkte – Selbstverwaltung über bestimmte Gebiete im Westjordanland und im Gazastreifen gestattet. Errichtung einer Palästinensischen Autonomiebehörde (PA) als proto-staatliches Gemeinwesen. Wahl Jassir Arafats zum ersten palästinensischen Präsidenten. Abschluss eines israelisch-jordanischen Friedensvertrages.

ab 1995: Störung des Friedensprozesses durch die Fortsetzung des israelischen Siedlungsbaus im Westjordanland und palästinensische Selbstmordattentate.

2003: Roadmap for Peace der USA, Russland, EU, UNO als Stufenplan für eine Zwei-Staaten-Lösung.

2006: Libanon-Krieg Israels gegen die Hisbollah, die als Terrororganisation Anschläge auf Israel ausübt.

2006: Wahlsieg der Hamas, einer palästinensischen Partei, die auch Terroranschläge verübt und Israel vernichten will. Militärische Auseinandersetzungen zwischen Israel und dem Gaza-Streifen. Diese wiederholen sich unter anderem 2008 bis 2009, 2012, 2014.

M 3 Gaza-Jericho-Abkommen
Israels Ministerpräsident Rabin und PLO-Führer Arafat besiegeln vor US-Präsident Clinton 1994 das Gaza-Jericho-Abkommen.

M 4 Grenzzaun
Zwischen israelischen und palästinensischen Siedlungen, Fotografie, 2007

M 5 Frieden in Nahost – Lösungsvorschläge

Der Journalist und Nahost-Experte Kersten Knipp stellt in einem Beitrag für die Deutsche Welle verschiedene Möglichkeiten für eine Lösung des Nahost-Konflikts vor:

Seit Jahrzehnten stehen sich Israelis und Palästinenser in einem territorialen Konflikt gegenüber. Die Vorschläge, wie er sich lösen ließe, werden seit Jahren diskutiert. Anspruchsvoll sind sie alle. Ein Überblick.

Die Zwei-Staatenlösung

Der bekannteste Vorschlag ist die Zwei-Staatenlösung. Zu ihm bekennen sich unter anderem auch die Europäische Union und die Bundesrepublik Deutschland. Der Vorschlag ist fast so alt wie der Nahostkonflikt selbst. [...]

Der Plan wurde immer wieder diskutiert. Neuen Schwung erfuhr er zu Beginn des neuen Jahrtausends – sowohl unter Israelis wie auch Palästinensern stieg die Zustimmung. Im Zuge des unausgesetzten Siedlungsbaus nahm die Zustimmung unter Palästinensern dann aber wieder ab. Unter der Regierung Benjamin Netanjahu habe sich die Lage zusätzlich kompliziert, sagt Peter Lintl, Israel-Experte der Stiftung Wissenschaft und Politik. [...]

Angesichts dieser Entwicklung sprach sich bereits im Jahr 2015 knapp über die Hälfte der Palästinenser gegen die Zwei-Staaten-Lösung aus – mit weiter steigender Tendenz. Viele Befragte erklären, angesichts der fortgeschrittenen Zersiedelung des Landes sei eine Zwei-Staaten-Lösung ohnehin nicht mehr umsetzbar. Umgekehrt bröckelte angesichts des palästinensischen Terrors auch in Israel die Zustimmung. [...]

Die Ein-Staat-Lösung

Eine Alternative zur Zwei-Staaten-Lösung wäre die Ein-Staat-Lösung: Israelis und Palästinenser würden gemeinsam in einem Staat leben. Die meisten Israelis lehnen diese Idee ab. Das gravierendste Problem: Die demografische Entwicklung würde mittel- bis langfristig die Identität Israels als jüdischer Staat untergraben. Denn nähme Israel die Palästinensergebiete in das eigene Staatsgebiet auf, müsste es den Palästinensern die vollen Bürgerrechte gewähren. Damit aber, schreibt die an der Universität Hamburg lehrende Politikwissenschaftlerin Margret Johannsen in ihrem Buch „Der Nahostkonflikt", würde Israel „de facto ein binationaler Staat werden und folglich seinen Charakter als jüdischer Staat aufgeben." Das will die Mehrheit der Israelis nicht. [...]

Eine Konföderation

Einen weiteren Vorschlag präsentiert der Historiker Michael Wolffsohn. Er wirbt seit Jahren für eine konföderierte Bundesrepublik Jordanien-Palästina mit dem Bundesland „Westjordanien" (Westjordanland) und gegebenenfalls dem Gazastreifen. Die Konföderation wäre grundsätzlich auch erweiterbar, und zwar in Richtung eines Staatenbundes „Palästina-Jordanien-Israel". Diese, so Wolffsohn, würde den demografischen Realitäten entsprechen: Im Westjordanland leben derzeit rund 22 Prozent Juden, während in Israel umgekehrt 23 Prozent der Bürger palästinensische Wurzeln haben.

Einen Bevölkerungsaustausch hält Wolffsohn angesichts dieser Zahlen für nicht mehr möglich. Stattdessen plädiert er für einen erweiterten Staatenbund. „Die Araber Israels, die bekanntermaßen Palästinenser sind, blieben in Israel und bekämen entweder das Wahlrecht fürs palästinensisch-jordanische oder, basierend auf individueller Entscheidung, fürs israelische Parlament", schreibt Wolffsohn. „Sowohl jüdisch-israelische als auch palästinensische und jordanische Selbstbestimmung wären gewährleistet. Ebenso die jeweilige Staatlichkeit."

Zit. nach: www.dw.com/de/frieden-in-nahost-vier-l%C3%B6sungsvorschl%C3%A4ge/a-41850600 [letzter Zugriff: 13.06.2018].

Aufgaben

1. **Viele Konflikte – (k)eine Lösung? – Der Nahost-Konflikt im 21. Jahrhundert**
   a) Erarbeitet, wie sich der Nahost-Konflikt nach dem Sechstagekrieg weiter entwickelte und erklärt, warum es noch nicht zu einer Lösung des israelisch-palästinensischen Konflikts gekommen ist.
   b) **Medienbildung:** Stellt die drei Lösungsvorschläge zum Frieden im Nahen Osten in beschrifteten Grafiken dar.
   c) Begründet, welchen Vorschlag ihr favorisiert.
   d) Informiert euch über die aktuellen Entwicklungen im Nahost-Konflikt.
   Text, M1–M5

03 FRAUEN- ODER MÄNNERBILDER

Gleich oder ungleich?

M 1 **Fußballweltmeisterschaft der Frauen**

Schiedsrichterin Kirsi Heikkinen aus Finnland zeigt der französischen Torwärtin im Spiel gegen Deutschland im Borussia Park Stadion in Mönchengladbach am 5. Juli 2011 die rote Karte.

M 2

	Mann	Frau
Position	Zentrales Mittelfeld	offensives Mittelfeld
Verein	Real Madrid	Olympique Lyon
Vertrag bis	30.06.2022	2020
Einsätze in einer Saison	48	19
Aktueller Marktwert	80 Millionen Euro	Transfer ablösefrei
Länderspiele/Tore	80/12	69/30
Preise/sportliche Erfolge	1 Weltmeister, 2 Champions League, 1 spanischer Meister, 1 spanischer Superpokalsieger, 3 Deutscher Meister	1 Europameisterin, 2 Deutsche Pokalsiegerin, 3 Torschützenkönigin, 1 Champions League, 1 Olympia-Teilnahme, 1 Olympiasiegerin
Ausrüster	adidas	keine Angaben

Quellen: www.transfermarkt.de und www.soccerdonna.de, Stand: 08.03.18

Orientierung

Wegweiser durch den Längsschnitt „Frauen- oder Männerbilder: Gleich oder ungleich?“

Die Frage nach Gleichberechtigung von Frau und Mann in Gesellschaft, Beruf und Familie wird in unserer Zeit viel und anhaltend diskutiert. Studien zu den Geschlechterrollen und Diskussionen zum Verhältnis der Geschlechter untereinander sind in den Wissenschaften ebenso zu finden wie in der breiten Öffentlichkeit. Zusätzlich werden in diesen Zusammenhang immer mehr Forderungen nach einem angemessenen Umgang mit der Diversität (Vielfalt) der Geschlechter und der sexuellen Orientierung eines jeden Menschen gestellt. Dabei erscheint kaum eine andere Frage so persönlich und von den jeweiligen individuellen Standpunkten und gesellschaftlichen Bedingungen abhängig zu sein wie diese. Auch hat jeder/jede von uns dazu bestimmte Vorstellungen.

Im folgenden Längsschnitt werdet ihr euch mit dem Thema der Männer- und Frauenbilder von Mittelalter bis NS-Zeit beschäftigen. Gewählt wurde dazu ein biografischer Ansatz. Das heißt, dass ihr euch am Beispiel ausgewählter Lebensläufe, soweit es die Quellenlage erlaubt, mit dem Wandel dieser Bilder beschäftigt. Jedes biografische Beispiel wird dabei mit Quellen eingeführt.

Innerhalb der Kapitel geht ihr bitte wie folgt vor:

- Erarbeitung und Analyse der Quellen
- Thesen zum dahinter stehenden Leben (vgl. Hinweis Kurzbiografie, S. 189)
- Erstellen von offenen Fragen
- Durcharbeiten des jeweils folgenden Darstellungstextes
- Diskussionsfragen: gleich – ungleich, typisch für die Zeit, Fortschritt-Rückschritt?

Nicht immer sind diese Biografien typisch, aber sie bilden interessante Ansätze zu Analyse und Diskussion. Dieser Ansatz soll den starken individuellen Aspekt der Ausgestaltung des Geschlechterverhältnisses unterstreichen, ohne den Blick zu stark zu vereinfachen oder zu verallgemeinern.

Dabei wirst du mit deiner Klasse immer wieder dazu aufgefordert, die historischen Möglichkeiten aus der damaligen Zeit zu reflektieren (Sachurteil), aber auch das historische Wissen mit dem Zustand von heute aus eurer Sicht zu vergleichen (Werturteil). Wichtig wird es aber auch sein, deine eigene Perspektive zu reflektieren, miteinander zu diskutieren.

Der folgende Längsschnitt besteht aus vier Epochenkapiteln:

1. Kapitel (Mittelalter):
Bauer und Bäuerin im Alltag: Arbeitsteilung auf Augenhöhe?

2. Kapitel (Frühe Neuzeit):
Suzette Henry und die Kunst: Auf dem Weg zur Gleichberechtigung?

3. Kapitel (19. Jahrhundert):
Helene Stöcker und die Frauenbewegung: Frauenemanzipation – ein Kampf gegen die Männer?

4. Kapitel (20. Jahrhundert/Nationalsozialismus)
1. Die Familie Goebbels und das Frauenbild im Nationalsozialismus – unterdrückt und glücklich?
2. Bruno Balz, ein Homosexueller im Nationalsozialismus und danach: einmal verfolgt – immer verfolgt?

5. Zusammenführung/Diskussion
aller Kapitel unter der Frage: Gleich oder ungleich? Für die weitere Diskussion entwickelt eigene Problemfragen.

Aufgaben

1. Frauenfußball

a) Nennt spontan aktuelle Fußballnationalspieler oder Fußballnationalspielerinnen.
b) Vergleicht, wie viele Männer und wie viele Frauen ihr in der Klasse genannt habt.
c) Arbeitet aus der Tabelle die Gemeinsamkeiten und Unterschiede der deutschen Nationalspieler und -innen heraus.
d) Diskutiert in der Klasse, worin sich die unterschiedliche Behandlung von Männer- und Frauenfußball in unserer Gesellschaft zeigt. Sammelt andere Beispiele für Unterschiede von Männern und Frauen in unserer Gesellschaft. Geht dabei auf die rechtliche, soziale und ökonomische Stellung ein.
e) **Zusatzaufgabe:** Recherchiert im Internet unter der Suchverbindung „DAX-Konzerne – Frauenquote“.

→ M1–M2, Internet

Mittelalter: Bauer und Bäuerin – Arbeitsteilung auf Augenhöhe?

M 1 **Monatsbild März**

Buchmalerei, Werkstatt des Simon Bening, Brügge, um 1513/15.

M 2 **Monatsbild Dezember**

Buchmalerei, Werkstatt von Simon Bening, Brügge, um 1520

Aufgaben

1. **Bauer und Bäuerin im Alltag: Arbeitsteilung auf Augenhöhe?**
   a) Beschreibe die abgebildeten Tätigkeiten eines Mannes und einer Frau.
   b) Analysiere, welche Tätigkeiten Männern und Frauen gemeinsam oder getrennt zufielen.
   c) Stelle Thesen zum Geschlechterverhältnis im bäuerlichen Leben des Mittelalters auf. Berücksichtige dabei die Leitfrage: Arbeitsteilung auf Augenhöhe?
   d) **Zusatzaufgabe:** Erläutert, welche Informationen die Bilder über die mittelalterliche Ständegesellschaft (Klerus, Adel, Dritter Stand) enthalten.

→ M1 – M2

M 3 **Monatsbild September**
Buchmalerei, Werkstatt von Simon Bening, Brügge, um 1513/15

Info

Tipp zur Bildanalyse

Das mittelalterliche Sprichwort „Jemanden unter die Haube bringen" bezieht sich darauf, dass es nur ledigen Mädchen erlaubt war, das Haar offen zu tragen. Nach der Hochzeit mussten Frauen ihr Haar flechten und unter der Haube verstecken.

Mittelalter: Bauer und Bäuerin – Arbeitsteilung auf Augenhöhe?

Das Verhältnis von Frauen und Männern wurde im europäischen Abendland seit der Antike durch patriarchalische Strukturen bestimmt. Das heißt, Frauen waren den Männern in der Öffentlichkeit und Gesellschaft unterstellt und hatten ihren Arbeitsbereich und ihre Einflusssphäre in und um das Haus.

Kirchliche Sicht

Im Mittelalter wurde die Unterordnung der Frau unter die Gewalt des Mannes auch durch die Kirche und deren Auslegung der biblischen Geschichte von Adam und Eva begründet. Im Alten Testament wird in der Genesis beschrieben, wie Gott Eva aus einer Rippe Adams formte. Obwohl Gott es ihr verboten hatte, aß Eva eine Frucht vom Baum der Erkenntnis und sorgte so für die Vertreibung der Menschen aus dem Paradies. Die Erzählung vom Sündenfall schwächte die Position der Frau in der christlichen Gesellschaft nachhaltig und gab den Männern das Recht, Frauen zu erniedrigen und als das schwache Geschlecht zu unterwerfen. Diese Sichtweise führte nicht zuletzt zu der sich im ausgehenden Mittelalter entwickelnden Hexenverfolgung, der viele unschuldige, als moralisch verdorbene Sünderinnen gebrandmarkte Frauen zum Opfer fielen.

Aufgabenbereiche von Frau und Mann

Im Mittelalter teilten sich die Aufgabenbereiche von Mann und Frau grundsätzlich so auf: Die Frau war für die Abläufe und die Arbeiten in und am Haus zuständig, der Mann für das Ausüben eines Berufs und das Auftreten in der Gesellschaft.

Dabei fällt der Familie als wichtigster Sozialform für Frau und Mann die zentrale Rolle zu. Die Heirat war für beide Geschlechter, vor allem aber für die Frau, die dann ihre Aufgabe als Mutter erfüllen konnte, das zentrale biografische Ereignis. Unverheiratete Ausnahmen bildeten nur die Frauen im geistlichen Stand – also Nonnen – sowie Frauen bei Hof und Frauen in heilenden Berufen – z. B. als Hebammen.

Im städtischen Leben konnten Frauen Berufe jenseits der Hausarbeit ausüben. Als Magd, in verschiedenen Handwerken der Textil- und Holzverarbeitung oder als Kauf- und Handelsfrauen verdienten sie ihr eigenes Geld oder unterstützten das Geschäft ihres Mannes bzw. übernahmen es nach dessen Tod.

Bäuerliches Leben

Die Quellenlage für die Bäuerinnen und Bauern des Mittelalters ist denkbar schlecht, da diese weder lesen noch schreiben konnten. Eine regelmäßige Schulbildung gab es auf dem Land weder für Jungen noch für Mädchen. Es existieren keine Berichte aus der Sicht der ländlichen Bevölkerung. So ist eine Aussage über die tatsächlichen Lebensbedingungen und die unterschiedlichen Belastungen von Mann und Frau in dieser Zeit nur sehr schwer zu tätigen. Anzunehmen ist jedoch, dass durch die hohe Anzahl von Geburten bei einer bis in die Neuzeit anhaltenden hohen Kindersterblichkeit die Frau einer starken körperlichen Belastung ausgesetzt war, die durch ihre Arbeiten auf dem Feld und im Haushalt verstärkt wurde.

Im bäuerlichen Leben standen Mann und Frau der Hausgemeinschaft vor. Allerdings war die Frau dem Mann im öffentlichen Leben dadurch unterstellt, dass er ihr rechtlicher Vertreter war. Der Mann war als „Munt" zum Schutz und zur Herrschaft über die Personen seines Hausstandes eingesetzt. Der Munt vertrat seine Mundlinge vor Gericht, er konnte sie aber auch bestrafen oder verstoßen. Im Allgemeinen war die Bäuerin ohne ihren Mann nicht geschäftsfähig und konnte ohne ihn das Feld nicht bestellen. Grundsätzlich waren Frauen insbesondere für Geburt, Pflege und Erziehung der Kinder sowie Haushaltsführung zuständig. Sie unterstützen ihren Mann außerdem bei der Feldarbeit.

Hinweis

Erstellen einer Kurzbiografie

Grundinformationen: Name, Geburts- und ggf. Sterbedatum, Geburts- und ggf. Sterbeort, Ausbildung, Familienstand

Lebensstationen, Hochzeit und ggf. Kinder, besondere Schwerpunkte im Beruf, spezielle Arbeitsfelder, ggf. Auszeichnungen und Preise, Interessenschwerpunkte, besonderes Engagement

Aufgaben

1. Bauer und Bäuerin im Alltag: Arbeitsteilung auf Augenhöhe?

a) Entwirf mithilfe deines Wissens aus den Quellen und den Informationen aus dem Darstellungstext eine fiktive Biografie eines Bauern oder einer Bäuerin. Arbeite auch die im Text erwähnten untypsichen Lebensentwürfe ein.

b) Stellt eure Biografien in der Klasse vor und vergleicht sie mit euren Thesen aus Aufgabe c) auf Seite 187.

c) Haltet eure Ergebnisse in Form einer Tabelle mit den Kategorien „gleich oder ungleich" fest.

→ Text, M1–M3

18. Jahrhundert: Suzette Henry und die Kunst – Auf dem Weg zur Gleichberechtigung?

M 1 **Das Kartenspiel**
Suzette Henry, 1802, Öl auf Leinwand

M 2 **Die Musikstunde**
Suzette Henry, 1802, Öl auf Leinwand

Aufgaben

1. Suzette Henry und die Kunst – Auf dem Weg zur Gleichberechtigung?

a) Beschreibe die dargestellten Szenen.
b) Charakterisiere die dargestellten Frauenfiguren und deren dargestellte Lebensweise.
c) Interpretiere die dargestellte Lebensweise der Frauen und bewerte sie.
d) Stellt Vermutungen über die Lebenweise der Künstlerin an.
e) Entwickle aus deinen Arbeitsergebnissen und den Informationen aus dem Darstellungstext auf Seite 192/193 eine Antwort auf die Leitfrage des Unterkapitels und ergänze aus diesen Erkenntnissen die Tabelle zur allgemeinen Frage „gleich" oder „ungleich". Haltet eure Ergebnisse in der für das Mittelalter bereits begonnenen Tabelle unter der Zeile „18. Jahrhundert" fest.
f) Diskutiert die Frage, inwieweit Suzette Henrys Leben repräsentativ für ihre Zeit und ihre soziale Lage war.
g) Findet eine zusammenfassende Kurzüberschrift für ihr Leben.

→ Text, M1 – M3

M 3 **Daniel Chodowiecki und seine Familie**

Kupferstich von Daniel Chodowiecki, 1771

18. Jahrhundert: Suzette Henry und die Kunst – Auf dem Weg zur Gleichberechtigung?

Geburt und Kindheit

Susanne Henry, genannt „Suzette", wurde am 26. Juli 1763 im preußisch-absolutistischen Berlin geboren. Sie hatte insgesamt sechs Geschwister und war die zweite Tochter des berühmten Berliner Künstlers und Kaufmanns Daniel Nikolaus Chodowiecki (1726–1801) und der Hugenottin Jeanne Barez (1728–1785). Die (groß)bürgerliche Familie Chodowiecki war in der Berliner Gemeinde der französisch-reformierten Kirche hoch angesehen. In diesem abgegrenzten Umfeld, das durch strenge soziale Kontrolle und christliche Grundsätze stark geprägt war, wuchs Suzette auf. Sehr früh erfuhr sie eine Förderung ihrer musischen und künstlerischen Fähigkeiten durch ihren Vater oder durch eigens engagierte Lehrer. Erziehung und Bildung waren Ausdruck eines gewachsenen Selbstbewusstseins des Bürgertums, das gesellschaftlich bis dahin im vom Militär geprägten Preußen eine eher untergeordnete Rolle gespielt hatte.

Heirat

Ungefähr im Alter von 17 Jahren begegnete Suzette in ihrem Elternhaus dem hugenottischen Prediger Jean Henry (1761–1831), ihrem künftigen Mann. Beide knüpften zunächst im Verborgenen eine enge Bindung, bevor sie sich den Eltern Suzettes offenbarten und schließlich im Juni 1785 heirateten. Henry hatte mittlerweile eine Stelle als Prediger in Brandenburg an der Havel erhalten. Dort stand Suzette dem Haushalt vor und übernahm darüberhinaus auch Aufgaben in der Gemeinde, zum Beispiel die der Armenfürsorge. Die Familie führte in Brandenburg ein eher bescheidenes Dasein. Mit der Ernennung Jean Henrys zum Königlichen Bibliothekar in Berlin im Jahr 1794 erfolgte ein sozialer Aufstieg der Familie.

Künstlerisches Wirken

Trotz ihres neuen Lebens als Hausfrau und Mutter – ein Sohn (Pierre Daniel, 1786–1790) war im ersten Ehejahr geboren worden – betätigte sich Suzette Henry weiter künstlerisch und beteiligte sich sogar an den Kunstausstellungen der Akademie der Künste in Berlin. Erstmals 1786 präsentierte sie auf der ersten Akademie-Ausstellung in Berlin – gemeinsam mit anderen Frauen – diverse Gemälde. In den Folgejahren zeigte sie in 19 Ausstellungen immerhin 114 Werke. Mit nur 26 Jahren wurde Suzette Henry 1789 als erste Frau zum Mitglied der Königlich Preußischen Akademie der Künste und Mechanischen Wissenschaften ernannt. Damit erhielt sie alle Privilegien der sonst männlichen Akademiemitglieder, d.h. Zunft- und Niederlassungsfreiheit, Urheberschutz und Aufträge vom Hof sowie Sitz und Stimme in den monatlichen Versammlungen der von Männern geprägten Akademie. Die stärkere Einbindung von Frauen in diese Institution war Teil von aufklärerischen Reformen im absolutistischen Preußen, mit denen Gelehrsamkeit, Talent und Begabung von bürgerlichen Frauen gefördert und gesellschaftsfähig gemacht werden sollten. Die Akademie verschaffte so Suzette sowohl öffentliche Aufmerksamkeit als auch Auftraggeber und Käufer für ihre Werke, darunter auch König Friedrich Wilhelm II.

Suzette Henry gebar sechs Kinder, fünf Söhne und eine Tochter. Allerdings erreichten aufgrund der hohen Kindersterblichkeit in dieser Zeit nur ein Sohn und eine Tochter das Erwachsenenalter. Neben ihrer Tätigkeit als Malerin war sie eine fürsorgliche Mutter, die zu ihren Kindern ein inniges Verhältnis pflegte. Jenseits des Bürgertums stellte im weitgehend agrarisch geprägten Preußen und in den Familien der Manufakturarbeiter Kindheit keinen eigenen Wert da, weil Kinder zum Erwerb der Familie beizutragen hatten.

Einen wichtigen Schwerpunkt der künstlerischen Arbeit Suzette Henrys bildete die Darstellung von Alltagsszenen. In ihren Bildern erzählte die Künstlerin Geschichten, die sie mit einer moralischen Botschaft verband. Diese Art der Malerei (Genremalerei) war als Kunstrichtung ein Ausdruck des gesellschaftlichen und politischen Wandels um 1800. Im Mittelpunkt ihres Schaffens stand das allmählich in Preußen erstarkende Bürgertum, in dem Suzette Henry selbst aufgewachsen war und lebte. Dabei setzte sich die Künstlerin in ihren Werken auch mit der Stellung der Frau in der Gesellschaft auseinander. Sie selbst war geprägt durch ihr Leben als Christin, Predigerfrau und aufgeklärte Bürgerin mit der Familie im Zentrum. Von ihrem Mann wurde sie in der Familie und als Künstlerin unterstützt.

M 4 Selbstbildnis
Suzette Henry, 1785/86, Pastelle auf Papier

Suzette Henry – eine ungewöhnliche Frau?

Suzette Henrys Leben spiegelt die sich entwickelnden Widersprüche des Geschlechterverhältnisses zwischen Mann und Frau im 18. Jahrhundert wider. Zum einen wurden vor allem bürgerliche Frauen als unmündige Subjekte angesehen, dem Mann untergeordnet und auf ihre Rolle als Haus-, Ehefrau und Mutter ohne jeglichen Anspruch auf Bildung reduziert. Die dafür notwendigen Tugenden waren Sittsamkeit und Fleiß. Zum anderen keimten im Umfeld der Französischen Revolution erste Forderungen nach umfassender Frauenbeteiligung und Frauenrechten auf, die von einer Gleichheit von Mann und Frau ausgingen und aus denen sich im 19. Jahrhundert die Frauenbewegung auch in Deutschland entwickeln sollte.

19. Jahrhundert: Helene Stöcker und die Frauenbewegung: Frauenemanzipation – ein Kampf gegen die Männer?

M 1 Aus Helene Stöckers Lebenserinnerungen

a) Über die Vereinbarkeit von Arbeit und Familie schreibt Helene Stöcker:

Ich hatte das Gefühl, dies sei doch jetzt überhaupt der nächste Schritt, der in der Bewegung getan werden müsse, nachdem die grundsätzliche Zustimmung zum Studium und zur Ausübung wissenschaftlicher Berufe [für Frauen] erreicht war; die Möglichkeit zu schaffen, dies beides zu vereinigen, was zu einem vollen Menschenleben gehört: die Freiheit der geistigen Entwicklung und das Erlebnis von Liebe, Ehe und Mutterschaft. Dass diese Vereinigung für die Frau schwierigere Probleme bietet als für den Mann, war mir natürlich klar. Aber eben diese Schwierigkeiten galt es ja zu überwinden. [...] Ich hatte dafür das Wort und den Begriff der wechselseitigen Überlegenheit zwischen Mann und Frau geprägt. Mir schien, dass man vielleicht, wenn man überhaupt so allgemeine Urteile fällen wollte, in Bezug auf die Kräfte des Verstandes vielleicht dem Manne im Ganzen den Vorzug geben könnte, dass aber, was die Stärke der Empfindung beträfe, vielleicht das weibliche Geschlecht das überlegene sei.

b) Über die ökonomischen Rechte von Frauen schreibt sie weiter:

Die meisten Frauen sind durchaus bereit, wenn sie nicht einen ganz persönlichen Beruf, auf den sie ihrem Wesen nach nicht verzichten können, ihre ganze Kraft ihrem Hause, ihren Kindern und ihrem Mann zu widmen. Aber das Bewusstsein, eigentlich nie von Rechts wegen über eine bestimmte Summe verfügen zu können und so immer von der Stimmung des Ehegatten abhängig zu sein, ist für viele sehr drückend. Die offizielle Anerkennung jedoch, dass ein Teil des Einkommens des Mannes ihr von Rechts wegen zusteht, von dem sie ja dann auch wieder einen Teil an die gemeinsame Häuslichkeit abzugeben hätte, würde manche Konflikte vermeiden und in kritischen Situationen erleichtern.

c) Über Mutterschaft und uneheliche Kinder schreibt Helene Stöcker:

Wenn die Mutterschaft die große Leistung der Frau für eine Welt ist, wie es allgemein heißt, dann ist es gewiss nicht gleichgültig, unter welchen Umständen sie ein Kind zur Welt bringt, noch weniger, von welcher Beschaffenheit es ist. Es ist daher gewiss von Bedeutung, welchen Mann die Frau zum Vater ihres Kindes wählt. [...] Wir haben also gar kein Recht, jede Mutter zu verdammen, die das Unglück hat, dass der Vater ihres Kindes nicht ihr standesamtlich angetrauter Ehemann sein kann. Die sittliche Beurteilung wird in jedem Fall von den Persönlichkeiten und den besonderen Umständen abhängen.
Die soziale Umwelt hat dafür zu sorgen, dass sie ihre Mutterpflichten unter den erschwerten Umständen so gut als möglich erfüllen kann. Und in jedem Fall ist ja das Kind unschuldig an den Umständen, unter denen es zur Welt kommt, und hat das Recht auf seine gesunde Entwicklung gleichermaßen wie jedes andere Kind. [...] Für mich war das Problem der außerehelichen Mutter stets nur ein Teilproblem aus dem größeren Fragenkomplex, der mich beschäftigte, seit ich überhaupt denken konnte: Nämlich, wie sich für die geistig unabhängige Frau ihr Verhältnis zu Mann und Kind gestalten solle.

Reinhold Lütgemeier-Davin/Kerstin Wolff (Hg.), Helene Stöcker. Lebenserinnerungen. Die unvollendete Autobiographie einer frauenbewegten Pazifistin, Köln/Weimar/Wien: Böhlau 2015, S. 83, 101, 110f.

M 2 Helene Stöcker (1869–1943)
Foto, undatiert

M 3 Eine Darstellung

Die Historiker Reinhold Lütgemeier-Davin und Kerstin Wolff schreiben über die Frauenbewegung und den Pazifismus im Kaiserreich und der Weimarer Republik (2015):

Helene Stöcker warf auch in anderen Passagen Mitgliedern der Frauenbewegung vor, ihre Sexualität nicht ausgelebt zu haben [...]. Denn ohne Ehe war in der bürgerlichen Moralvorstellung ein eigenständiges Leben von Frauen nicht vorgesehen. Heirateten sie nicht, verblieben sie als ledige Töchter im väterlichen Haushalt oder im Haushalt von Verwandten. Sie fristeten dann ein Leben als „alte Jungfern", von der Gesellschaft bespöttelt, von den eigenen Eltern oder Verwandten mal mehr, mal weniger geduldet. Die Frauenrechtlerinnen, die bereits im 19. Jahrhundert aktiv waren [...], setzten dieser gesellschaftlichen Stigmatisierung ein eigenes Lebensmodell entgegen, welches stark auf Frauenbeziehungen/Frauenfreundschaften setzte. Grundlage für diese Lebensform, die häufig auch einen gemeinsamen Haushalt und ähnlich gelagerte Interessen in der Frauenbewegung mit einschloss, war die Idee der „geistigen Mütterlichkeit", die auch Frauen ohne Kindern ermöglichte, den besonderen Status der „Mütterlichkeit" zu nutzen. [...] Dadurch, dass die geistige Mütterlichkeit nicht an eine biologische Mutterrolle gebunden war, öffneten sich für alle Frauen neue gesellschaftliche Wege. [...]

Helene Stöcker – Frauenbewegung und Pazifismus im Kaiserreich und in der Weimarer Republik. Eine Einordnung, in: Reinhold Lütgemeier-Davin/Kerstin Wolff (Hg.), Helene Stöcker. Lebenserinnerungen. Die unvollendete Autobiographie einer frauenbewegten Pazifistin, Köln/Weimar/Wien: Böhlau 2015, S. 299f.

Biografie M 4

Helene Stöcker

1869 Helene Stöcker wird am 13. November als älteste Tochter eines Textilfabrikanten in Elberfeld geboren

1879–1889 Besuch der Höheren Töchterschule in Elberfeld

1892–1896 Lehrerinnenausbildung und Besuch von Gymnasialkursen in Berlin; erste Kontakte mit der Frauen- und Friedensbewegung

1896–1901 Studium in Berlin, Glasgow, München und Bern

1901 Abschluss ihrer literaturwissenschaftlichen Dissertation bei Professor Walzel in Bern

1905 Konstituierende Sitzung des Bundes für Mutterschutz in Berlin; erstes Treffen mit ihrem langjährigen Lebensgefährten, dem Rechtsanwalt Bruno Springer (1873–1931)

1908–1932 Herausgeberin der Zeitschrift „Die neue Generation", Organ des Bundes für Mutterschutz

1914 Unmittelbar nach Ausbruch des Ersten Weltkrieges Engagement in pazifistischen Organisationen (Deutsche Friedensgesellschaft; Bund Neues Vaterland)

1915 Delegierte auf dem Haager Frauenfriedenskongress und der Konferenz des Nederland'sche Anti-Oorlog Raad

1922–1932 Vorstandsmitglied der Deutschen Liga für Menschenrechte

1933 Flucht nach Zürich

1938 Aberkennung der deutschen Staatbügerschaft

1939 Exil in Stockholm

1941 Ausbruch einer unheilbaren Krebserkrankung auf der Flucht über Moskau, Wladiwostok und Yokohama nach San Francisco

1943 23. Februar Tod in New York

Aufgaben

1. Helene Stöcker und die Frauenbewegung

a) Fasse die zentralen Aussagen und Forderungen von Helene Stöcker aus M1a, b und c in eigenen Worten zusammen.

b) Recherchiere Informationen zur Entwicklung der Frauenbewegung im 19. Jahrhundert. Lege eine Liste der zentralen Forderungen der Frauenbewegung an.

c) **Zusatzaufgabe:** Arbeite aus M3 die genannten zentralen Konfliktlinien innerhalb der Frauenbewegung heraus.

d) Beurteile die Positionen Stöckers (M1a–b und M2) vor dem Hintergrund der Frage nach dem Verhältnis von Frau und Mann. Bewerte auch die Aktualität ihrer Forderungen.

e) Findet eine zusammenfassende Kurzüberschrift für ihr Leben.

Text, M1–M4

M 5 **Telefonistin**
Eine Frau als Telefonistin in der Fernsprechvermittlung im Deutschen Reich, um 1900.

M 6 **„Reformkorsett"**
um 1900, Wolle, leinwandbindig, 38 x 51 cm

Hinweis
Weitere Infos (zum „Reformkorsett" und auch zur Frauenbewegung):
https://www.dhm.de/lemo/kapitel/kaiserreich/innenpolitik/frauenbewegung.html

19. Jahrhundert: Frauenemanzipation – Kampf um gesellschaftliche und politische Gleichberechtigung

Berufs- und Erwerbstätigkeit

Mit der industriellen Revolution kam es zu einer deutlichen Trennung von häuslichen und außerhäuslichen Arbeitsbereichen. Der Begriff der Arbeit verband sich nun zunehmend mit der Erwerbstätigkeit, wodurch unentgeltliche häusliche Tätigkeiten wie Kindererziehung, Kochen, Waschen oder Putzen nicht mehr als „wirkliche Arbeit" wahrgenommen wurden. Diese Geringschätzung der Haus- und Familienarbeit und die gesamtgesellschaftliche Organisation von Arbeit beeinflussten die Stellung der Frau in der Gesellschaft und innerhalb von Ehe und Familie fortan maßgeblich.

Noch bis zum Anfang des 20. Jahrhunderts arbeiteten die meisten erwerbstätigen Frauen in der Landwirtschaft. Erst in der Folge der Industrialisierung wechselten viele in die entstandenen Fabriken. Auch der wachsende Dienstleistungssektor eröffnete neue Tätigkeitsfelder für Frauen in Büros, Banken und Warenhäusern. Begleitet wurden diese Veränderungen von Diskussionen über die Gesundheit der Frauen und über die Sexualmoral, denn schließlich arbeiteten Frauen und Männer nun in verschiedenen Bereichen eng zusammen. Trotz dieser Entwicklungen gab es zwischen Männern und Frauen klare Hierarchien und ein starkes Lohngefälle. Die Tätigkeitsbereiche waren gleichfalls getrennt, so waren z. B. Telegrafen- und Telefondienst Frauensache, verantwortliche Positionen im kaufmännischen Bereich und Aufsichtsposten wurden hingegen ausschließlich durch Männer besetzt. Zu einem weiteren typischen Arbeitsfeld für Frauen entwickelte sich die karitative Arbeit. Der Beruf der Lehrerin war insbesondere für ledige bürgerliche Frauen attraktiv.

Rechtliche und politische Stellung

Im 19. Jahrhundert entstand eine Frauenbewegung, die politische, rechtliche, wirtschaftliche und soziale Gleichstellung forderte. Dabei gab es zwei Ausrichtungen: Die bürgerliche Richtung suchte nach Verbesserungen im Rahmen der bestehenden Ordnung; die sozialistische Richtung hingegen erhoffte sich die Befreiung der Frauen im Rahmen einer allgemeinen revolutionären Veränderung der Gesellschaft.

Bis zum Ende des 19. Jahrhunderts stand die politische Teilhabe nicht auf der Agenda der bürgerlichen Frauenbewegung. Noch 1901 nannte die bürgerliche Frauenrechtlerin und Politikerin Gertrud Bäumer in einer Publikation zur deutschen Frauenbewegung Wohlfahrtspflege, Sittlichkeits- und Mäßigungsbewegung, Rechtsschutzbestrebungen und die Gründung von Berufsorganisationen als vordringliche Aufgabengebiete.

Von sozialdemokratischer Seite wurde das Frauenwahlrecht hingegen schon 1891 im Erfurter Programm gefordert. 1902 verabschiedete der Bund Deutscher Frauenvereine, der ein breites Spektrum von Arbeiterinnenvereinen bis hin zu bürgerlich-konservativen Frauenvereinen repräsentierte, eine Resolution, die dazu aufrief, „den Gedanken des Frauenstimmrechts nach Kräften [zu] fördern". Das Frauenwahlrecht wurde dennoch erst 1918 in Deutschland eingeführt. Welche Gründe letztendlich dazu führten – ob die politische Umbruchzeit oder das Beharrungsvermögen der Frauenbewegung – ist in der Forschung umstritten.

Die Familie Goebbels und das Frauenbild im Nationalsozialismus – unterdrückt und glücklich?

M 1 Eine Rede

Auszug aus der Eröffnungsrede von Joseph Goebbels zur Ausstellung „Die Frau" vom 18. März 1933:

Deutsche Frauen, deutsche Männer!
Ich möchte einen glücklichen Zufall darin sehen, dass ich meine erste öffentliche Rede nach Übernahme des Ministeriums für Volksaufklärung und Propaganda grade (sic!) vor deutschen Frauen halten darf. Wenn ich mich auch zu Treitschkes [ein Historiker aus dem 19. Jahrhundert] Wort, dass Männer die Geschichte machen, bekenne, so vergesse ich dabei nicht, dass es die Frauen sind, die unsere Jungen zu Männern erziehen. Es wird Ihnen bekannt sein: Die nationalsozialistische Bewegung hält als einzige Partei die Frau aus der unmittelbaren Tagespolitik fern. [...] Nicht, weil wir die Frauen nicht achteten, sondern weil wir sie zu hoch achteten, haben wir sie aus dem parlamentarisch-demokratischen Ränkespiel [...] ferngehalten. Nicht, weil wir in der Frau etwas Minderwertiges, sondern weil wir in ihr und in ihrer Mission etwas Anderwertiges sehen, als die Bestimmung, die den Mann erfüllt. Deshalb waren wir der Überzeugung, dass die Frau und vor allem die deutsche Frau [...] auch auf anderen Gebieten als der Mann ihre Kräfte regen und ihre Fähigkeiten einsetzen muss.
Zu allen Zeiten ist die Frau nicht nur die Geschlechts-, sondern auch die Arbeitskameradin des Mannes gewesen. [...] Niemand, der die moderne Zeit versteht, wird den aberwitzigen Gedanken fassen können, die Frau aus dem öffentlichen Leben, aus Arbeit, Beruf und Broterwerb herausdrängen zu wollen. Aber es darf dabei nicht ungesagt bleiben, dass Dinge, die dem Mann gehören, auch dem Mann bleiben müssen. Und dazu gehört die Politik und die Wehr. Das ist kein absprechendes Urteil über die Frau, sondern nur ein Verweisen ihrer Fähigkeiten und Anlangen in die Gebiete der Arbeit und der Betätigung, die ihrem Wesen am nächsten entsprechen. [...]
Eine Verweiblichung des Mannes zieht immer eine Vermännlichung des Weibes nach sich. Eine Zeit, die alle großen Ideale der Tugend, des Trotzes, der Härte und Entschlossenheit vergessen lässt, darf sich dann am Ende nicht darüber wundern, dass der Mann seine überragende Stellung im Leben der Politik und der öffentlichen Staatsführung nach und nach an die Frau verliert. [...]
Die Frau ist zum großen Teil in diesen revolutionären Umwälzungen ihren eigentlichen Aufgaben entzogen worden. Ihre Augen wurden hingelenkt auf Dinge, die mit ihrem wahren Wesen nichts zu tun hatten, und deshalb entstand in der Öffentlichkeit vielfach ein Zerrbild des Wesens deutscher Fraulichkeit, das mit dem Ideal, das man sich davon zu machen pflegt, nicht mehr übereinzustimmen vermochte. [...]
Den ersten, besten und ihr gemäßesten Platz hat die Frau in der Familie, und die wunderbarste Aufgabe, die sie erfüllen kann, ist die, ihrem Land und Volk Kinder zu schenken, Kinder, die Geschlechterfolgen fortsetzen und die Unsterblichkeit der Nation verbürgen. Die Frau ist die Erzieherin der Jugend und damit die Trägerin des Unterpfandes der Zukunft. Und wenn die Familie die Kraftquelle des Volkes darstellt, dann ist die Frau ihr Kern und ihr bewegendes Zentrum. Im Dienst am Volksganzen kann die Frau am ehesten in der Ehe, in der Familie und in der Mutterschaft sich ihrer hohen Sendung bewusst werden. [...] [W]ir sind der Überzeugung, dass ein sozial reformiertes Volk seine erste Aufgabe wieder darin sehen muss, der Frau die Möglichkeit zu geben, ihre eigentliche Aufgabe, die Mission der Familie und Mutter, wieder zu erfüllen.

Joseph Goebbels, Signale der neuen Zeit. 25 ausgewählte Reden, München: Eher 1934, S. 118–126.

Aufgaben

1. Familie Goebbels

a) Bestimmt die Quelle (Quellenart, Autor, Adressaten und Kontext der Rede).
b) Analysiert den Redeausschnitt M1 und skizziert in eigenen Worten das Verhältnis von Mann und Frau im Nationalsozialismus.
c) Beschreibt das Foto der Familie Goebbels (M2 auf Seite 198) und formuliert Eindrücke zur Atmosphäre und zur transportierten Botschaft dieses Propagandafotos.
d) Stellt Vermutungen über die Lebensweise von Goebbels und seiner Familie an.

→ Text, M1–M4

M 2 **Familie Goebbels zum 45. Geburtstag von Joseph Goebbels im Jahr 1942**

Die Familie Goebbels und das Frauenbild im Nationalsozialismus – unterdrückt und glücklich?

Joseph Goebbels Weg in die NSDAP

Paul Joseph Goebbels (1897–1945), der spätere Propagandaminister der Nationalsozialisten, stammte aus einfachen Verhältnissen. Im Alter von vier Jahren erlitt er im Zuge einer Knochenmarksentzündung Lähmungserscheinungen im rechten Bein und es entwickelte sich ein Klumpfuß, der ihn zeitlebens humpeln ließ. Nach seinem Abitur im März 1917 wollte er als Soldat am Ersten Weltkrieg teilnehmen, wurde jedoch als wehruntauglich eingestuft. Sein Studium der Altphilologie, Germanistik und Geschichte in Bonn und weiteren Städten schloss er mit einer Promotion in Germanistik ab. Goebbels arbeitete ab Oktober 1924 für die Zeitschrift „Völkische Freiheit" und trat ein Jahr später der NSDAP bei.

Karriere in der NSDAP

1926 wurde Goebbels von Hitler zum Gauleiter von Berlin-Brandenburg und 1930 zum Reichspropagandaleiter ernannt. Nun organisierte Goebbels die Wahlkämpfe der NSDAP und war maßgeblich mitverantwortlich für den Aufstieg der NSDAP zu Beginn der 1930er-Jahre. Seit der „Machtergreifung" der Nationalsozialisten Ende Januar 1933 war Goebbels Minister für Volksaufklärung und Propaganda. Seine Aufgabe bestand darin, die nationalsozialistische Ideologie rücksichtslos in der Öffentlichkeit zu propagieren und durchzusetzen. Zudem kontrollierte er den gesamten Kulturbereich des Dritten Reichs.

Heirat mit Magda Quandt

1930 begegnete Goebbels seiner späteren Frau, Magda Quandt (1901–1945), die sich ehrenamtlich in der Parteizentrale engagierte. Quandt war eine weltgewandte Frau, die sich aufgrund der Unterhaltszahlungen ihres geschiedenen Mannes, des Großindustriellen Günther Quandt, einen aufwändigen Lebensstil leisten konnte und in den gehobenen Kreisen Berlins eine wichtige Rolle spielte. Für Goebbels war die Verbindung mit Magda Quandt die Möglichkeit, den Einfluss der NSDAP auf die gesellschaftlich höheren und einflussreichen Kreise Berlins zu verstärken. Als am 19. Dezember 1931 Joseph und Magda Goebbels heirateten, war Hitler ihr Trauzeuge.

Geschlechterverhältnis und Frauenbild der Nationalsozialisten

In der Öffentlichkeit wurde das Ehepaar Goebbels als das Vorzeigepaar inszeniert, auch die insgesamt sechs Kinder, geboren von 1932 bis 1940, wurden mittels eigens produzierter Propagandafilme den Deutschen als die „arischen" Idealkinder vorgestellt. Die Familie Goebbels lebte das Geschlechterverhältnis und Frauenbild der Nationalsozialisten nach außen nahezu ideal vor: Danach kümmerte sich die Frau um den Haushalt und ging keiner Erwerbstätigkeit nach.

Um dieses Frauenbild durchzusetzen, hatten die Nationalsozialisten beispielsweise Frauen das passive Wahlrecht abgesprochen, ihre Studienmöglichkeiten stark eingeschränkt und Beamtinnen aus ihren Berufen verdrängt. Schließlich wurde 1938 mit dem sogenannten „Mutterkreuz" eigens eine Auszeichnung für kinderreiche Frauen eingeführt.

Doch Magda Goebbels hatte durchaus Ambitionen, selbst politisch aktiv zu werden. Sie wurde allerdings von Goebbels und Hitler davon abgehalten und fügte sich in ihre Rolle als Mutter und Hausfrau, auch wenn sie ihren ausschweifenden Lebensstil weiterführte.

M 3 „Ehrenkreuz der deutschen Mutter"
1939

Zweiter Weltkrieg

Während des Zweiten Weltkriegs organisierte Goebbels die Kriegspropaganda, die schließlich zum Durchhalten bis zum „totalen Krieg" aufforderte. Er kleidete sich seit Kriegsbeginn – obwohl nie Kriegsteilnehmer – in der Öffentlichkeit ausnahmslos in Uniform. Die Uniform besaß eine symbolische Bedeutung, denn gemäß der NS-Ideologie war die Identität des Mannes geprägt von der Aufgabe als Soldat und der Aufopferung für das Vaterland. Im Krieg verschob sich diese klare Geschlechteraufteilung von Mutter und Soldat allerdings aus pragmatischen Gründen: Die Männer fehlten als Arbeitskräfte in der Heimat, beispielsweise als Fahrkartenkontrolleure, aber auch in der Rüstungsindustrie. In dieser Situation galt der Einsatz von Frauen im Berufsleben zum Erhalt der „Volksgemeinschaft" als legitim. Auch Magda Goebbels ließ sich als Krankenhelferin ausbilden.

Im Endkampf um Berlin zog Goebbels mit seiner Familie in den „Führerbunker" ein. Er wurde von Hitler vor dessen Selbstmord zum Reichskanzler ernannt. Goebbels beging indes einen Tag nach Hitlers Selbstmord erweiterten Selbstmord mit seiner Frau und seinen sechs Kindern, die mithilfe von Zyankali im Schlaf vergiftet wurden. Magda Goebbels stimmte diesem Vorgehen zu. Sie schlug mehrere Angebote aus, sich selbst oder zumindest ihre Kinder zu retten.

M 4 „Wir Frauen kennen unsere Pflicht"
Deutsches Plakat zu Kriegsbeginn, 1939/1940

Aufgaben

1. **Das Frauenbild im Nationalsozialismus**
   Deutet das Geschlechterverhältnis im Nationalsozialismus auch im Hinblick zu den vorausgegangenen Entwicklungen der Frauenbewegung. Bewertet die Leitfrage des Kapitels aus eurer Sicht und ergänzt ggf. die Tabelle für die Leitfrage des Längsschnitts „gleich" oder „ungleich" in den entsprechenden Kategorien.
   → Text, M1–M4

Bruno Balz, ein Homosexueller im Nationalsozialismus und danach: einmal verfolgt – immer verfolgt?

M 1 „Ich weiß, es wird einmal ein Wunder geschehen"

Ich weiß, es wird einmal ein Wunder geschehen
und dann werden tausend Märchen wahr.
Ich weiß, so schnell kann keine Liebe vergehen,
die so groß ist und so wunderbar.

Wir haben beide denselben Stern
und dein Schicksal ist auch meins.
Du bist mir fern und doch nicht fern,
denn unsere Seelen sind eins.

Und darum wird einmal ein Wunder geschehen
und ich weiß, dass wir uns wiedersehn!

Wenn ich ohne Hoffnung leben müsste,
wenn ich glauben müsste, dass mich niemand liebt;
dass es nie für mich ein Glück mehr gibt,
ach, das wär' schwer.

Wenn ich nicht in meinem Herzen wüsste,
dass du einmal zu mir sagst: Ich liebe dich,
wär' das Leben ohne Sinn für mich,
doch ich weiß mehr:

Ich weiß, es wird einmal ein Wunder geschehen ...

Musik: Michael Jary, Text: Bruno Balz, Künstler: Zarah Leander, mit freundlicher Genehmigung des Ufaton-Verlages, 2018

Info

§175 Strafgesetzbuch

Der §175 war seit dem 1. Januar 1872 im Strafgesetzbuch des Deutschen Reiches verankert und stellte sexuelle Handlungen zwischen Personen männlichen Geschlechts unter Strafe. Das Strafmaß war jedoch gering, die Fallzahlen fluktuierten nach der Öffentlichkeitswirksamkeit einzelner Fälle. Von den Nationalsozialisten wurde er verschärft und erweitert, die Fallzahlen stiegen rasant an. 5000–6000 Männer kamen aufgrund ihrer Homosexualität in ein Konzentrationslager und wurden mit dem rosa Winkel gekennzeichnet.

Der §175 blieb auch nach Kriegsende in beiden deutschen Staaten in unterschiedlichen Ausführungen in Kraft. Im Jahr 1994 beschloss die wiedervereinigte Bundesrepublik die vollständige Streichung des §175. Im Jahr 2017 beschloss der Bundestag schließlich die Aufhebung aller unter dem §175 getätigten Urteile und somit die Rehabilitierung der Verurteilten sowie Entschädigungszahlungen an die noch lebenden Betroffenen.

M 2 §175 Strafgesetzbuch

a) Fassung vom 15. Mai 1871:

§175 Die widernatürliche Unzucht, welche zwischen Personen männlichen Geschlechts oder von Menschen mit Tieren begangen wird ist mit Gefängnis zu bestrafen; auch kann auf Verlust der bürgerlichen Ehrenrechte erkannt werden.

RGBl. 1871, S. 127

b) Fassung vom 1. September 1935:

§175 (1) Ein Mann, der mit einem anderen Mann Unzucht treibt oder sich von ihm zur Unzucht missbrauchen lässt, wird mit Gefängnis bestraft. [...]
§175a Mit Zuchthaus bis zu zehn Jahren, bei mildernden Umständen mit Gefängnis nicht unter drei Monaten wird bestraft: 1. ein Mann, der einen anderen Mann mit Gewalt oder durch Drohung mit gegenwärtiger Gefahr für Leib oder Leben nötigt, mit ihm Unzucht zu treiben, oder sich von ihm zur Unzucht missbrauchen zu lassen [...].

RGBl. I S. 839 (28. Juni 1935)

c) Fassung ab 1968 (DDR, § 151):

§151 Ein Erwachsener, der mit einem Jugendlichen gleichen Geschlechts sexuelle Handlungen vornimmt, wird mit Freiheitsstrafe bis zu drei Jahren oder mit Verurteilung auf Bewährung bestraft.

Strafgesetzbuch der Deutschen Demokratischen Republik, herausgegeben vom Ministerium der Justiz, 8. Auflage. Staatsverlag der Deutschen Demokratischen Republik, Berlin 1984.

d) Fassung vom 25. Juni 1969 (Bundesrepublik):

§175 Unzucht zwischen Männern(1) Mit Freiheitsstrafe bis zu fünf Jahren wird bestraft: 1. ein Mann über achtzehn Jahre, der mit einem anderen Mann unter einundzwanzig Jahren Unzucht treibt oder sich von ihm zur Unzucht missbrauchen lässt [...].

Biografie

Bruno Balz

1902 Bruno Balz wird am 6. Oktober als Sohn eines Sattlers in Berlin geboren.

1920 Abschluss einer Lehre als Küfer (Handwerk zur Herstellung von Gefäßen und Behältern aus Holz), Arbeit in Berliner Weinhandlungen bis 1923

1920er-Jahre Engagement für und offenes Bekenntnis zur eigenen Homosexualität. Mitarbeit an verschiedenen Zeitschriften, Mitglied im Bund für Menschenrechte

1929 Verfassen von Liedtexten für den ersten deutschen Tonfilm „Dich hab ich geliebt", in der Folge zunehmend Erfolge als Schlagerdichter

1933 Aufdeckung der engen Beziehung zum Sexualwissenschaftler Magnus Hirschfeld (1868–1935) durch die Nationalsozialisten, seitdem auf der „Rosa Liste" der verfolgten Homosexuellen

1936 Anfang August Verhaftung in einer Razzia am Bahnhof Zoo, Anklage und Verurteilung gemäß des von den Nationalsozialisten 1935 verschärften §175, mehrere Monate Haft, danach Freilassung unter den Auflagen, dass alle Bilder von ihm vernichtet wurden, sein Name auf Veröffentlichungen nicht mehr erschien, er mit der linientreuen Nationalsozialistin Selma Pett zwangsverheiratet wurde und in die NSDAP eintreten sollte, was er jedoch nicht tat.

Seit 1937 Enge Zusammenarbeit mit dem Komponisten Michael Jary (1906–1988), häufig auch gemeinsam mit der populären Schauspielerin und Sängerin Zarah Leander (1907–1981) für UFA-Produktionen, die großen Erfolg hatten

1941 Erneute Verhaftung wegen Verstoßes gegen §175, Gefangennahme und mehrwöchige Folter durch die Gestapo. Nach Intervention von Jary auf Hinwirken von Joseph Goebbels Freilassung, da für den geplanten Propagandafilm „Die große Liebe" kein Ersatzdichter gefunden werden konnte. In diesem Kontext entstand der Welthit „Ich weiß, es wird einmal ein Wunder geschehen".

1945/6 Anklage durch die Alliierten wegen der scheinbar für die Nationalsozialisten angefertigten Propagandalieder. Freispruch.

1950er-Jahre Weiterhin große Erfolge gemeinsam mit Michael Jary, allein im Jahr 1952 11 Lieder in der Hit-Liste des Jahres

1953 und 1966 Erneute Anzeigen aufgrund des weiterhin in Kraft gesetzten §175 (Aufhebung erst 1994). Fortbestand der Scheinehe trotz erheblicher Differenzen. Beginn der Beziehung zu Jürgen Draeger

1960 Weitgehend Rückzug ins Privatleben, Wohnort wurde Bad Wiessee

1988 Tod am 13. März. Beerdigung in Berlin-Wilmersdorf.

M 3

M 4 **Bruno Balz**

Hinweis

Interessante Links zu Bruno Balz

www1.wdr.de/stichtag/stichtag-bruno-balz-100.html

www.bruno-balz.com (hier besonders: Lebenslänglich verfolgt §175).

Zur weiteren Vertiefung:

www.taz.de/!1085622/

Aufgaben

1. **Bruno Balz**
   a) Lies den Schlagertext M1 und formuliere erste Textwirkungen.
   b) Stelle Vermutungen über die Lebensweise und das Männer- und Frauenbild des Textdichters an.
   c) Vergleicht die Textaussagen aus M1 und eure Vermutungen mit den biografischen Informationen zum Dichter und diskutiert gemeinsam mögliche Textinterpretationen und Veränderungen eurer Vermutungen.
   d) Stellt Thesen auf, welche Bedeutung die Homosexualität für Bruno Balz in seinem Leben hatte.
   e) Beurteile den Umgang mit Homosexualität in Deutschland im Verlauf des 20. Jahrhunderts. Recherchiere hierfür auch weitere Informationen zur Stimmung in der Gesellschaft seit den 1970er-Jahren bis heute.
   f) Diskutiert die Themenfrage des Kapitels.

   → M1–M4

2. **Frauen- und Männerbilder – Ein Fazit**
   a) Wertet eure Ergebnisse aus den Unterkapiteln aus und formuliert ein differenziertes Fazit zur Leitfrage des Längsschnitts.
   b) Erstellt zu einer von euch formulierten aktuellen Fragestellung zum Geschlechterverhältnis oder zu einem Diversitythema eine Umfrage für eure Familien und die Schulöffentlichkeit (Lehrkräfte sowie Schüler und Schülerinnen) und diskutiert die Ergebnisse.

Alleinvertretungsanspruch. Von der Bundesrepublik Deutschland seit 1955 erhobener Anspruch, dass nur sie Deutschland völkerrechtlich vertreten könne, da allein ihre Regierung durch freie Wahlen legitimiert sei. Dieser Grundsatz westdeutscher Außenpolitik ging auf den Staatssekretär Walter Hallstein zurück und beinhaltete zugleich den Abbruch diplomatischer Beziehungen zu allen Staaten, die die DDR anerkannten. Die Hallstein-Doktrin wurde erst mit der neuen Ostpolitik der sozialliberalen Koalition nach 1969 endgültig aufgegeben.

Alliierter Kontrollrat. Im August 1945 gebildetes oberstes Regierungsorgan der Besatzungsmächte in Deutschland. Der Kontrollrat setzte sich aus den vier Oberbefehlshabern der alliierten Besatzungstruppen zusammen und vertrat die Interessen der USA, der Sowjetunion, Großbritanniens und Frankreichs. Neben seinen Kontrollfunktionen sollte er ein einheitliches Vorgehen bei allen Fragen gewährleisten, die Deutschland als Ganzes betrafen. Aufgrund zunehmender Meinungsverschiedenheiten (Kalter Krieg) wurde er bald handlungsunfähig und trat seit März 1948 nicht mehr zusammen.

Antisemitismus. Abneigung oder Feindseligkeit gegenüber Juden. Bezeichnung für völkisch-rassistische Anschauungen, die sich auf soziale, religiöse und ethnische Vorurteile stützen. Derartige Vorstellungen spielten eine zentrale Rolle in der Ideologie der Nationalsozialisten und wurden mit ihrem Machtantritt 1933 in Deutschland politisch wirksam. Sie führten zur Ausgrenzung der jüdischen Bevölkerung aus dem politischen, wirtschaftlichen und gesellschaftlichen Leben (Nürnberger Gesetze, 1935), steigerten sich mit dem Pogrom vom 9./10. November 1938 („Reichskristallnacht") und mündeten schließlich in eine systematische Massenvernichtung. Mit dem Angriff auf die Sowjetunion im Juni 1941 begann der systematische Massenmord, der ab 1942 auch in Vernichtungslagern verübt wurde. Fast sechs Millionen Menschen wurden ermordet.

Besatzungsstatut. Parallel zur Gründung der Bundesrepublik Deutschland erließen die drei Westmächte 1949 ein Besatzungsstatut. Mit ihm traten sie wesentliche Hoheitsrechte an den neuen Staat ab, behielten sich jedoch Kontrollbefugnisse und die außenpolitische Vertretung vor. Die Interessen der Westalliierten nahm eine Hohe Kommission mit drei Hochkommissaren wahr. Die Pariser Verträge hoben das Statut nach mehrfacher Lockerung 1955 endgültig auf, doch blieben den Alliierten weiterhin Rechte in Berlin sowie Notstandsbefugnisse vorbehalten.

Bodenreform. Neuverteilung von Landbesitz aus wirtschaftlichen oder politischen Gründen. Nach dem Zweiten Weltkrieg kam es insbesondere in den sozialistischen Staaten zu einer Bodenreform durch Enteignung des Großgrundbesitzes zugunsten kleiner oder besitzloser Bauern.
Dies war der erste Schritt auf dem Weg zur Kollektivierung im Sinne einer sozialistischen Gesellschaftsordnung.

Bolschewismus, Bolschewiki (russ. = Mehrheitler). Bezeichnung für die radikalen sozialdemokratischen Anhänger Lenins, die seiner revolutionären Taktik (Leninismus) auf einem Parteitag 1903 zustimmten. Die bei dieser Abstimmung Unterlegenen akzeptierten für sich den Namen Menschewiki (= Minderheitler). Nach Lenins Theorie muss die Proletarische Revolution von einer straff geführten Kaderpartei getragen werden. Sie ist die bestimmende Kraft auf dem Weg zum Sozialismus und muss durch Parteifunktionäre alle nachgeordneten gesellschaftlichen Gruppierungen beherrschen.
In der Sowjetunion erzwang Stalin die Umgestaltung von Staat und Gesellschaft nach bolschewistischen Prinzipien, was nach 1945 von allen Staaten innerhalb des sowjetischen Machtbereichs übernommen wurde.

Breschnew-Doktrin. 1968 besetzten Truppen des Warschauer Pakts unter Führung der Sowjetunion die Tschechoslowakei, um die Reformbewegung des „Prager Frühlings" gewaltsam zu beenden. Um diesen Einmarsch nachträglich zu rechtfertigen, vertrat der sowjetische Generalsekretär Breschnew die These, dass alle Staaten des sozialistischen Lagers lediglich ein „eingeschränktes Selbstbestimmungsrecht" besäßen. Die UdSSR hätte daher das Recht zur Intervention, falls der Sozialismus in einem Land gefährdet sei.

Demontage. Erzwungener Abbau von Industrieanlagen in einem besiegten Land. Die Reparationen, welche die Alliierten Deutschland nach dem 2. Weltkrieg auferlegten, sollten vor allem die Demontage der deutschen Industrie betreffen. Ein Plan sah den Abbau von 1800 Betrieben und eine Begrenzung der Produktion auf 50 % des Vorkriegsniveaus vor. Der sich verschärfende Ost-West-Konflikt führte in den westlichen Besatzungszonen schon ab 1946 zu einer teilweisen, 1951 zur endgültigen Einstellung der Demontagen. In der sowjetischen Besatzungszone kam es hingegen zu umfassenden Demontagemaßnahmen, die den Wiederaufbau stark behinderten. Die Startbedingungen der DDR waren daher ungleich schlechter.

Deutsch-Sowjetischer Nichtangriffspakt. Am 23. August 1939 in Moskau unterzeichneter Vertrag, auch Hitler-Stalin-Pakt genannt. Beide Staaten sicherten sich im Fall eines Kriegs gegenseitige Neutralität zu. Bedeutender war ein „Geheimes Zusatzprotokoll", das die Interessengebiete beider Mächte in Osteuropa voneinander abgrenzte und „für den Fall einer territorialen Umgestaltung" in Kraft treten sollte.

Dolchstoßlegende. Nach dem 1. Weltkrieg von deutschen Nationalisten verbreitete Behauptung, dass nicht das Militär und die kaiserliche Führung für Deutschlands Niederlage verantwortlich seien, sondern Sozialisten und demokratische Politiker. Diese Propaganda diente nationalistischen und antidemokratischen Kräften zur Diffamierung der Weimarer Republik.

Eiserner Vorhang. Von Winston Churchill 1945 geprägtes Schlagwort. Es bezeichnet die Grenze in Europa, mit der die Sowjetunion nach dem 2. Weltkrieg ihren Machtbereich von der übrigen Welt abriegelte.

„Endlösung der Judenfrage". Seit 1940 Deckname für europaweite Programme zur Verfolgung der Juden, seit Ende 1941 Synonym für totalen Massenmord. Der systematische Massenmord an den europäischen Juden begann im Juni 1941 während des Krieges gegen die Sowjetunion, wurde Ende 1941 auf Polen und im Frühjahr/Sommer 1942 auf das ganze von Deutschland besetzte und kontrollierte Europa ausgedehnt. In den meisten Ländern wurde dieses Vernichtungsprogramm bereits im August 1943 abgeschlossen. An die sechs Millionen Juden wurden ermordet, fast die Hälfte davon in Vernichtungslagern.

Ermächtigungsgesetz. Ein Gesetz, durch das ein Parlament die Regierung dazu ermächtigt, an seiner Stelle

Gesetze oder Verordnungen zu erlassen. Die Gewaltenteilung ist damit aufgehoben und die demokratische Ordnung gefährdet. Katastrophale Folgen hatte das Ermächtigungsgesetz vom 24.3.1933 („Gesetz zur Behebung der Not von Volk und Reich"). Es übertrug die gesamte Staatsgewalt der nationalsozialistischen Regierung und schuf damit die Grundlage der NS-Diktatur.

Europäische Union (EU). 1957 schlossen sich die Bundesrepublik Deutschland, Frankreich, Italien sowie die Benelux-Staaten zur Europäischen Wirtschaftsgemeinschaft (EWG) zusammen. Nach ihrer Verschmelzung mit der Montanunion und der Europäischen Atomgemeinschaft (EURATOM) entstand 1967 die Europäische Gemeinschaft (EG), der weitere europäische Staaten beitraten. 1992 kam es mit dem Vertrag von Maastricht zu einer grundlegenden Ergänzung, später zum Beitritt zahlreicher osteuropäischer Staaten. Die Europäische Union (EU), wie die Gemeinschaft der 28 Staaten seither heißt, setzte sich neue Ziele: Neben dem zollfreien Binnenmarkt wurde eine noch engere Wirtschaftsunion geplant, weiterhin eine gemeinsame Außen-, Sicherheits- und Rechtspolitik. Fernziel ist die völlige Verschmelzung der Volkswirtschaften.

Faschismus (von lat. fasces = Rutenbündel römischer Beamter als Symbol der Richtgewalt). Der Begriff bezeichnet ursprünglich die nationalistische, autoritäre und nach dem Führerprinzip ausgerichtete Bewegung Mussolinis, die 1922 in Italien zur Macht kam. Die Bezeichnung wurde bald übertragen auf rechtsgerichtete Bewegungen in anderen Staaten, die gleiche Merkmale aufwiesen: eine antimarxistische, antiliberale und demokratiefeindliche Ideologie mit extrem nationalistischen Zügen und imperialistischen Tendenzen. Ziel des Faschismus ist der Einheitsstaat mit dem Machtmonopol der faschistischen Partei, die das gesamte öffentliche Leben beherrscht. Der Staat fordert vom Bürger bedingungslose Unterwerfung, verherrlicht die „Volksgemeinschaft" und stilisiert den „Führer" zum Mythos. Die Durchsetzung der Macht besorgt ein brutales Polizei- und Überwachungssystem, verbunden mit der Einschränkung von Menschenrechten und einer intensiven Propaganda. Das Ergebnis dieser Diktatur ist der „totale Staat": Verlust aller demokratischen Freiheiten, Terror gegenüber Andersdenkenden, Ausgrenzung ethnischer und religiöser Minderheiten. Zu den Erscheinungsformen des Faschismus zählt auch der Nationalsozialismus.

Grundgesetz. Die vom Parlamentarischen Rat ausgearbeitete und 1949 in Kraft getretene Verfassung der Bundesrepublik Deutschland wurde Grundgesetz genannt. Damit sollte ihr provisorischer Charakter angesichts der deutschen Teilung deutlich werden, die zu beheben das Grundgesetz gebot.

Grundlagenvertrag. Vertrag von 1972 „über die Grundlagen der Beziehungen zwischen der Bundesrepublik und der DDR". Der Vertrag erkannte erstmals die Souveränität der DDR an und sollte im Rahmen der neuen Ostpolitik der sozialliberalen Koalition eine Normalisierung zwischen beiden deutschen Staaten einleiten.

Kalter Krieg. Bezeichnung für die machtpolitische und ideologische Auseinandersetzung zwischen den USA und der Sowjetunion nach dem 2. Weltkrieg. Er war eingebettet in den globalen Ost-West-Konflikt, in dem sich die Militärblöcke der NATO und des Warschauer Pakts gegenüberstanden. Angesichts der Vernichtungskraft nuklearer Waffen vermieden die Supermächte eine direkte militärische Konfrontation. Stattdessen versuchten sie die Position des Gegners durch Militärbündnisse, Infiltration, Spionagetätigkeit und wirtschaftlichen Druck zu schwächen. An die Schwelle eines „heißen" Kriegs führten vor allem die Berliner Blockade (1948/49), der Koreakrieg (1950–53) und die Kuba-Krise (1962/63). Nach 1963 ließen Entspannungsbemühungen den Kalten Krieg abklingen, doch führte erst der Zerfall des Ostblocks 1989/90 sein endgültiges Ende herbei.

Kolchose. Landwirtschaftlicher Großbetrieb in der Sowjetunion auf genossenschaftlicher Basis. Er war ein Ergebnis der Kollektivierung und entstand durch Zusammenschluss bäuerlicher Einzelbetriebe unter Aufgabe des Privateigentums an Land und Produktionsmitteln. Jeder Kolchosbauer durfte daneben ein Stück Hofland bis 0,5 ha in privater Regie bewirtschaften.

Kollektivierung. Überführung von Produktionsmitteln – vor allem landwirtschaftlicher Privatbesitz – in genossenschaftlich bewirtschaftetes Gemeineigentum. Die Kollektivierung der sowjetischen Landwirtschaft erfolgte vor allem nach 1929 unter Stalin, und zwar zumeist gewaltsam als Zwangskollektivierung. Die so entstandenen Betriebe nennt man Kolchosen. Nach 1945 kollektivierten auch die sozialistischen Ostblockstaaten ihre Landwirtschaft, so z. B. die DDR in Form der Landwirtschaftlichen Produktionsgenossenschaften (LPG).

Kommunismus. Von Marx und Engels begründete Theorie, welche die Vorstellung einer klassenlosen Gesellschaft enthält, in der das Privateigentum an Produktionsmitteln (Fabriken, Maschinen) in Gemeineigentum überführt worden ist. Eingeleitet wird der Kommunismus durch die Proletarische Revolution. Die Arbeiterklasse errichtet die „Diktatur des Proletariats" und nach der Übergangsphase des Sozialismus entsteht allmählich die kommunistische Gesellschaft.
Im 20. Jh. bezeichnete man als K. die Gesellschaftsform, die nach der Oktoberrevolution 1917 in der Sowjetunion errichtet wurde und durch die Diktatur der Kommunistischen Partei (KPdSU) gekennzeichnet war. Die Begriffe Kommunismus und Sozialismus werden häufig synonym gebraucht.

Konzentrationslager (KZ). Nach ihrer Machtübernahme 1933 errichteten die Nationalsozialisten Konzentrationslager, in denen anfangs politische Gegner, später auch „rassisch" oder religiös Verfolgte in großer Zahl inhaftiert wurden (1945: 715 000 Häftlinge). Die Lager dienten der Einschüchterung, Ausschaltung und Vernichtung und unterstanden der SS. Zwangsarbeit, Hunger, Seuchen und sadistische Quälerei brachten vielen Häftlingen den Tod. Im Rahmen der sogenannten „Endlösung der Judenfrage" errichtete die SS seit 1942 Vernichtungslager in den eroberten Ostgebieten. Knapp die Hälfte der etwa 6 Millionen jüdischen Opfer aus allen Teilen des besetzten Europas wurden hier ermordet.

LPG. Nach dem Vorbild der Sowjetunion führte auch die DDR die Kollektivierung der Landwirtschaft durch. Bäuerliche Betriebe wurden meist zwangsweise zu Landwirtschaftlichen Produktionsgenossenschaften (LPG) zusammengeschlossen, der Boden einheitlich bestellt und gemeinsam bewirtschaftet.

Marktwirtschaft. Wirtschaftsordnung, die keiner Lenkung durch den Staat unterliegt, sondern dem freien Spiel der Kräfte des Marktes gehorcht. Art und Umfang der erzeugten Güter werden von der Nachfrage bestimmt, die Preisregulierung erfolgt im Wettbewerb mit Konkurrenzprodukten. Voraussetzungen einer Marktwirtschaft sind Privateigentum, Gewerbe- und Vertragsfreiheit, freie Berufs- und Arbeitsplatzwahl sowie ein freier Wettbewerb. Das Gegenmodell zur Marktwirtschaft ist die Planwirtschaft. – Bei einer sozialen Marktwirtschaft trifft der Staat Vorkehrungen, um negative Auswirkungen des freien Wettbewerbs auf die Bevölkerung zu korrigieren. Das geschieht durch eine entsprechende Sozialpolitik, eine Wettbewerbsordnung sowie weitere flankierende Maßnahmen. So z. B. eine Strukturpolitik für wirtschaftlich unterentwickelte Regionen oder eine Konjunkturpolitik zur Dämpfung von Konjunkturschwankungen. Ziel dieser Maßnahmen ist eine gleichmäßigere Einkommensverteilung, der Schutz sozial schwacher Schichten sowie die Verhinderung von Wettbewerbsverzerrungen durch Monopole oder Kartelle (Bundeskartellamt).

Marshallplan. Auf Anregung des amerikanischen Außenministers George Marshall entwickeltes „Europäisches Wiederaufbauprogramm“, das die USA 1947 als Wirtschaftshilfe für das kriegszerstörte Europa einleiteten. Die Westeuropa zufließenden Mittel umfassten Rohstoffe, Maschinen, Nahrungsmittel sowie Kredite und waren die Grundlage eines Neuanfangs. Die Ostblockstaaten lehnten den Marshallplan unter sowjetischem Druck ab und gründeten unter Führung der UdSSR 1949 den Rat für gegenseitige Wirtschaftshilfe (RGW).

NATO (North Atlantic Treaty Organization, Nordatlantikpakt). Angesichts der Ausweitung des kommunistischen Machtbereichs durch die Sowjetunion schlossen sich 1949 12 Staaten Europas und Nordamerikas zum Militärbündnis der NATO zusammen. Heute umfasst das Bündnis, dessen Führungsmacht die USA sind, 28 Staaten. Die Bundesrepublik trat 1955 bei, Frankreich schied 1966 aus der militärischen Integration aus, da es sie als unvereinbar mit seiner Souveränität betrachtete. Die NATO trug während des Ost-West-Konflikts entscheidend zur Stabilität Westeuropas bei und sucht nach Auflösung des Ostblocks 1989/90 ihre Ziele neu zu definieren. Seit dieser Zeit sind auch zahlreiche ehemalige Ostblockstaaten der NATO beigetreten.

Notverordnung. Durch Artikel 48 der Weimarer Verfassung war der Reichspräsident ermächtigt, bei Gefährdung der „öffentlichen Sicherheit und Ordnung“ gesetzesvertretende Verordnungen zu erlassen, welche die Grundrechte völlig oder teilweise außer Kraft setzten. Diese Maßnahmen mussten zwar auf Verlangen des Reichstags rückgängig gemacht werden, doch da der Reichspräsident den Reichstag jederzeit auflösen konnte, verlieh ihm der Artikel 48 praktisch diktatorische Vollmachten. In der Endphase der Weimarer Republik (1930–33) wurden Notverordnungen zum eigentlichen Regierungsinstrument und ermöglichten den totalitären Staat der Nationalsozialisten.

Nürnberger Gesetze. Die Ausgrenzung der jüdischen Bevölkerung durch eine diskriminierende Gesetzgebung leiteten die Nationalsozialisten gleich nach ihrer Machtübernahme ein. Das Berufsbeamtengesetz von 1933 verwehrte allen Deutschen jüdischer Herkunft den Zugang zum öffentlichen Dienst. Verschärfte Bestimmungen schlossen Juden bald aus der Wirtschaft und dem öffentlichen Leben aus und führten 1935 mit den Nürnberger Gesetzen zu einem Höhepunkt der NS-Rassegesetzgebung: Der Entzug zentraler Bürgerrechte deklassierte die jüdische Bevölkerung zu minderen Staatsangehörigen, Eheschließungen und sexuelle Beziehungen zwischen Deutschen und Juden waren als „Rassenschande“ verboten und wurden mit Zuchthaus bestraft. Die rechtliche Diskriminierung zog die gesellschaftliche Isolierung nach sich und bereitete den Boden für den Völkermord an den Juden vor („Endlösung“, Antisemitismus).

Oder-Neiße-Linie. Auf der Potsdamer Konferenz der Siegermächte des 2. Weltkriegs (USA, Sowjetunion, Großbritannien) 1945 festgelegte Demarkationslinie zwischen Deutschland und Polen. Alle deutschen Gebiete östlich dieser Linie, die entlang der Oder und Lausitzer Neiße verlief, wurden polnischer Verwaltung unterstellt. Die Oder-Neiße-Linie sollte bis zur endgültigen Regelung durch einen Friedensvertrag Bestand haben und wurde mit dem „Vertrag über die deutsche Souveränität“ vom 12.9.1990 zur völkerrechtlich verbindlichen Grenze.

Ostverträge. Bezeichnung für mehrere Verträge, die die Bundesregierung unter Bundeskanzler Willy Brandt (SPD) schloss. Hierzu zählen der Moskauer Vertrag mit der Sowjetunion vom 12.8.1970, der Warschauer Vertrag mit Polen vom 7.12.1970 und der Grundlagenvertrag mit der DDR vom 21.12.1972. In diesen Verträgen erkannte die Bundesrepublik die Unverletzlichkeit der polnischen Westgrenze und die Souveränität der DDR an und verzichtete damit auf ihren Alleinvertretungsanspruch. Die Ostverträge waren zwischen der sozialliberalen Koalition und der CDU umstritten, führten aber zu einer Phase der Entspannung.

Planwirtschaft. Bezeichnung für ein Wirtschaftssystem, in dem der Staat die gesamte Volkswirtschaft lenkt und kontrolliert. Produktion, Verteilung von Waren und Preisfestsetzung erfolgen nach einem einheitlichen Plan, dessen Erfüllung eine zentrale Planbehörde überwacht. Ein Wettbewerb ist in diesem System nicht vorgesehen und das freie Spiel der Kräfte des Marktes zur Regulierung von Angebot, Nachfrage und Preisen außer Kraft gesetzt. Die Planwirtschaft – auch Zentralverwaltungswirtschaft genannt – ist vor allem in sozialistischen Staaten verbreitet. Das gegensätzliche Modell ist die Marktwirtschaft.

Potsdamer Konferenz. Vom 17.7.–2.8. 1945 traten die Regierungschefs der alliierten Siegermächte zur Konferenz von Potsdam zusammen, um die deutsche Nachkriegsordnung zu beraten. Truman (USA), Stalin (UdSSR) und Churchill (Großbritannien) fassten hier wichtige Beschlüsse, die im Potsdamer Abkommen vom 2.8.1945 verankert wurden: Einsetzung eines Alliierten Kontrollrats, Entmilitarisierung, Entnazifizierung, Verfolgung von Kriegsverbrechern, Reparationszahlungen, Übertragung der Verwaltung der deutschen Ostgebiete jenseits der Oder-Neiße-Linie an Polen und die UdSSR (nördliches Ostpreußen), Ausweisung der deutschen Bevölkerung aus den Ostgebieten, Entflechtung der Wirtschaft, Aufbau einer deutschen Selbstverwaltung nach demokratischen Grundsätzen. Die Beschlüsse der Potsdamer Konferenz bestimmten die Deutschlandpolitik nach 1945 entscheidend, wurden jedoch infolge des ausbrechenden Kalten Kriegs und der Gründung beider deutscher Staaten in vielen Bereichen bedeutungslos.

Sowjet (russ. = Rat). In der russischen Oktoberrevolution von 1917 bildeten sich – wie schon zuvor in der Revolution von 1905 – spontane Arbeiter-, Soldaten- und Bauernräte. Sie gerieten rasch unter den Einfluss der Bolschewisten, die mit dem „Rat der Volkskommissare" unter Lenin die Regierungsgewalt übernahmen.
1917 wurde die Russische Sozialistische Föderative Sowjetrepublik gegründet, 1922 konstituierte sich die Union der Sozialistischen Sowjetrepubliken (UdSSR). Dem Staatsaufbau lag seither das Rätesystem (Räterepublik) zugrunde, dessen Spitze der Oberste Sowjet bildete. Dieses Parlament wurde alle vier Jahre gewählt, wobei die Bevölkerung lediglich den Kandidaten der Kommunistischen Partei und Vertretern der von ihr beherrschten Organisationen zustimmen konnte.

Sozialismus. Im 19. Jh. entstandene politische Bewegung, die bestehende gesellschaftliche Verhältnisse mit dem Ziel sozialer Gleichheit und Gerechtigkeit verändern will. Als Mittel hierzu dient die Überführung der Produktionsmittel in Gemeineigentum, die Einführung einer Planwirtschaft und die Beseitigung der Klassenunterschiede. Seit Ende des 19. Jh. bildeten sich gemäßigte und radikale sozialistische Richtungen, deren Ziele von einer Reform der kapitalistischen Wirtschaftsweise bis zum Umsturz der auf ihr beruhenden Gesellschaftsordnung reichten. Nach 1945 unterschied man den realen Sozialismus, wie ihn die Ostblockstaaten praktizierten, und den demokratischen Sozialismus, wie ihn die sozialdemokratischen und sozialistischen Parteien der westlichen Welt vertreten. In der marxistischen Theorie bildet der Sozialismus das Übergangsstadium vom Kapitalismus zum Kommunismus.

Stalinismus. Von Stalin geprägtes Herrschaftssystem, das sich der Gewalt und des Terrors bediente und von etwa 1927 bis 1953 währte. Der von Stalin propagierte „Aufbau des Sozialismus in einem Land" sollte vor allem die Industrialisierung vorantreiben und Überreste des Kapitalismus durch einen verschärften Klassenkampf beseitigen. Die Folge war ein brutales Terrorregime, das seine Ziele mit Schauprozessen, Liquidierungen, Deportationen und „Säuberungen" durchsetzte, wobei Stalin einen ausgeprägten Personenkult inszenierte. Der XX. Parteitag der KPdSU verurteilte 1956 die terroristischen Elemente des Stalinismus (Entstalinisierung).

Truman-Doktrin. Außenpolitische Leitlinie der USA im Kalten Krieg, die auf einer Kongressbotschaft des amerikanischen Präsidenten Harry S. Truman (1945–52) vom 12.3.1947 basierte. Unter dem Eindruck der sowjetischen Expansionspolitik versprachen die USA, „alle freien Völker zu unterstützen, die sich Unterjochungsversuchen durch bewaffnete Minderheiten oder auswärtigem Druck widersetzen".
Diese Eindämmungspolitik der USA sollte von einer massiven Militär- und Wirtschaftshilfe begleitet werden und eine kommunistische Infiltration der westlichen Welt verhindern.

Vereinte Nationen (United Nations Organization, UNO). Gestützt auf die Atlantik-Charta gründeten 51 Nationen am 26.6.1945 in San Francisco die UNO. Die Organisation soll den Weltfrieden sichern und die Achtung der Menschenrechte gewährleisten. Die UNO verfügt über fünf Hauptorgane: Zentrale Beratungsinstanz ist die Generalversammlung, die aus den Vertretern der Mitgliedstaaten besteht. Sie wählt die nichtständigen Mitglieder des Sicherheitsrats, den Wirtschafts- und Sozialrat sowie den Generalsekretär. Ihre Entschließungen haben den Charakter von Empfehlungen.
Der Sicherheitsrat entscheidet über Maßnahmen zur Friedenssicherung. Er umfasst 5 ständige Mitglieder mit Vetorecht (USA, Russland, VR China, Großbritannien, Frankreich) sowie 10 nichtständige Mitglieder. Weitere Organe sind der Wirtschafts- und Sozialrat, der Internationale Gerichtshof in Den Haag sowie der Generalsekretär als ausführende Instanz. Zahlreiche Sonderorganisationen nehmen sich weiterer Aufgaben der UNO an, vor allem im Bereich der Entwicklungshilfe, der Bildung und Kultur sowie der Gesundheit.

Vertrag von Maastricht. Der in Maastricht beschlossene „Vertrag über die Europäische Union", der 1993 in Kraft trat, ergänzte die bisherige Europäische Gemeinschaft (EG) grundlegend. Neben der Vollendung des zollfreien Binnenmarktes sieht er eine vertiefte europäische Integration vor, die durch folgende Maßnahmen erreicht werden soll: Errichtung einer Wirtschafts- und Währungsunion (bereits erfolgt), gemeinsame Außen- und Sicherheitspolitik, Zusammenarbeit in der Innen- und Rechtspolitik, in der Umwelt- und Sozialpolitik.

Volksdemokratie. Bezeichnung für kommunistische Herrschaftssysteme, die nach 1945 vor allem in den osteuropäischen Staaten des sowjetischen Machtbereichs errichtet wurden. Während die Einrichtungen einer parlamentarischen Demokratie äußerlich fortbestanden, herrschte in Wirklichkeit die kommunistische Partei, die das gesamte gesellschaftliche und wirtschaftliche Leben bestimmte. Zu den Merkmalen der Volksdemokratie zählen Vergesellschaftung der Produktionsmittel (Kollektivierung, Planwirtschaft) und das Herrschaftsmonopol der kommunistischen Partei, der sich vielfach weitere Parteien im Rahmen eines Blocks unterordnen (Einheitsliste). In der marxistisch-leninistischen Theorie sichert die Volksdemokratie den Übergang vom Kapitalismus zum Sozialismus.

Volksgemeinschaft. In der Ideologie des Nationalsozialismus wurde stets die „rassisch verbundene Volksgemeinschaft" beschworen, die über Klassengegensätzen stehen und sich dem „Führer" unterordnen sollte.
Da die Nationalsozialisten entschieden, wer zu ihr zählen sollte, war die Volksgemeinschaft ein Instrument zur Ausgrenzung von Minderheiten und zur Brandmarkung politischer Gegner.

Warschauer Pakt. 1955 in Warschau gegründetes Militärbündnis, dem 7 Ostblockstaaten unter Führung der Sowjetunion angehörten. Albanien trat 1968 aus. Der Pakt entstand als Reaktion der UdSSR auf den Beitritt der Bundesrepublik zur NATO und beide Militärblöcke prägten nachhaltig den globalen Ost-West-Konflikt. Das Bündnis erwies sich rasch als Herrschaftsinstrument der Sowjetunion, die 1956 den Volksaufstand in Ungarn niederschlug. 1968 marschierten Truppen des Warschauer Pakts in die Tschechoslowakei ein und beendeten die Reformbewegung des „Prager Frühlings". Mit der deutschen Vereinigung verließ 1990 die DDR den Warschauer Pakt, der sich nach Zerfall des Ostblocks 1991 auflöste.

10-Punkte-Plan (Kohl) 149
9/11-Anschläge 7, 158, 161 f., 164

Abrüstung 96, 98, 104 f., 119, 168 f.
Abtreibung 110, 112
Achtundsechziger-Bewegung 108–111
Adenauer, Konrad 40, 44, 53, 61, 63 ff., 67, 72 ff., 108
Alleinvertretungsanspruch 73
al-Qaida 161, 163
APO, Außerparlamentarische Opposition 109, 115
Arabischer Frühling 162 f.
Arafat, Jassir 182
Arbeitslosigkeit 93, 108, 115, 157, 164, 175
Asyl, Asylrecht 163, 166 f.
Atlantik-Charta 18
Atombombe, Atomwaffen 30 f., 55 f., 93, 98, 104, 107, 118
Atomkraft 61, 119 f., 158
Aufstand, Aufstände 31, 138, 172, 182
- vom 17. Juni 1953 76 ff., 84, 130, 132
- Ungarn 1956 55–59, 132, 138
Auschwitz, Auschwitz-Prozess 12, 109
Ausreise, Ausreiseantrag 97, 104, 123 f., 148 f.

Bahr, Egon 81, 116
Bäumer, Gertrud 196
Ben-Gurion, David 172 f.
Berlin-Blockade 32, 36 f., 39, 48
Berliner Mauer 6 f., 39, 78–82, 97, 116, 122, 130, 136 f., 141, 149, 157
Besatzung, Besatzungszonen 9, 20–24, 26–29, 32, 37, 39, 41, 47 f., 74, 154
bin Laden, Osama 161
Bizone 21, 32
Blockparteien 76, 156
Bodenreform 22, 39, 46 f., 53
Bonn, Bonner Republik 39, 43 f., 114, 119
Brandenburg 46 f., 85, 90, 92, 132, 154, 156, 192, 198
Brandt, Willy 6 f., 39, 108, 114 ff., 122, 166
Breschnew, Leonid Iljitsch (Breschnew-Doktrin) 100 f., 122, 140
BRICS-Staaten 165
Bundeskanzler (Amt) 40, 53
Bundesländer 20, 40, 53, 156 f.
Bundespräsident (Amt) 40, 53
Bundestag 38, 40, 53, 64
Bundesverfassungsgericht 64, 66 f., 117, 157
Bundeswehr 73, 76, 86, 150, 157 f., 161
Bürgerkrieg 19, 66, 162 f.
Bürgerrechte 124, 183
Bush (jun.), George W. 161 f.
Bush (sen.), George H. W. 152 f.

Castro Ruz, Fidel 98
Charta der Vereinten Nationen 18, 57, 117, 179 f.
China 18, 54 f., 57, 98, 102, 138, 165
Chruschtschow, Nikita Sergejewitsch 78, 96, 98
Churchill, Winston Leonard Spencer 9, 18, 20, 23, 30, 60, 62
CIA, Central Intelligence Agency 77
Clinton, William Jefferson Blythe („Bill") 182
Containment-Politik 31

de Gaulle, Charles André Joseph Marie 61
de Maizière, Lothar 150, 155
Demilitarisierung 20, 180
Demokratie, Demokratisierung 18, 20 ff., 27, 30, 33, 39 f., 58, 64, 66, 96, 114, 139, 141, 146, 148, 151
Demontagen 20, 31, 68
Dezentralisierung 20
Diktatur 11, 18, 21, 64, 92, 98, 109, 162
Diktatur des Proletariats 30, 39, 91
Displaced Persons 10, 12, 14 f.
D-Mark, Deutsche Mark 32, 37, 124, 149
Dubček, Alexander 99 f.
Dutschke, Rudi 109

EGKS, Europäische Gemeinschaft für Kohle und Stahl 60 f., 144
Entnazifizierung 20 f., 26 ff.
Entspannungspolitik (s. auch Grundlagenvertrag, Ostpolitik) 56, 96 ff., 100, 119, 122, 179
Entwicklungsländer 19, 163
Erhard, Ludwig 68, 108
EU, Europäische Union 52, 60, 96, 144–147, 150, 157 f., 163, 165, 176, 182 f.
EURATOM, Europäische Atomgemeinschaft 61, 144
Euro 146, 158, 164 f.
Europäisches Parlament 145 f.
Europarat 69
Evangelische Kirche 15, 125, 131 f.
EVG, Europäische Verteidigungsgemeinschaft 60, 72 f.
EWG, Europäische Wirtschaftsgemeinschaft 52, 60 ff., 64, 96, 144

Faschismus (s. auch Nationalsozialismus) 33, 76 f., 90, 115
FDJ, Freie Deutsche Jugend 90, 93, 125
FED, Federal Reserve 164
Finanzkrise 158, 164
Fischer, Joseph („Joschka") 158
Flucht, Flüchtlinge (s. auch Migration) 14–17, 20, 47, 53, 55, 69, 78, 84, 148, 163 f., 166 f., 170, 173, 175, 179 f.
Frankfurter Dokumente 39
Frauen, Frauenbewegung, Frauenrechte 10 f., 14, 43, 71, 90, 110, 112, 114, 120, 123, 184–199
Frieden, Friedensbewegung 18 ff., 26, 41, 57, 60, 62 f., 93, 102 f., 105 ff., 116, 118 ff., 125, 132, 134, 172–183
Fundamentalismus 167

G7-Staaten 115
Genscher, Hans-Dietrich 155
Gewerkschaften 21, 69, 139
Glasnost 97, 139
Gleichberechtigung 43, 57, 69, 90, 112, 117, 123, 139, 173, 185, 190–199
Globalisierung 165
Godesberger Programm der SPD 64, 68, 108
Goebbels, Joseph 26, 185, 197 ff.
Gorbatschow, Michail Sergejewitsch 96 f., 105, 119, 139 ff., 150, 152
Griechenland 144, 164 f.
Großgrundbesitz 22, 47
Grotewohl, Otto 22, 24, 41, 44
Grundgesetz (GG) 39 f., 43, 48, 53, 64, 66 f., 117, 148, 150
Grundlagenvertrag 114, 117, 122
Grundrechte (s. auch Bürgerrechte, Menschenrechte) 39, 66, 87, 108
Guantánamo 162
Guevara, Ernesto „Che" 98
Guillaume, Günther 115
GUS, Gemeinschaft Unabhängiger Staaten 96, 140

Hallstein-Doktrin s. Alleinvertretungsanspruch
Herzl, Theodor 172
Heuss, Theodor 40
Hiroshima 30, 120
Hisbollah 182
Hitler, Adolf 8, 24, 26, 30, 64, 90 f., 198 f.
Ho Chi Minh 98, 102
Honecker, Erich 81 f., 90, 97, 104, 119, 122 f., 127, 136 f., 139, 148

Identität, Identitätsbildung 145, 175, 183, 199
Ideologie 8 f., 31, 53, 56, 124, 130, 167, 198 f.
Imperialismus (s. auch Kapitalismus) 33, 57, 85, 93, 102 f., 125
Industrialisierung, Industrielle Revolution 196
Intifada 182
Islam 145, 161 ff., 182
„Islamischer Staat" (IS), Islamismus 162 f.
IWF, Internationaler Währungsfonds 165

Jelzin, Boris 140, 155
Jerusalem 172, 175 f.
Johnson, Lyndon B. 81, 102, 179
Juden(tum) 12, 114, 166, 172 f., 175–178, 181, 183
Jugendweihe 124 f.

Kádár, János 56, 59
Kalter Krieg 8 f., 30 f., 33, 39, 52, 54, 56, 60, 96, 98, 100, 105, 138, 141, 145
Kapitalismus (s. auch Imperialismus, Marktwirtschaft) 53, 62, 66, 76, 85, 90 f., 101
Kennedy, John F. 96, 98, 116
Kiesinger, Kurt Georg 108, 116

Kinder, Kindheit 14, 19, 90, 99, 112, 123, 125, 127, 189, 192 -199
Kohl, Helmut 118 f., 121, 149 f., 152, 156
Kollektiv, Kollektivierung 84, 123, 130, 159
Kommunisten (s. auch KPD) 8, 22, 24 f., 30 f., 33, 41, 54, 56 f., 66 f., 72 f., 76, 91, 93, 98 – 102, 116, 138, 140, 179
Konferenz
- von Helsinki (KSZE) 104, 106, 115
- von Jalta (Krim-Konferenz) 8, 23, 33
- von Potsdam s. Potsdamer Abkommen
- Sechs-Mächte-Konferenz 39
- von Teheran 8

Konsum(gesellschaft) 70, 84, 86, 120, 122 ff., 126
Korruption 98, 138, 162
KPD, Kommunistische Partei Deutschlands 20, 22, 24 f., 39 f., 47 f., 53, 64, 66 f.
Krenz, Egon 148 f.
Krieg (s. auch Bürgerkrieg)
- Afghanistankrieg 105, 138 f., 158, 161 f.
- Erster Weltkrieg 8, 63, 172, 195, 198
- Indochinakrieg 98
- Irak-Krieg 18, 158, 162 f.
- Israelisch-Arabischer Krieg (1948/49) 172, 175
- Koreakrieg 54–57, 72
- „Krieg gegen den Terror“ 161 f.
- Sechstagekrieg 170 f., 174 – 180
- Vietnamkrieg 98 f., 102 f., 109
- Zweiter Weltkrieg 8 f., 18, 20, 46, 60, 73, 91, 97, 138, 150, 154, 172 f., 199

Kriegsgefangene, Kriegsgefangenschaft 10, 14 f., 28, 73
Kriegsverbrechen, Kriegsverbrecher 26
KSZE, Konferenz über Sicherheit und Zusammenarbeit in Europa s. Konferenz
Kuba, Kuba-Krise 56, 96, 98, 100, 104
KZ, Konzentrationslager 12, 15, 27, 63, 200

Lastenausgleich 69
LPG, Landwirtschaftliche Produktionsgenossenschaft 84
Luftbrücke 32, 36 f., 181

„Machtergreifung“, Machtübergabe 198
Maizière, Lothar de 150, 155
Markt, Marktwirtschaft (s. auch Kapitalismus) 30, 39, 53, 64, 68, 70, 108, 145, 156
Marshallplan (ERP, European Recovery Program) 31, 34 f., 53, 68
Medien 86, 99, 131, 137, 146
Menschenrechte 7, 18, 60, 104, 106, 117, 120, 162, 201
Merkel, Angela 158
MfS, Ministerium für Staatssicherheit der DDR 81, 124, 126, 130 f., 136 f., 148, 157
Migration, Migranten (s. auch Flucht) 175
Misstrauensvotum, konstruktives 40, 118
Mittelstreckenraketen 98, 105, 118 f.
Modrow, Hans 149
Montagsdemonstrationen 6 f., 148

Nagy, Imre 55 f., 58 f.
Nasser, Gamal Abdel 177
Nationalsozialismus 14 f., 18, 21, 26 – 29, 109, 173, 197 – 201
NATO, North Atlantic Treaty Organization 32, 52, 60, 64, 73 f., 105, 107, 118 f., 150, 153, 157, 161
Notstandsgesetze 108 f.
Nürnberger Prozesse 26 f.
NVA, Nationale Volksarmee der DDR 76, 131

Oder-Neiße-Grenze 14, 20, 46, 116, 150
Ohnesorg, Benno 109
Öl, Ölkrise 115, 119
Ostpolitik, Ostverträge (s. auch Grundlagenvertrag, Entspannungspolitik) 114 ff., 119

Pariser Verträge 73 f.
Parlament, Parlamentarismus 30, 39 ff., 43, 53, 66, 90, 109, 145 f., 165, 175, 183, 197
Perestroika 97, 139 ff.
Pieck, Wilhelm 22, 24, 41, 47
Planwirtschaft 30, 53, 76, 84, 124, 156
PLO, Palestine Liberation Organization 181 f.
Politbüro der SED 77 f., 126, 148
Potsdamer Abkommen 8, 14, 20, 23, 30, 39, 46 f.
Prager Frühling 98–101, 140
Presse- und Meinungsfreiheit 66, 87, 99, 104
Propaganda 31, 81, 91, 93, 123, 127, 175, 197 ff.

RAF, Rote Armee Fraktion 115
Reagan, Ronald Wilson 105, 107, 119, 141
Rente, Rentensystem 69, 150
Reparationen 31, 35, 68
Römische Verträge 61
Roosevelt, Franklin Delano 18
Runder Tisch 149

Saddam Hussein 162
SALT, Strategic Arms Limitation Talks 104
SBZ, Sowjetische Besatzungszone 9, 20, 22, 24 f., 27, 32, 37, 41, 46 ff., 53, 90 f., 130, 154
Scheel, Walter 114, 116
Schleyer, Hanns Martin 115
Schmidt, Helmut 104 f., 108, 115, 118
Schröder, Gerhard 158, 161
Schuld, Schuldfrage 26 f., 29, 90 f.
Schulden, Schuldenkrise 115, 124, 158, 164
Schumacher, Kurt 24, 62 f.
Schuman, Robert (Schuman-Plan) 61 ff.
SDI, Strategic Defense Initiative 105, 107
SDS, Sozialistischer Deutscher Studentenbund 109
SED, Sozialistische Einheitspartei Deutschlands 22, 24 f., 41, 48, 53, 66, 76 ff., 84, 90, 97, 122, 130 ff., 148 ff., 156

Sicherheitsrat der Vereinten Nationen 18 f., 54, 161, 180 f.
Solidarność 139
Sozialismus, Sozialisten (s. auch Kommunisten) 30, 39, 53, 56, 76, 84, 90, 99 ff., 123, 125, 130, 138 ff., 149, 151
Stalin (J. W. Dschugaschwili), Stalinismus 20, 23, 30, 55, 73, 76, 78, 91 f., 123, 139
Strauß, Franz Josef 86 f., 116
Studenten, Studentenbewegung (s. auch Achtundsechziger-Bewegung) 55, 58, 93, 109 ff., 114

Terrorismus 115, 158, 161 ff., 181 f.
Thatcher, Margaret Hilda 153
Treuhandanstalt 157
Truman, Harry S. (Truman-Doktrin) 20, 23, 30 f., 33, 55, 57
Tschernobyl 119

Ulbricht, Walter 24, 77 f., 80, 122
Umwelt(schutz), Umweltverschmutzung 117 – 120, 157 f.
Ungarn, Ungarnaufstand 55 f., 58 f., 78, 132, 138 ff., 148
UNO, United Nations Organization 7 f., 18 ff., 54, 57, 117, 122, 161 ff., 172 f., 175 f., 178 – 181

Verfassung 39 ff., 43 f., 48, 53, 64, 67, 123, 125, 146, 150, 156
Vertrag
- von Lissabon 146
- von Maastricht 145, 158
- Zwei-plus-Vier-Vertrag (V. über die abschließende Regelung in Bezug auf Deutschland) 150, 154 f.

Vertreibung, Vertriebene (s. auch Flucht) 14 – 17, 20, 23, 53, 67, 69, 172, 179
Vier-Mächte-Status, Viermächteabkommen 74, 81
Völkerbund 8, 18, 172
Völkerrecht 18, 57, 106, 150, 157, 176
Volkskammer der DDR 41, 44, 53, 91, 128 f., 150

Wahlen, Wahlrecht 20, 33, 38, 41, 44, 48, 77, 114 ff., 118, 139, 146, 148 ff., 158, 183, 196, 199
Währungsreform, Währungsunion 32, 48, 145, 150
Warschauer Pakt (Warschauer Vertragsorganisation) 31, 52, 55 f., 59 f., 76, 100, 138, 140
Weimarer Republik 11, 20, 40 f., 53, 63 f., 66, 69, 195
Westintegration 60, 62, 72, 74
Wiedervereinigung 40, 53, 67, 73 f., 77, 97, 114, 116 f., 119, 128, 145, 148 ff., 152 ff., 157, 200
Wirtschaftswunder 53, 68, 70 f., 108

Zwangsarbeit, Zwangsarbeiter 10, 14 f., 24, 132, 158

akg-images GmbH, Berlin: 3, 5, 13, 20, 22, 24, 32, 41, 44, 76, 76, 77, 77, Sammlung Berliner Verlag 88, 122, 122, 172, 173, 186, 188, 199; AP 4, 149; British Library 187; Dieter E. Hoppe 36; Henschel 109; Vaccaro, Tony 14. |Archiv der sozialen Demokratie, Bonn: 21, 39, 69. |Archiv Gedenkstätte Geschlossener Jugendwerkhof Torgau, Torgau: 102 Fotograf Erdmute Bräunlich 130. |ARTUR IMAGES GmbH, Stuttgart: K. Frahm 87. |Associated Press, Frankfurt/M.: Staff 102. |Baaske Cartoons, Müllheim: F. Behrendt 10. |Bomann-Museum, Celle: 190. |bpk-Bildagentur, Berlin: 15; Benno Wundshammer 69; Deutsches Historisches Museum 196; Engel, V. 15; Hanns Hubmann 86; Hilmar Pabel 14; Kupferstichkabinett/SMB 192; SMB/Kunstbibliothek / Knud Petersen / Reyn Dirksen, All Our Colours to the Mast © VG Bild-Kunst, Bonn 20xx 31. |Brieske, Rainer, Berlin: 48, 154, 156. |Bruno Balz Archiv, Berlin: 201. |BStU, Berlin: MfS BV Gera AU 33/58 Band 124 Blatt 2 Foto 5 131; MfS BV Gera AU 33/58 Mappe 2 Blatt 6 131; MfS, BV Leipzig Leitung 00296 Bl. 78 132. |BuschFunk Musikverlag GmbH, Berlin: 159. |Das Bundesarchiv, Koblenz: Bild 146-1978-086-03 198; Bild 183-S99067 66; Plak 004-005-005 29; Plak 100-015-052 25. |Deutsches Historisches Museum, Berlin: 6, 46, 91. |Eastblockworld.com, Elmenhorst: 119. |Europäische Gemeinschaft, Luxemburg: 61. |Europäisches Informationszentrum Niedersachsen, Hannover: 146. |Fechner, Stefanie, Berlin: 154. |fotolia.com, New York: Eppele, Klaus 66; Increa 53; Martin Schumann 175; picturemaker01 45; U. Aust 45. |Getty Images, München: Titel, Titel. |Gottscheber, Pepsch, München: 147. |Haitzinger, Horst, München: 116, 121, 121, 138. |Hanel, Walter, Bergisch Gladbach: 103, 152. |Hannoversche Presse: 9. |Haus der Geschichte, Bonn: 34, 38, 72, 110, 118, 118, 134; H.-J. Starke 160; M. Szewczuk 75; Peter Leger 18, 101; W. Hicks 27; Zeitgeschichtliches Forum, Leipzig/Radzinsky 125. |Imago, Berlin: Gueffroy 128. |Institut für Zeitungsforschung der Stadt Dortmund, Dortmund: 39. |Interfoto, München: 87; Friedrich 132; TV-Yesterday 47. |John F. Kennedy Presidential Library and Museum, Boston: 96. |KALEIDOSKOOB® | PARTNERS, Eutin: Ludwig Koob 60. |Keystone Pressedienst, Hamburg: 26. |Konrad-Adenauer-Stiftung e.V./Archiv für Christlich-Demokratische Politik, Sankt Augustin: 6, 21, 64. |Lagatz, Uwe Dr., Wernigerode: 90. |Langner & Partner Werbeagentur GmbH, Hemmingen: 176, 181. |Leibing, Peter, Hamburg: 3. |LR Medienverlag und Druckerei GmbH, Cottbus: 126. |LUFF (Rolf Henn), Hennweiler: 106. |Monacensia im Hildebrandhaus - Literaturarchiv, München: Rolf Peter Bauer 68. |Münchner Stadtmuseum, München: 32. |Österreichische Nationalbibliothek, Wien: 199. |photothek.net GbR, Radevormwald: Thomas Koehler 182. |Picture-Alliance GmbH, Frankfurt/M.: 176, 191; abaca 163; AFP 4; afp 139; AFP 182, 182; AFP/Beth A. Keiser 7; AFP/McCoy 162; akg-images 44, 87, 92, 148; AP/S. Chuzavkov 165; dpa 6, 30, 32, 33, 55, 73, 81, 84, 114, 115, 149, 172; dpa-infografik 144; dpa/Athenstädt, Martin 119; dpa/bifab 194; dpa/Burgi, Arno 164; dpa/Geoff Green 4232907 161; dpa/H. Hanschke 120; dpa/Herold 68; dpa/Hollemann, H. 150; dpa/K.-J. Hildenbrand 161; dpa/P. Kneffel 157; dpa/Rieth 7; dpa/T. Brakemeier 158; dpa/Votava 140; dpa/W. Eilmes 105; dpa/Weihrauch, Roland 184; dpa/Wolfgang Kumm 158; Fednews/dpa 102; KPA/TopFoto 177; Lehtikuva Oy/Jansson 105; ZB 148; ZB/Endig, Peter 133; ZB/Paul Glaser 150. |Presse- und Informationsamt der Bundesregierung - Bundesbildstelle, Berlin: 40. |Schoenfeld, Karl-Heinz, Potsdam: 140. |Staatsarchiv Ludwigsburg, Ludwigsburg: 28, 28, 28. |Stiftung Stadtmuseum Berlin, Berlin: Reproduktion: Hans-Joachim Bartsch, Berlin 193. |Stuttgarter Zeitung/Stuttgarter Nachrichten, Stuttgart: 63. |Stuttmann, Klaus, Berlin: 166. |Süddeutsche Zeitung - Photo, München: 6, 6, 11, 12, 15, 18, 54, 55, 72, 79, 111; Amerika Haus 7, 26; AP 73, 99, 113, 175; ap/dpa/picture alliance 6, 100; Associated Press 40; Fritz Neuwirth 108; Uwe Gerig 124. |Tietze, Andreas, Berlin: 137. |Tomicek/www.tomicek.de, Werl: 147. |TV-yesterday, München: 71. |ullstein bild, Berlin: 11, 30, 48, 56, 84, 101; AP 162; Archiv Gerstenberg 38; Bonn-Sequenz 19; BPA 61, 104; Brauer 115; DHM/Schwarzer 123; dpa 108, 111, 141; Europress 58; H. Schlemmer 156; Haus der Geschichte, Bonn 43; imagebroker/hwo 27; Mehner 109; Probst 22, 119, 130; Roger Viollet 139; Rondholz 136; Stary 34; VG Bild-Kunst, Bonn 2013 98; W. Titzenthaler 196; Wefringhaus 71; Wolfgang Wiese 123. |Wacker, Helena, Berlin: 36. |wikimedia.commons: 42, 178. |Zöllner, R., Berlin: 157. |© Arsenal/SammlungRichter, Wetzlar: 91. |© Wilhelm-Busch-Gesellschaft e. V., Hannover: Köhler, Hans Erich 52, 52, 52, 65, 114.

alle übrigen Karten und Schaubilder: Westermann Kartographie/Technisch Graphische Abteilung, Braunschweig

Sprachbildung: Operatorentraining

Training

„Wiedergeben"

Formulierungshilfen
Der Text/die Quelle/die Erzählung (die Statistik/die Karte/das Bild etc.) thematisiert/handelt von ...
Es wird erzählt/erklärt/darüber berichtet/darüber informiert, dass ...
Der Autor/Die Autorin erzählt/berichtet/informiert darüber/behauptet/erklärt, dass ...
Laut .../nach Aussage von ...

Weitere Verben zur Wiedergabe von Inhalten
sagen, äußern, darüber sprechen, sich beschäftigen mit, auseinandersetzen mit, auflisten, verdeutlichen, erwähnen, aufzeigen, veranschaulichen, formulieren ...

Zur Verknüpfung deiner Aussage bei der Wiedergabe und Zusammenfassung von Inhalten
zu Beginn/zuerst/zunächst/dann/anschließend/daraufhin/außerdem/im Folgenden/abschließend/zum Schluss ...

Training

„Erläutern"

Formulierungshilfen
wenn ... dann ... nicht nur, sondern auch ... außerdem ... zusätzlich ... zudem ... also ... folglich ... sodass ... infolgedessen ... aus diesem Grund ... deshalb ... dadurch dass ... darüber hinaus ... denn ... da ... weil
... erklärt sich so, dass ... ... funktioniert so, dass ...
... passiert/geschieht, weil ...

Der Grund für ... / eine Bedingung/eine Voraussetzung ist, dass ... Das hängt damit zusammen, dass ... Eine Ursache für ... ist, dass ... Das Phänomen/das Problem lässt sich damit erklären, dass ... Es ist zu erkennen, dass ... Daran/es wird deutlich/ersichtlich, dass ... Das hat zur Folge, dass ... Daraus folgt/daraus ergibt sich, dass ... Zum Beispiel ... beispielsweise ... Dies zeigt sich ...

Training

„Untersuchen"

Formulierungshilfen
Aus dem Text (der Statistik, der Karte, dem Bild) kann man entnehmen, dass ... Anhand der Aussage ... ist zu erkennen, dass ... Die Textstelle ... zeigt, dass ...

Es ist erkennbar, dass ... Es wird deutlich/ersichtlich, dass ...
Das heißt, dass ... Damit ist gemeint, dass ...